Introductory Lectures on L'ANTI-ŒDIPE

仲正昌樹

ドゥルーズ＋ガタリ

〈アンチ・オイディプス〉入門講義

作品社

［はじめに］――現代思想の複雑な思考の網目を辿っていく。その別格の難解さを攻略するために

本書は、ドゥルーズ＋ガタリの著作『アンチ・オイディプス』を読み解くための連続講義を書籍化したものであるが、最初に言っておかねばならないことがある。『アンチ・オイディプス』は決して読みやすい本ではない。哲学書というのは一般的に抽象的で難しいものであり、特に一九六〇年代以降のフランスの現代思想系の本は、普通の読者を寄せ付けないことが知られている。その中でも、この『アンチ・オイディプス』は別格と言っていいくらい難解である。レヴィ＝ストロースやラカン、フーコーであれば、文体は難しいものの、対象領域がはっきりしていて、具体例も出てくるので、何をテーマにしているのかは最低限分かる。デリダは、ただでさえ難しい哲学や前衛的な詩を脱構築して、個々の単語やフレーズの「意味」を屈折させていくのですごく読みにくいが、それでも何を脱構築しようとしているのかだけは分かる。

『アンチ・オイディプス』はタイトルからして、フロイトの「エディプス・コンプレックス」論を批判する内容であることだけは分かる。そういう本だと思って特別な予備知識もなく読み始めると、すぐに困惑する。「エディプス」という言葉は出てくるが、それを学説史的に整理して、定義したうえで、その欠点を批判し始めるというのではない。「エディプス」という言葉は、「欲望機械」「独身機械」とか「接続」「登録」「離接」「総合」「ヌーメン」「器官なき身体」「部分対象」といった、正体不明の一連の〝専門用語〟と組み合わさって、文脈がよく分からない、比喩かどうかも判然としない使われ方をする。「おそらくこれは、錯乱の神の中に、また分裂―パラノイア的な登録の中に、オイディプスの様々な権利を保持す

るための手だてなのであろう」(河出文庫版(上)、三五頁)というような感じで。

簡潔で(とりあえずは)分かりやすい、現代思想の入門書である浅田彰の『構造と力』や『逃走論』を読んで感銘を受け、その元ネタとして『アンチ・オイディプス』を読もうと思い立った人は戸惑うことだろう。これをどう読んだら、浅田のような理解に至ることができるのかと途方にくれてしまうだろう。何を手がかりに攻略したらいいのか見当がつかないテクストを目のあたりにして、フランス系現代思想＝構造主義／ポスト構造主義を学ぶことを完全に放棄する、更にはその際の反動で、反ポストモダンになってしまう人も少なくないだろう。

これの続編である『千のプラトー』も、言葉遣いの面で同じくらい読みにくいが、各章が相対的に独立しているし、物語風の語り方をしてくれている箇所もあるので、取っ付きやすいところから読み始めて、少し慣れてから、関連のある章にチャレンジするということができる。文化人類学・神話的な議論が展開されている第一二章から読み始めて、比較的関連性の高いテーマが続く結論(第一五章)までを先に読んで、理解できた内容を手がかりに、前の章の分かりそうなところを拾い読みしていくという変則的な読み方をすれば、何となく全体のイメージが摑めるかもしれない。

それに対して、『アンチ・オイディプス』は妙な文学的言い回しが多いにもかかわらず、目次を見ると、どうも各章は独立しておらず、順を追って話が進んでいくという体になっているように見える。そもそも四章構成なので、一つの章が長く、区切りを付けて拾い読みするのが難しい。そのため余計に取りつく島のなさを感じさせられる。しかし、ヘンな用語や文学っぽい言い回しを我慢しながら少しずつ読み進め、気になる単語をノートに記録し、可能な限り参考書――その参考書自体が結構難しいことも少なくないだろうが――でその意味を調べながら読み進めていくと、だんだん話の筋が見えてくる。

前衛詩の一部のようにしか見えなかったヘンなフレーズが、実はある有名なテクストからの引用あるいは要約、デフォルメだったということや、ある特定の演劇や美術作品に頻繁に言及するのは何故か、論理学や神学の用語が精神分析の議論にいきなり登場するのは何故か……といったことが、次第に見えてくる。第三章から第四章に移る辺りになると、ドゥルーズ＋ガタリが、「エディプス」仮説をあっさりと斥けず、この仮説が及ぼす言説的な効果に執拗に拘るのは何故か、かなりはっきり分かってくる。最後まで読むと、外見とは違って、実は極めて〝体系〟的な議論をしているのではないか、と思えてくる。無論、適当に読み飛ばしたり、流し読みしただけでは、隠された〝体系性〟は見えてくるはずがない。だったら、最初から教科書のように、一つ一つの概念を定義しながら、話を進めてくれればいいではないか、という気もするが、そう簡単にはいかない事情もあるようだ。

恐らくドゥルーズ＋ガタリの認識では、「エディプス」言説は、西欧の知識人、特に精神分析や構造主義、現象学などを学び、そのスタイルを取り入れた、エリート知識人たちの思考・表現様式を——本人たちが自覚しないうちに——かなり深いところまで規定しており、彼らにとっていつの間にか半ば常識化している。教科書的にきれいに記述すると、彼らの〝常識〟に揺さぶりをかけることができず、素通りされてしまう可能性がある。あまりに文学的、場合によっては、（私たちが生きる社会で）〝狂気〟と見なされるような言葉でないと、響かないかもしれない。それらの効果を計算に入れて、全体の流れが構成され、文体が選択されているように思える。

この講義では、フランスの現代思想・文学事情に通じていない読者には、以上述べたような意味で、かなりの辛抱強さを必要とする、読みの実践を試みた。最後までついてきてもらっても、「分かったぞ！」という爽快感は得られないかもしれないが、現代思想の複雑な思考の網目を辿っていく糸口を得ていただければ、幸いである。

【9月10日の講義風景】

本書は、読書人スタジオで行われた全6回の連続講義（2016年9月10日～2017年2月11日）に、適宜見出しで区切り、文章化するにあたり正確を期するべく大幅に手を入れたものです。なお講義の雰囲気を再現するため話し言葉のままとしました。また講義内容に即した会場からの質問も、編集のうえ収録しました。

邦訳は、主に『アンチ・オイディプス——資本主義と分裂症』、宇野邦一訳、上下巻、河出書房新社・河出文庫、2006年。原書は、Gilles Deleuze and Félix Guattari (1972) , *L'ANTI-ŒDIPE.* Paris: Les Editions de Minuit を参照しました。

本書は、テクストの精読を受講生と一緒に進めながら、読解し、その内容について考えていくという主旨で編集しています。決して“答え”が書いてあるわけではありません。きちんと本講義でとりあげられたテクストをご自分で手に取られ、自分自身で考えるための“道具”になるよう切に願っております。

最後に、来場していただいたみなさま並びにご協力いただいた「週刊読書人」のスタッフの方々に心より御礼申し上げます。【編集部】

目次

［講義］第二回　精神分析批判と家族——第二章第一節～第六節　83

［講義］第三回　エディプス・コンプレックスの起源――第二章第七節〜第三章第三節　149

[講義]　第四回　資本主義機械――第三章第三節後半～第一〇節　221

［講義］第一回

新たなる哲学のマニフェスト——第一章

読む前に。ドゥルーズ＋ガタリの〝新しさ〟とは？

浅田彰さん（一九五七－　）の『構造と力』（一九八三）はご存知かと思います。この著作を通して、「ポスト構造主義」と呼ばれるフランス現代思想の主要な潮流が要約された形で日本に紹介されました。それがきっかけで八〇年代半ばの日本でポストモダン思想ブーム、あるいはそれと連動した、ジャーナリズムやサブカルチャーとアカデミズムを融合したニュー・アカデミズムのブームが起こりました。その『構造と力』で、ポストモダンの中心的テクストとして参照されているのが、ドゥルーズ（一九二五－九五）とガタリ（一九三〇－九二）の著作『アンチ・オイディプス』（一九七二）と『千のプラトー』（一九八〇）です。今回はその『アンチ・オイディプス』を読んでいきます。『千のプラトー』はタイトルだけでは何をテーマにしているのか分かりませんが、『アンチ・オイディプス』の方は、「オイディプス・コンプレックス」を中心として形成されている精神分析に対する批判を主眼としていることが、タイトルからはっきりと分かります。サブタイトルは「資本主義と分裂症」です。精神分析批判と資本主義批判を融合している著作だという予測がつきますね。まさにその通りです。

エーリッヒ・フロム

ヴィルヘルム・ライヒ

「精神分析」と「資本主義」と聞くと、いささか陳腐なイメージを持つ人がいるかもしれません。精神分析とマルクス主義を融合した複合的な視点から資本主義を批判的に分析する試みは、ドゥルーズ＋ガタリ以前からありました。一九二〇年代から活動を始めたドイツのフランクフルト学派はまさにそれを特徴としていましたし、エーリッヒ・フロム（一九〇〇－八〇）やヴィルヘルム・ライヒ（一八九七－一九五七）等もそうした路線です。資本主義を精神分析する、という類の本とか論文は今でもよく見かけると思います。かなりひねった論調ですが、スロヴェニア出身の哲学者スラヴォイ・ジジェク（一九四九－　）も、それをやっています。ただし、彼らがやっているのは、フロイト（一八五六－一九三九）の精神分析を自分たちなりに再解釈したうえで、資本主義を批判することです。『アンチ・オイディプス』はそうではなく、精神分析の中核的な仮説である「オイディプス・コンプレックス」を批判することが、「資本主義批判」にもなるという前提での議論です。つまり、「精神分析」と「資本主義」が不可分に絡み合っているという前提で両者を批判しているわけです。そこが、よくありがちの精神分析的な資本主義批判と異なる所です。

ドゥルーズ＋ガタリの思想的位置

ドゥルーズとガタリの関係ですが、ドゥルーズはヒューム（一七一一－七六）、ニーチェ（一八四四－一九〇〇）、ベルクソン（一八五九－一九四一）等を研究していた比較的オーソドックスな哲学者で、ガタリは元々ラカン（一九〇一－八一）の下で精神分析を学んでいたのですが、次第に精神分析から距離を取るようになります。患者と医師の関係を根本的に変える先端的な精神医療を行っていたラ・ボルド病院に勤務し、一九六八年の学生蜂起にも積極的に関わります。ドゥルーズが無意識の問題を論じていることもあって、両者は次第に接近して一緒に仕事をするようになり、『アンチ・オイディプス』から始まって、何冊か共著を出しています。

哲学とか表象文化論をやっている人は、『アンチ・オイディプス』や『千のプラトー』はドゥルーズの著作で、ガタリは付け足しのような印象を持っているのではないかと思います。逆に、政治・社会運動や、精神医学内部のラディカルな運動に関心を持っている人は、ガタリの著作だという印象を持つかもしれません。九〇年代から二一世紀の〇《ゼロ》年代の前半くらいまでは、フランスのポストモダン系の思想の左派的側面が強調されたので、ガタリの翻訳や解説が結構出版されていましたが、今はガタリに関する関心はかなり下火です。それに比べると、ご存知のようにドゥルーズについては、それなりに人気があります。ドゥルーズ関係の本は出版され続けています。日本では、浅田さんが現代思想で一定の影響力を持ち続けていることと、國分功一郎さん（一九七四―　）や千葉雅也さん（一九七八―　）のような若手の売れっ子がドゥルーズを専門的に論じているので、一定のドゥルーズ人気があるのだろうと思います。無論、英語圏やフランス語圏でもドゥルーズ関連の本は結構たくさん出版されています。

今回『アンチ・オイディプス』を読むにあたって、ドゥルーズをオーソドックスに理解するうえで便利な参考文献として分かりやすいと私が思ったものとして、檜垣立哉さん（一九六四―　）の『ドゥルーズ入門』（ちくま新書）と國分さんの『ドゥルーズの哲学原理』（岩波現代全書）を挙げておきたいと思います。他にも解説本はありますが、ドゥルーズの特殊な言葉遣いをそのままなぞっている感じで何がすごいのか分かりにくいとか、テーマが拡散ぎみだといった難点があるような気がします。いくつかの相互に関連するキーワードに絞って、それらを本人の言い回しや文体に過剰に拘束されないで、自分なりに咀嚼した書き方になっていないと、解説書として適していないと思います。その点でこの二冊がいいと思います。

ドゥルーズの主要三部作①　『経験論と主体性』

ガタリとの共著を除くドゥルーズ独自の哲学を語る際、よく参照される著作が三冊あります。『経験論と主体性――ヒュームにおける人間的自然についての試論』（一九五三）、『差異と反復』（一九六八）、『意味の論理学』（一九六九）の三冊です。『経験論と主体性』ではヒュームの哲学を再評価しています。ヒュームの哲学の特徴は、自我は元々統一的なものとして存在しているのではなく、「知覚の束」にすぎないことにあるとされています。Aという現象が起こったらBという現象が生じるという経験が何度も繰り返され、それぞれに際して知覚される印象　a　と　b　が常に結び付くと、それが慣習化し、因果法則になります。因果法則が最初からあるわけではありません。その［A-B］によって［a-b］が生じる場として、「自我」が成立します。習慣に従って知覚した印象を整理する機構が「自我」であるわけです。

一昔前までの哲学の教科書では、ヒュームは、ロック（一六三二―一七〇四）に始まる経験論の立場を徹底して、因果律を疑った懐疑の思想家というネガティヴなイメージでしか描かれていなかったのですが、『経験論と主体性』はヒュームの「自我―主体」論を掘り下げて、後期フッサールの「受動的総合 Passive Synthesis」という概念に繋げていきます。認識主体としての「自我」がフルに活動している状態を想定する近代の認識論哲学は、自我の中に知覚的な諸データを相互に調整して、一つの対象へと「総合」する働き、能動性が備わっているという前提で考えます。カント（一七二四―一八〇四）は、そうした自我の統覚的な性格を前提にした認識論の枠組みを作りあげました。しかしフッサール（一八五九―一九三八）は、「総合」は自我の自発性として遂行されるのではなく、むしろ外部からの働きかけを受けて、受動的に生じるのではないか、言ってみれば、対象を認識するのではなく、認識させられているのではないか、という問題を提起しています。ドゥルーズはそうした受動的総合論を、自我を「経験」の慣習的な集積にすぎないとするヒュームの議論と繋げる形で、合理的かつ能動的に振る舞う〝主体〟と言うべきものはそもそも存在するのか、実際には、知覚―印象に対する情念の反応のパターンのようなものしかなく、〝主体〟

として事後的に再構成、認知されているだけではないか、と示唆します。

ドゥルーズの主要三部作②『差異と反復』

『差異と反復』は、そうした〝主体〟や慣習を生み出す「反復」運動について掘り下げた論考です。「反復」と言うと、全く「同じもの」がそのまま持続するような印象を受けますが、そうではありません。本当に何の変化もないのだったら、「反復」という出来事が生じることはありません。「反復」がある以上、何らかの変化、「差異」が生じているはずです。そうした「差異」があるからこそ、あるいは、様々な「差異」に囲まれ、「差異」によって輪郭付けられる形で「同一性」が浮上してくると見るべきかもしれません。例えば、私たちのそれぞれの人格の同一性が存在するのは当たり前だと見なされていることが多いですが、それは、私たちの身体が同じようなパターンの反応を「反復」しているからでしょう。その〝同じような〟という判断は、その身体自身の他の動作や、他の身体の運動のパターンとの「違い」を基盤として成立するわけです。逆に言うと、様々な「差異」を排除する、視野に入れないようにすることで、「同一性」が成立していると言えます。［A］と［A′］は、xという点では同じだが、yという点では違っていて、……ということをいちいち細かくやっていたら、〝同一なもの〟などなくなります。石とか鉄の塊だって、分子、原子のレベルでは時間の経過と共にどんどん入れ替わっています。原子の内部まで問題にするなら、もっと不安定な様相を呈します。

ドゥルーズはそうした「反復」運動の中で次々と浮上してくる「差異」と「同一性」の絡み合いをめぐる考察を進めていくことで、絶対的に同一なものとしての精神や理性が存在し、それが自己自身と、自らに対して絶対的に安定した同一なものとして現前する対象を再現前化＝表象（représenter）するということを前提に議論を展開する近代哲学に挑戦します。ヘルダリン（一七七〇－一八四三）やニーチェ等の反同一性・反理性の系譜に属するとされるテクストを参照しながら議論が進んでいきます。

ドゥルーズの主要三部作③ 『意味の論理学』

『意味の論理学』では、私たちが「意味」と思っているものに含まれる根源的な逆説が指摘されています。それは、生成変化しているものを同一的なものとして固定するのは無理なのに、言語はそれを実行します。言語の存在自体が逆説だと言えます。ルイス・キャロル（一八三二―一九八）の『不思議の国のアリス』（一八六五）や『鏡の国のアリス』（一八七一）では、言語と存在の間の矛盾をめぐる問題が多く出てくる、というより、ほとんどそれを中心に物語が展開していくことはご存知ですね。「笑わない猫 a cat without a grin」ならぬ、「猫のない笑い a grin without a cat」の話とか。こういうのは、言語の不適切な使い方にすぎないのであって、正しい言語の使い方の規則を定めれば、ちゃんと「意味」のあるもの、実在する対象だけを指す言語体系を構築することができる、という分析哲学的な発想をする人も出てくるわけですが、ではどうやって本当に「意味」のあるものと、そうでないものを区別できるかというと、やはり私たちが使っている言語による差異化に頼るしかないことになります。実在しているものを指すとされる名詞と、動きを指す動詞との区分も言語的な慣習に依拠しています。「電子」は、存在するのか、素粒子の運動の状態かと聞かれても、明確な答えは出せません。ドゥルーズは、個々の対象に「意味」がはっきりと割り振られているのではなく、反復によって差異と同一性を生み出す「意味作用 signification」に注意を向けます。

それと対比する形で、キャロルの作品の独自の翻訳、というより翻案を試みたフランスの劇作家アントナン・アルトー（一八九六―一九四八）の「意味」論も検討されています。アルトーはこの『アンチ・オイディプス』でも参照されている、ドゥルーズ＋ガタリにとっての重要な参照項です。彼は私たちが通常抱いている身体のイメージ、まとまった動きをする身体を、様々な情動が明確な中心を持たずに生成変化し、交差し、葛藤する場と読み替え、様々の身体のパーツと暫定的に結び付いている情動の不定形な動きに注目します。例えば、私たちの身体の各部をじっくり観察していると、言葉を発しているのでもないのに唇が振動しているとか、腕が微妙に揺れているとか、自分の理性では把握できない動きをしていることがあります。精神病理学の診断・治療の対象になる人とか、物心のつかない子供等では、それが際立ちます。アルトーは、そうした身体のパーツのバラバラな、痙攣するような動きを露わにする「残酷劇 Théâtre de la cruauté」を提唱、実践しました。彼は幼少時の髄膜炎の後遺症を和らげるために麻薬を常用していて、それがこうした発想に繫がったとされています。

そのアルトーは一九三七～四七年にかけて精神病を疑われ、精神病院に収容されます。その療養期間中に、リハビリとして文字を書く創作活動をするよう主治医から指示されます。その一環としてキャロルの『鏡の国のアリス』の一部や彼の詩の翻案、評論等を試みています。その訳は、河出書房新社から出ている『アルトー後期集成I』に入っています。ドゥルーズはそれに基づいて、アルトーのキャロルに対する批判を再構成しています。身体という「深層 profondeur」から立ち上がってくる情動を、言語の響きの中に読み取ろうとするアルトーからしてみれば、キャロルの作品にその痕跡を見出すことはできるものの、キャロルは基本的に「表層 surface」に留まっていて、「深層」を隠しているとして批判しています。アルトーは、「深層」における精神分裂病的、今の言い方だと、統合失調症的な運動を重視します。そうやって、「表層」に「深層」を対置するアルトーに対して、ドゥルーズ自身はこの区別に疑問を呈しています。『意味の論理学』は体系的な議論を展開しているわけではなく、「意味」にまとわりつく矛盾を、文学、哲学、精神分析のテクストに即して様々な角度から描き出しているので、論旨が分かりにくいのですが、［深層＝無意識］という次元の存在を自明視することで、あらゆる精神病理的な現象、更には人間の精神の働き全てをそこに還元しようとする精神分析、あるいは、それと共犯関係にある哲学・批評を批判しようとしているらしいことは分かります。アルトーは評価するけれど、「表層」を規定する「深層」というような発想は受け入れたくないような感じです。ただ、そうした精神分析批判的な論調は、

アントナン・アルトー

『意味の論理学』ではさほど鮮明になっておらず、精神分析や構造主義の概念を使いながら議論を進めているので、何を言いたいのかすっきりしないのですが、ラカン派精神分析の出身であるガタリと一緒に仕事をするようになって、フロイトとラカンに対する批判を鮮明にしたので、大分論旨がすっきりしてきます。これから見ていきますが、二人は、人間の欲望を定型的なものと見なす「精神分析」の在り方を徹底的に批判します。それでも『アンチ・オイディプス』は十分難解なテクストですが。

実は、分かりやすい？

檜垣さんの『ドゥルーズ入門』は、今挙げた三冊の著作を中心にドゥルーズ的な世界像とはどのようなものかを丁寧に解説しています。カントでもベルクソンでもなく、ドゥルーズの視点から世界を見た時、どのように見えるか、認識論哲学の系譜の中でドゥルーズの新しさを強調する形で紹介しています。國分さんの著作は、ドゥルーズの著作の中身を紹介するよりは、ドゥルーズが他の哲学者を批判的に読解し、それを通じて当の哲学者が必ずしも意識していなかった問題をどのように明らかにしているか、戦略的な側面から解説しています。デリダ（一九三〇－二〇〇四）の「脱構築」に相当することを、ドゥルーズも彼なりのやり方でやっているということです。

『アンチ・オイディプス』が刊行されたのは一九七二年で、『差異と反復』の刊行はその五年前の六七年ですが、この六七年には、デリダが『グラマトロジーについて』『エクリチュールと差異』『声と現象』の三冊を一挙に刊行しています。この三冊でデリダは、反レヴィ＝ストロース、反フーコー、反レヴィナス、反フッサールの立場を鮮明にし、現象学や構造主義を超える新潮流の代表格と見なされるようになりました。それに続いてドゥルーズとガタリが精神分析に焦点を当てた構造主義批判を展開したので、この二人がデリダと共に、ポスト構造主義と呼ばれるようになる潮流を代表する論客だという認識が生まれてきます。

デリダが多くの場合批判する対象をピンポイントで明確にしているので、批判元のテクストをよく読めば、何がポイントなのかそれなりに見えてきますが、『アンチ・オイディプス』はいろんなテクストに強弱が分かりにくい形で言及しているので、文脈がかなり読みにくいです。ドゥルーズとガタリの思想的歩み、精神分析、文化人類学、現代アートについてかなり予備知識がないと、何が話題になっているかさえ分かりません。『アンチ・オイディプス』の続編である『千のプラトー』は記述が順序立っておらず、いろんな話題が出てくるので余計に分かりにくいという人が多いのですが、体系的に読もうとせず、『アンチ・オイディプス』で出てきた個別テーマ、特に文化人類学や神話学のテーマを深堀りしたものだと思うと、それなりに読みやすいです。『千のプラトー』というタイトルが示唆しているように、私たちの意識／無意識の〝構造〟に立ち現れてくる幾多の高原（プラトー）＝問題系を遊牧民のように自由に渡り歩くというイメージでしょう。無論、『アンチ・オイディプス』で既に論じられていたテーマが、細部に拘って新たな資料も加えながらクローズアップされているということが分かっていないと、途方に暮れてしまいますが。その点では、『アンチ・オイディプス』は、いろんなテクストに言及しているけれど、最終ターゲットは「エディプス神話」の解体だと分かっている分、分かりやすいと言えるかもしれません。

『アンチ・オイディプス』の構成

第一章「欲望機械」はドゥルーズ＋ガタリが、世界をどう見ているか基本的態度を明らかにするマニフェスト的な部分です。普通の哲学書であれば、自らの使う独自の用語の意味やそれを使う理由を説明したうえで、それらの用語を使って、従来の議論におけるそれとは異なる世界観を徐々に呈示していくという手順を取りますが、ドゥルーズたちは用語説明せずにいきなり、独自の言葉遣いで話を切り出すので、予備知識がない人は、何を目的とする議論なのか戸惑ってしまいます。

第二章は、「精神分析と家族主義　すなわち神聖家族」というタイトルから想像できるように、細部の記述はかなり難解ですが、何を批判しているかは想像がつきますね。

第三章も、「未開人、野蛮人、文明人」というタイトルからかなり想像がつきますね。文化人類学、特にレヴィ＝ストロース（一九〇八―二〇〇九）の構造主義をめぐる問題が論じられていることは見当がつきます。節のタイトルを見ると、「エディプス・コンプレックス」と文化人類学の結び付きが問題になっていることが分かります。

第四章「分裂分析への序章」も、「精神分析」に対して「分裂分析」と呼ばれるものを対置してそれを推奨したいという意図が窺えます。名称からして、「精神分析」と一定の共通性を有するけれど、精神分裂病、統合失調症を肯定的に捉えるところで根本的に異なるアプローチという意味合いのものだと想像できますね。

最後に自分たちが本当にやりたいことを表明するという点は、普通の本と同じです。とにかく冒頭の第一章があまり説明なしに、ドゥルーズ＋ガタリの世界観を呈示してくるのでとっつきにくいのですが、詳しいことは後の章で示されることになるので、無理に体系的に読もうとせず、個々の特殊用語の意味するところを確認できればとりあえずはオーケーくらいのつもりで読んでいきましょう。

機械とは？――「第一章第一節　欲望的生産」を読む

最初の二つの文は、精神分析をある程度知っている人であれば、大よそのことは分かると思います。

――〈それ《エス》〉はいたるところで機能している。中断することなく、あるいは断続的に。〈それ〉は呼吸し、過熱し、食べる。〈それ〉は排便し、愛撫する。

フロイトの精神分析の「エス das Es」が話題になっているのは分かりますね。ドイツ語の〈es〉は英語の〈it〉、フランス語の〈ça〉に当たり、「それ」という意味の代名詞ですが、それを大文字にして名詞化したもので、自我（Ich）、超自我（Über-Ich）と共に、人間の心の三つの審級の一つを構成します。英語の〈it〉もドイツ語の〈es〉も、天候や温度などの自然現象とか、漠然としたその場の状況などを指す言葉として使われますが、それからの連想で、精神分析では、自我が成立する以前から作用している、人称化されていない無意識の働きを指す言葉として使われます。その「エス」の次元で働く欲求に従って、私たちは呼吸とか食事とか、排便とか愛撫をするわけです。「排便」は、フロイトのリビドーの発達段階論の「肛門期」を念頭に置いているのでしょう。「愛撫」は、リビドーの性的性格を暗示しているように見えますね。

――〈それ〉と呼んでしまったことは、何という誤謬だろう。いたるところに機械があるのだ。決して隠喩的な意味でいうのではない。

〈それ＝エス〉ではなくて、「機械 machine」と言うべきだったとわざわざ言っているわけですが、冒頭から言い間違えるはずはありません。この言い換えにはちゃんと意味があります。精神分析で「エス」と呼ばれているものは、「……の性格を持っている」とされてるけれど、それを私たちは「機械」として捉え直したい、と宣言しているわけです。何故、ストレートにそう言わないといけないのかというと、恐らくフロイトに「言い間違え」「聞き違い」「見間違い」等の「錯誤行為 Fehlleistung」には無意識のレベルでの意味があるという議論があるので、わざと書き間違えたふりをしてみせたのでしょう。「錯誤行為」の話は、『日常生活の精神病理学』（一九〇一）や『精神分析入門』（一九一七）に出てきます。フロイトの理論の無意識あるいは前意識レベルでの呪縛が強いので、私たちもついつい間違えってしまった、という感じでしょう。

「エス」ではなく「機械」だというのが、この本の議論全体の焦点です。ガタリには「機械と構造」（一九六九）という論文があります。法政大学出版局から訳が出ている『精神分析と横断性』（一九七二）に収められています。あまりちゃんと説明する感じの論文ではなくて、短いものですが、そこでは、構造主

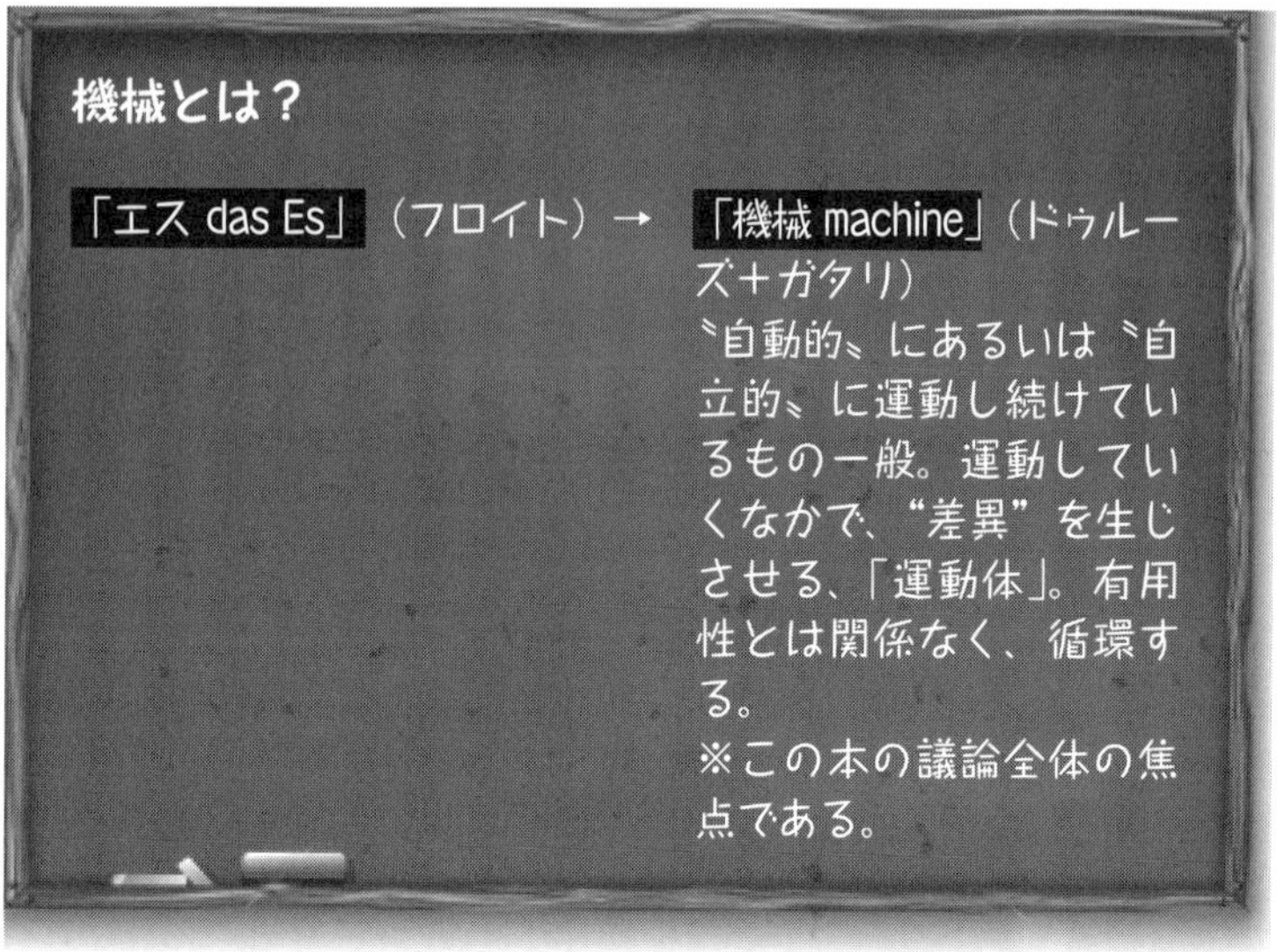
機械とは？
「エス das Es」（フロイト）→「機械 machine」（ドゥルーズ＋ガタリ）
〝自動的〟にあるいは〝自立的〟に運動し続けているもの一般。運動していくなかで、“差異”を生じさせる、「運動体」。有用性とは関係なく、循環する。
※この本の議論全体の焦点である。

義、特にラカン派の精神分析で言うところの「構造」ではなく、「機械」という視点に立つ必要があることが強調されています。ラカン派の構造主義的精神分析とは何かを本格的に説明しだすと、それだけで一冊の本になってしまうくらい長い話になってしまうので、端折って説明すると、先ず、構造主義というのは、レヴィ＝ストロースに始まる人文・社会科学の方法論で、人間の振る舞いや親族・氏族関係、交換、住居、言語、芸術や文化の様式は、無意識のレベルの「構造 structure」によって規定されている、という前提に立つ方法論です。その「構造」というのは、事物を、上／下、右／左、男性／女性、精神／物質……というように、差異化して位置付ける記号の体系です。ソシュール（一八五七－一九一三）の言語学がモデルになったとされます。ラカンは、ソシュール→レヴィ＝ストロース由来の構造主義を精神分析に応用し、無意識の中に言語的構造を見出した、とされています。彼はフロイトの概念を構造主義的に読み替えること、つまり無意識を記号体系として捉えることを試みたとされています。例えば、ラカンにとって、ファルス（Phallus）は男性に実際についているペニスではなく、記号と見なされます。ドゥルーズ＋ガタリにとって、「機械」は、平板化されたフロイト主義における「エス」理解で想定されているように、生物としてのヒトに備わっている本能のようなものではなく、ラカンの言うように、記号の体系として固定化された「構造」でもない、しかし、人間を動かす重要な原理だということでしょう。

　では、「機械」とは何か？　最後まで明確な定義がないのですが、先ほどの箇所で、「いたるところに機械がある」と述べられていましたね。また、これから読んでいくと、「欲望機械」「独身機械」「エネルギー機械」等など、様々な種類の「機械」が登場します。少なくとも、工場で稼働しているような機械のことだけではないことははっきりしています。そういう「機械」は至る所にはありませんし、「欲望」とか「独身者」まで作り出しません。ドゥルーズたちが、「機械」という言葉の意味をかなり拡張しているわけです。どうも、〝自動的〟にあるいは〝自立的〟に運動し続けているもの一般を「機械」と呼んでいるようです。ただ、システムのようにずっと全く同じ動きを繰り返すのではなく、『差異と反復』で言うように、運動の反復の間に差異が生じるような、運動体のようです。

　この河出文庫の訳で言うと、下巻の最後に、一九七三年の増補版に追加された「補遺」があります。この中で「機械」と「道具 outil」の違いが述べられています。私たちは、「道具」を人間の身体の延長と見なしたうえで、延長としての「道具」が進化し、人間の直接の動作から独立していく過程のどこかの時点で、「機械」が登場するというようにイメージしがちだけど、それは間違っていると論じられています。「道具」であるか否かは、人間にとって使えるか使えないかによって決まりますが、「機械」はそうした人間にとっての有用性とは関係なく「循環」し続けるものであり、別のカテゴリーだということです。二つの異なる要素が接触したら、そこに「機械」が生まれる、という言い方をしています。異なるものが接したら、異質なのですぐに同化することなく、相互作用する形で変化・運動が生じるということでしょう。例えば、蒸気と金属を接触させることで蒸気機関が生まれるとか、回し車に鼠を入れて、回転運動する機械にするとか。主体と合目的的に繋がっていて、使われ方が決まっている「道具」と違って、異質なものの結合によって生まれる「機械」はどういう風に動くか予想できない感じですね。

　私たちは、「機械」と聞くと、どうしても工場の精密機械のようなものを標準と考えて、人間の身体の特定の領域とか、社会的集合体とかを「機械」と呼ぶのはメタファーだと考えがちですが、彼らはメタファーではないと強調しています。彼らの見方だと、彼らの言う意味での「機械」によって私たちの見ている諸事物の大半が出来上がっていて、その一部が、狭義の「機械」として現象するということになるのでしょう。ただそうは言われても、「機械」という言葉を聞くと、どうしても工場のオートメーション機械のような金属っぽいイメージが浮かんできますね。それがこの言葉を使う際のデメリットです。しかしそれがメリットだとも言えます。私たちの常識的な見方に揺さぶりをかけられるからです。普通私たちは、生物としての人間の身体、各個人の精神、社会を全く別次元のものと見なし、それぞれが完結したシステムを成しているように捉えがちです。これから見ていくように、彼らは私たちが認知している事物や出来事の多くが、様々なレベルの「機械」の複雑な連鎖として成り立っており、三者の間に、我々が普通想定するような大きな段差はないことを示唆しているわけです。生物学や生理学の対象になるような物質的な身体性のレベル、精神分析が問題にしているような精神の構造のレベルと、マルクス主義が問題にしているような下部構造のレベルは、単にパラレルな、並行的な関係にあるだけでなく、境界線が設定できないような地続きの関係にある。「機械」の連鎖として見た時に、それが分かってくる。どうもそういう風に考えているようです。

連結や接続をともなう様々な機械の機械がある。〈器官機械〉が〈源泉機械〉につながれる。ある機械は流れを発生させ、別の機械は流れを切断する。乳房はミルクを生産する機械であり、口はこの機械に連結される機械である。拒食症の口は、食べる機械、肛門機械、話す機械、呼吸する機械（喘息の発作）の間でためらっている。（…）〈エネルギー機械〉に対して、〈器官機械〉があり、常に流れと切断がある。

〈器官機械 machine-organe〉は、とりあえず身体の各器官と考えておいていいでしょう。ただ、身体全体が合目的的に繋がっているというよりは、各器官がそれぞれ「機械」として独自の運動をしているということでしょう。〈源泉機械 machine-source〉というのは、「欲動」とか「リビドー」、あるいは、生物的欲求などを発生させ、それを各器官に送り込む「機械」ということでしょう。「ある機械は流れを発生させ、別の機械は流れを切断する」というのは、〈源泉機械〉と〈器官機械〉の関係を指します。器官をベースにして固有の運動をする機械は、それまでのエネルギーの流れをいったん断ち切って、自分を中心とする新しい運動を引き起こす。乳房という〈源泉機械〉から流れ出すミルク、あるいはミルクに含まれるエネルギーの流れを、口という〈器官機械〉が切断し、独自の運動を始めるということでしょう。その「口」はいろいろな機械運動を行う可能性がある。特に拒食症になると、排泄とか喘息などの運動もする。これは同じ器官が、状況によって異なる「機械」になり得るということでしょう。〈エネルギー機械 machine-énergie〉というのは、恐らく、〈源泉機械〉とほぼ同義なのでしょうが、それプラス、エネルギーをそのまま伝達する機械という意味合いも含まれているのだと思います。

このように身体の各器官が、様々な運動の可能性を持った機械として、他の器官と繋がっているけれど、相対的に独立した動きをするかもしれないことを示唆することで、これから見ていくように、「身体」が一つの原理によって貫かれた統合体であるという見方に揺さぶりをかけることが意図されていると思います。また、口唇期→肛門期→男根期→潜伏期→性器期という順に規則正しく進んでいく、フロイトのリビドーによる心理学的発達論に対する批判も込められているのでしょう。リビドーの中心的所在地が「機械」の連鎖の不安定さのせいでしょっちゅう移動している、それどころか、中心点がどこか定まらないのであれば、フロイトの発達論は成り立たなくなります。

機械と分裂——生産プロセス

——シュレーバー控訴院長は、尻の中に太陽光線をきらめかせる。これは太陽肛門である。〈それ〉が機能することは確信していい。シュレーバー控訴院長は何かを感じ、何かを生産し、そしてこれについて理論を作ることができる。何かが生産される。この何かは機械のもたらす結果であって、単なる隠喩ではない。

ダニエル・パウル・シュレーバー（一八四二―一九一一）は、一九世紀後半のドイツの裁判官ですが、妄想型統合失調症にかかって長期にわたって入院させられますが、自分に対する措置を不満に思って、裁判を起こして自由になります。そして『シュレーバー回顧録』（一九〇三）と呼ばれる手記を刊行します。訳は平凡社ライブラリーや中公クラシックスから出ています。この世界は「光線」たちに支配されていて、悪い光線が自分の中に入ってきて苦しめている、その悪い光線の親玉が自分の最初の主治医だったパウル・フレクシッヒだと主張します。そしてその影響で、彼の体は女性化しているとも主張します。彼の証言は詳細にわたっていて、その世界観が興味深く、しかもそうした自分の心身の状態をかなり論理的に自己分析しているので、フロイトやラカンなど、多くの人が彼の症例に分析を加えています。彼の肩書は、訳では「控訴院長」、原文では〈président〉となっていますが、正確には院長ではなく、ザクセン王国の控訴院（高等裁判所）の民事の総括判事に相当する地位だったようです。

「太陽光線」と訳されていますが、原文では〈rayons du ciel〉、「天の光線」となっています。ただ、単なる誤訳ではなく、その後の「太陽肛門 Anus solaire」という表現と平仄を合わせているのでしょう。「太陽肛門」というのは、「犠牲 sacrifice」と「蕩尽 consommation」をめぐる哲学的考察で有名なジョルジュ・バタイユ（一八九七―一九六二）が一九二七年に執筆し、三一年にシュルレアリスム系の画家アンドレ・マッソン（一八九六―一九八七）の挿絵付きで刊行した短いアフォリズム的著作のタイトルです。太陽によるエネルギーの放出を、肛門からの排出、あるいは射精と見ているわけです。諸事物が、エネルギーの放出によって、自己を拡張すると共に、次第に衰退していくことをテーマにしたシュルレアリスム風のスタイルで書かれたテクストです。

フロイトは、シュレーバーの証言に出てくる「光線」それ自体に意味はなく、エディプス・コンプレックスと関わる彼の無意識的な欲望の象徴的な表れであると見ました。普通の人はそう考えるでしょう。しかしドゥルーズ＋ガタリは、さすがにどこかの天体からやってくる意志を持った光線がシュレーバーの体に入り込んでいるとは見ていないでしょうが、シュレーバーの身体の中で、様々な「機械」が統一性を欠いたまま、運動しているという見方をしているようです。

その次の段落は、記述が具体的なのでそれなりに分かりやすいと思います。

分裂症者の散歩。それは、精神分析家のソファに横たわる神経症患者よりも、ずっとよいモデルである。ここには一陣の外気が通い、外部とのかかわりがある。例えば、ビュヒナーによって再構成されたレンツの散歩。散歩するレンツは、善良な牧師の家を訪れるときのレンツとはちがう。牧師に強いられたレンツは、宗教上の神との関係、あるいは父母との関係にしたがって、自分を社会的に位置づけようとする。散歩のときは反対で、レンツは山の中、雪の中で、別の神々とともに、あるいはまったく神もなく、家族もなく、父母もなく、ただ自然とともにある。「私の父は何をのぞんでいるのか。彼は私に、もっと何かを与えることができるのか。できるわけがない。私をそっとしておいてくれ。」すべては機械をなしている。天上の機械、星々または虹、山岳の機械。これらが、レンツの身体のもろもろの機械と連結する。諸機械のたえまないざわめき。「あらゆる形態の深い生命に触れられること、石や金属や水や植物と交流する魂をもつこと、花々が月の満ち欠けに応じて大気を吸いこむように、夢うつつのまま自然のあらゆる要素を自分の中に迎えいれること。こうしたことはすべて限りない至福であるにちがいない、と彼は考えていた。」

現代の言い方に合わせて「統合失調症」と訳し直していないのは、「分裂」という言葉を使った方が、それまで統一性を示していたように見える身体が多くの「機械」の動きへと分裂する、という感じが出るからでしょう。ドゥルーズ＋ガタリの思考では、「分裂」していく状態の方が、無理に一つの自我としてまとめあげているよりも、自然であるということになりそうです。

この箇所では、精神分析における「ソファ」に座っての分析と、「レンツの散歩」が対比されています。精神分析は、ソファに座った被分析者と精神分析医が一対一で向かい合っているイメージがありますね。フロイトが精神分析のモデルを作っていく過程において、最初はフランスの神経科医シャルコー（一八二五―九三）に倣って催眠術を使っていましたが、やがて同じくフランスの神経科医であるイポリット・ベルネーム（一八四〇―一九一九）の影響を受けて、催眠術ではなく、額に手だけ置いて思いつくことを語らせるようにしました。そのうち、被分析者にソファに腰かけてくつろいでもらい、分析医は姿を隠して、自由に語ってもらう「自由連想法 Freie Assoziation」を編み出します。くつろいで自由に語らせるのなら、抑圧がなくていいではないかという気もしますが、穿った見方をすれば、ソファに座って大人しくしていなければならないわけです。一定の身体性が押し付けられているようにも見えます。

それに対して、分裂症っぽい人が、医師との関係性も含めて、自由に動き回れる散歩を対置しているわけです。レンツ（Lenz）は、一九世紀のドイツの革命家で、劇作家でもあるゲオルク・ビュヒナー（一八一三―三七）の小説『レンツ』（一八三九）の主人公の名前です。ドイツ文学史で言うと、ビュヒナーが活動したのは、ロマン主義の時代が一旦終わり、一九世紀後半からリアリズムとか自然主義が盛んになる前の移行期です。ビーダーマイヤー期と呼ばれます。「ビーダーマイヤー Biedermeier」というのは、当時の風刺週刊誌に登場する架空の人物で、政治のような大きな世の中の動きにはあまり関心がなく、自分の小市民的な日常に拘りを見せる、当時のありがちな人間の代表です。そうした風潮の中で、農民や下層階級の解放を掲げて活動したビュヒナーは異色の存在です。政治的には、自由とドイツ統一を求める若者たちの運動が次第に盛り上がり、ヘーゲル左派が活動を開始する時代です。マルクス（一八一八―八三）はビュヒナーより五歳若くて、政治的作家として知られるハイネ（一七九七―一八五六）は一六歳年長です。

ビュヒナーは、ドイツ文学研究の世界では一応重要な作家なのですが、若死にしたこともあり、ゲーテ（一七四九―一八三二）やシラー（一七五九―一八〇五）、トーマス・マン（一八七五―一九五五）等に比べると一段低い扱いですが、ドゥルーズ＋ガタリをはじめ、フランス系の現代思想ではしばしば、カフカ（一八八三－一九二四）と並ぶくらいの重要な作家として言及されます。正統なドイツ文学史では、どちらかというと、革命とか秩序への反逆というイメージで捉えられる傾向がありますが、フランス系の現代思想ではむしろ、分裂しかかっている身体や自我を描いたポストモダン的な作家として評価されます。

『レンツ』はまさに、分裂症的な自我を描いた作品です。レンツというのは、実際に統合失調症だったとされている疾風怒濤時代の作家ヤーコプ・ミヒャエル・ラインホルト・レンツ（一七五一－九二）をモデルにした小説です。レンツがヨハン・フリードリヒ・オーベルリーン牧師（一七四〇－一八二六）の元を訪れ、次第に狂気に陥っていく様が描かれています。ビュヒナー自身の体験をレンツという人物に仮託して語ったのではないかと言われています。この『レンツ』と、下級軍人ヴォイツェックが頭の中で響く奇妙な声に誘導されて、自分の愛人を殺すに至る様を描いた戯曲『ヴォイツェック』（一八三五）が、狂気をテーマにしたビュヒナーの二大作品として知られています。

善良な牧師であるオーベルリーンの元を訪ねた、精神を病みつつあったレンツは、牧師の前では、まるで精神分析医の元を訪れた患者のように、自分を社会的に位置付け直そうとするわけですが、牧師が友人と一緒にスイスにでかけたせいで、その間独りきりになり、牧師の家の周辺の散歩を始めると、そうしたプレッシャーから解放され、彼の身体の諸機械が自然の中の諸機械と自由に相互作用するようになるわけです。あまり意識しないで素朴に読むと、精神的に病んでいる人が自然の中で散歩することで、〝精神の健康〟を取り戻すという話だと思ってしまいそうですが、読み進めていくと、実際はその逆で〝狂気〟が深まっていきます。自然治癒力にまつわる癒し系の話でなく、自然と交流することでより狂気にはまっていく、最後は完全に取り憑かれて、全く不安を感じない状態になる、という皮肉な展開になっているわけです。そこでドゥルーズ＋ガタリはそこを更に逆転させて、彼の身体の各部分が石、水、植物などの諸機械と相互作用して、身体を構成する諸パーツが「機械」として解放され、分裂していくプロセスとしてポジティヴに見ようとするわけです。

――レンツは、人間と自然が区別される以前に、あるいはこの区別を条件とするあらゆる指標以前に身をおいたのだ。彼は自然を自然としてではなく、生産のプロセスとして生きる。もはや、ここには人間もなければ、自然もなく、ただ一方を他方の中で生産し、もろもろの機械を連結するプロセスだけがある。いたるところに（……）。

私たちは、人間の身体と自然の間には絶対的な境界線があるように感じていることが多いですが、レンツの身体の各器官は、〝精神〟なるものを介さないで、自然の諸機械と直接的に相互作用しているというわけです。そうなると、私たちが通常イメージしているような〝人工的なもの〟と対比される〝自然〟という統一的実体はなくなる。様々な機械の動きが生じて、それが他の機械に伝わっていく「生産のプロセス processus de production」があるだけです。ドゥルーズたちは、「生産」という言葉を、工場での生産のように特定の製品を目的とした機械の操作――そういう操作は先ほど見たように、どちらかと言うと、道具的なものです――ではなくて、新たな運動が現れてくる、というような意味合いで使っているようです。〈production〉は、前に（pro）に向かって行く（ducere）という意味のラテン語〈producere〉を語源としています。

次の段落では、同じような身体の動きを、サミュエル・ベケット（一九〇六―八九）の作品の登場人物もするという話が出てきます。ベケットはアイルランド生まれのフランスの劇作家・小説家で、有名な『ゴドーを待ちながら』（一九五二）をはじめとして、登場人物の間の正気な人間同士のやりとりとは思えない不条理に満ちた作品を残しています。ベケット作品に出て来る分裂者の散歩で、彼らの身体が〈自転車―警笛〉機械（la machine bicyclette-corne）や、〈母―肛門〉機械（la machine mère-anus）と関係を持っているということですね。

――「自転車と警笛について話すのは、何という安らぎだろう。不幸なことに、私が語らなければならないのは、このことではなくて、あの女についてなのだ。私の記憶が正しければ、あの女は自分の尻の穴から私をこの世に送りだした。」

ベケットの『モロイ』（一九五一）という小説からの引用です。モロイは元々放浪者で、長いこと自転車に乗って旅していたのだけど、今は何故だか自分の母親の部屋に閉じこもって、読者が目にしている文章を書いているという設定です。素朴に読めば、おかしくなりかけているモロイが取りとめもない思い出話をしているだけとしか思えませんが、ドゥルーズ＋ガタリは、そこに〈機械〉の運動の連鎖を見ているわけです。彼らはこの著作で、アルトー、ビュヒナー、ベケットと不条理系の劇作家のテクストを多く参照しています。そういう趣味なのかという見方もありそうですが、それなりに理に適っています。通常の演劇は、役者同士の通常の言葉のキャッチボールを軸として、それに身体の動作＝演技がついていく感じですが、これらの不条理劇では、身体の統一性を欠いたような妙な動きが先行して、それに言葉がついていくような感じになるので、ドゥルーズ＋ガタリの図式に合っていると言えます。

オイディプス

続いて、「オイディプス」の話が出てきます。

しばしば、オイディプスは簡単なものであり、ただそこにあると思われている。しかし、ほんとうはそうではない。オイディプスは、欲望機械のとてつもない抑圧を前提として成立しているのだ。それなら、これらの欲望機械は、なぜ、どのような目的で抑圧されるのか。こうした抑圧に屈することは、ほんとうに必要なのか、望ましいことなのか。また何を用いるのか。オイディプスの三角形の中に、何をもちこむべきなのか。何によって、この三角形を形成すればよいのか。

「欲望機械」とはどういうものかここではまだ述べられていませんが、人間の「欲望」を構成したり、伝達したりする機械だということは察することができますね。「欲望機械 machines désirantes」は本来多様な動きをするものだけど、その動きを人為的に制御することで、オイディプス三角形、「父―母―子」の関係性と、それに基づく自我形成が可能になる、ということです。ご存知のように、オイディプスとは、自分の実の父をそうとは知らないで殺してしまって、母と結婚し、テーバイの王となる人物で、フロイトはそこに「父」を殺して「母」と交わりたいという子の願望を読み取ったわけです。フロイトはこれを、自我の発達論に応用します。幼少期における「母」と「子」の密着状態は、「母」の夫としての「父」の存在が意識されるようになることで崩壊する。「子」は「父」に嫉妬するけれど、同時に「母」を自分のものにした「父」の力に憧れ、「父」のようになろうとする。フロイトはそれを自然な過程であるかのように言っているけれど、実は身体を構成する機械の働きを人為的に抑制して、一つの定型パターンとして生み出されたのが「エディプス三角形」ですから、いろんな取捨選択があるはずだ、とドゥルーズ＋ガタリは言っているわけです。

> 自転車の警笛と私の母の尻とが、そんなに大事なのか。こうしたことよりもっと重要な問題は存在しないのか。ある効果がめざされているとしても、どのような機械がこうした効果を生みだす能力をもっているのか。また、ある機械が与えられているとしても、この機械はいかなることに役立ちうるのか。

オイディプス・コンプレックスが規定のコースに従って自然と形成されることを前提に精神分析をすると、警笛に性的刺激を覚える人や自分の母親の尻にいつまでも固執する人は、リビドーが正常ではない仕方で発達しており、神経症か倒錯ということになってしまうでしょう。オイディプス三角形の形成とそれを卒業して一人前の主体になる過程とは関係ない、むしろそれを阻害するような、身体の各部の「機械」としての運動は役に立たないものと見なされます。ドゥルーズ＋ガタリは、その線引きは自明なのか疑問を呈しているわけです。精神分析をそもそも信じていない人にとっては、オイディプス・コンプレックスが虚構だなんて当たり前だろうということになるでしょうが、そういう人でも、人間の欲望はほぼ規定の

発達経路を辿るのであって、ごく少数の人だけがその経路から見て無駄なところに欲望を向けている、という見方をしているのではないでしょうか。自然にも身体にも精神にも属さない、「機械」の運動の連鎖に言及することで、そういう常識に揺さぶりをかけているわけです。

予想できないヘンな動きをする「機械」の連鎖と「生産」

次に再びベケットの小説である『マロウンは死ぬ』（一九五一）を引用しています。主人公のマロウンは、病院あるいは精神病棟に裸で寝ている老人で、身の回りの物はほとんど「取り」去られていたけれど、練習帳と帽子と鉛筆だけ残されていて、そこに自分とサポという名の少年についての思い出をかわるがわる書いているという設定です。後にマックマンと名前が変わるサポは、マロウン自身なのか、同じ病室にいる別の人物かはっきりしません。ここに出てくる「ペダル夫人 Mademe Pédale」というのは、収容されている患者を支援するボランティアのような設定です。「ペダル」という名前は自転車の「ペダル pédale」にかけているのでしょう。『モロイ』と繫がっているし、「機械」的ですね。

『マロウンは死ぬ』で、ペダル夫人は分裂症者を外につれだし、腰掛つきの馬車やボートにのせたり、野外のピクニックにつれていったりする。ここに地獄の機械が準備されている。

皮膚の下の身体は過熱したひとつの工場である、
そして、外で、
病人は輝いて見える。
炸裂した
そのすべての毛穴から
彼は輝き出す。

状況はレンツと似ていますね。それまで精神病院に収容され、無理やり一つの型に押し込まれていた身体が、外に連れ出され、〝解放〟されることによって、体内に潜んでいた「機械」がバラバラに動き出す。「地獄の機械 une machine infernale」というのは、この小説の最後に惨劇が起こるので、殺人を起こす「機械」の動きを暗示しているのでしょう。一連の殺人や暴力を起こすように作用する「機械」の働きもあるということでしょう。

私たちは、分裂症の自然主義的な極を決定しようとしているのではない。分裂症者が、独自に類として生きているのは、決して自然の特定の極などではなく、生産のプロセスとしての自然なのである。ここでいうプロセスとは何を意味するのか。おそらく、ある水準においては、自然と産業ははっきりと区別される。すなわち、ある面で、産業は自然に対立し、別の面で、産業は自然から原料をひきだし、また別の面では、産業はその廃棄物を自然に返している、等々。自然－人間、自然－産業、自然－社会というこの弁別的関係は、社会の中にさえも「生産」「分配」「消費」と呼ばれる相対的に自律的な領域の区別を存在させる条件となっている。しかし、こうした一般的な水準の区別は、発展した形式的構造の中に認められるもので、（マルクスが指摘したように）それは単に資本と分業の存在を前提としているだけではなく、資本家という存在が自己についてもつ誤った認識と、全体的過程に属する諸要素の固定を前提としている。なぜならほんとうは、錯乱の中に埋もれている目覚ましい暗い真実が示しているように、相対的に独立した領域や回路といったものは存在しないからである。

ここでも「自然」は、静的で安定したシステムではなく、「生産のプロセス」、つまり、予想できないヘンな動きをする「機械」の連鎖として捉えられていますね。マルクス主義は、人間が「自然 Natur」、あるいは人間自身の「本性 Natur」から「疎外」されているという前提に立って、その疎外を克服すべく資本主義に闘いを挑んだわけですが、様々な「機械」の連鎖として世界を見るドゥルーズたちから見ると、それだけでは不十分だということのようです。そもそも「自然の生産」と「産業の生産」の区分を自明視

することと自体がおかしいし、個々の「人間」と「産業」と「社会」を別々の実体と見るのも、工場での財の「生産」と、それを「分配」する仕組みと、各人によるその「消費」を別個に扱う議論自体がおかしい、というわけです。

ただマルクス主義の側からすると、そうは言っても、人間が「自然」から疎外されているという前提に立たないと、資本主義における労働者の悲惨な現状を際立たせて、問題提起することはできないだろう、ということになるでしょうし、「生産／分配／消費」の関係についても、価値がある財を労働によって生産する仕組みと、それを誰が所有するのかを決める、つまり分配する制度が分離していて、そのおかげで労働者の消費が乏しくなることを指摘しないと、資本主義経済の何が悪いか分からなくなるではないか、ということになるでしょう。無論、ドゥルーズ＋ガタリもそんなことは分かっているでしょう。ガタリは自らがラディカルな左翼なのですから。彼らはそうした政治的戦略よりも、「自然」と「人間」と「社会」に対する私たちの見方を根底から変えることをより重視しているのでしょう。

> すなわち、生産はそのまま消費であり、登録なのである。登録と消費は直接に生産を規定しているが、しかも生産そのものの真っ只中で生産を規定している。だから、すべては生産なのだ。ここに存在するのは、生産の生産、つまり能動と受動の生産であり、登録の生産、つまり分配と指標の生産であり、消費の生産、享楽と不安と苦痛の生産なのである。すべてはまさに生産であるから、登録はただちに消費され消尽され、この消費は直接に再生産される。

全てが「生産」だという言い方は何か言葉遊びのように感じられるかもしれませんが、そう思ってしまうのは、私たちが「生産」という言葉から、資本主義的経営の工場でのプロセス、鉱物とか植物とか肉とか繊維とかを材料として投入して、ベルトコンベヤーの上に並んでいる〝機械〟を通して、商品として産出する過程を連想してしまうからでしょう。そういう「生産」のモデルではなくて、単細胞生物が外部から何かを取り入れて、それによって変化し、その後取り入れたのと同じかどうかよく分からない何かを排出するプロセスを念頭に置くと、イメージが大分違ってくるのではないでしょうか。そうした外界の刺激に反応する生命体あるいは運動体が集合したり、分解・分散したりする過程、そしてその集合体あるいは分散体が更に集合したり分散したりして、どうなっているのか分からないように変化し続ける過程を想像してみてください。そうなると、どこまでが「生産」の単位か分からないし、「生産」と「消費」の区別もはっきりしなくなりますね。

因みに、マルクスも『経済学批判』（一八五九）では、生産労働の主体である人間を再生産する営みである「分配」と「消費」も、「生産」の一部である、という見方を示しています。ドゥルーズたちは、そのマルクスの「生産」概念を更に拡大して、人間による「生産」の母体になっている、広い意味での〝自然〟界における欲望機械たちの（自己）生産全般を包括する概念へと拡張した、と言うことができます。マルクスの「生産」概念の幅については、ハーバマス（一九二九－　）が『認識と関心』（一九六八）で突っ込んだ検討をしています。

「能動」と「受動」の「生産」というのは、そういう機械的な「生産」の連鎖の中で、能動的に動いている局面と受動の局面が出てくるということでしょう。細胞が自分の外の何かから刺激を受ければ受動ですし、逆に刺激を与えれば、能動でしょう。そして「生産」の連鎖の中で、他から刺激を受けて、快楽や苦痛を感じる主体が産出されるわけです。「主体」自体が、その感性的器官と共に「生産」の途上にあるわけです。自らが生産する側に回ることもあり、生産される側に回ることもある。ドゥルーズが重視したバロック期のオランダの哲学者スピノザ（一六三二－七七）に、「能産的自然 natura naturans」と「所産的自然 natura naturata」という概念対がありますが、ドゥルーズ＋ガタリの言う「生産」は、「能動的に産出する」側と、「産出される側」が絶えず入れ替わっている、しかも、その「自然」には、人間の身体や社会も含まれる、という感じになるでしょう。

「登録 enregistrement」と「指標 réperage」

「登録 enregistrement」と「指標 réperage」が用語として浮いている感じがしますね。「登録」は、何がどの領域に属するかが決定されることという意味合いで使われているのでしょう。例えば、ここに一つの木片があるとして、それが生態系の中で動物の巣に使われるとか、腐食して細菌が繁殖する養分になるとか、人間によって道具として使われるか、燃料にされるか、様々な形状の「機械」になる可能性を持っているわけです。一連の生産過程で、それが相対的に決まっていく——先ほど見たように、絶対的な境界線はありません——ことが「登録」であり、どこに属しているかの目印となるのが「指標」でしょう。「分配 distribution」の別の側面と見てもいいでしょう。第二章の第三～五節で「生産」「登録」「消費」について詳しく論じられています。

二〇～二一頁にかけて「プロセス」という言葉の三つの意味について述べられています。一つは、今見た、「登録」と「消費」を含んだ「生産」という意味です。第二は、「自然と人間は、相互に対面する二項のようなものではなく、むしろ唯一の同じ本質的な実在であり、生産するものと生産されるものは一体をなしている」こと、つまり、人間／自然、生産過程を認識する主体／認識される客体としての生産過程の区別もないようなプロセス、ということですね。第三に、彼らの言うプロセスは「目標や目的と考えられてはならないし、プロセス自身を無限に継続することとは混同されてはならない」と述べられていますね。抽象的な言い方ですが、簡単に言うと、プロセスを維持することが自己目的化していないということです。私たちは生物とか会社とか国家とかが一度実体として存在するようになると、自らを一つのシステムとして維持するような力を働かせるようになるとイメージしがちですが、ドゥルーズたちはそうとは限らない、統一性を維持するのではなく、分裂するように働くプロセスもある、ということでしょう。

こうしたプロセスを生産・再生産するのが「欲望機械」です。

欲望機械は二項機械であり、二項的規則、あるいは連合的体制をそなえた機械である。ひとつの機械は常に他の機械と連結している。生産的総合すなわち、生産の生産は、「そして」et「そして次に」et puis... という接続的な形態をもっている。つまり、ここには常に流れを生産する機械と、この機械に接続されてこの流れを切断し採取する働きをするもうひとつの機械が存在する（母乳－口といった関係がそうである）。そしてまた、今度は第一の機械が別の機械に接続され、これに対して第一の機械が切断あるいは採取の行動をする。したがって、二項系列はあらゆる方向に線型状にのびてゆく。

「二項機械 machine binaire」というのは、単独で作用することなく、その両端において他の「機械」と繋がっていて、一方の端で何らかのインプットがあると、他方からアウトプットがあって、そのアウトプットが他の隣接する「機械」のインプットになるというように連鎖しているということでしょう。そうやって、「機械」たちが、「そして」→「そして次に」→……という形で「接続」していく「総合」が、第二章第三節で詳しく論じられる「生産的総合」あるいは「接続的総合 synthèse connective」であるわけです。「総合」というのは、二つのものを関係付ける作用、あるいはそれに対応する論理です。「そして」→「そして次に」→……というのが漠然としていてピンと来にくいと思いますが、「接続的」というのは「もしAならばBである」であるような繋がり方です。〈puis〉は、英語の〈then〉とほぼ同じような使い方をする副詞で、単純な列挙を示すこともありますが、時間的、あるいは空間的な順序を軽く指すこともあります。狭義の論理学で言うような、〈A⇒B〉というような厳密な論理的な包含関係だけでなく、もっと緩やかな順序の系列での繋がりも含んでいるのでしょう。それに対して、「連接的総合 synthèse conjonctive」は、単純に「と et」だけの繋がりで、「離接的総合 synthèse disjonctive」は、「あるいは ou」で表現されるような、排他性を含んだ関係です。詳しくは、第二章第三～五節で見ていくことになりますが、こ

◆「生産的総合」あるいは「接続的総合 synthèse connective」：「機械」たちが、「そして」→「そして次に」→……のように「接続的」になる。「もしAならばBである」であるような緩やかな順序の系列での繋がり。
◆「連接的総合 synthèse conjonctive」：単純に「と et」だけの繋がり。
◆「離接的総合 synthèse disjonctive」：「あるいは ou」で表現されるような、排他性を含んだ関係。
　「欲望機械」の「接続的」な繋がりにおいては、欲望の流れを生産する「機械」と、それをカットして別の欲望に変える別の「機械」が常にペアになっている。
※詳しくは、第二章第三～五節（第二回講義参照）。

こでは取りあえず、「欲望機械」の「接続的」な繋がりにおいては、欲望の流れを生産する「機械」と、それをカットして別の欲望に変える別の「機械」が常にペアになっているということだけ把握しておきましょう。

　こういう風に説明すると、論理学をやっている人は、そういう曖昧な繋がりとか、別の種類の欲望に変換されるということであれば、論理学的な包含関係と言えないではないか、と怒るかもしれません。どんな人間にも認識できる論理のアプリオリな形式があるという前提で考えれば、確かに、ドゥルーズたちの議論は論理をおかしな方向に歪めているように見えるでしょうが、フロイトは、無意識のレベルでの諸表象の繋がりは、論理学的に綺麗に形式化された論理に還元できず、むしろ前者を基礎にして後者が構築されているという見方を示した。ラカンの構造主義的な精神分析は、論理学の基礎にある無意識の〝論理〟あるいは文法の探究だと見ることもできます。フロイト―ラカンによる無意識の〝論理〟の探究が、あたかも無意識を支配する普遍的な法則の存在を前提にしているように見えるので、ドゥルーズ＋ガタリはそれを解体しようとして、機械の間の緩い「総合」関係を明らかにしようとしているのでしょう。

　こうした二項的な接続の連鎖によって「欲望」が、「そして次に」という形で生産され続けていくとすると、このことは、

「欲望」というのは人間とか、他の生物個体の中で内発的に生じてきて、その個体の中で完結しているものではなく、他の「機械」とのインプット／アウトプットの連鎖の中で生産され続けている、ということを意味します。そうやって、身体の各部が〝自然〟とか他の人間とか、あるいは狭い意味での〝機械〟と繋がりながら、多方向的に欲望を生産しているという見方を浮上させるわけです。

「部分対象 objet partiel（part object）」

連続する流れと本質的に断片的な、また断片化された部分対象との間に、欲望はたえず連結を実現する。欲望は流れさせ、みずから流れ、そして切断するのだ。（…）あらゆる「対象」は流れの連続を前提とし、あらゆる流れは対象の断片化を前提としている。

「部分対象 objet partiel（part object）」は元々、メラニー・クライン（一八八二―一九六〇）というオーストリア生まれで、英国で活動した精神分析家の概念です。子供の精神分析を研究した人で、やはり子供の発達を研究していたフロイトの娘であるアンナ・フロイト（一八九五―一九八二）と論争したことで知られています。クラインの理論はラカンに強い影響を与えていて、ラカンの入門書では、ラカンの独自理論の形成の前史に欠かせない人物として挙げられます。クラインは、「対象関係論 object relations theory」と呼ばれる理論傾向の創始者の一人と見なされています。この場合の「対象」は、客観的に実在する対象一般ではなく、自分の周囲にいる他者、幼児にとっては特に母親のことです。その母親が、「部分対象」として捉えられるというわけです。幼児は、母親を一つのまとまった人格として捉えるのではなく、自分にとって快感を与えてくれる「乳房」として捉えます。父親は「ペニス」として捉えられます。お腹が空いている時に、乳を与えてくれるのが「良い乳房 a good breast」で、与えてくれないのが「悪い乳房 a bad breast」です。同じ一人の人間の同じ器官として捉えません。成長するにつれて、母を時に「良い乳房」であり、時に「悪い乳房」である「全体対象 whole object」として認識できるようになります。母親を、「部分対象」として捉えている時の子供の心的状態は「妄想・分裂ポジション paranoid-schizoid position」、「全体対象」として捉えられるようになった状態を「抑うつポジション depressive position」と言います。「妄想・分裂ポジション」にいる間は、対象としての他者を一つのまとまった人格として捉えられず、態度が分裂します。それは〝主体〟としての態度の分裂ということでもあります。

クラインの「部分対象」というのは大よそそういうことですが、ドゥルーズ＋ガタリは、「部分対象」になりうるものを人間である母親に限定せず、なおかつ、「部分対象」→「全体対象」という過程が〝自然〟であるという前提も取っ払います。つまり、私たちは生まれた時からいろんな〝対象〟によって欲望を喚起されますが、それらは相互にどういう関係にあるのか明確ではありません。同じ人間の身体の各部位、林檎とか蜜柑とか魚の一部、あるいは歯車とか自転車のペダルとかの身の回りの道具の一部かもしれない。いくつかのパーツが集まって一つのまとまった対象になっているのかもしれないが、先ほど見たように、いろんな方向に生産のプロセスが常に現在進行形で進行しているので、どれとどれがユニットになるのか確定できません。ということはつまり、それらの「部分対象」と向き合う〝主体〟の側も、一つにまとまることなく、分裂したままの状態であり続けるわけです。この意味での「部分対象」は、この後でもしばしば出てきます。

「生産する働き le produire」と器用仕事の「機械」的側面

生産する働きは、常に生産されるものに接木される。だからこそ、あらゆる機械が機械の機械であるように、欲望的生産は生産の生産なのだ。表現などという観念論的カテゴリーによって満足しているわけにはいかない。分裂症的な対象を、生産のプロセスに関係づけることなしに描写することは、考えられないし、考えるべきではない。

「生産する働き le produire」が「生産されるものに接木される greffé sur le produit」というのが禅問答っ

ぽくて分かりにくいですが、ごく分かりやすい例で考えれば、ある生産活動を行っている機械にその生産活動を続けさせるよう私が何らかの刺激、インプットを続けているとすれば、私自身も生産活動を行っていることになりますし、その私の生産活動が他の誰か、Xさんによる刺激によって喚起されているとしたら、Xさんは生産の生産をしていることになりますし、Xさんから見たら機械として、生産された私自身も、私が操作している機械とセットする私自身も、生産されたもの、生産物ということになります。継続的かつ自己拡大的に運動する、最終ゴールのない超巨大ピタゴラ装置のようなものを思い浮かべてもいいですし、創作行為が作品の一部になっている総合的な芸術作品を思い浮かべてもいいかもしれません。いろんな装置が繫がっているインスタレーションの中にアーティストが入って、絵を描いたり、彫刻を行ったり、演技をやったりすると、そのアーティストの創作＝生産活動自体が生産物になります。

私たちは、芸術家の創作にしろ、職人さんの仕事にしろ、工場の生産にしろ、生産の始まりと終わり＝目的（end）ははっきりしているはずと考えがちです。しかし、これまで見てきたように、私たちの身体や心や他のいろいろな機械と相互作用しているので、視野を拡げると、生産の始まりと終着点を厳密に確定することはできません。前衛芸術、特にコンセプチュアル・アート系のものは、そうした作品と外部の境界線の消去を演出、あるいは可視化することを狙ったものが多いです。ドゥルーズ＋ガタリはその具体例として、先ず、『アール・ブリュット・ノート Cahiers de l'art brut』を挙げていますね。「アール・ブリュット art brut」というのは、直訳すると、「生の芸術」で、芸術家としての訓練を受けていない子供、未開人、障害者や受刑者の作品を指す概念で、フランスの画家ジャン・デュビュッフェ（一九〇一－八五）によって提唱されました。英語では〈outsider art〉と呼ぶようです。『アール・ブリュット・ノート』というのは、デュビュッフェが創刊した「アール・ブリュット」の作家や作品を紹介する、一連の刊行物です。デュビュッフェのように社会のアウトサイダーの作品を収集――ローザンヌに「アール・ブリュット」のコレクションがあります――したり、紹介するテクストを発行する人がいると、アウトサイダーによる〝生産〟自体が、生産されている、と見ることができるかもしれません。そういう行為がないと、作品として認知されない可能性もありますし、「アール・ブリュット」という名を与えることで、新たな欲望が生み出されていると見ることができます。

次いで、ベルギー出身のフランスの詩人で画家でもあるアンリ・ミショー（一八九九―一九八四）の『精神の大試練』（一九六六）というエッセイ集からかなり長々と引用されています。ハッシシュとかメスカリンを摂取して、自らを分裂症の人と同じような状態に置き、その時の物の見え方を記録したという体で書かれています。これは彼がある精神病院を訪ねた時、Eという人物が、「机 table」の製作に集中していて、他の人の目に完成したと見えたら、本人は何か足らないと感じて、どんどん細部を継ぎ足していくのを観察したという話です。分裂症の人にとって、目の前にある机は、自己完結的に決まった形で存在しているわけではないので、一度関心を持ったら、いろんな細部が気になり、描き出したら、いろんな要素をどんどん描き足してしまう、という話ですね。

> 分裂症者は普遍的な生産者である。ここには、生産の働きとその生産物を区別する余地がない。少なくとも生産されたものは、自分自身の現場を新しい生産の働きの中にたずさえている。机は「自分自身の関心事」を続ける。

ここまで見てきたように、机のような単純に見えるものさえ、いろんな所に連結しています。多方面的に展開する生産の一部です。〝普通の人〟であれば、机なんてもはや何の変化もない完結した道具だと思っているので、それが生産され続けているとか、それ自体が新しい生産の営みになっているとか言われてもピンと来ませんが、分裂症の視点から見ると、机において今まさに生産が進行しているわけです。「自分自身の関心事」という言い方が少し気になりますね。何か机を擬人化している感じもしますが、原語は〈proper affaire〉で、〈affaire〉は英語の〈affair〉と同様に「問題」「事件」「紛争」「厄介ごと」「仕事」「取引」といった意味があります。あと、〈affaire de cœur〉、つまり「情事」という意味で使われることもあります。

このこととの関連で、レヴィ＝ストロースのブリコラージュ概念に言及されていますね。

――レヴィ＝ストロースは器用仕事《ブリコラージュ》を規定するとき、緊密に結びついた諸特性の総体としてそれを提案している。すなわち、多数のチグハグな、限られたストックやコードを具えていること、もろもろの断片を、たえず新しい断片化に導く能力をもつこと。

ブリコラージュとは、フランス語の元々の意味としては、寄せ集めで物を作ったり、自前で物を修繕する器用な仕事の仕方を指す言葉ですが、レヴィ＝ストロースは、野生の思考をする人の思考様式をこの言葉で表現しました。西欧の文明人は、数字や数式、抽象化された記号によって表現される普遍的な法則を駆使する科学的知に基づいて世界の事物を分類し、特徴付けますが、いわゆる未開社会の人は、数式を使わない代わりに、周囲の動物とか植物、鉱物など具体的な物を使って自然界や自分の社会を支配する法則をうまく表現する、という話です。つまり、神話に出てくる話をしたり、超常現象的な力を駆使したり、人間に変身したりする山猫とか蛇とかハゲタカとかは、未開の人の妄想とかの産物ではなく、その部族が従うべき掟や、彼らの認識する自然法則を表現する記号だということです。無論、数式のように抽象化記号ではなく、それぞれの〝記号〟が具体的に何を指しているかについての解釈の幅も大きいので、不便なところもありますが、当事者たちはそれでうまくやってきたわけですし、西欧の科学者が科学の法則が適用できない未知の問題にぶつかった時にフリーズしてしまうのに対し、野生の思考の人は手持ちの道具（概念）を器用に利用して、問題を処理します。レヴィ＝ストロースはそうした「野生の思考」を、西欧の思考に劣らない合理性を備えているものとして高く評価します。

レヴィ＝ストロースは、野生の思考に使われる素材の特性は無視して、記号としての素材同士の関係にだけ注目しようとしたわけですが、ドゥルーズ＋ガタリは、相互に無関係に見える素材を繋ぎ合わせて、様々な意味を持った表象系を作り出す、器用仕事の「機械」的、生産的な側面に注目するわけです。

『機械の少年』

――『機械と少年』Boy with Machine というリチャード・リンドナーの絵では、大きな太った少年が、自分の小さい欲望機械のひとつを巨大な技術的社会的機械に接木し、これを作動させている（…）。

これは、この本の扉の頁の挿絵のことですね。リチャード・リンドナー（一九〇一－七八）は、ドイツに生まれて戦後アメリカに移住した画家で、ワイマール期のドイツの「新即物主義 Neue Sachlichkeit」と呼ばれる流派や劇作家のブレヒト（一八九八－一九五六）の影響を受けていて、アメリカでは、都市の機械的風景にエロティシズムを見出すような作品を描いたことで知られています。『機械と少年』（一九五四）では、太った少年の背後に、何となく巨大な機械システムのように見えるものが描かれていますね。背後の機械を、現代の機械文明社会を象徴するものと解釈するのは、別にドゥルーズ＋ガタリに言われるまでもないことですが、面白いのはこの少年の「機械」と、後ろの「機械」が繋がっているという見方でしょう。太った少年は特に下腹と足の太さが目立ちますが、これはペニスの膨張を暗示しているように見えます。真後ろの砲弾のように見えるものはまさにペニスの象徴のようですし、それを介して少年の「機械」と、後ろの大きな機構が繋がっているように見えますね。

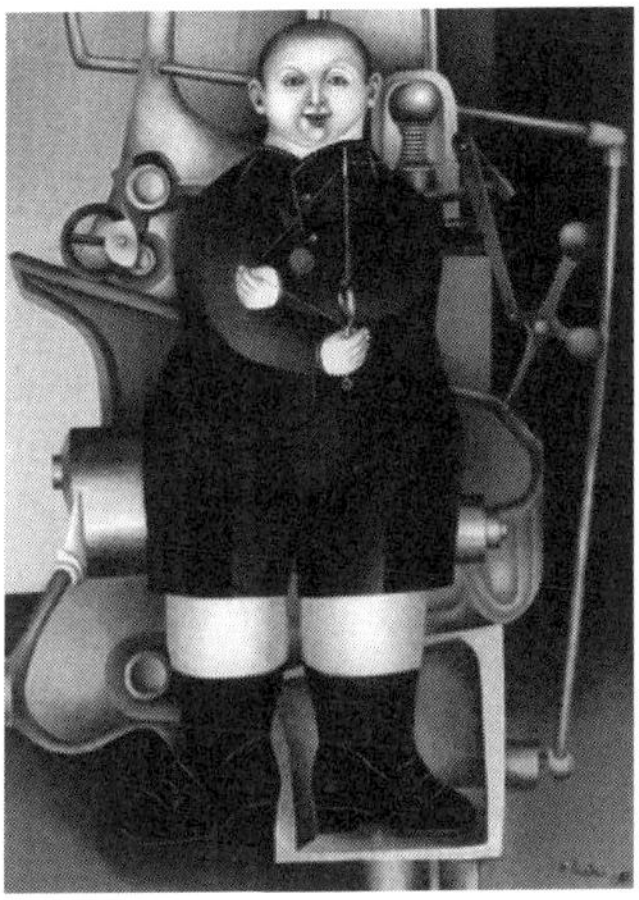

リチャード・リンドナー『機械と少年』（1954）

ある意味では、何も動かず、何も作動しない方がいいのかもしれない。生まれないこと、生誕の運命の外にでること、母乳を吸う口も、糞をする肛門ももつことなく。しかし機械自身が無に帰するまでに、機械が調子を狂わせ、私たちを無に帰するまでに、機械の部品がばらばらになるような事態は起きるのだろうか。エネルギーのもろもろの流れはまだ緊密に結びつき、様々な部分対象も依然として過度に有機的である、といわれるかもしれない。ところが、ある純粋な流体が、自由状態で、途切れることなく、ひとつの充実身体の上を滑走しているのだ。欲望機械は、私たちに有機体を与える。ところが、この生産の真っ只中で、この生産そのものにおいて、身体は、組織される〔有機化される〕ことに苦しみ、つまり別の組織をもたないことを苦しんでいる。いっそ、まったく組織などないほうがいいのだ。

「何も動かず、何も作動しない方がいいのかもしれない」というのは、フロイトによる「死への欲動Todestrieb」論をパロディ化した言い方です。「死への欲動」というのは、文字通り、死へと向かっていく欲動ですが、そういう「欲動」を生命体である人間がどうして抱くのか、生命は快楽を求めているのではないか、という疑問がすぐに生じてきますね。フロイトによると、生命を持つということは生命を維持するための緊張を常に強いられることです。現代思想的に言い換えると、生命は常に何かを欠如している状態にあります。だから、有機体はその緊張・興奮を限りなくゼロに近づけ、楽になることを目指します。これは、最終的には無に戻ること、すなわち死です。それが「死への欲動」です。人間の中では、この「死への欲動＝タナトス」と、生に留まって、快楽を得ようとする「生への欲動＝エロス」が常に対立しています。命に関わる強い衝撃を受けた時、その時の記憶が反復的にフラッシュバックしてくるのは、「死への欲動」の働きだとされます。

ドゥルーズ＋ガタリは、「死への欲動」のようなまとまった欲動があって、それが「生への欲動」と鬩ぎ合うことでバランスが取れている、という見方をするのではなく、元々バラバラの運動をしていたであろう諸「機械」が、私たちという統一体の中の各器官に割り振られ、部分対象＝部品としての決まった役割を担い続けることに無理があって、もう一度バラバラになろうとする傾向が私たちの身体を構成する機械たちにある、という見方をしているわけです。「身体」を、各器官が有機的に統合された一つの生命体と見れば、母の子宮から外に「生まれる」ということは、新生であり解放ですが、諸「機械」の連合体と見れば、身体という堅い檻の中の独房に閉じ込められるようなものです。

「充実身体 un corps plein」と「器官なき充実身体 le corps plein sans organes」

「充実身体 un corps plein」という言葉がひっかかりますね。ドゥルーズ＋ガタリが明確に定義していないので分かりにくいのですが、〈plein〉は英語の〈full〉と同じ意味で、「身体」が何かで充満している、この場合は恐らく、いろいろな組織とか、欲望の流れで充満している、ということでしょう。ただ、この「充実」は必ずしもポジティヴな意味ではなくて、いろんなものが詰まっているせいで、各機械の自由な運動が抑止されているというようなニュアンスもあるようです。品揃えはいいけれど、詰め込みすぎて、新たな配置に動かすのが難しくなっているお店のような感じかもしれません。あと、ここでは、人間の身体の話ですが、〈corps〉は英語の〈body〉と同じで、社会的単位についても使われる言葉で、社会の「充実身体」という言い方も後から出てきます。

それから「有機体」の原語が〈organisme〉で、「組織」が〈organisation〉で、同系統の言葉であることに注意して下さい。「組織される」が、「有機化される」と訳し変えられているのも、原語が〈oraganisé〉で、どちらの意味にも取れるからです。日本語で「有機体」と言うと、何だか流動的で形がきっちり決まっていないようなイメージがしますし、「組織」と言うと、工場の機械のようにシステム的に形や動きが定まっているようなイメージがありますが、元々同系列の言葉ですし、ドゥルーズ＋ガタリは、生物であれ、金属の機械であれ、人間の組織であれ、〈organisation〉は、様々な「機械」の動きを一つの枠の中にぎゅうぎゅうに押し込めて、変則的な動きをしないようにしたものとしてイメージさせようとしているようですね。だから苦しい、ということになるわけです。

こうして過程の最中に、第三の契機として「不可解な、直立状態の停止」がやってくる。そこには、「口もない。舌もない。歯もない。喉もない。食道もない。胃もない。腹もない。肛門もない」。もろ

> もろの自動機械装置は停止して、それらが分節していた非有機体的な塊を出現させる。この器官なき充実身体は、非生産的なもの、不毛なものであり、発生してきたものではなくて始めからあったもの、消費しえないものである。アントナン・アルトーは、いかなる形式も、いかなる形象もなしに存在していたとき、これを発見したのだ。死の本能、これがこの身体の名前である。この死には、モデルがないわけではない。実際、欲望はこれもまた、死をもまた欲望するのである。なぜなら死の充実身体は、みずからは動かずして欲望を動かすものであるから。ちょうど生のもろもろの器官が作動する機械 *working machine* であるからこそ、欲望が生を欲望することになるように。

「口もない。舌もない。歯もない。喉もない。食道もない。胃もない。腹もない。肛門もない」というのは、一九四八年に《Revue 84》という雑誌に発表されたアルトーの詩の一部で、『意味の論理学』の「セリー一三」の注でも引用されています。「ない」という言い方がどういうことかよく分かりませんが、これは具体的には、口が私たちが通常理解しているような意味で機能していないという意味です。身体全体の工場のように組織立った動きが停止して、それぞれの器官がその役割を果たさなくなるような瞬間、少なくとも本人にはそう感じられるような瞬間があることをアルトーは示唆しているわけです。それは恐らく分裂症の人とか、残酷劇で身体を酷使している人の身体の状態でしょう。

「器官なき充実身体 le corps plein sans organes」とは、各器官が役割的に分節化、組織化されていない身体のことです。そういう器官相互の有機的な繋がりを失った状態に至ることが、ある意味、フロイトが「死への欲動」と呼んだものが目指していることです。私たちの中で働いている各種の「欲望」は、最終的には、そうした死の状態、つまり組織へと分化される前の状態、言ってみれば、細胞分裂して胎児になっていく前の胚の状態を目指していると見ることができます。完全な「器官なき充実身体」になるというのは、死ぬことなので、生きている人間が文字通りの意味で「器官なき充実身体」になるのは不可能ですが、私たちの欲望の究極の行く先として、そういう身体の次元がヴァーチャル（潜在的）にあると、ドゥルーズたちは想定しているようです。

「死の充実身体 le corps plein de la mort」が、「みずからは動かずして欲望を動かす」というのが何だか逆説めいて聞こえますが、恐らく、組織化による苦しみのない、「死の充実身体」を実現すること、緊張のない状態を目指して各種の「欲望」が作用しているということでしょう。因みに、「みずからは動かずして欲望を動かすもの」の原語は、〈son moteur immobile〉ですが、これは明らかにアリストテレス（前三八四－三二二）の言う「不動の動者 moteur immobile」、つまり自らは運動することなく、他の全ての運動の原因であるものとしての「神」をもじった言い方です。フロイトとはかなり異なる意味合いですが、「死への欲動」に相当するものは、［アルトー↓ドゥルーズ＋ガタリ］の思考の系譜にもあるわけですね。ドゥルーズ＋ガタリの場合、「充実身体」の「死」を超えて、分裂しようとする傾向が、各「機械」に秘められているわけですが。

〈working machine〉と英語にしている理由がよく分からないですが、多分、この英語だと「作業するための機械」という意味と、「現に作動している機械」という二重の意味を込められるからでしょう。フランス語にも現在分詞はありますが、進行形の意味はありませんし、「〜のために」という意味合いは、少なくとも単独では出せません。器官が「充実身体」の精工な部品であると同時に、「機械」として固有の働きを続けている、という両義性を表現するために、英語を選んだのではないかと思います。

「欲望機械」VS.「器官なき身体」――「第一章第二節　器官なき身体」を読む

二七頁から始まる第二節のタイトルは「器官なき身体 le corps sans organes」ですね――言い忘れていましたが、第一節のタイトルは「欲望機械」でしたね。「器官なき身体」という表現は、『神の裁きと訣別するために Pour en finir avec le jugement de dieu』（一九四七）というラジオ放送用テクストに出て来ます。

最初に「欲望機械」と「器官なき身体」の対立について述べられていますね。前者が身体の中で作動し、相互に接続されたり、新たに機械を生産したりして動き続けるのに対し、究極の不動の状態である「器官なき身体」はそれに不快を覚えます。「器官なき身体」は、「死」へ向けて「欲望機械」を動かす動因でもあるわけですが、欲望機械が実際に動き出すと、必ずしも速やかに緊張が限りなくゼロに近い状態に向かっていくわけではなく、むしろ欲望機械たちの不規則的な動きによって平穏を乱され、苦痛を感じることもある、というか、そうなることの方が多いわけです。二八頁を見ると、「器官なき身体」の側からの「欲望機械」に対する反発が「パラノイア機械 la machine paranoïaque」として現れてくると述べられています。「欲望機械」は緊張を高めるうえ、行き過ぎると分裂の傾向を帯びてきて、「器官なき身体」を破壊する方向に向かうので、それを抑止すべく「器官なき身体」が働きかける時、「欲望機械」を一つの場に留める「パラノイア」的な傾向が生じ、それはそれで一つの「機械」になるわけです。

「パラノイア」は、浅田彰さんの著作等で、分裂症の対極として有名になった用語ですね。分裂症（schizophrénie）気質の人、スキゾ・キッズが一つのことに集中できず、うろちょろするのに対して、パラノは一つのものに病的にまで固執する症状、体質ということでしたね。資本主義が富を蓄積するには、パラノ・モードが優勢にならないといけないけれど、消費によって欲望を拡大するには、スキゾ・モードもある程度必要だということでしたね。ここでのドゥルーズ＋ガタリの記述では、パラノというのは、分裂傾向を孕みながら身体の中でごそごそ蠢く欲望機械に対する、「器官なき身体」の反発から生じてくる、ということのようです。

この［欲望機械（分裂志向）⇅器官なき身体（死への志向）⇅パラノイア機械（固執傾向）］の三者関係は、個人の身体の中だけでなく、社会の「体」でも生じます。

それにしても、中断されることのないプロセスの中で器官なき身体がその後にふるう力を思い浮かべるために、私たちは欲望的生産と社会的生産との間の平行関係を考察しなければならない。このような平行関係は現象学的なものにすぎない。これは、これら二つの生産の本性についても、その間の関係についても、またさらに、じっさいにこのような生産が二つ存在するのかどうかという問題についてさえ、何ら判断を下すものではない。ただ、社会的生産の諸形態もまた、生み出されたものではない非生産的な停止、過程に連結した反生産の要素、社会体として規定される充実身体といったものを含んでいるということである。この充実身体は、大地の身体、あるいは専制君主の身体、あるいはまた資本でもありうる。

個々の人間の身体における欲望的生産と、社会的生産の間にどういう関係があるのかここでは明確に述べられていません。示唆しているだけですね。具体的な関係は、第二章、第三章で論じられることになります。「社会体 socius」における社会的生産の場合も、「充実身体」が関係してくるということのようですね――〈socius〉というラテン語は、仲間とか種族という意味です。それが「大地の身体」「専制君主の身体」「資本」ということですね。この三つは『構造と力』でもかなり重要な位置を占めています。これらが具体的にどういうものであるのかは第三章で述べられます。ここではとりあえず、外に出て行こうとする欲望の諸機械を、「社会体」の内部に留めようとする働きがあって、それによって原初的な部族社会、専制君主の支配する社会、資本主義社会が生まれてきたということです。

器官なき身体は欲望的生産に折り重なり、これを引きつけ、これを自分のものにする。器官機械は、器官なき身体にしがみつく。まるでフェンシング選手の防御ジャケットにでも付着するかのように。レスラーのユニフォームにぶらさがったメダルのように。彼はメダルを躍らせながら前進していくのだ。こうして吸引機械が、反発機械の後に続き、あるいは続きうることになる。つまり、パラノイア機械の後に、奇蹟を授ける機械が続くことになる。

「器官なき身体」それ自体は、運動を排除し、死を志向する身体のはずですが、各器官が機械として運動するようになると、それらが「器官なき身体」というヴァーチャルな基層の上に覆いかぶさってきて、体の表面の上に組織を形成するわけです。カフカの『流刑地にて』（一九一九）という小説に、流刑地に送られた囚人の身体に文字を書き込む拷問機械が出てきますが、それも、無垢の身体に書き込んで組織＝器官（organe）化していく機構と見ることができます。そうやっていったん書き込まれると、それまで「反発機械 une machine répulsive」だったものが、「吸引機械 une machine d'attraction」に転換する。「奇蹟を授ける機械 machine miraculante」というのは、対立が引力（attraction）に変わって、新しい体の位相が誕生する、というようなイメージでしょう。「奇蹟」という宗教的な言葉を使った理由は、もう少し後を読むとはっきりします。

器官なき身体、この非生産的なもの、消費不可能なものは、欲望の生産の全過程を登録する表面の役割を果しているので、外見上の客観的運動からすると、欲望機械はこの表面から発現してくるように思われる。この客観的運動が、欲望機械を器官なき身体に結びつけているように見える。シュレーバー控訴院長の身体は神の光を自分の方に引きつけ、もろもろの器官は彼の身体の上で再生させられ、奇蹟を授けられる。

「奇蹟」はシュレーバー回顧録から来ているわけですね。神の光線が彼の身体の中で奇蹟を起こすというわけです。いろんな奇蹟があるのですが、一番目立つのは、彼の体が女性のものになっていたということです――無論、生物学的に変化したわけではありません。ドゥルーズ＋ガタリは、シュレーバーの身体がいったん「器官なき身体」へと初期化され（たように本人が感じ）、そこに光線＝器官機械の運動が改めて上書きされ、新たな身体へと新生する、というイメージで捉え直しているようです。この前後の文脈からすると、機械的な諸運動が、「器官なき身体」の表面（surface）上のどこかの「器官」に割り振られることを、「登記 inscription」あるいは「登録」と呼んでいるようです。三四頁を見ると、「離接的登記 inscription disjonctive」、すなわち、AかそうでなければBというように、機械の働きを明確に分節化した形で登記するように作用するエネルギー帯のことを、「ヌーメン Numen」と呼ぼう、と述べられています。

〈Numen〉というのは、「神性」とか「神的なものの現前」といった意味の言葉です。カントは現象の背後にある「英知体」という意味でこの言葉を使っています。器官なき身体を覆っていて、光線＝機械のエネルギーを引き付け、各器官に配分する膜には、神性な性質が備わっている。シュレーバーはそういう体験をしたわけです。三六～四〇頁の記述を見ると、「器官なき身体」の表面上で、いろいろな機械が登録され、機能し始めるのが、神の創造のように思われる、ということのようです。ドゥルーズ＋ガタリは、この「ヌーメン」の「離接的登記」の働きは複雑で分裂症的な性質のもので、フロイトが想定するようなエディプス三角形の枠内での生産、「父―子」の関係の再生産へと還元できるものではないことを示唆しています。

「パラノイア機械」と「独身機械」――「第一章第三節　主体と享受」を読む

「第三節　主体と享受」に入りましょう。

「プロセス」ということばの意味にしたがうなら、生産の上に登録が折り重なるといっても、この登録の生産そのものは、生産の生産によって生みだされてくる。同様に、この登録に消費が続くのであるが、消費の生産は登録の生産によって、また登録の生産の中で生みだされるのだ。ということは、ある主体の秩序に属する何かが、登記の表面の上に見つかるということである。これは固定した自己同一性をもたない奇妙な主体であって、器官なき身体の上をさまよい、常に欲望機械の傍にあって、生産物からどの部分をとるかによって定義されるのだ。この主体は、いたるところで、ある生成、ある転身から報償を受け取り、みずからが消費する状態から生まれ、それぞれの状態において生まれ変わる。だから、新たに消費を終えるたびごとに、主体はその時点において生まれ変わって現われる。

「登録」や「消費」も「生産」の一部だという話は既に出てきましたね。この三つの局面を持つ生産の

「プロセス」、特に「消費」の局面と「主体」が結び付いているということです。「主体の秩序 l'ordre d'un sujet」というのは、「登録の生産」、つまり、「器官なき身体」の表面上での、様々な欲望機械の運動の各器官への割り当てがなされた時点で、それらの運動の一応の中心点である「主体」が生じ、その「主体」から見た場合、〝自らの身体〟の「秩序」が生成するわけです。この「主体」が、〝自らの身体〟の運動の帰結として生じてくる、新たな欲望とその運動を「消費」する。「消費」というのは、この場合は〝自らの身体〟を通過させることで、新しいものに変換するということでしょう。私たちが食べ物を食べたり、服とか靴とか紙を使うというのは、結局、〝自分の身体〟を通過させることで、別の物に変換させることですね――多くの場合、人間にとって使用価値、交換価値の低い物に変換するわけですが。

細かいことですが、原文では、この「主体の秩序」という表現の「主体」の部分がイタリックで強調されています。恐らく、〈sujet〉や英語の〈subject〉の語源になったラテン語〈subiectus〉が、語の作りからして「下に（sub-）」＋「投げ出されたもの（iectus）」という意味で、〈subject〉も〈sujet〉も元々は、「従属しているもの」「臣民」という意味で使われていました。ライプニッツ（一六四六―一七一六）やカントがこの言葉を、認識の基礎（根底）にあるものとして魂というような意味で使ったことで、私たちが知っている「主体」という意味の方が優勢になりました。

ドゥルーズ＋ガタリの見方では、この「主体」は近代哲学で想定されているのとは違ってかなり不安定で、「消費」を行うたびに、〝自らの身体〟の表面における「機械」や「エネルギー」の分布が変化し、新しい〝主体〟に生成するわけです。

> 生産のエネルギーとしてのリビドーの一部が登録のエネルギー（ヌーメン）に変容したのと同様に、登録のエネルギーの一部は消費のエネルギー（ヴォルプタス）に変容するのである。

「ヴォルプタス voluptas」は「官能的快楽」を意味するラテン語です。古代ローマの神話では、キューピッドとプシュケーの間の娘とされています。フロイトが「リビドー」と呼んだ生産のエネルギーから、身体の表面に欲望機械を配置する奇蹟を起こす「ヌーメン」が生じ、そこから更に、器官化された欲望機械たちのエネルギーを、「主体」という形で消費する「ヴォルプタス」が生まれてくる。「リビドー―ヌーメン―ヴォルプタス」のトリオはこの後もたびたび登場します。

四三頁で、パラノイア機械、奇蹟を行う機械に続く、第三の機械の登場について言及されています。シュレーバーの身体の変化に即して言えば、彼の身体では、従来のアイデンティティを守ろうとするパラノイア機械に対して、光線の形で彼の中に入り込んでくる奇蹟を行う機械が対立していたわけですが、そのうち、彼は一人になった時、鏡の前に立つなどして女装するようになります。

この新しい機械を示すために、「独身機械」という名前を借りることにしよう。この機械は、欲望機械と器官なき身体との間に新しい縁組を実現し、新しい人類を、あるいは輝かしい有機体の誕生をうながすのである。主体は、欲望機械の傍に残余として生みだされると言っても、または主体それ自身は、この第三の生産的機械と一体であり、この機械がもたらす残余としての和解と一体であると言っても、同じことなのだ。

「独身機械 machine célibataire」

この言い方からすると、「欲望機械」と「器官なき身体」が結び付いて生まれた新しい有機体、（消費の）主体のことを指しているのだと考えられます。「独身」というのは、ある程度の自律性を具えていて、自分自身の在り方について快楽や享楽などの欲望を抱くことができる状態にある、というような意味合いでしょう。四三頁の後半以降、「独身機械 machine célibataire」という言葉の具体的由来についてかなり長々と説明されていますね。あまり分かりやすくありませんが。

ミッシェル・カルージュは、彼が文学作品の中に発見したいくつかの幻想的機械を「独身機械」と名付けて、他から区別した。彼があげている例はじつに多様であり、一見、同じカテゴリーの中に入りうるものとは思われない。デュシャンの『裸にされた花嫁…』、カフカの『流刑地にて』の機械、レーモン・ルーセルの諸機械、ジャリの『超男性』の諸機械、エドガー・ポーのいくつかの機械、ヴィリエ・ド・リラダンの『未来のイヴ』等々。考察された例によって重要さは異なるが、これらの機械をひとつにまとめる特徴は、次のようなものである。まず第一に独身機械は、拷問、暗い影、古い〈掟〉を具えていることによって、古いパラノイア機械を示している。ところが独身機械そのものは、パラノイア機械ではない。歯車、移動台、カッター、針、磁石、スポーク、といったあらゆるものが、独身機械をパラノイア機械から区別するのだ。拷問や死をもたらすときですら、独身機械は何か新しいもの、太陽の力を表わしている。第二に、独身機械のこのような変貌を説明するのは、機械が内に秘める登録によって機械に与えられる奇蹟的性格ではありえない。たしかに機械は、最も高度な登記を内に秘めているとしても（『未来のイヴ』（ヴィリエ・ド・リラダン）において、エジソンがもたらした登録を参照すること）。ここには、新しい機械によって行われる現実の消費があり、自己性愛的とも、あるいはむしろ自動的とも名付けうるような快楽があり、そこで、新しい縁組による婚礼が行われる。新しい誕生、眼もくらむような恍惚、まるで機械のエロティシズムが、他のもろもろの無制限な力を解放したかのように。

ミッシェル・カルージュ（一九一〇－八八）は、シュルレアリスムに傾倒したフランスの文芸批評家で、『独身機械』（一九五四）という評論を出しています。イラストや写真が多い半絵本的な作りになっています。『独身者機械』というタイトルで邦訳されています。ここで述べられているように、カルージュはこの著作の中で彼が「独身機械」と命名する幻想的機械を様々な文学作品に見出しています。近代の合理化する世界の中で彼が孤独になり、孤立化していく「人間」の神話的なものへの願望が、各種の幻想的機械を想像させたという前提のもとに、それっぽい作品を収集したわけです。カルージュによると、性的な存在としての男あるいは女と機械の融合したのが「独身機械」だということです。ただ「独身機械」というのは

彼のオリジナルな表現ではなく、便器のような日常的オブジェを芸術作品として展示したことで知られる、ダダイズムの先駆者マルセル・デュシャン（一八八七―一九六八）に、『彼女の独身者たちによって裸にされた花嫁、さえも La Mariée mise à nu par ses célibataires, même』（一九一五―二三）というタイトルの、ガラス板に機械状の金属片を並べた未完成の作品があって、そこから来ているようです。『裸にされた花嫁……』というのは、これのことです。この作品の一角に、デュシャンが「独身機械」と呼ぶ、機械状の金属片が複数登場します。

カフカの『流刑地にて』では、先ほどお話ししたように、流刑植民地があり、罪人の身体に罪状の文字を刻み込む機械が登場します。レーモン・ルーセル（一八七七―一九三三）は、音や意味が似ている語や文を組み合わせることで挿話を形成していくという実験的な手法で小説を書いたことで知られるフランスの詩人、小説家で、生前は少数のシュルレアリストやダダイストにしか評価されなかったけれど、フーコー（一九二六―八四）やクリステヴァ（一九四一― ）などのポストモダン系の思想家に高く評価されています。『ロクス・ソルス』（一九一四）という作品は、マルシャル・カントレルという科学者が友人を郊外の別荘に招いて、鏡とか鉤爪とかクロノメーターなどが複雑にくっついて、太陽光線を受けて航行する飛行機具とか、磁力によって抜歯する機械とか、筋肉と神経だけから成る人間の頭とか、奇妙な機械を次々と見せていきます。推理小説や怪奇小説で知られるエドガー・アラン・ポー（一八〇九―四九）の作品には、チェスをやる自動人形など、ロボットの前身になったと

デュシャン『彼女の独身者たちによって裸にされた花嫁、さえも』La Mariée mise à nu par ses célibataires, même（1915-23）

される自動人形について論評した『メルツェルの将棋指し』(一八三六)とか、科学技術の発達のおかげで失った体のパーツをプロテーゼに置き換えている南北戦争の英雄の姿を描写した『使い切った男』(一八三九)とかいろいろ機械関係のものがありますが、カルージュが念頭に置いているのは、異端審問で捕えられた人物が様々な拷問機械の脅威に晒される『落とし穴と振り子』(一八四二)という作品です。アルフレッド・ジャリ(一八七三—一九〇七)はシュルレアリスムの先駆者の一人とされる小説家、劇作家で、『超男性 Le Surmâle』(一九〇二)では、運動中に筋肉を再生する「永久運動食 perpetual-motion food」という物によって補給を受けながら、自転車レースをするという話が出てきます。「飛行機械」とか「愛の機械」も出てきます。フランスの象徴主義を代表する詩人・作家オーギュスト・ヴィリエ・ド・リラダン(一八三八—八九)の『未来のイヴ L'Ève future』(一八八六)では、若いけれどバカな女性に恋をしたエワルド卿のためにエンジニアのエジソンが、女性型アンドロイドを作るという話です。ここに出てくるエジソンは、発明家のトーマス・エジソン(一八四七—一九三一)をもじった架空のキャラです。当時エジソンは既に発明王として知られていました。序文の所で作者が、メロンパークの魔術師と言われるあのエジソンをモデルにした人物だけど、もちろん、本人ではない、とわざわざ断っています。

「パラノイア機械」と「独身機械」の違いが分かりにくいですが、第一の特徴について言えば、前者が欲望機械の分裂傾向を抑止すべく、身体を「掟 Loi」によって縛り付ける傾向があり、そうした自分の身体を締め付けるような傾向を「独身機械」も共有している、ということでしょう。ただし、それは本質的な特徴ではない。より重要なのは第二の特徴の、自己性愛的な快楽を享受するという点でしょう。先ほどの箇所で挙げられている著作の多くは、幻想系のＳＦで、人間の身体機能が機械によって拡張されるというイメージが強いものです。そこに、人間と機械の性的なニュアンスを帯びた交わりを見ることもできそうです。そうした普通の意味での機械と人間の和解とのアナロジーで、「欲望機械」と「器官なき身体」との和解、及びそこに生じる(自己)性愛的な快楽を捉えようとしているのでしょう。

問題は次のようなものになる。独身機械は何を生産するのか。独身機械を通じて何が生産されるのか。その答えは、強度〔内包〕量ということであるように思える。ほとんど耐えがたいほどの、純粋状態における強度量の分裂症的経験が存在するのである。――最高度において体験される独身状態の悲惨と栄光、つまり生と死の間に宙づりになった叫び声、強度の移動の感覚、形象も形式もはぎとられた純粋で生々しい強度の状態。

「強度 intensité」という単語も、現代思想、特にドゥルーズ関連でよく耳にします。〈intensité〉あるいはその形容詞形の〈intensif〉は、語の作りからして、「拡大」「伸長」、あるいは論理学で言うところの「外延」という意味の〈extension〉とは逆の意味、つまり、内向きとか、内包といった意味を含んでいると見ることができます。〈intensif〉には「集中的」という意味もありますね。ここまでの話の流れと、言葉の意味からすると、「独身機械」が「強度」あるいは「内包量」を生産するというのは、欲望のエネルギーを自己の外に向かって放出するのではなく、自分の内に集約させる形になるため、エネルギーが充満し、それが「強度」になるということでしょう。ただ、そうした「独身機械」の強度は、身体のゼロ度とも言うべき「器官なき身体」と、その平穏を乱す「欲望機械」の間の反発／吸引の微妙なバランスの上に成り立っているわけですから不安定です。当然、「主体」は極めて不安定な状態にあります。四七頁の半ばに、こうした生命の運動が要約されていますね。

器官なき身体の上のもろもろの離接の点は、欲望機械の周囲にいくつかの収斂する円環を形成している。こうして主体は、欲望機械の傍に残滓として生産され、機械に隣接する附属物、あるいは部品として、円環のあらゆる状態を通過し、ひとつの円環から次の円環へと移ってゆく。中心は機械によって占められ、主体自身は中心にいるのではなく周縁に存在し、固定した自己同一性をもたない。それは常に中心からずれ、自分が通過する諸状態から結論されるものでしかない。

ここは実際分かりやすいですね。「器官なき身体」の各所（器官）に登録された欲望機械の運動がまずあって、「主体」はそれらの運動に巻き込まれ、運動の間を浮遊し、一つの機械から別の機械への移行で生じる新たな形態のエネルギーを消費する、欲望機械の運動の残滓（résidu）にすぎません。本当はある欲望機械から他の機械へと流されているだけなのだけど、いろんな運動を通過した後、「私は〇〇の欲望を抱いていたはずだ」、と事後的に、その働き（主体性）が想定されるにすぎません。これは、一〇分間くらいの間の自分の身体の動きを詳細に思い出そうとすると、ピンと来ると思います。ぼうっとテレビを観ている時とか、PCの画面の前で単調な作業をしている時でも、腕や足をいろんな方向にちょっと動かしたり、首を少し回したり、視線を移動させたり、肩を叩いたり、痒い所に手を伸ばしたり……と次々にいろんな動作をしていますね。ほとんどは意識しないでやっていることですが、無理にその瞬間を思い出すと、「そういえば、肩が凝っているような気がしたので、先ず、右腕を少し横に伸ばして、それから凝りの原因である肩を……」というように、主体的に決めたかのように事後的に再現できますが、実際にはある方向に体がちょっと動いたら、今度は別の方に動かそうとする力が体の別のパーツに働いて、それでほとんど理性的にコントロールしていない、機械的な動きの連鎖が生じた、ということでしょう。ドゥルーズ＋ガタリは、それを統合された一貫した動きではなく、各器官に宿っている欲望機械のバラバラの動きが連鎖している、と見るわけです。それらの諸運動が伝わる媒体となっているのが、「器官なき身体」だというわけです。「器官なき身体」は、欲望機械と反発／吸引の関係にあるだけで、積極的に統合しているわけではありません。

ニーチェ的主体

四八～四九頁にかけて、小説家でニーチェ研究者として知られるクロソウスキー（一九〇五－二〇〇一）がニーチェ論の文脈で、こうした主体の在り方について論じていることが紹介されていますね。『ニーチェと悪循環』（一九六九）という評論集が参照されています。直接引用されている部分で、先ほど見たように、主体の自己同一性が偶然的なもので、運動から運動の間を遍歴している、という主旨のことが述べられていますね。ドゥルーズ+ガタリの地の文の所を見ておきましょう。

文献学の教授であるあのニーチェという自我などは、もともと存在してはいないのだ。この自我は突然理性を失うと同時に、もろもろの奇妙な人物に同一化することになる、などということではないのだ。一連の諸状態を通過してゆくニーチェ的主体があり、この主体が、歴史上の様々な名をこれらの諸状態と同一化するのである。歴史上のすべての名前、それは私である…。自我は円環の中心を放棄したが、いまや主体がこの円環の円周上に拡がっている。中心にあるのは、欲望の機械であり、永劫回帰の独身機械である。この機械の残滓的主体として、ニーチェ的主体は、この機械が回転させるあらゆるものから、読者がニーチェの断片的著作にすぎないと思っていたあらゆるものから、幸福感に満ちた報償(ヴォルプタス)を引きだしてくる。

ここも分かりやすそうですね。ニーチェが元々、文献学(Philologie)の教授だったのはご存知ですね。日本語で文献学というと、古い文書の判読しにくい文字を読むとか、テクストの真贋とか、書かれた年月日、著者を確定するとか、書誌学的なイメージがありますが、西欧、特にドイツ語圏の「文献学」は、テクストの解釈に関わる研究全般を指していて、どちらかと言うと、文学と歴史的言語学を合わせたような広い領域です。ニーチェは、理性的主体の不安定さ、不確実さを強調したことで知られています――ハイデガー(一八八九―一九七六)はニーチェが「理性の主体」には否定的だったけど、「意志の主体」はむしろ肯定的に捉えていたことを問題視していますが、ここでは拘らなくてもいいでしょう。クロソウスキーは、そうした「主体」をめぐる議論を展開する〝ニーチェ〟自身の〝主体性〟が、彼のテクストの読解を通して事後的に作られたものではないか、と示唆しているわけです。ニーチェの後期のテクスト、特に「力への意志」をテーマとする未完に終わったテクスト群は、どういう風に議論が収斂していくのか、よく分からないところがあり、これを全体としてどう解釈すべきかをめぐる論争が延々と続いています。

クロソウスキーは、ニーチェは、主体の不安性さについて客観的に論じたのではなく、彼自身の自我が、実際に「機械」の間を浮遊していた、少なくともニーチェ自身がそう感じていたと見ているわけです。

「歴史上のすべての名前、それは私である…　jeder Name in der Geschichte ich bin…」というのは、ルネサンス研究で知られる歴史家ヤーコプ・ブルクハルト（一八一八－九七）宛の一八八九年一月六日付の手紙に出てくる台詞です。ニーチェが歴史上の人物と自己同一化していた、感情移入していたという話のように聞こえますが、この少し後に出てくるドゥルーズ＋ガタリのコメントによるとそうではなく、「歴史上の名前を器官なき身体の上のもろもろの強度地帯に一体化する identifier les noms de l'histoire à des zones d'intensité」のだということです。これは分かりにくい言い方ですが、恐らく、歴史的なテクストに登場する、「〇〇氏が▲▲した」という記述に触れた際に、その▲▲を自らが経験したことであるかのように影響を受け、記憶するということでしょう。こういう言い方をすると、それは〇〇氏に感情移入して、同一化することではないのかという疑問が出てくると思いますが、恐らくニーチェは、その人物の人格に惚れ込んでしまって、その人物になり切るのではなくて、ただ、歴史的テクストに、ある固有名の下に行われた特定の行為として記録されていること、テクスト化された出来事を自らの器官なき身体に書き込んでいるだけ、というのがドゥルーズたちの解釈なのでしょう。

私たちが身に付けている仕草とか習慣、思考のパターンは、親とか学校の先生とか、友人とかのそれを無自覚的に模倣したものであることが多いですね。時々、「この仕草はそういえば、□□さんがよくやっていたな。知らないうちに□□さんから影響を受けたのかも」、と思うこともよくありますね。私たちの人格、主体性は、そういう外から与えられた印象によって、私たちの内に刻印され、動き続けている「欲望機械」の緩やかで不安定な連鎖かもしれません。そうした「機械」は、テクストを読むことによっても形成されます。本の影響で、思考や行動のパターンが規定されるということありますね。テクストの影響による欲望の回路も、無自覚のうちに形成されることが多いですが、それを強く自覚している人もいます

――私も割とそうです。恐らくニーチェは、歴史的名前が自分の身体に刻み付けた影響、機械のように反復的に現れてくる運動を、はっきり記憶しているのでしょう。そうした反復的な運動が、ニーチェの言う「永劫回帰 ewige Wiederkunft」だと解釈することもできます。歴史上のAさんの名前で成された出来事Xが、テクストを介してBさんの身体に機械的反復運動を引き起こし、そのBさんの名前でXに似たX′が引き起こされ、それが更にテクストを介してCさんの身体に……という形で連鎖していく。

そうした「ニーチェ的主体 le sujet-nietzschéen」が「独身機械」であり、自らの断片群から、「幸福感に満ちた報償 une prime euphorique」＝「ヴォルプタス」を引き出してくることができるというのは、恐らく、『喜ばしき知識 Die fröhliche Wissenschaft』（一八八二、八七）などで、「永劫回帰」説に基づく「生の肯定」という思想が表明されていることを指しているのでしょう。ニーチェ的主体は、自らの器官なき身体と、外部からテクストを介して侵入してくる機械たちの間で鬩ぎ合いのおかげで、振り回され、不安定化しているけれど、それは一方的に苦痛な状態ではなく、自らの身体に、過去の名前たちと共に流れ込んでくる機械の運動を楽しみ、そのリビドーを「消費」している、ということでしょう。シュレーバーのように、外から入り込んでくる欲望機械の運動と、器官なき身体が和解した時、自己に対して性愛を感じることのできる「独身機械」になるわけです。

絶対的境界線は、ない――「第一章第四節　唯物論的精神医学」を読む

「第四節　唯物論的精神医学」では、精神医学を「唯物論」的に再構成することが試みられているわけですが、当然、普通の意味での「唯物論」ではありません。最初に、精神医学者ガエタン・ガティアン・ドゥ・クレランボー（一八七二－一九三四）の「包括的で体系的な性格をもつ錯乱〔妄想〕は、細分化した局所的な自動性の現象に対して二次的なものである」という命題を検討しています。ストーカーの原因

になるとされている、自分が相手に愛されていると妄想する恋愛妄想、エロトマニアを研究した人で、恋愛妄想は「クレランボー症候群」とも呼ばれています。ここでは、「錯乱 délire」と「自動症 automatisme」の関係が問題になっていて、後者は前者の結果として派生した二次的なものにすぎないと述べられています。「錯乱」は固有の総合や情感を具えていないということですね。ただ、クレランボーが「自動症」という言葉で表したのは、反響、有声化、閉鎖音の破裂といった語幹を形成しない音声現象にすぎず、しかも彼がそこに神経生理学のメカニズムしか見なかったことにドゥルーズ+ガタリは不満のようです。そこに、欲望機械を作動させる経済的生産を見るべきだというわけです。そこに注目するのが、彼らの言う「唯物論的精神医学」です。「唯物論的精神医学 psychiatrie matérialiste」は、「自動症」のように、「分裂症」に関係する現象のメカニズムに関心を向け、欲望の生産という観点から分析する必要がある、ということのようですね。

五一～五四頁にかけて、オイディプス的主体と結び付いた「自我」に拘るフロイトは、〈私〉と言うことのできない分裂症者を嫌っていたということが述べられていますね。自我に引き寄せて考えようとするから、分裂症者の身体において生じている、欲望の生産に積極的な意味を見出すことができない。そうした自我中心主義を「観念論 idéalisme」と呼んでいます。ドイツ観念論は、自我を世界の絶対的中心として理解しようとする哲学の系譜です。その自我と対象の関わりを社会という側面から捉え直したのが、マルクス主義の唯物論です。「唯物論的精神医学」には、フロイトの自我中心主義を解体するという意味が込められているようです。

五五頁を見ると、かなり意外なのですが、ヤスパース（一八八三－一九六九）に肯定的に言及しています。ヤスパースは、精神医学から哲学に転じた人で、『精神病理学総論』（一九一三）という著作もありますが、彼の哲学は神を前提とする実存主義です。唯物論とはかなり相性が悪そうなだけに意外です。五四頁で、「自閉症 autisme」というのは、欲望が生産されているプロセスを、自我の自己同一性にのみ関連付けてネガティヴに捉えた現象にすぎない、自閉症とされている人の身体は、外部＝社会の欲望生産のプロセスに関与しているのだということを示唆したうえで、次のように述べています。

> 自閉状態において人工化され人称化された分裂症者の症状である前に、分裂症は、欲望の生産と欲望機械のプロセスなのだ。なぜ、ひとはこのプロセスから病状の方に移ってしまうのか。またこの移行は不可避なものなのか。こうした問題は依然として重要であり続けている。この点について、また他の点についても、ヤスパースは最も貴重な示唆を与えてくれた。なぜなら彼の「観念論」はまったく例外的なものだからである。彼は、プロセスの概念を人格的反応や人格的発展の概念に対立させながら、自我との虚構的関係の外でプロセスを断絶や侵入として考え、代りに自然の中の「悪魔的なもの」との関係を提唱している。ただ、ヤスパースに欠けていたのは、プロセスを経済的物質的現実として把握するということ、〈自然〉＝〈産業〉、〈自然〉＝〈歴史〉という同一性における生産プロセスとして把握することだけであった。

人間は各人の「精神」における自己同一性と自立性を保つのが正常なのだという見方をする人にとっては「自閉症」は病状ですが、個々人の身体に限定されない、欲望の生産のプロセスを視野に入れると、別の見方ができるというわけです。ヤスパースの「観念論」が例外的だというのは、精神としての「自我」に外から侵入してくるプロセスとしての、「悪魔的なもの le démonique」を直視した点にあるというわけですね。「悪魔」というと、オカルト的に聞こえますが、ヤスパースが「悪魔的なもの」に言及しているのは、精神病の現れ方を歴史的・社会学的に論じる文脈においてです。社会の歴史的・文化的在り方によって、支配的な精神病や神経症の類型が異なっていて、宗教や文化と、精神病理的な妄想の中身が結び付いているのは事実ですね。「悪魔に憑かれる」という形での精神病理は実際にあります。面白いことにヤスパースは、そうした文脈で、かつては狼に憑依されるとか悪魔が肋骨を突くことによ

ヤスパース

って精神病になると言われていたのに、今ではガス、水道管、電話、無線電信、電気機械などによって迫害されるという妄想が増えていることを指摘しています。深読みすると、「機械」が現代の悪魔だという見方を示しているように見えます。

ドゥルーズ＋ガタリは、そうした意味での「悪魔的なもの」を「経済的物質的現実 réalité matérielle économique」あるいは「生産プロセス」として捉えるべきだと言っているわけです。無論、「経済」といっても、経済学の対象になる狭い意味での経済だけでなく、社会の中の欲望の連鎖全体を指しているのでしょう。〈自然＝産業 Natur=Industrie〉や〈自然＝歴史 Natur=Histoire〉というのは、〈＝〉で結ばれている両者の間に明確な境界線がない、というより、実は表裏一体の関係にある、ということが含意されているのでしょう。マルクスの『経済学哲学草稿』（一八四四）に出てくる「自然史 Naturgeschichte」という概念を念頭に置いているのでしょう。「自然史」というのは、「歴史」を「自然」における弁証法的発展法則の延長線上で捉える見方です。因みに、〈Naturgeschichte〉という言葉の本来の意味は、「博物誌（学）」、つまり動物・植物・鉱物の分類・収集の学です。

欲望と「現実 le réel」、そして主体

五八頁で、欲望と現実の関係について論じられています。

欲望が何かを生産するとすれば、それは現実を生産するのだ。欲望が生産者であるとすれば、欲望はただ現実において生産者であり、現実の生産者なのだ。欲望は、こうしたもろもろの受動的総合の総体であり、これが部分対象を、またもろもろの流れと身体を、機械として組織し、みずから生産の単位として作動する。現実的なものは欲望から生ずるのであって、それは無意識の自己生産にほかならない欲望の受動的総合の結果である。欲望には何も欠けていないし、対象も欠けてはいない。欲望に欠けているのはむしろ主体であり、欲望は固定した主体を欠いているのだ。ただ抑圧によって、固

定した主体が存在するだけだ。欲望とその対象は一体をなし、それは機械の機械として、機械をなしている。欲望とは機械であり、欲望の対象もやはりこれに接続されたもうひとつの機械である。

「欲望」と「現実 le réel」と「主体」の三者関係について改めて考えてみましょう。（精神的なものとして実在する）「主体」に、ある特定の現実の対象に対する「欲望」が属しているというのが、私たちの通常の見方でしょう。だとすると、「主体」は自分自身には「欠けている manquer」何かを、「現実」の中に求めていることになります。「主体」自身は精神ですから、物質的なものを欠いているのは、定義上当然です。「主体」が常に「欠如」の状態にあるというのは、ポスト構造主義系の現代思想でよく聞くテーマです。「主体」は、常に自らにとっての理想の状態を描き、そこに到達しようと努力することで、自発性を持った「主体」であり続けることができるわけですが、それは裏を返すと、欠如を抱えているということです。デリダの「エクリチュール」論も、主体が根源的に抱える欠如の問題をめぐって展開します――拙著『〈ジャック・デリダ〉入門講義』（作品社）をご覧下さい。精神分析の場合、「父」の力の象徴である「ファルス（男根）」が自分には欠けていることを自覚させられた子供が、「父」に嫉妬すると同時に、憧れ、父のようになろうとすることが、「主体」の起源として説明されます。男の子であれば、いずれ父親と同じようなペニスを得ることができるはずですが、［ファルス≠ペニス］で、いくらペニスが大きくなったとしても、「父のファルス」のような強い力を獲得することができません。ラカン派の理論では、この意味での「ファルスの欠如」が強調されます。「ファルス」をはじめとする、自我にとっての欲望の対象の不在を補い、対象を手にしているかのごとく装うため、象徴界＝言語が導入されるわけです。

しかし「欲望」自体が「現実」を生産し、身体や機械を組織化するのだとすれば、「欲望」が欠如を含意しているという、「主体」中心の見方は成り立たなくなります。「欲望」が「主体」に属しておらず、逆に「現実」を作り出すというのは、私たちの常識に反することですが、ここまで見てきたように、「欲望」というのは、私たちの身体の外側、社会や自然の中で現に存続し続けている「機械」の運動の連鎖で生み出されるものであるということを踏まえると、それほどおかしなことではなくなります。ここで「現実」と言っているのは、私たちの身体が従属している、機械の運動が進行している地平というような意味で考えればいいでしょう。ハイデガーも依拠している、生物学者のユクスキュル（一八六四―一九四四）は、生物はそれぞれの持っている知覚や運動機能に応じて異なった環世界（Umwelt）の中で生きているという理論を提唱しましたが、「環世界」を「現実」と読み替えて、人間の場合、「欲望機械」の運動によって、環世界＝現実が絶えず変動している、と考えればいいでしょう。「欲望機械」は、そうした意味での「現実」と同時に、「欲望」それ自体、そして「対象」を作り出すわけです。あと、〈le réel〉という言葉は、ラカン理論における有名な、「想像界／象徴界／現実界」の三領域のうちの「現実界」のことも暗示しているかもしれません。「想像界」というのは、母子未分化状態のように、様々なイメージを介して自己と他者・対象と距離を取ることなく密着している世界、「象徴界」は、言語によって他者・対象が明確に意味付けられている世界、「現実界」は、イメージによっても言語によっても触れることのできない、（一切主観を含まない）世界の客観的現実の世界という意味合いです。ここでドゥルーズ＋ガタリが言うように、「現実（界）」自体が「欲望」によって「生産」されるとすると、ラカンの議論の前提が崩れてしまうわけです。

この箇所で、最初にお話しした「受動的総合」が出てきましたね。「主体」を中心とする「能動的総合」ではなく、「欲望機械」たちの中心なき連鎖による「受動的総合」によって、「現実」「欲望」「対象」が作り出され、そこに後から、「主体」が付け加わってくる。「主体」がなくても、「総合」は可能だということです。

「モル」とスピノザ

六〇頁に、ドゥルーズ＋ガタリ用語として有名な「モル」という言葉が出てきます。

マサニエロを模したスピノザの自画像を複製した版画　ピーター・デ・ヨーデ

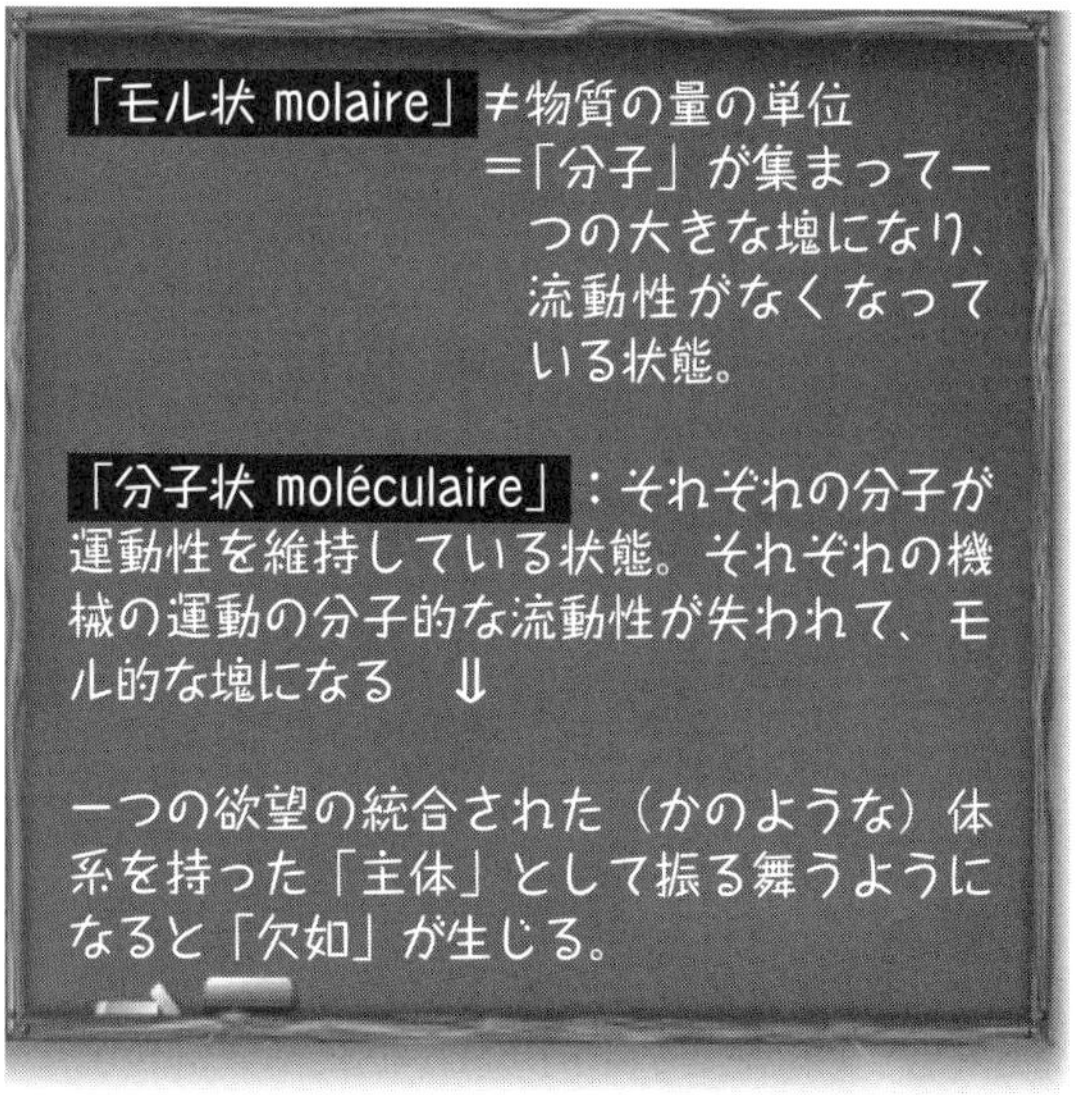
「モル状 molaire」≠物質の量の単位
=「分子」が集まって一つの大きな塊になり、流動性がなくなっている状態。
「分子状 moléculaire」：それぞれの分子が運動性を維持している状態。それぞれの機械の運動の分子的な流動性が失われて、モル的な塊になる ⇓
一つの欲望の統合された（かのような）体系を持った「主体」として振る舞うようになると「欠如」が生じる。

主体におけるモル的欠如を表現するのは欲望ではなく、モル的な組織こそが欲望からその客体的存在を取り上げるのだ。革命家たち、芸術家たち、そして見者たちは、単に客体的であることでみちたりている。

「モル」というのは、高校で並ぶ化学用語の「モル」から来ていますが、ドゥルーズ／ガタリの言っているモルは、物質の量の単位ではありません。「分子」が集まって一つの大きな塊になり、流動性がなくなっている状態を「モル状 molaire」、それぞれの分子が運動性を維持している状態を「分子状 moléculaire」と言います。それぞれの機械の運動の分子的な流動性が失われて、モル的な塊になる、つまり一つの欲望の統合された（かのような）体系を持った「主体」として振る舞うようになると、先ほどお話しした意味で「欠如」が生じる。「モル的な組織こそが欲望からその客体的存在を取り上げる」というのは、「モル的組織」の中で流動性がなくなり、内／外の境界線が引かれ、固定化された「主体」が現れてくると、「主体」は自らの客体的存在は欠如の状態にある、自分の現実には何か欠けたところがある、と感じるようになる、ということです。そうやって自己の欠如を嘆く、凡庸な〝主体〟に対して、革命家や芸術家、見者（les voyants）は自らのあるがままの客体的現実を肯定できる、というより

自ら欲望を外に向かって解き放ち、現実を再創造することができる、ということでしょう。

この箇所の後に、「私がしてきたわずかな読書から、私はこういう結論をひきだしたのである。生の中に最も深くもぐりこみ、生に形を与えた人びと、生そのものである人びとは、わずかしか食べず、わずかしか眠らず、たとえ物を持っているとしても、わずかしか所有しない……」という引用がありますね。この訳（の少なくとも二〇一四年に出ている八刷）では注番号が取れていますが、ここはヘンリー・ミラー（一八九一―一九八〇）の自伝的小説『セクサス』（一九四九）の主人公（私）の台詞からの引用です。その後に出てくるスピノザとは直接関係ありません。

――生きた見者、それはナポリの革命家の衣装を着たスピノザである。

ナポリの革命家とスピノザが何の関係があるのかと思いますよね。スピノザより一二歳年上のマサニエーロ（一六二〇－四七）という革命家がナポリに実際にいて、その人物にスピノザが憧れ、彼に似せて自画像を描いたことが知られています。その自画＝マサニエーロ像を版画にしたものが残っています。マサニエーロはナポリの漁師として生まれました。当時のナポリは、スペイン・ハプスブルク家の支配下にあり、三十年戦争などの戦費のため重税を課されていました。マサニエーロは一六四七年に起こった民衆の反乱の指導者になり、一時は市の実権を掌握しましたが、最後はハプスブルク家に捕えられ、暗殺されます。スピノザの生まれたオランダも、スペイン・ハプスブルク家の支配下にありましたが、一六世紀末から独立戦争を戦っていました。最終的に独立を勝ち取ったのが、一六四八年です。そういう情勢の中で育ったスピノザは、革命に対して強い関心を持っていたようです。そうしたことは、ドゥルーズの『スピノザ　実践の哲学』（一九八一）で紹介されています。

マサニエーロのようにモル状態を打ち破ろうとする革命家が出てくるということは、私たちの身体、あるいは、社会的身体に、モル的組織を作ろうとする傾向があるということです。六二～六四頁にかけて、マルクス主義的な社会心理学者ライヒの議論を援用して、何故大衆が「もっと税金を！　もっとパンを減らして！」、と自分たちの首を絞めるような、自分たちを不自由にするような要求を掲げることになるのか、という問題について考えています。ドゥルーズ＋ガタリは、大衆がファシズムを求めていることを見抜いた点でライヒを評価していますが、その一方で、彼が「合理的に生産される現実的対象 l'objet réel rationnellement produit」と「非合理的な幻想的生産 la production fantasmatique irrationnelle」を対立的に捉えていることを批判しています。つまり、資本主義的社会では資本主義にとって合理的な生産が行われているけれど、社会の中で生きる各人の内面では、その〝現実〟を見えなくさせる〝幻想〟が生み出されている、という前提で考えているわけです。ネオ・マルクス主義の疎外論ではよく聞く話ですし、現代日本でも、大衆の右傾化批判の文脈でよく出てくる話ですが、ドゥルーズ＋ガタリに言わせると、それは「社会」と「個人」を異なった実体と見たうえで、前者から後者への一方的な影響があることを自明視する見方です。これまで見てきたように、機械の運動にとって、人間の身体の内と外の間に絶対的境界線はありませんし、幻想的なものを含んだ「主体の欲望」と、「客観的現実」の間にも絶対的境界線があるわけではありません。「欲望—対象—生産」が込みになって、機械たちによって生産され、変容されているわけです。「唯物論的精神医学」は、欲望的生産と社会的生産を、「機械」という観点から一体のものとして見ようとするわけです。

［**切断—接続**］——「第一章第五節　欲望機械」を読む

「第五節　欲望機械」では、「欲望機械」が単なる比喩的な意味ではなく、実際に「機械」であるという彼らの主張が再確認されています。七二〜七三頁にかけて、「機械はすべて連続した物質的な流れ（つまり質料）とかかわり、機械はこの流れを切りとるのである」と述べられています。つまり、物質的なものの流れが実際にあるということです。人間の身体上でこの流れが切断され、新たな機械、新たな流れが生まれるうえで、「部分対象」が不可欠な役割を果たしているわけです。欲望の流れが向かっていく目標としての「部分対象」が、肛門↓腸↓胃↓口、というように現実的に切り替わっていくわけです。七四頁の真ん中辺りの（　）の中で、ドゥルーズ＋ガタリは、「部分対象」に注目したのはよかったけれど、その間の流れを無視したのはよくなかったと指摘していますね。

そのうえで、自分は機械と繋がっていると感じる子供の分析に当たった心理学者ブルーノ・ベッテルハイム（一九〇三－九〇）の議論を紹介しています。ウィーン生まれのハンガリー系ユダヤ人で、ナチスによって強制収容所に入れられましたが、運よく第二次大戦勃発前に解放されて、アメリカで心理学者として知的障碍児や情緒障碍児、自閉症児の治療に当たりました。フロイトに関する著作でも知られています。本当はちゃんと心理学を学んでいなかったけど、アメリカではどさくさに紛れて、心理学者だと自称して押し通したようです。

Connecticut〈Connect（接続せよ）－I（ぼくは）－cut（切る）〉と、幼いジョイは叫ぶ。ベッテルハイムはこの少年を描写しているのだが、彼はモーター、リード線、ランプ、キャブレター、プロペラ、ハンドルなどを具えた機械に自分をつながないでは、生きることも、食べることも、排泄することも、眠ることもできない。電動食事機械、呼吸の自動機械、肛門光学機械などである。欲望的生産の体制と様式がこんなに的確に示された例はあまりない。様式とは、破綻が作用そのものの部分をなし、切断が機械的接続の部分をなしている様式のことである。

ジョイは、まさにリンドナーの『機械と少年』を生きているわけですね。コネティカット〈Connecticut〉という地名から、「接続」と「切断」といういかにも機械の回路のような意味を読み取り、自分をそういう回路に繋がっている機械の一種と見ているわけですね。情緒不安定な子供が自分のような生身の身体と機械のような金属製のボディを区別できないだけの話のようにも思えますが、ドゥルーズ＋ガタリのこれまでの議論に即して見れば、我々の身体もまた、欲望の流れの［切断—接続］関係によって機能する

「機械」の連鎖であることをよく洞察していると言えます。「機械」という視点から見た場合、流れの中に破綻が生じるのは、新たな「機械」の誕生であるわけです。
この後、欲望機械の様々な特徴が列挙されていますね。それぞれの機械が情報伝達のための独自コードを具えていて相互に離脱していく傾向があるとか、切断の残余として主体が生じ、その主体は新しい機械の部品となるということが述べられています。

精神分析批判へ――「第一章第六節　全体と諸部分」を読む

「第六節　全体と諸部分」では、欲望の生産における「全体」と「部分」の関係が論じられています。当然、ドゥルーズ＋ガタリは、「全体」が調和的に統一されているとは考えておらず、「部分」の独立性を強調します。八四〜八五頁にかけて、プルースト（一八七一―一九二二）の『失われた時を求めて』（一九一三―二七）を「文学機械 une machine littéraire」と見なして、その「全体」と「部分」の関係について論じています。文学作品も、欲望の流れの切断によって生み出される「機械」と見ることができるわけです。文学作品は、作家が統一された構想の下に描いたものと見られがちですが、いくつかの「部分」、つまり描きたい場面、描くべき場面がまずあって、事後的に「全体」が生じると考える作家や評論家もいます。プルーストもその一人のようです。『アンチ・オイディプス』の七年後に刊行される、ガタリの『機械状無意識』（一九七九）は、『失われた時を求めて』の分析を核に展開されています。

だから、プルーストはこういっていたのだ。全体は生みだされる。全体そのものは、諸部分の傍にあるひとつの部分として生みだされる。この全体は、統一化することも、全体化することもしないで、これらの諸部分に適用され、相互に通じていない容器の間に異様な通路を設け、それぞれが自分に固有な次元において、あらゆる差異を保持しようとする要素相互の間に、もろもろの横断的な統一性を作りあげるのだ。だから、『失われた時を求めて』の鉄道の旅においては、決して全体が見えるわけではなく、眺める観点にも統一性はない。むしろ全体や統一性は、ただ横断線の中にあって、旅行者は夢中になって窓から窓へと移動し「途切れたり対立したりするもろもろの断片を近づけ、あるいは移しかえようとして」、このような横断線を描くのである。

この作品の各部分が欲望機械を形成していて、相互に自律的運動を行っていて、それがあるまなざしから見た時に、全体を形成しているのだけれど、そのまなざしを向ける主体も機械の運動の副産物なので、いつか変化し、それによって「全体」の様相も変化していく、ということのようです。作品のそれぞれの部分が、身体性を具えた欲望機械の運動に対応しているとすると、これと同じことが、私たちの身体（像）の「部分」と「全体」についても言えそうですね。身体上の様々な欲望機械（部分）のその都度の切断／接続関係によって、「身体」の全体的在り方が規定される。八五頁の終わりを見ると、「器官なき身体」はそうした意味での「全体」として構成される、ということですね。「器官なき身体」は固定的なイメージとして持続的に存在しているわけではなく、諸機械の連鎖の中から、その都度新たな形で浮上してくるようですね。「器官なき身体」というのは、あくまで「器官」の運動を拒否して、誕生以前の平穏に戻ろうとする傾向であって、生物学的な特性に基づく強固なものではないようです。だとすると、その都度再構成されるというのも、それなりに納得がいきます――生物学的に確かな根拠に拘る人には、受け入れにくい話かもしれませんが。そうやって、その都度身体の形を与えることを、ジェイムズ・ジョイス（一八八二―一九四一）が〈embody〉と呼んでいるということですね。〈embody〉は通常は、「具現する」とか「体現する」といった意味ですが、「身体化する」という文字通りの意味もありますね。

八六～九〇頁にかけて、メラニー・クラインの部分対象論が批判的に検討されています。クラインによると、子供の成長に伴って欲動も進化し、部分対象は一つの大きな全体へと統合され、〈私〉は（統合された人格的対象である）母や父とエディプス的関係を持てるようになります。クラインは精神分析家の中では、安易にエディプス図式を持ち出すことを最も回避していた人だけれど、それでも最後はエディプス図式に落とし込んで説明しようとする。八八～八九頁にかけて、クラインによるディックという少年に対する分析が紹介されていますね。誰にも興味を示さないディックに対してクラインは、二台の玩具の汽車を示して、大きい方をパパ、小さい方をディックと名付けます。すると、少年は汽車ディックを窓まで走らせ、《駅》だと言います。そこでクラインは、《駅》はママで、ママの中は暗いと教えてやります。いかにも、「機械」に向けられた関心を、エディプス的なものへの関心に読み替えるような誘導ですね。そういう風に、オイディプス三角形へと誘導する解釈が精神分析において支配的になっていることを、ドゥルーズたちは問題視します。彼らに言わせれば、部分対象こそリアルで、「全体」は幻想です。欲動がオイディプス三角形を志向しなければならない必然的な理由などないわけです。

九〇～九一頁でフロイトとユングが対比されていますね。ユングは、分析者と被分析者の関係における「転移 transfert ＝ Übertragung」、つまり被分析者が過去に他者との関係で経験したことを分析者との関係で再現する問題を考えていて、分析者が父や母ではなく、悪魔や神や魔法使いのように現れ、両親のイメージを完全に逸脱することに気付きました。ドゥルーズ＋ガタリはそれをヒントにして、子供は単にパパーママ遊びばかりするのではなく、魔法使いやカウボーイ、泥棒―お巡りさん、汽車などでも遊ぶ、という当たり前のことを指摘します。汽車が僕で、《駅》がママだというのは、子供の欲望機械を家族的な性格の性愛（sexualité）に還元しようとする、精神分析のフィクションでしかない。精神分析は、子供が大きくなると、家族的性愛以外の「社会的関係」の中で生きるようになることを認めますが、それは後から付け加わってくるものでしかないと考えます。その点はユング（一八七五－一九六一）とフロイトは同じです。ドゥルーズ＋ガタリに言わせれば、その考え方に問題があります。ゆりかごとか乳房、おしゃぶり、排泄物などは、子供の身体の諸々の部分に接続された欲望機械だと述べられていますね。乳房が母を表す部分対象であるというクライン的な見方を否定したうえで、ドゥルーズ＋ガタリは以下のように述べています。

> 乳房が母の身体から採取されるということは、厳密にいうと正しくない。というのも乳房は欲望機械の部品として存在し、赤ん坊の口と接続され、濃いかったり薄かったりする非人称的なミルクの流れから採取されるからである。欲望機械や部分対象は、何も表象しない。つまり部分対象は表象的ではないのだ。部分対象はたしかにもろもろの関係を支え、様々な代行者を配分するものであるが、これらの関係は間主体的ではなく、同様にこれらの代行者は人物ではない。関係とは生産関係そのものであり、代行者とは生産と反生産の代行者のことである。

ポイントは分かりますね。欲望機械の部品である「乳房 le sein」は、母親の人格を「表象＝代理 représenter」しているわけではなく、あくまで非人称的な機械の部品として機能している、ということです。「代理＝表象」と「代行者」の違いが多少分かりにくいですね。「代行者」の原語は〈agent〉です。確かに「代行」という意味もありますが、英語と同様に「行為者」「行為体」という意味もあります。部分対象は、何か全く異質なものを代理＝表象するのではなくて、自分がその部品である欲望機械の働きを一部代行している、ということでしょう。この場合は、乳房自体を吸ったり触ったりしても、ミルクを飲むのと同じ快楽はないけれど、そのある部分は遂行している、あるいは、それを代替する機能を担っていることは明らかですね。

九五頁で、こうした玩具の機械や親の身体の部位も含めた様々な欲望機械の働きが、エディプス三角形という枠に押し込めていくことをめぐる問題が論じられています。

> 子供の生命をオイディプス・コンプレックスの中に閉じこめ、家族的諸関係を幼年期における普遍的媒介とみなすことによって、ひとは、無意識そのものの生産と、じかにこの無意識に働きかける集団のメカニズムを見失ってしまわざるをえない。とりわけ根源的な抑圧、欲望機械、そして器官なき身体のあらゆる作用を見失うことを。なぜなら無意識とは孤児であり、無意識自身は自然と人間とが一

一体であるところに生産されるからである。

ドゥルーズ＋ガタリは、無意識は家族的な関係の中だけで形成されるものではなく、外の社会の関係性、身の回りにある道具やおもちゃ、自然物などから成る様々な欲望機械の連鎖の中で形成されると言っているわけです。「孤児 orphelin」だというのは、特定の両親だけから生じるものではない、ということでしょう。エディプス的な見方に囚われていると、ここまで見てきたようないろんな機械の作用や、それに対する「器官なき身体」の抵抗といった問題が見えなくなるというわけです。

九七頁でこの問題に関連してフーコーの議論が参照されています。

ミッシェル・フーコーが指摘しえたことは、狂気と家庭との関係が、どの程度まで、ひとつの発展を根拠にしていたのかということであった。この発展は十九世紀のブルジョワ社会全体に影響を及ぼして、家族にもろもろの役割を委ねたのである。まさにこの役割を通じて、家族のメンバーの責任と、起りうる彼らの罪責感とが評価される。ところで、精神分析が狂気を「両親コンプレックス」の中に包み込み、オイディプスに由来する自己刑罰の形態の中に罪責感の告白を見いだす限りにおいて、精神分析は革新の力を失って、十九世紀の精神医学が始めたことを成し遂げるのだ。すなわち、精神病理学の家族的かつ教化的言説を昂揚させること。

ここで参照されているのは、『狂気の歴史』（一九六一）の第三部第四章「狂人保護院の誕生 Naissance de l'asile」の記述で、一九世紀において、狂気を封じ込めるうえで「家族」の役割が重視されるようになったこと、狂気と結び付いていると見なされた貧者や病人の世話は実際に家族に任され、狂人の場合は、狂人保護院における家族的な雰囲気を作ることが目指されるようになった、ということが記述されています。そうした家族重視の戦略を、精神分析が最終的に完成させた、というわけです。精神分析は、狂気と理性の境界線をはっきり引いて、前者を物理的に封じ込めようとした精神医学に対する反逆から出発したように見えるけど、実際には、その最終形態だった、というわけです。無論、エディプス三角形の神話を

作り上げたフロイトやラカンが悪いという単純な話ではなく、精神病理を家族の中での正常な人格発達からの逸脱と見なし、矯正しようとする、つまり欲望は家族という私的領域の中で発達するものだと考える、近代的な発想の最終形態として精神分析を位置付けているわけです。

次回読む、「第二章　精神分析と家族主義　すなわち神聖家族」ではこの問題が掘り下げて論じられています。エディプス三角形を核として発展してきた精神分析を頭っから虚構と決めつけるのではなく、エディプス三角形の形成が自然であるように見える欲望の回路があることは認めたうえで、その方向が資本主義や家族主義によって次第に強化されていき、そこに精神分析が関わっていった過程を、いろんなテクストを参照しながら明らかにしていきます——そんなに分かりやすく明らかになるわけではありませんが。

■質疑応答

Q　一七頁に「類的生命」というワードが出ています。「類的」というと、マルクスの『経哲草稿』の「類的存在」が思い浮かびます。『経哲草稿』では、それは「非有機的自然」と結び付けられています。有機的な人間の身体と区別される意味で非有機的なんですが、そうした身体の二面性を視野に入れることで、人為／自然の二元論を乗り越え、人間の身体をめぐる一種のプロセス一元論に持っていこうとするところに、『経哲草稿』の議論を機械として読み替えている部分があるのかなと思いました。

A　重要なご指摘ありがとうございます。『経哲草稿』の「疎外された労働 Die entfremdete Arbeit」と題されたところですね。「非有機的身体 der unorganische Körper（das unorganische Leib）」というのは、普通の意味での身体ではなくて、人間を含む生物が生きるために常に関わりを持つ必要がある「自然 Natur」、つまり環境世界のことで、人間の場合、そこに労働を中心とする社会的関係性が入ってくるわけですね。「類的生命」の原語の〈la vie générique〉は、『経哲草稿』のフランス語訳で、〈Gattungsleben〉、つまり「類的生活」の訳語としても使われているので、むしろ「類的生活」の方を念頭に置いているのかもしれません。因みに、「類的存在 Gattungswesen」の訳語は〈être générique〉です。〈Gattungswesen〉は、「類的本質」とも訳せますが、〈être générique〉は「類的存在」としか訳せません。「自然」―「人間」―「社会」の間の明確な境界線なしに進行する「生産」を話題にしている所で出てくるので、非有機的な身体を活用する「類的生活」のことを念頭に置いている可能性は高いと思います。

ただ、「有機的」という言葉の使い方は、マルクスとドゥルーズ＋ガタリでは違いますね。マルクスは、狭い意味での身体に統合されているか否かで「有機的／非有機的」を区別しているようですが、ドゥルーズ＋ガタリは、「機械」がモル状に組織化されているという意味で「有機的」と言っている感じですね。マルクスは、人間が他の動物と違って、「労働」という形で「類的生活」あるいは「類的本質」を自ら作り出していることを示唆していますが、どういう「労働」あるいは「生産」が人間にとって本来的なものかはっきりしたイメージを持っているようですね。人間にとって使用価値があるものを生み出す「労働」にこそ中心的な価値がある。

それに対してドゥルーズ＋ガタリの世界観では、「器官なき身体」の周辺の欲望機械のネットワークの効果によって、「類的生命」がその都度構成されているように思えます。彼らの世界観においては、人間の生の本質が固定化された実体として存在するということはなさそうです。

Q　機械のプロセスの効果として、「類」が生まれてくるということですか。

A　彼らは人間の共通本性があるという考え方自体を否定したがっているように見えるので、そこは微妙です。「欲望機械」の運動と「器官なき身体」の間でバランスが取れずに、分裂症的な様相を呈するのが、人間の「類的生命」だということになるのだと思いますが、それが人間を相互に連帯させ、ユートピアに導いていくほど強いものになるとは思えません。分裂の仕方は人によって異なるのだから。

むしろ、『経哲草稿』におけるマルクスの「非有機的身体」論をもう少し掘り下げて考えれば、環境自体を作り替える、「労働」を通して人間の「類的本質」自体が絶えず再構成されていく、というポスト構造主義的な議論へと発展しそうな気がします。ドゥルーズ＋ガタリの議論の「分裂症」的な側面をあまり強調しないで、「労働」による潜在的可能性の発掘を通して新たな人間的連帯の基盤が生まれてくる、ということを示唆したのがネグリ（一九三三―　）のマルチチュード論です。

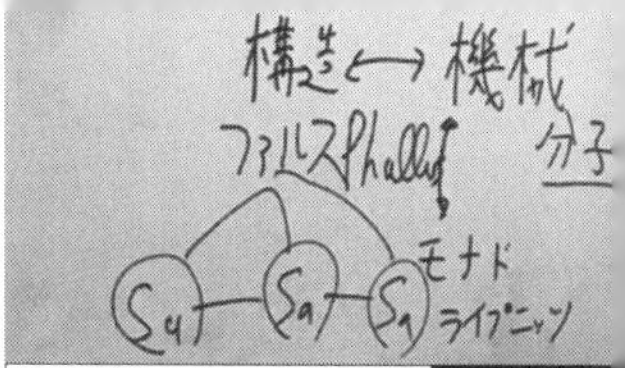

〔講義〕第二回

精神分析批判と家族——第二章第一節〜第六節

前回の復習

この著作では「機械」という概念が重要な役割を果たしています。生物を含めた自然界から人間の心的領域、さらには社会の諸慣習・制度に至るまで、あらゆる対象や出来事が、相対的な自立性を保ちながら運動する機械の連鎖から生まれてくるという見方を示す。人間の欲望や無意識、主体もその中に含まれる。機械による欲望の生産の中で、それぞれの欲望がどこに属するか登録がなされ、欲望の産物を消費する主体が生まれてくる。複雑に連鎖しながら様々な現象を生み出す「機械」を、静的な「構造」に対置し、構造主義化されたフロイト主義を解体していく。この「機械」をめぐる語法に慣れられるかどうかが、ドゥルーズ＋ガタリの議論の進め方を理解できるか否かの分かれ目になります。

彼らは、人間の身体を統合された全体としてではなく、様々な「機械」の組み合わせと見なします。「機械」は、その活動のための素地となる「器官なき身体」——誕生した瞬間の胎児のように、各器官が未分化で機械の活発な動きも見られない原身体——との間で反発や吸引の関係を結び、身体外の自然物やおもちゃ、他人の身体などを構成する「機械」とも相互作用します。接続と切断を繰り返し、多方向的なエネルギーの流れを作り出す「機械」の組み合わせによって、私たちの生命プロセスが成り立っていると言ってもいい。

核家族批判――「第二章第一節　オイディプス帝国」を読む

第二章は、「精神分析と家族主義　すなわち神聖家族」というタイトルがほぼ全てを語っていると言ってもいいかと思います。機械の流れの多様性を無視して、全てを、［父―母―子］の三者関係から成るエディプス三角形に還元しようとする精神分析と、その背景にある近代の家族主義、もう少し詳しく言うと、核家族主義を批判的に検討している章です。無論、頭から否定するわけではなくて、エディプス三角形とはそもそもどういうもので、それがどうして影響力を保持し続けているのかかなり詳細にわたって論じています。九九頁に「パパ―ママ―私の三角形」という表現が出てきます。この表現は、浅田彰さんの『逃走論――スキゾ・キッズの冒険』（一九八四）を通して知られるようになったので、ご存知の方も多いと思います。「神聖家族」というのは、元々イエスとマリアとヨセフの家族を指しますが、マルクスとエンゲルス（一八二〇―九五）の著作の『神聖家族』（一八四五）も念頭に置いているのでしょう。これは、キリスト教を人間中心主義に解釈することを試みた、ヘーゲル左派のブルーノ・バウアー（一八〇九―一八八二）とその一派を批判したテクストで、マルクス＋エンゲルスのヘーゲル左派との決別を決定的にしたテクストです。

限定された意味でのオイディプスは、パパ―ママ―私の三角形の形象をなして、まさに家族の星座を体現している。しかし、このオイディプスを自分の教義とするとき、精神分析は、子供においては前オイディプス、精神病患者においては外オイディプス、他の諸民族においては疑似オイディプスといわれるような関係が現実に存在していることを知らないわけではない。教義としての、つまり「核をなすコンプレックス」としてのオイディプスの機能は、ある無理強い（forcing）と切り離せないものであり、この無理強いによって、精神分析の理論家は、オイディプスが普遍的であるとする立場に

到達する。一方で、精神分析の理論家は、男女それぞれの患者に即して、欲動や情動や人間関係などといったものの、一連の強度の系列を常に考慮に入れているが、この系列は、コンプレックスの正常な肯定的形態を、その逆の否定的形態に結合するのである。すなわち〈系列のオイディプス〉といわれ、フロイトが『自我とイド』〔一九二三年〕において提起しているものである。この〈系列のオイディプス〉は、必要に応じて前オイディプス的諸段階を否定的コンプレックスに関係づけることを可能にするものである。

教条化した精神分析は、［パパ―ママ―私］のエディプス三角形の普遍性を前提にして、これによって人間の精神の在り方全般を説明しようとするわけですが、いろいろと周囲を見渡せば、それと似ているようで、ちょっと違う現象に遭遇せざるを得ないということです。他民族の擬似オイディプスというのは、似て非なるものということです。第三章の第三～四節で、文化人類学の知見に基づいて、この問題が論じられています。精神病患者の場合、エディプス・コンプレックスによる規制が外れてしまうとされています。〈系列のオイディプス Œdipe de série〉というのは、発達段階に従って様々のエディプス・コンプレックスの現れ方があるけれど、それらは一続きの系列をなしているということです。その「系列 série」の中で強度（集約度）の高低はありながらも、「系列」自体は継続する。そういう「系列」を前提にすると、エディプス的な関係性を否定するような現象が起きても、いや、それは新たな段階に発展するために通過すべき葛藤だ、というような説明ができます。精神分析家は、被分析者をこの「系列」のどこかに位置付けるべく、「無理強い」するわけです。〈forcing〉という英語が出てくるのが気になりますが、この単語は、フランス語でも外来語として「猛攻」「猛勉強」「奮戦」といった意味で使われます。フランス語の〈forcer〉という動詞が「強いる」という意味なので、その名詞形としても使われているようです。

この少し後、一〇〇頁に「グループのオイディプス Œdipe de groupe」というのが出てきます。これは、人々が相互に影響を与え合うことで、エディプス的関係を共有しているということです。そうした関係があると想定することで直接の親子関係にない人たちの間にもエディプス的な関係が成立しますし、直接の親子関係でエディプス三角形が正常に機能せず、うまく継承されていかなくても、横から助けて、正常な軌道に戻すこともできます。そうでないと精神分析は成り立ちません。それからこの頁の終わりの方に、「構造のオイディプス Œdipe de structure」というのが出てきますね。

最後に、想像界と象徴界を区別することによって、立場と機能の体系としてオイディプス的構造をとりだしてくることが可能となる。こうした立場や機能とは、所定の社会的組織体あるいは病理学的組織体の中でそれぞれに立場や機能を占める人びとの可変的な形象と一致するものではない。これはすなわち〈構造のオイディプス〉（3＋1）であって、三角形をなすのではなく、ある一定の領域の中に欲望、その対象、法則を配分し、可能なかぎりあらゆる三角形化の操作を可能にするのである。

ここはかなりとっつきにくいですね。ラカン派の精神分析に出てくる「想像界」と「象徴界」については、前回簡単にお話ししましたね。ここでは、「想像界」を、知覚的なイメージを中心とする感性的な刺激を伴う、ぐちゃぐちゃと混沌とした他者との関係性、「象徴界」を、言語化された論理によって制御される、整然とした関係性という意味で理解したらいいでしょう。「立場 place」と「機能 fonction」というのは、「象徴界」から見た「立場」と「機能」です。「構造のオイディプス」というのは、社会の掟、ロゴスによって各自に割り当てられる「立場」や「機能」の面で、「私」にとっての「父」的な存在、「母」的な存在を想定することが常に可能であるということです。そうした「父」や「母」は現実の父母とは必ずしも関係がないし、イメージ的に重なっている必要さえありません。

私がある想像的な人間関係、密着し、互いを鏡像のようにして、意識的・無意識的に模倣し合ったり、同調したりする関係を、周囲の人たちとの間に保持しているとします。それらの他者たち、あるいはそのイメージを「母」と見なすことができます――母子未分化の密着状態とのアナロジーで。そのごちゃごちゃしているように見える関係が全く無秩序ではなく、実は、社会的ルールによって統制されているとします。「私」から見て、社会的掟を代表する「立場」にいる、あるいはその「機能」を担っている人、教師、警官、医師、裁判官などは、その人の個人的な印象やキャラとは関係なく「父」です。こういう風に考えるのであれば、他者との関係がある所には不可避的に、エディプス三角形によって解読できる「構造」があることになりそうですね。

「構造主義」で分析の対象となる「構造」は、こういう風に形式的に記号化された「構造」なので、いろんな対象に適用可能です。それは恣意的だと思う人もいるでしょうが、構造主義を、存在の普遍的性格を明らかにする哲学的・解釈学的な営みではなく、対象を秩序立てて認識するための道具立てを提供する、社会科学の基礎的方法論だと考えれば、それほどおかしなことではないでしょう。

「構造のオイディプス」という観点から見ると、先ほどの「系列のオイディプス」や「グループのオイディプス」も、「構造」主義的な再構成されたものです。一〇一頁のごちゃごちゃした記述は、このことを確認したうえで、「オイディプス」は何か実体的な属性を具えたものというより、様々な関係性や精神病・神経症を分析するための座標軸になっていることが指摘されています。では、現実的な親子関係から抽象された、そうした形式的な構造としてのオイディプス三角形なら、ドゥルーズ＋ガタリは容認するのかというと、どうもそのつもりはないようです。

真の意味での差異は、想像的であり、かつ象徴的であるオイディプスと、それ以外の何か、あらゆるオイディプスたちがおしつぶし抑圧している他の何ものか、つまり欲望的生産との間にあるのではないか。――欲望的生産とは、欲望の諸機械のことであるが、これらの諸機械は、構造にも人物にも還元されえないものであり、象徴界も想像界も超えて、あるいはそれらの下に、〈現実的なもの〉そのものを構成するのである。マリノウスキーは、考察される社会形態に応じて、諸形象が変化することを示しているが、私たちは、彼が行ったような試みをくりかえそうとは思わない。

欲望機械が〈現実的なもの le Réel〉を構成、あるいは生産するという話は前回も出てきましたね。欲望機械の多方向的な連鎖を重視するドゥルーズ＋ガタリは、たとえ構造主義的に抽象化された形であれ、エディプスで全てを説明して、それ以外の要素を余計なもの扱いするエディプス言説は受け入れがたいということでしょう。むしろ「構造」へと抽象化された形で普遍的に適用できる可能性を増したエディプス中心主義の方がより問題が大きいということになるでしょう。

ブロニスワフ・マリノフスキー（一八八四－一九四二）はポーランド生まれで、イギリスを拠点に活動した機能主義的な人類学者で、パプア・ニューギニアの東側に広がるトロブリアンド諸島間での「クラ」の交換について分析しました。「クラ」とは、ポトラッチの南太平洋における形態で、等価交換の原型になるような、贈り物を一方的に贈る習慣です。ある系列の贈り物は南太平洋を右回りで進み、別の物は左回りで進んでいって、結果的にいずれ一周して元に戻ってくることになります。そうしたエコノミーを観察するために、実際にトロブリアンド諸島で数年間生活しています。彼は文化人類学において「参与観察participatory observation」を方法論として導入した先駆者と見なされています。その彼が、『未開社会における性と抑圧』（一九二七）等の著作で、フロイトの精神分析の洞察を基本的には認めながらも、文化によってかなりのヴァリエーションがあること、例えば、トロブリアンド諸島は、〈父〉の役割を母方の叔父（伯父）が担っていることを指摘しています。

オイディプスの虚構、エディプスの主権

ひとがオイディプスを一種の不変項として提示しながら私たちに語ることを、私たちはそのまま信じさえする。しかし、問題は、まったく別のところにある。つまり、次の点にあるのだ。無意識の生産とこの不変項との間には（欲望機械とオイディプス的構造との間には）、果して適合性が存在しているのか。それとも、この不変項は、そのあらゆる変化や様態を通じて、長い誤謬の歴史を、終ることのない抑圧の努力を表現しているだけではないのか。私たちが問題にしているのは、精神分析が身を

まかせている途方もないオイディプス化の操作である。イメージと構造とを対にした源泉によって、精神分析は、実践的にも理論的にもこれに没頭しているのである。ラカンの弟子たちによって最近みごとな書物が何冊か書かれたが、それにもかかわらず、私たちは、ラカンの思想がそうした方向にじっさいに進んでいるのかどうか問題にしたい。

要するに、精神分析や構造主義においてあたかも「不変項 invariant」であるかのごとく扱われている「エディプス」の実在性を疑っていて、それは単に「欲望機械」の生産を一方向的なものにし、余計な傾向を抑圧してしまうために構築された人為的な装置にすぎないのではないかと示唆しているわけです。彼らはここでは明言していないが、核家族を中心にした人間形成モデルが機能していれば、フーコー等が指摘するように、社会を低コストで安定的に管理できるかもしれません。ドゥルーズたちは、「オイディプス」の虚構を暴いて、欲望機械の運動をもっと多様化したいのでしょう。

『アンチ・オイディプス』が刊行された当時、ラカンはまだ存命です。一九五〇年代のラカンは構造主義的な傾向から次第に離脱して、「構造」概念では捉えられない、「現実界」の問題に取り組むようになり、ますます難解になっていた、とされています。ドゥルーズ＋ガタリはそこに期待していたのかもしれません。

単に分裂者までもオイディプス化することだけが問題なのか。それとも、それとは別のことが、まさに逆のことが問題ではないのか。分裂症化すること、オイディプスの首枷を吹きとばし、いたるところで欲望的生産の力を再び見いだすために、無意識の領野も歴史的社会的領野も分裂症化すること。分析機械と欲望と生産の間の絆を、〈現実的なもの〉にじかに接して結び直すことが、問題ではないのか。なぜなら、無意識そのものは、構造的でも人称的でもなく、想像することも形象化することもしないし、象徴することもしないからである。無意識は機械として作用し、機械的なものである。無意識は、想像的でも象徴的でもなく、それ自体〈現実的なもの〉である。つまり、「不可能なる現実

父の名＝否 nom　⇒　フランス語で「ノー」を意味する〈 non 〉は、名前という意味の〈 nom 〉と同じ発音。

※ラカンの「現実界」：人間の主体性にとって脅威になるような危ないもの

↕

ドゥルーズ＋ガタリの〈現実的なもの〉：欲望機械の運動と共にどんどん変化していく不定形なもので、人にとって必ずしも脅威ではない。

——的なもの」であり、またこれの生産なのである。

ドゥルーズ＋ガタリは、オイディプス的な表象によって抑圧される〝以前〟の欲望生産のありのままの姿を明らかにすることで、「分裂症」が異常視されない状況を作り出そうとしているようですね。因みにラカンは元々、精神病院に勤務していて、神経症というより、精神病の専門家として出発しました。分裂症、統合失調症は精神病の方に分類されます。ラカンの「想像界／象徴界／現実界」だと、神経症の場合、「象徴界」は機能不全だけど、まだ存在しています。精神病になると、象徴界が完全に崩壊し、「父」が不在になり、人は、言語の媒介なしに〈現実界〉に直接晒されて生きることを強いられます。〈現実界〉は、フロイトのエスに相当する非合理的な欲動、死への欲動が蠢く領域です。PTSDに相当する心的外傷は、〈現実界〉との直接の接触から生じるとされます。その「現実界」の原語は〈le Réel〉で、ここで言及されている〈現実的なもの〉と同じです。恐らく、ラカンの「現実界」と重ねているのでしょう。欲望機械の運動から生じる「無意識 l'inconscient」こそが、「現実界＝現実的なもの」の正体だと示唆しているように見えます。「不可能なる現実的なもの le réel impossible」という表現は、ラカンが「現実界」を「不可能」なものとして性格付けていることを踏まえているのでしょう。「不可能」であるというのは、「主体」にとって言語（象徴）やイメージによってアクセスするのが不可能だということ、常に不在であるということです。アクセスできるとすれば、それは、「父の名＝否 nom（non）du père」を受け入れることによって誕生した〝主体〟自身が壊れてしまう瞬間です――フランス語で「ノー」を意味する〈non〉は、名前という意味の〈nom〉と同じ発音です。無論、ラカンの「現実界」というのが、人間の主体性にとって脅威になるような危ないものであるのに対し、ドゥルーズ＋ガタリの〈現実的なもの〉は、欲望機械の運動と共にどんどん変化していく不定形なもので、人にとって必ずしも脅威ではない。

一〇三頁に名前が出てくるジャン・ラプランシュ（一九二四－二〇一二）とジャン＝ベルトラン・ポンタリス（一九二四－二〇一三）は、フランスの精神分析家で、精神分析の用語集として知られ、日本語訳も出ている『精神分析用語辞典』（一九六七）の編者です。編者がフランス人なのでラカン派的な概念がたくさん出てくるかと思うと、全く逆で、ラカンの概念はあまり出てこなくて、創始者であるフロイトの概念に大半を割いていて、ラカンを含むその後の理論家の概念はそれを補足するものとして取り上げられているような感じです。二人とも最初はラカンの影響を受けて一緒に仕事をしていたのですが、六〇年代半ばに決別して、フランス精神分析協会（Association psychanalytique de France（APF））を設立します。この二人が、注（2）に出ている「幻想の起源 Fantasme originaire, fantasmes des origines et origines du fantasm」（一九六四）という論文で、エディプス・コンプレックスに至るまでのフロイトの理論形成過程を再構成しています。この論文は後に、それが書かれた背景――フランス精神分析学会（Société française de la psychanalyse（SFP））の分裂――について述べた序文付きで単行本として刊行されています。法政大学出版局から日本語訳も出ています。

フロイトは、自身の自己分析において、一八九七年にオイディプス・コンプレックスを「発見する」が、彼がそれについて一般化された最初の理論的定式を与えるのは、一九二三年になって、『自我とイド』においてである。またこの間に、オイディプスはむしろ周辺的な存在であり、「たとえば（『性愛の理論に関する三論文』〔一九〇五年〕の中の）思春期における対象選択に関する別の一章、あるいは（『夢の解釈』〔一九〇〇年〕の中の）もろもろの典型的な夢に関する一章の中に隔離されてい

る」。彼らは、さらにこう語っている。まさにフロイトは心的外傷と誘惑の理論を放棄するが、このことはそのままオイディプスの一義的な規定に道を開くわけではなく、内部成長的な性格をもつ幼児の自発的性愛の叙述にもつながる、と。ところがすべては、あたかも、「フロイトがオイディプスと幼児性愛とを相互に連結するには至っていない」かのように推移する。性愛は成長という生物学的現実に、オイディプスは幻想という心理学的現実に関係づけられるからである。オイディプスは、「生物学的リアリズムのために」すんでのところで失われかけていたのである。

一八九七年というのは、この年の一〇月一五日付の友人のヴィルヘルム・フリース（一八五八－一九二八）宛の手紙の中で、フロイトがエディプス神話の持つ力を発見したという主旨のことを述べたことを指しています。フリースは、耳鼻咽喉科・外科の医師で、フロイトから彼に宛てられた書簡には、理論的にも伝記的にもいろいろ重要なことが述べられているのでよく参照されます。エディプス・コンプレックス論が明確に定式化されるのが、ここで言及されている『自我とエス』で、それまでに二六年かかっています。その間の主要著作でも言及されているけれど、中心的な位置付けを与えられているとは言いがたい。それをどう見るか。

極めて重要な意味を持つ理論なので、フロイトは臨床経験を積みながら慎重に考察を続け、最終的に確信が得られた時点でようやく定式化するに至った、と好意的に見ることはできます。多くのフロイト信奉者はそう見るでしょう。しかし穿った見方をすれば、エディプス・コンプレックスはその間、フロイトの臨床実践においてそれほど決定的な意味を持っていたわけではなく、理論的にも周辺的な位置しか与えられていなかったから、長い間本格的に体系的に展開されることなく、放置されていただけかもしれません。エディプス・コンプレックスは発見されるべくして発見された普遍的真理である、という前提を外して考えれば、そう考えた方が自然かもしれません。

フロイトは後期になると、「死の欲動」を生物学的な視点から説明しようとするようになります。生物には、興奮（Erregung）による不快を消そうとする傾向があります。興奮のない究極の状態は、生まれる前の子宮内、いやそれどころか、生命になる以前の無機物の状態です。そこに戻ろうとする欲動が、「死への欲動」です。『快感原則の彼岸 Jenseits des Lustprinzips』（一九二〇）では、そうした問題が生物学的な見地から論じられています。フロイトが、そうした路線をそのまま進んだとすれば、エディプス・コンプレックス論はそのまま消えていたかもしれないと示唆しているわけです。

「心的外傷と誘惑の理論 la théorie du traumatisme et de la séduction」というのは、初期のフロイトが、特に女性の患者が幼児期に父親や兄弟から実際に性的誘惑を受けて、それがトラウマとなり、神経症を引き起こしていると想定していたことを指します。そうした体験は実証できないことが分かって、フロイトは、必ずしも実際の性的体験を伴わないエディプス・コンプレックス理論へと移行したとされています。こうした枠組みの変化もドゥルーズ＋ガタリからすると、エディプスの普遍性を疑う理由の一つになるわけです。

オイディプスの帝国主義は、単に生物学的リアリズムの放棄を要求していただけなのか。それとも、もっと無限に強力な、別の何かが、オイディプスの犠牲になったのではないか。なぜなら、フロイトや初期の精神分析家たちが発見したものとは、すべてが可能になるような自由な総合の領域であるからだ。すなわち、終ることのない接続、排他性のない離接、特殊性をもたない連接、それに部分対象と流れ、といったものである。欲望機械は、無意識の根柢でとどろき唸りをあげている。イルマの注射、〈狼男〉のチック・タック、アンナの咳き込み機械、そしてまた、フロイトが組み立てたあらゆる説明装置、これらはすべて神経生物学的な欲望機械なのである。生産的無意識のこうした発見は、二つの相関項をもっているようだ。まずこの欲望的生産と社会的生産との間、症候学的組織体と集団的組織体との間には直接的な対決があり、これらは本性を同じくしながらも、同時にその体制においては異なっている。他方で、社会的機械は欲望機械に抑制を及ぼしており、無意識の抑圧は、この社

会的抑制と関係をもっている。ところが、オイディプスの主権が確立されるとともに、こうしたことはすべて見失われ、あるいは少なくとも奇妙な形で妥協させられることになる。

エディプス・コンプレックス論に到達する前のフロイトや彼の周囲の人たちは実は欲望機械の、エディプス三角形に還元できない多様な運動を、実はちゃんと観察し、記録していたということですね。「イルマの注射」というのは、患者だったイルマという若い女性についてフロイトが見た夢の話です。その夢でイルマは、フロイトの同僚によって注射を打たれたことによって伝染病にかかっています。この夢をめぐってフロイトは自己分析をしています。『夢判断』（一九〇〇）において中心的意味を占める事例です。「狼男」というのはフロイトの五大症例の一つとされる事例で、「ある幼児期神経症の症例より」（一九一八）という論文で論評しています。狼男の原体験で、蝶が羽を閉じたり広げたりする運動と性交の運動とが結び付いて、そうした往復運動に魅せられるという話が出てきます。アンナの咳き込み機械（la machine à tousser d'Anna）というのは、ヨーゼフ・ブロイアー（一八四二―一九二五）との共著『ヒステリー研究』（一八九五）で扱われているアンナ・Oという女性の神経症による咳き込みのことです。

フロイトが捨て去ったもの

これらは全て、エディプス・コンプレックスの現れとして解釈されるようになったわけです。それが「エディプスの主権」です――これはエディプスが王だったことに由来する表現でしょう。これまで見てきたようなドゥルーズ＋ガタリの「機械」論からすれば、注射とかチック・タック、咳き込みそれ自体が「欲望」の対象になる可能性も考えるべき、ということになるでしょう。その場合、家族の三角形だけでなく、その外の社会的機械とも相互作用していると考えるべき、というわけです。

自由連想は、多義的な接続に対して開かれる代りに、一義性の袋小路の中に再び閉じ込められる。あらゆる無意識の連鎖は、一対一に対応させられ、線型化されて、専制君主シニフィアンの下に吊り下げられることになる。欲望的生産はすべて押しつぶされ、表象の要求に従属し、表象において表象するものと表象されるものの陰鬱な作用に従属することになる。このことは、まさに本質的なのだ。欲望の再生産は、理論においても、治療のプロセスにおいても、単なる表象に道をゆずる。生産的無意識は、もはや自分を表現することしかできない無意識に――神話や悲劇や夢の中において自分を表現する無意識に席をゆずることになる。しかし、たとえ変形の作業を考慮するとしても、夢や悲劇や神話こそが無意識の組織体に適合するものであるなどと、誰がいうのだろうか。

前回もお話ししたように、フロイトは診察で最初は催眠術を使っていましたが、後には自由連想法に移っていきます。しかし自由と言いながら、被分析者が思い浮かべるシーンを全てエディプス三角形に結び付ける。「無意識」は、「夢」「悲劇」「神話」の一定のパターンに還元される。「欲望的生産」が「表象 re-présentation」に道を譲るというのは、「欲望的生産」によって「現実」が生産されているにもかかわらず、それが見えなくなり、欲望の多様の現れは全て、オイディプス的現象の「代理 représentation」と見なされるようになるということです。

「シニフィアン signifiant」は「意味するもの」という意味です。ソシュール言語学で、言語は「意味するもの＝聴覚的イメージ」と「意味されるもの signifié＝観念」との結合によって成り立つ、という時の「意味するもの」です。「専制君主的シニフィアン signifiant despotique」というのは、各人が言語、ラカン的に言うと、「象徴界」を獲得する時に、他の全ての「シニフィアン」がそれとの関係によって「シニフィアン」たらしめられる最も中核的かつ絶対的な力を持つ「シニフィアン」としての、「エディプス（王）」をめぐるシニフィアンということでしょう。より特定すると、父の力の象徴である「ファルス」、ということになるでしょう。

初期のフロイトは「無意識」がいろんなオブジェや運動に繋がっていることに注目していたわけですが、いつのまにかエディプス中心主義にはまっていた。核家族の中だけでなく、人間と自然に共通の領域において「無意識」が生産されているという前提に立つドゥルーズ＋ガタリは、その点でフロイトを批判し、「グロデックの方が（無意識に）忠実であった」と述べていますね。ゲオルク・グロデック（一八六六－一九三四）は、ドイツの医師で作家でもある人物で、フロイトと交流があって、フロイト宛の手紙で「エス」という言葉を使っていて、それをフロイトが借用したとされています。グロデックは自分の用語をフロイトがあたかも自前のもののように扱ったことに腹を立てていたようです。グロデックは精神分析とは一線を画していて、独自の心身相関論的な方法論による治療を提唱していたようです。手足浴やマッサージ、食事療法などの自然療法的なものと、暗示、催眠、精神分析を併用していたようです。

「無意識」を家族の三角形に押し込め、その枠組みで様々な身体的な症状を神経症として説明しようとする精神分析にとって、その枠組みにどうしても収まらない「分裂者 le schizo」は敵だということですね。精神分析は「欲望的生産」を「人称化 personnaliser」、もしくは「人称論化 personnalogiser」しなければならないと述べられていますね。ドゥルーズ＋ガタリにとって、欲望的生産は一人の人間の身体あるいは精神の中に限定されることなく自然や社会の中に拡がっているので、誰々の欲望だと特定できないし、「私」と家族の特定の誰かとの関係に還元できるものではないわけです。

無意識は、それ自身がそれであるところのもの、すなわち工場や工房であることをやめて、演劇、舞台、演出になる。しかも、それは、フロイトの時代にあったような前衛演劇（ウェデキント）でさえなくて、古典演劇つまり表象の古典的秩序である。精神分析家は、生産の諸単位を組み立て、生産の、また反生産の集団的代行者とせめぎあう技師や機械技術者であるかわりに、私的な演劇のための演出家となる。

「工房」や「工場」というのは、ここでは無論比喩的な表現で、「欲望機械」による生産が現実に行われる場という意味合いでしょう。「演劇」というのは、「エディプス」がソフォクレス（前四九七／六頃－四〇六／五頃）の演劇だったことと、精神分析で、家族の三角的関係がロールプレイ的に再現されること、先ほど見たように、患者の身体で起こることが「現実」ではなくて、何かの表象＝代理と見なされることなどから来ているのでしょう。「表象の古典的秩序 l'ordre classique de la représentation」という言い方は恐らく、フーコーの『言葉と物』（一九六六）における、古典主義的なエピステーメーを念頭に置いているのでしょう――エピステーメーは、その時代を支配している知の基本的在り方、地平のことで、個別分野はエピステーメーから独立に変化することはできません。それ以前、ルネサンス期のエピステーメーが、物と物との実体的類似性を前提にしていたのに対し、古典主義自体の知は、ある物が別の物の記号になっているという「代理＝表象」関係、例えば、自然界の事物が博物学の命名法によって表象され、商品の価値が価格によって表象される、というような関係を軸に構築され、それぞれの表象の体系（表）を隙間なく埋めることがそれぞれの領域の知の課題とされました。フランク・ヴェーデキント（一八六四―一九一四）はドイツの劇作家で、性や暴力、サドマゾヒズムの描写で物議をかもし、精神分析系の文学・芸術に強い影響を与えたようです。

精神分析はロシア革命のようなものである。私たちは、いつそれが悪化し始めたかわからない。そこで、たえず、先へ先へと遡るしかない。それが始まったのは、アメリカ人たちと関係ができてからなのか。〈第一インターナショナル〉からか。〈秘密委員会〉のせいか。フロイトの諦めと同時にフロイトと縁を切った人びとの裏切りを意味する最初の決裂のせいなのか。オイディプスを「発見」してからのフロイト自身のせいなのか。オイディプスは、まさに観念論的な転回点なのだ。

途中で歪んでしまった革命としてのロシア革命と、精神分析を対比しているわけですね。第一章第四節では、観念論・自我中心主義的な精神医学に、「唯物論的精神医学」を対置していましたね。ひと昔前の左翼は、自分は真正のマルクス主義者なので、スターリン主義化したソ連は認めていないけれど、レーニン（一八七〇―一九二四）の指導の下での革命は労働者と農民の自由な連帯の可能性を秘めていたので評価すると言っていました。ただ、左翼の中には、いやレーニンの前衛党理論自体が間違っていたと言う人

レーニン

もいます。いや実はマルクスが、……と言う人もいました。そういうどこで歪んだかをめぐる論争が盛んだったわけですが、それとのアナロジーで、精神分析はどこで歪んだかという問題を提起しているわけです。ガタリは左翼の活動家でもあり、精神医学内部の反体制運動にもコミットしていたわけですから、少なくとも彼にとっては単なる比喩以上の意味がある話でしょう。

アメリカ人たちとの関係というのは、精神分析がアメリカに伝わって、無意識よりも自我の働きを解明することに主眼を置く「自我心理学」に転化し、人間をコントロールする工学的な性格を強めていったとされる事態を指しているのでしょう。ラカンもそうした傾向を強く批判しています。「第一インターナショナル la première Internationale」というのは、恐らく一九一〇年に創設された「国際精神分析協会 Internationale Psychoanalytische Vereinigung（IPV）」を念頭に置いて、一八六四年に社会主義の国際連帯組織として結成された「第一インターナショナル First International」と対比しているのでしょう。ＩＰＶが、フロイトを中心にしながら、ユングを初代会長に担いで出発しましたが、そのユングはすぐに協会を離脱します。「秘密委員会 le Comité secret ＝ das Geheime Komitee」というのは、一九一二年に出来た、フロイトの側近たちの委員会です。最近、岸見一郎さん（一九五六－　）の『嫌われる勇気』（二〇一三）で話題になっている、アドラー（一八七〇－一九三七）がフロイトと袂を分かち、ＩＰＶの内部でフロイト派とユング派の対立が鮮明になっていました。そこで、側近の弟子たちはフロイトの正統な教えを守るべく思想統制するようなグループを作りました。カール・アブラハム（一八七七－一九二五）、フェレンツィ（一八七三－一九三三）、アーネスト・ジョーンズ（一八七八－一九五八）、オットー・ランク（一八八四－一九三九）、ハンス・ザクス（一八八一－一九四七）の五人が当初のメンバーです。ジョーンズ以外はユダヤ系です。恐らくソ連の共産党中央委員会政治局とか国家保安委員会（ＫＧＢ）のイメージに重ねているのでしょう。

そうした組織的な問題はあるけれど、それよりもやはり、フロイトが「オイディプス」理論を導入したことが決定的だったようですね。一度、それを治療に導入すると、常に患者の中にエディプス的な問題を見出すことになり、それが当たり前になっていった。

エディプス化の検証――「第二章第二節　フロイトの三つのテクスト」を読む

シュレーバーの狂気

第二節では、「フロイトの三つのテクスト」に即して、どのようにエディプス化が成されたか検証されています。一〇九〜一一〇頁にかけて、前回も出てきたシュレーバーの症例が紹介されています。シュレーバー自身の回顧録が出たのは一九〇三年で、それにコメントするフロイトの論文は一九一一年と一二年に公表されています。エディプス理論が完成に至るまでの中間期ですね。

主治医であるフレクシッヒが他の霊たちと共謀して自分を迫害しているとか、神の光線が自分の中に入ってきて、その光線が自分の体を変化させ、女性として生まれ変わらせようとしているとか妄想を語るのですが、それがそれなりに首尾一貫した世界観になっているようにも見えるし、それを聞いている人が自分を狂人だと思うだろうということも理解しています。何百頁にもわたる回顧録を書き、自分を精神病院から解放させるための訴訟も起こしています。フロイトはシュレーバーに直接会ったことはなく、もっぱら回顧録を読んで分析しています。

シュレーバーの狂気の政治的社会的歴史的な膨大な内容については、一言も語られていない。あたかもリビドーがこうした事柄にはかかわらなかったかのように。性的な議論と神話学的な議論のみが、引き合いに出されているだけである。性的な議論は、性愛と家族的コンプレックスとの溶接を行うもので、神話学的議論は、無意識の生産的力能と「神話と宗教の教化力」との適合性を確立するもので

——ある。

シュレーバーの回顧録はちゃんと読むと、自分の裁判官としてのキャリアとか、被後見状態を解除してもらうための訴訟、一八七一年の第二帝政成立以降のドイツをめぐる政治情勢、精神病院という制度の法的根拠や運営方針、他の患者や医師の社会的地位や家系など、政治・社会的話が結構出てきます。それらは全部無視で、家族をめぐる「性愛」と「神話・宗教」に絞られてしまっている。この点でドゥルーズ＋ガタリは前回見た箇所と同様に、フロイトとユングの一致を指摘します。各人の内に「原型 Archetypus」という形で内在する神話的無意識の存在を前提とし、民族学・神話学的なアプローチを重視するユングとフロイトが対立したのは有名な話ですが、二人とも以下のような公準（postulat）を共有しているということです。

> この公準とは、無意識を神話の尺度で測り、無意識の生産的な組織を、始めから、単なる表現形態によって置き換えてしまったのである。何ゆえに神話に回帰するのか、なぜ神話をモデルにするのか、といった根本的問題は、無視され、斥けられている。こうして、前提となった十全な適合性は、「天上」を志向する神秘的な仕方によって解釈することができ、あるいは逆に、神話をもろもろの欲動に関係づけながら、「地上」を志向する分析的な仕方でも解釈することができる（…）私たちがここでいいたいことは、まさに同じ公準から、ユングは最も広く流布した、最も霊的な宗教性を再建することになり、フロイトのほうは、最も厳密な無神論の中で自己を確認するということである。共通の公準とされた適合性を解釈するために、ユングが神の本質を肯定する必要があったのと同じく、フロイトもやはり神の存在を否定する必要があったのだ。しかし、宗教を無意識的なものにすること、あるいは無意識を宗教的なものとすることは、無意識的なものにたえず宗教的なものを注入することである（……）。

無意識を神話の尺度で測るというのは、無意識の中に「神話」と同じ構造のものが見出せることを大前提にし、何故そうなっているのか問うことなく、どのような神話が見出せるのかを分析するということです。ユングの方は、そうした「神話」の本質として神秘的な力を想定しているので目立ちますが、フロイトも、最終的には「性的欲動」に還元し、神を否定するにせよ、「無意識」の構造と「神話」の構造の適合性を自明視している。「宗教」を「無意識的なもの」にしようとするフロイトの試みも、「無意識」を「宗教的なもの」にするユングの試みも、入り口で同じ前提に立っているわけです。一一二頁では、「宗教」と「無意識」が繋がっているので、精神分析と「教会」を和解させるのは、ある意味簡単であることが示唆されていますね。キリスト教の教義に出てくることを精神分析の用語に翻訳できるし、その逆も可能だからです。フロイト自身は自分が無神論者であることを強調しているので、教会と折り合いを付けるのは難しいけど、弟子たちはそこをあまり強調しないようにすればいいわけです。

そのうえでドゥルーズ＋ガタリは神を否定して、その位置に人間＝エディプス的主体を置こうとするフロイトの姿勢を批判すべく、神の位置に人間を置こうとする従来の無神論を批判する、マルクスの『経哲草稿』の言葉を引き合いに出しています。マルクスに言わせると、人間と自然の相関関係、自然の中で自己を知覚しつつ自己形成する存在としての人間をしっかり捉えている社会主義者にとっては、「自然と人間を超えてその上に位置する存在、つまり異質な存在 ein fremdes Wesen, ein Wesen über der Natur und dem Menschen」（神）は、問題にする必要がはなっからないわけです。ドゥルーズ＋ガタリにとって、これに相当するのが、「無意識の自己生産の領域 régions d'une auto-production de l'inconscient」です。ドゥルーズ＋ガタリに言わせれば、「無意識」を無理やり、家族的性愛に還元しようとしたために、「エディプス神話」が必要になったわけです。しかし還元しきれない「社会的かつ形而上学的な諸関係」が残った――この場合の「形而上学的」というのは、エディプス的な主体が現実として捉えることのできる範囲を超えているというような意味合いです。そのため「社会的かつ形而上学的な諸関係」は、エディプス的な性愛の後に付随的に生じるもの、もしくは主体にとっての現実の彼岸にあるものとして表象されることになるわけです。

『ある子供が打たれる』

『ある子供が打たれる』（一九一九年）は、精神分析の被分析者に子供がぶたれている光景を思い浮かべる人がいて、それを分析した論文です。エディプス理論が完成する少し前ですね。ただし、エディプス・コンプレックスという概念は既に導入されていて、エディプス・コンプレックスによって、子供がぶたれる空想の意味を解釈することが試みられています。ちくま学芸文庫のフロイトの『自我論集』に入っています。注意する必要があるのは、ぶたれる子供が自分なのか否か、その性別、そして誰によって叩かれるのかは、時期によって異なる、次第に変化するということです。さらに、男の子の抱く空想か、女の子のそれかで異なります。そこにドゥルーズ＋ガタリは突っ込みを入れます。

> 女児において想定されている幻想の三つの時期の中で、第一の時期は父がまだそこに現われない時期であり、第三の時期は父がもはやそこに現われない時期である。残っている第二の時期は、父が「はっきりと、少しの曖昧さもなく」光り輝いている時期である。――ところが、まさに「この第二の段階はまったく現実存在をもっていない。この段階は、無意識のうちにとどまり、このため記憶によって想起されるということがまったくありえない。この段階は、分析によって再構成されるものでしかない。しかし、これは必然性のある再構成なのだ」。では、実際にこの幻想においては何が問題なのか。少年たちが誰かによって、例えば教師によって、少女たちの眼の前で打たれる。ひとは、始めからフロイトの二重の還元に立ち合うことになる。この二重の還元は、何ら幻想によって強制されているものではなく、あらかじめ前提されたものとしてフロイトによって要求されている。一方で、フロイトは断固として、幻想の集団的性格を純粋に個人的な次元に還元することを望んでいる。つまり、打たれる少年たちは、ある意味では〈私〉（つまり「患者自身の代理人」）でなければならないし、打

――つひとは〈父〉（つまり、「父の代理人」）でなければならない。

この論文で扱われている具体的になサンプル数が女性四人、男性二人の六件しかなく、それも明確な記憶でないものが多いのに、フロイトは三段階に分け、男女で現れ方が違うということを前提に分析しています。統計などの自然科学的な方法論に拘る人はそこでひっかかってしまうでしょう。ドゥルーズ＋ガタリは、素朴に読んだ人が持つような疑問を掘り下げているわけです。フロイトは少女の空想に軸を置いているのですが、叩いている人が「父親」であることがどういう意味を持つとフロイトが解釈するか、想像つきますね。そのベタな解釈を実際しているわけですが、データだけでなく、解釈にも弱点がある。そもそも父親が出演者だとはっきり言えるのは第二段階だけで、しかも、それが実際の行為なのかどうかは分からない。エディプス・コンプレックス本体と同じで、無意識からの再構成なので現実に起こったことでない可能性が高いことをフロイト自身も認めています。ここで「二重の還元」と言われているのは、［打たれる少年↓私（の代理人）］［打つ人↓父（の代理人）］という還元です。女の子の場合も、「打たれる少年」が「私」だというのはよく考えてみるとおかしいですし、「打つ人」が「父」だというのも、エディプス理論を前提にしない場合、強引な解釈です。

――他方で、この幻想のもろもろのヴァリエーションは、離接の関係の中に組織されなければならず、離接は厳密に排他的に使用されなければならない。したがって、ここには少女の系列と少年の系列とが存在することになるが、これらの二系列は非対称的である。

「離接 disjonction」というのは、前回出てきた「機械」相互の関係の仕方を示す、「接続」「離接」「連接」の三つのうちの二番目で、「AかBか」という関係です。この場合は「女子」か「男子」かで二つの系列に分かれるわけです。非対称的というのは、女子の場合は三つの時期があるのに対し、男子には二つの時期しかないということです。女子の第三期が、「少年たちが教師に打たれる」であるのに対し、男子の第二期（後期）は「母が僕を打つ」です。これでは平仄が合いません。女子の第二期の「私がお父さんに叩かれる」と、男子の第一期（前期）の、「僕がお父さんに叩かれる」は対応しているように見えますが、どちらも空想として明確な形を取っておらず、分析の過程で再構成された可能性が高い、とフロイトが認めています。どうもかなりあやふやです。

つまり、君は少女であるか、さもなければ少年なのだ！ オイディプスとその「解決」に関しても同じことで、これらは少年と少女とにおいては異なるものでなければならない。去勢についても、また去勢とオイディプスの関係についても、事態は同様である。去勢は、共通の宿命で、すなわち優越的かつ超越的な〈ファルス〉〔男根〕であるとともに、同時にその排他的分配であり、これが少女においてはペニスの欲望として、少年においてはペニスを失う恐怖あるいは受動的態度の拒否として現われる。この共通な何かは、無意識の離接作用の排他的使用を基礎づけ、そして私たちに忍従を教えるものでなければならない。

ここは比較的分かりやすいですね。エディプス・コンプレックス理論はまだ完成していないけれど、フロイトは自分の異性の親との性的な交わりへの欲望があるという前提で、男子と女子を区分けしようとしているわけですね。「無意識の離接 disjonctions de l'inconscient」というのは、「無意識」において男子と女子が別の経路に分離するということですが、重要なのは、「無意識」に性別があることが最初から前提になっていて、その前提で各事例が分析されているということです。両方とも共通に「去勢」コンプレックスを抱いている――論文の中で「去勢」という言葉は直接的に使われていませんが、自分の性器に対するこだわりは何度も言及されています。女子の場合は、ペニスへの羨望、男子の場合は、ペニスを失うことへの恐怖。だから、女子はペニスを持っている父に憧れ、男子は自分にはかなわない強大なペニスを持っている父親から去勢されてしまうのではないか、と恐怖を抱く。そうした去勢コンプレックスは、エディプス・コンプレックスと不可分の関係にあるわけですが、「男根」と「無意識」の間に特別な関係があり、「男根」が「無意識」にとって特別の意味を持ち、その発展の方向性を規定するという大前提がないと、

この議論は成り立ちません。

この共通な何かは、偉大なる〈ファルス〉であり、重ね合わすことのできない両面における〈欠如〉であるが、それは純粋に神話的なものであり、否定神学の〈一者〉のようなものである。それは、欲望の中に欠如を導入し、排他的な系列を生み出し、これらの系列に対して、目標や根源や忍従の道を定めるのである。

前回もお話ししたように、ラカンは生物学的な「ペニス」と、象徴界における意味作用の起点となる〈ファルス〉を区別して考えます。様々な「意味するもの signifiant」（≒意味の担い手となる記号）は、「ファルス」と関係付けられることによって機能します——ラカンが、ペニスではなく、記号としての「ファルス」を問題にするのは、生物学的な特徴を元にした議論を維持するのは困難だと考えたためだと推測できます。その〈ファルス le Phallus〉が常に〈欠如 le Manque〉であるというのは、力の源泉である〈ファルス〉それ自体に対応する実体はどこにも存在せず、〈ファルス〉と呼ばれるシニフィアンの形でのみ存在するということです。主体がどれだけ努力しても到達できない理想、価値の源泉となるものが、〈ファルス〉です。その意味で、〈ファルス〉は全ての根源としての神のごときもの、〈一者 l'Un〉であるわけです。「否定神学」というのは、神は人知を超えているので人間である我々が積極的に定義することはできないけれど、「〜ではない」という形で、特徴付けることはできるという前提で議論をする神学のことで、ポスト構造主義系の現代思想では、中心的な概念を積極的に定義しないで、否定的に語ろうとする、神秘主義的な雰囲気を醸し出す論法をそう形容することが多いです。

そうした常に〈欠如〉している、不在の〈一者〉としての〈ファルス〉によって、男女それぞれの欲望の排他的な系列が決まります。まるで神によって、私たちが人生において目指すべきものが決まるように。〈ファルス〉それ自体は常に不在であり、現実に獲得することができないからこそ、男性的主体と女性的主体をそれぞれの仕方で呪縛し、方向付けし続けることになります——デリダは、これを言語や記号によって再現前化＝表象される対象の不在というより一般的な問題と結び付けて論じるわけですが、それについては拙著『〈ジャック・デリダ〉入門講義』（作品社）をご覧下さい。この永遠の〈欠如〉としての〈ファルス〉という考え方が、ラカンによるフロイト解釈のカギになります。ジジェクもこの点を強調しています。ドゥルーズ＝ガタリから見ると、そこに無理があるわけです。

一一六～一一八頁にかけて、［ファルス→去勢→エディプス化］という見方によって、「欲望機械」の運動の多様性が抑圧され、去勢コンプレックスを受け入れた男性と女性しか存在しないかのような人間像が出来上がっていく様が批判的に記述されています。

「ある子供が打たれる。子供たちがぶたれる」という幻想に再び戻ることにしよう。これは典型的な集団幻想であり、これに欲望が備給しているものとは、社会野とそれが行っている抑制的諸形態そのものである。もしそこに演出があるとすれば、それは社会的欲望機械の演出なのだ。だから、私たちはこの機械が生みだした内容を抽象的に考察して、少女と少年の場合を分離し、あたかも少年少女のそれぞれが、いつもパパやママとの間で自分の関心事にかまけている小さい〈私〉であるかのように考えてはならない。逆に私たちは、それぞれの個人の場合においても、また同時に集団幻想を主導的に組織している社会体の場合においても、少年―少女あるいは生産と反生産の諸代行者―両親といった集合と相補性を考察しなければならない。少年たちが、幼い少女（見る機械）を前にしたエロティックな舞台で教師に打たれて大人になるのと、また彼らが、ママを通じてマゾヒスト的な享楽を味わう（肛門機械）のとは、同時なのである。

「備給 investissement ＝ Besetzung」というのは、リビドーを特定の対象に注入することを意味するフロイト用語です。ドゥルーズ＋ガタリは、もう少し広く、力とかエネルギーとか、それらの分布の強度のようなものを注入するという意味で使っているようです。

ごちゃごちゃした書き方をしていますが、要は、家族内だけで幻想が出来上がるわけではなく、社会的欲望機械によって産出される「集団幻想 fantasme de groupe」も関わっているということです。少年が教師に打たれている場面を異性である女の子に見られて興奮するのと、ママにぶたれてマゾヒズム的な享楽を味わうのは、どちらかがもう一方の原因になるのではなくて、同時に進行するものだというわけです。前者は「見る機械 machine à voir」で、後者は「肛門機械 machine anale」で、それぞれ別のタイプの機械であるということです。「見る機械」の方は、学校という公共の場があって初めて、異性に見られて興奮するという欲望が生まれるのであって、家族という極めて私的な空間にはあまりそぐわない現象だと分かります。ママにぶたれるのは身体に密着した欲望ですね。その後に、教官に殴られたことを快感として思い起こす海兵隊員が、教官の膝にママが乗っていることを思い浮かべるとか、命令する大佐の傍らに父を思い浮かべるといった現象があることについて、オランダ出身のドキュメンタリー映画監督ヨリス・イヴェンス（一八九八―一九八九）の『北緯17度 ベトナム戦争実録』（一九六八）の一場面を参照しながら論じられていますね。通常の精神分析だと、教官や大佐を父や母に完全に置き換えて、「ママにぶたれる」図式に当てはめることになりそうですが、ドゥルーズ＋ガタリは、軍隊という社会体が関与して欲望が産出されていることを無視すべきでないと言っているわけです。

集団幻想の概念が制度的分析の視野から作りあげられたとき、ジャン・ウリの周囲に集まったラ・ボルド病院のスタッフのもろもろの仕事を考えてもらいたい。第一の課題は、集団幻想と個人幻想の本性上の差異を示すことであった。集団幻想が、現実としての社会野を定義する「象徴的な」連節と切り離せないように思われる一方、個人幻想は、社会野の総体を「想像的な」所与の上に引き下ろしていた。次に、この第一の区別をそのまま延長すれば、次のような事態が生じてくることがわかる。個人幻想そのものは、現実に存在する社会野につながれてはいるが、この社会野を想像的な諸性質の下に捉えている。ところが、このような諸性質が、社会野に一種の超越性や不滅性を与え、個人、〈私〉は、これらを隠れ家にして、疑似的な運命を演じることになる。だから、将軍はいうのだ。〈軍

隊〉は不滅であるがゆえに、私が死ぬことなど大したことではない。個人幻想の想像的次元は、死の欲動に対して決定的な重要性をもつことになる。それほどにも、実在する社会秩序に与えられた不滅性が〈私〉の中に運び込むものはといえば、抑制のあらゆる備給であり、同一化や「超自我形成」や去勢といった諸現象であり、またあらゆる欲望─諦念（将軍になること、下層幹部、中間幹部、あるいは上層幹部になること）であり、これには、この社会秩序のために諦めて死ぬことも含まれている。

ジャン・ウリ（一九二四─二〇一四）は、ラカンによって創設されたパリ・フロイト学派のメンバーで、自由な雰囲気で知られる精神病院ラ・ボルドを開設した精神科医です。ガタリもこの病院で仕事をしていました。「制度的分析 analyse institutionnelle」というのは、精神病や神経症の原因は患者自身の内にあると見て、患者を病院の閉鎖空間に閉じこめて治療するのではなく、患者を取り巻く社会的関係性を変えていこうとする、精神医学・精神分析の療法です。フロイト─ラカンの精神分析でも、分析者と被分析者の関係は重視されますが、制度分析では、看護人、指導員、ケースワーカー、更には調理人やボイラーマンなど、病院で働くスタッフ全員と病人たちの間で新たな関係性を築き、新たな主体性を獲得させるようにすることです。スタッフの側も、自らの決まった役割に固執することなく、患者と共に自らのアイデンティティを変化させていくことが求められるわけです。法政大学出版局から訳が出ている、ガタリの論文集『精神分析と横断性』（一九七二）でも紹介されています。

この箇所の記述は少しややこしいですが、主として社会野で形成される「集団幻想」が家族などの私的空間で形成される「個人幻想」と絡み合っている、という話だということは分かりますね。多少分かりにくいのは、「集団幻想」における「想像的」と「象徴的」の違いですが、これは例のラカンの「想像界／象徴界／現実界」の二つの界に対応しています。「想像的」というのは、例えば、軍隊であったら同僚や上司、部下や兵舎などの具体的なイメージや接した時の体感などの知覚的なものでしょう。「象徴的」というのは、軍隊の基本的原則とか規律のような言語的規則のようなものでしょう。後者は、抽象的な法則性なので、後者の次元では、軍隊は「不滅」です。何となく明確に区別しにくいような気もしますが、家族内での「象徴的／想像的」の区別も同じくらい曖昧です。こうやって社会野における「想像的なもの」や「象徴的なもの」の働きに言及することでドゥルーズ＋ガタリは、家族内での欲望形成の方が根源的だという見方を相対化しているわけです。

集団幻想と個人幻想のもろもろの区別を展開していくと、結局、個人幻想というものが存在しないということがはっきりする。むしろ、〈主体集団〉と〈隷属集団〉といった二つの種類の集団が存在するだけである――オイディプスと去勢は、想像界の構造を形成し、この構造にしたがって〈隷属集団〉の成員は、自分たちが集団に所属していることを個人的に体験し、あるいは幻想化したりするように規定される。さらに、このような二種類の集団は、たえず相互に移行する状態にあるといわなくてはならない。

個人の内だけで自己完結的に成立する幻想などなく、全ての幻想は何らかの形で社会的集団と関係がある。社会的な抑制（représsion）は、主として〈隷属集団 les groupes assujettis〉に対して働くということのようですね――精神分析の用語としての「欲望」の無意識への「抑圧」という意味で使われている〈refoulement〉と〈représsion〉が区別されているようで、この訳書では、「抑圧／抑制」と訳し分けられています。この言い方からすると、エディプス三角形と去勢は、隷属集団のメンバーに隷属的なアイデンティティを与えるための装置であって、本当の原因は家族や個人の内面ではなく、社会的な抑制にあるようですね。ただ、〈主体集団 les groups-sujets〉は抑制がないということではなくて、常に自分の方も抑制を受ける危機に置かれているようですね。まるでヘーゲル（一七七〇－一八三一）の弁証法のような感じかもしれません。「主」は「僕」のいるおかげで「主」であり、「僕」が反逆すれば、その地位を失い、逆転されるので、絶えず緊張を強いられている。〈sujet〉という言葉は語源であるラテン語の〈subjectum〉まで遡ると、「下に投げ出されているもの＝従属しているもの」という意味になります。「臣民」という意味でも使われます。カントがこれを「魂の根底にあるもの」という意味で使い出したため、「主体」という意味が生じたわけです。〈assujetti〉というのは、〈assujettir〉という動詞の過去分詞形で、この動詞は〈sujet〉の本来の意味に関係していて、「従わせる」「従属させる」という意味です。

「終りある分析と終りなき分析」

一二五頁でフロイトの最晩年のテクスト「終りある分析と終りなき分析 Die endliche und die unendliche Analyse」（一九三七）が言及されています。タイトルから分かるように、精神分析にはっきりした「終わり」があるのかを自問する内容になっています。もし、本当の意味で「終わり」がないとしたら、つまり分析者との面接によって患者の抱えている問題が全て露わになり、解決の方向性が見えてこなかったら、「去勢」や「エディプス」の仮説がおかしいのではないか、という疑問が出てきますね。

一二七～一二九頁にかけて、エジプト出身のフランスの精神分析家で、ラカンの影響を受けているアンドレ・グリーン（一九二七－二〇一二）の『情動』（一九七〇）での議論を引きながら、精神分析でよい「面接 la séance」とされるのは、「シニフィアン」が次から次へと淀みなく繋がっているように見えるものだと示唆されています。だとすると、どうも「去勢」をめぐる問題は実は、元からあったのではなくて、「面接」を通して構成されたのではないかという疑問が出てきます。

重大なのは、フロイトが決して治療のプロセスに疑問を抱いていないということである。おそらくフロイトにとって、もう遅すぎたのであろう。しかし、その後はどうなったのか。フロイトは、これらの要素を治療の障碍として解釈してはいるが、治療そのものの不十分な点として、あるいは治療の手順の効果や逆効果として解釈してはいない。というのも分析可能な状態としての去勢（あるいは分析不可能な究極の岩）は、むしろ精神分析的行為としての去勢の効果であるからである。また、オイディプス的同性愛（葛藤を引き起こす質的傾向）は、むしろオイディプス化の効果であり、これはお

――そらく治療によって作りだされたものではなくて、治療を実行する際の人工的な諸条件（転移）の中で、治療によって促進され強化されたものである。

ここはかなりクリアですね。蓮實重彦さん（一九三六― ）の『表層批評宣言』（一九七九）などでの言い方を借りて言うと、精神分析は自分で「問題」を作り出して、それを解決しようとしているわけですね。ただ、オイディプス的同性愛――これは、被分析者が分析者を父のように見なして、エディプス的関係が転移することを指しているのでしょう――は、精神分析医が意図的に作り出しているわけではなく、治療に際して設定された条件によって結果的に作り出される、と見ているということですね。ドゥルーズ＋ガタリに言わせれば、分析の過程で抵抗が生じるのは、そこに無意識の闇へと抑圧された「去勢」の事実があるからではなく、また既に確立された自我が抵抗しているのでもなく、多様な方向に展開していこうとし、分裂症的な傾向を帯びる「欲望」が、エディプス化されることなく荒れ狂っている、ということになります。

エディプス仮説の独善性――「第二章第三節　生産の接続的総合」を読む

「第三節　生産の接続的総合」に入りましょう。「接続／連接／離接」のうちの「接続」、「そして↓そして次に」、という形で論理的、あるいは因果的な繋がりが見出せるような総合が問題になっているわけです。

――無意識のもろもろの総合が与えられているので、実際的な問題は、これらの総合の使用が正当かどうか、またその使用を正当あるいは不当として定義する諸条件は何か、ということである。

「無意識」の「総合」というのは、「〜したい」とか「〜が欲しい」という欲望が相互に繋がっていることです。お腹が空いていると感じたら、食べ物を探す動作をするとか。そうした「総合」は所与のものとしてあるけれど、私たちはそうした「総合」がなされることについて、あるパターンはいいけれど、別のパターンは不当だと私たちは評価します。例えば、自傷他害とか、社会からの逃避に繋がるような「総合」だと否定的に評価しますね。そういうことについて考えてみようというわけです。

プルーストの『失われた時を求めて』の第四編「ソドムとゴモラ」に出てくる同性愛の問題を素材として取り上げると述べています。「呪われた人種 races maudites」の罪責と「花々 fleurs」の無罪という二つの側面が矛盾する形で混交している、と述べられていますね。「呪われた人種」が〈races〉と複数形になっているのは、恐らく、同性愛者とユダヤ人を指しているからでしょう。「ソドムとゴモラ」の冒頭に近い所で、同性愛者であるシャルリュス男爵のことが、「呪い malédiction」にかかった「人種 race」に属する人として描かれています。そして、その呪いが、キリストを十字架につけてしまったユダヤ人に対する呪いと対比されています。プルーストはユダヤ系ですし、『失われた時を求めて』の登場人物は、スワン氏をはじめユダヤ系が目立ちます。ソドムとゴモラは、ユダヤ教の聖典でもある『旧約聖書』に出てくる、（男性間の同性愛も含めて）性的に乱れた町で、神の怒りをかって滅亡します。第四巻では、そのシャルリュスたちが自分たちを雌雄同体である「花」に譬える記述が出てきますし、作品全体を通して、性的なものを「花」で譬えている箇所が多いです。「花」はキリスト教では無垢なものの象徴として使われますね。イエスの山上の垂訓の「野の花」とか。

はっきりしているのは、語り手は何も見ず、何も聞かないで、ひとつの器官なき身体であり、あるいはむしろ、いわば自分の巣の上でじっと身構えている蜘蛛のような存在であるということである。この蜘蛛は何も観察しないが、ほんの僅かの兆候、ほんの僅かの振動にも反応して、自分の餌にとびかかる。すべては、もろもろの星雲から始まる。つまり、輪郭があいまいな統計学的集合から、偶然に配置された特異性を含むモル的または集合的組織体から始まる（つまり、サロン、若い娘たちのグループ、風景……からである）。次に、これらの星雲あるいは集合体の中において、「いくつかの側

面」が形をあらわし、もろもろの系列が組織され、これらの系列の中に人物たちが姿をあらわすことになるが、このことは欠如、不在、非対称、排他、非コミュニケーション、悪徳、罪責などといったもろもろの奇妙な法則のもとに進行するのである。さらにまた、すべてはあらためて混沌となり、解体するが、今度は、純粋な分子的多様性の中にあり、ここでは、もろもろの部分対象、「箱」、「器」がすべてひとしく肯定的に規定され、作品全体をつらぬく横断線にしたがって、意想外のコミュニケーションが行われる。

ポイントになるのは「語り手 narrateur」の捉え方です。私たちのごく常識的な小説観からすれば、作者の代理である「語り手」は作品の中で起こる全てのことを見通している神のごとき存在、超越論的主体です。しかし二〇世紀に入ってから、そうした何でも知っている語り手を懐疑的に見て、むしろ、自らの周囲でその都度起こることを感性的に受けとめ、断片的にしか得られないイメージを繋いでいくような、異なったタイプの語り手や物語の形式が求められるようになりました。ただ、詩ならともかく、長編小説では、超越論的な視点を持たないで、物語と共に自己自身が変転する、あるいは自己生成する語り手というのは考えにくいですね。物語が長くなると、どうしても首尾一貫した構成が必要になりそうな気がしますね。プルーストは、そうした感性的な刺激に忠実でありながら、自己生成し続ける語り手を描くことに長けた小説家として評価されています。

ドゥルーズ＋ガタリは、そうした『失われた時を求めて』の語り手を、「器官なき身体」として捉えているわけです。自分自身をゼロに近い状態にし、周囲で動く諸「機械」の微細な運動を感知し、自分の身体に貼り付けていくわけです。この場合の身体は、小説の物語、あるいは、語り手の仮想の身体です。そう考えると辻褄が合いますね。

「分子」と「モル」の違いは前回出てきましたね。「モル」の方が固まって組織化され、動きが固定化されているわけです。最初、「サロン」「若い娘たちのグループ」「風景」等は、分子的な機械の運動がまとまったもので、輪郭がぼんやりしている。「語り手」はそういうぼんやりした形のまま、自分の仮想の身体に取り込むのだけど、取り込むと、それらを構成する細部の分子的運動が次第に際立って、混沌の中で、分子化された機械の間の新たな繋がりが生じてくる。ここで「コミュニケーション communication」と言っているのは、登場人物間の〝リアル〟なコミュニケーションだけでなく、登場人物やその身体的特徴や仕草、様々な事物、出来事が、「語り手」の身体の中で交流しているということも意味しているのでしょう。無論、そう見えるようにプルーストがうまく書いているだけで、実際には計算し尽くされているのではないか、という疑問が出てきます。ガタリたちもそんなことは当然承知でしょうが、読んでいる私たちの内で、作品で描かれている「機械」の運動（に対応するもの）が生じてくるのであれば、それも「機械」の運動だと考えているのかもしれません。

ここではとりあえず、網を張って刺激が来るのを待っているように見えるプルーストの語り手の所作が、様々な欲望の間に論理的あるいは記号的な接続が生じる原型的な場面のモデルになっていることだけは押えておいて下さい。

> それぞれの部分対象によって生産されるとともに新たに切断され、再生産されてはまた切断される膨大な流れがここにある。悪徳よりもむしろ、狂気とその無垢が不安をかきたてると、プルーストはいっている。もし分裂症が普遍的なものであるならば、偉大なる芸術家とは、まさにこの分裂症の壁をのりこえ、未知の国にたどりついたひとのことである。そこで彼は、もはやいかなる時間、いかなる境遇、いかなる流派にも属してはいないのだ。

先ほど私が説明したことを前提にすれば、ここは分かりますね。プルーストによって、そしてドゥルーズ＋ガタリにとって、芸術家というのは、様々な欲望の流れを一つの体系へと強引にまとめ上げる理性的な人ではなく、（主体のあらゆる欲望の集約点としての全体対象にはなり得ない）「部分対象」と共に生産されては解体し、また再生産される種々の「欲望」の多様で荒れ狂う流れを自らの（器官なき）身体でそのまま受け止め、ストレートに表現する分裂症的な人、固定したアイデンティティを持たない人です。
一三四〜一三五頁にかけて、アルベルチーヌの顔の描写が、「語り手」の「器官なき身体」上での様々な欲望のせめぎ合いを表しているということが述べられていますね。アルベルチーヌは「花咲く乙女たち jeunes filles en fleurs」と呼ばれている女性のグループの一員で、両親を亡くして親類の世話になっていて、赤い花を思わせる官能的な女性だとされています。

> 私たちは、統計学的あるいはモル的には異性愛者であるが、しかし、個々の人物としては、それと知らずに、あるいはそれと知りつつ同性愛者であり、根源的あるいは分子的には、結局〈横断性愛者〉である。だから、プルーストは、彼自身の解釈をオイディプス的に解釈することをすべて否認した最初のひとであり、みずから二つの型の同性愛を対立させている。あるいは、むしろ二つの領域というべきか。一方には、端的にオイディプス的、排他的、抑鬱的な領域、他方には、非オイディプス的な分裂気質の、包含され包含する領域がある。

ここまでの流れからすると、分かりやすいですね。異性愛というのは、人間を「モル」的に、つまり一つのまとまりとして見た場合のことであって、個々の人間を「欲望機械」の集まりと見た場合、同性愛を含めていろんなタイプの愛が交差しているというわけです。二つの型の同性愛があって、その一方がエディプス的・排他的で他方が非エディプス的・分裂気質というのが分かりにくいですが、この後に続く、『失われた時を求めて』からの引用などから推測すると、恐らく、同性愛者は同性のどの生殖器に関心を持ちどのように愛するのか固定的に捉えるようなタイプ、同性愛的なエディプス三角形に縛られているように見えるタイプと、女性を愛する女性を愛する男性のように、〝異性〟の内に〝同性〟的な要素を見出して、それを「部分対象」として愛するというような分散化していく傾向を持つタイプがいる、ということでしょう。

―― ここで対立しているものは、接続的総合の二つの使用、つまり包括的かつ特殊的使用と、部分的か

> つ非特殊的使用である。第一の使用において欲望は、固定した一主体を、どちらかの性に特殊化された〈私〉を、そして包括的人物として規定された完全対象を同時に受けいれる。（…）まず登録の総合こそが、オイディプスを形成する諸条件にしたがって、登記の表面上に自我というものを措定する。この自我は、座標軸となる両親のイメージ（父、母）との関係において規定可能で区別可能なものとなる。ここには三角形化の働きが存在し、この働きは本質において構成的禁止をともない、人物を区別する前提となっている。禁止とは、母と近親相姦すること、父の地位を占めることを禁ずるのである。ところが、ひとは奇妙な推理によって、それは禁止されているがゆえに、まさにそれは欲望されている、と結論するのである。

これまでの流れから、ここで説明されている「接続的総合」の「包括的かつ特殊的使用 un usage global et spécifique」がどういうことか分かりますね。〈私〉自身の（性的）アイデンティティ、及び、〈私〉の性愛の対象を、全面的に集約・特定するということです。「包括的」と「特殊的」が矛盾しているように聞こえてひっかかりますが、「特殊的」の方は、性愛の対象を一つのタイプに特化するというような意味だと思って下さい。「登録の総合 la synthèse d'enregistrement」というのは、具体的には、〈私〉のアイデンティティを構成する様々な欲望の流れを一まとめにして、異性愛的なもの、あるいは同性愛的なものとしてはっきり認識可能な形にするということでしょう。それを自らの身体に刻み込むこと、あるいは社会にそう認知させ確定することを、「登記」と言っているのでしょう――「登記」の原語である〈inscription〉の本来の意味は「書き込み」です。

　そうした「自我」による［登録－登記］は、男性である「父」及び女性である「母」のイメージに照らして行われるわけです。この意味で、同性愛者もエディプス三角形を生きていると言えるわけです。通常の精神分析でも、息子が父に対して抱く同性愛的な感情の存在が指摘されます。エディプス三角形の理論では、私は父や母を自らの性的アイデンティティのモデルにするだけではなく、彼らに対してあってはならぬ欲望を抱くということも前提にされます。「禁止されているのは、そういう欲望があるからだ」、という推論は分かりますね。ただ、よく考えると疑わしいですね。元々、何の欲望もないのに、「○○を禁止する」と宣言することで、あたかもそういう欲望が潜在的に強くある、ように見せかけることができます。また、そういう宣言で、禁止を通告された〝主体〟たちに錯覚を抱かせることもできますね。「あの人を好きになってはいけない！」と言われると、妙に意識してしまうとか。ドゥルーズ＝ガタリはその手のトリックの可能性を示唆しているわけです。

精神分析の第一の誤謬推理——エディプス的な異性愛や同性愛、横断的性愛

一三八〜一四五頁にかけて、そうしたエディプス化のトリックがどのように機能し、社会的に制度化されていくか、これまでの議論のまとめ的なことも含めて記述されています。そしてようやく、非エディプス的な異性愛や同性愛、横断的性愛が話題になります。

横断的な性愛は、局所的で非特殊的な異性愛と同性愛との間に何ら質的な対立を生じさせるものではない。（…）ところが、無意識全体を、欲望的生産の非オイディプス的な形式や内容にひきもどすことを確実にし、また確実にしようとするのではなく、精神分析の理論と実践は、あいかわらず無意識をオイディプスの形式や内容に変換することを推進している（じじつ、私たちは後に、精神分析がオイディプスを「解決する」と称していることが何であるかを見るであろう）。したがって、このような無意識の変換を精神分析が推進しているのは、まず接続的総合を包括的特殊的に使用することによってである。この使用は超越的使用と定義されうるものであり、精神分析的操作における第一の誤謬推理をもたらすものである。私たちがここでもういちどカントの用語を用いているのは、単純な理由からである。カントがみずから批判的革命と呼んでいたことにおいて提起していたことは、意識の総合の正当な使用と不当な使用とを区別するために、認識に内在する規準を発見することであった。だ

から、彼は、超越論的哲学（諸規準の内在）の名において、形而上学に見られるような諸総合の超越的使用を告発したのである。同様に私たちは、精神分析はその形而上学すなわちオイディプスをもっているといわなければならない。またひとつの革命、こんどは唯物論的革命が起りうるのは、このオイディプスの批判を通じてでしかないといわねばならない。

精神分析は、性愛に関する接続的総合を一義的に規定して、対象を特定していない異性愛を許容しない、というわけです。ここで「超越的 transcendant」と言っているのは、カント哲学の用語で、その後に出てくる「超越論的 transcendantal」と対になっています。前者は人間の経験の限界を超えていて、それゆえ認識不可能という意味で、後者は、主体による客体の認識を可能ならしめる条件に関わる、という意味です。「超越的」な事柄については確かめようがありません。敢えて論じようとするのは、形而上学としか言いようがありません。ドゥルーズ＋ガタリは、精神分析にとって「エディプス」は、形而上学的な前提である、分析の実践自体から導き出すことはできないし、確かめることもできないものである、と言っているわけです。「超越論的」の方は、主体である私たち自身の話なので、全面的に把握することは不可能ですが、自分の認識や思考についてその時々で内省したり、他人の振る舞いを外から観察したり、あるいは、自然科学の成果を取り入れるなどして、アプローチする手立てがないわけではありません。カントを起点とする「超越論的哲学 Transzendentalphilosophie」あるいは「批判哲学 Kritische Philosophie」は、それまでの哲学の形而上学的独断を排して、認識主観をめぐる超越論的考察を試みる哲学の系譜です。

「もういちどカントの用語を用いる」という言い方が気になりますが、これは、一四〇頁の「離接（選言）的三段論法」の原理としての「神」のことを指しているのでしょう。『純粋理性批判』（一七八一、八七）では、「選言的理性推論 Disjunktive Vernunftschlüsse」という言い方をしています。「理性推論」には「定言 kategorisch ／仮言 hypothetisch ／選言 disjunktiv」の三種類があって、それらを根拠付ける理性概念としてそれぞれ、主体の中で定言的総合を実行する「魂」、一連の出来事を仮言的に総合する「世界」、そして、一つの体系への選言的総合を可能にする「神」を挙げています。

「仮言的推論」は、「〜であるならば、〜である」という形を取ります。個々の仮言的推論がバラバラに行われているのであれば、形式論理学的に考えればいいわけですが、AならばB、BならばC、CならばD……という風に全てが繋がっていて、それらは、一つの統合された系列になるはずです。それが「世界」です。「総合」というのは、推論や知覚によって二つ以上の要素を統一的な枠組みの中で捉えることです。定言的推論は、「AはBである」と無条件に判断する推論です。個々の判断が相互に無関係であり、てんでんばらばらであると開き直って考えるのであれば、何も問題はないのですが、判断相互の間に論理的一貫性があるとすれば、一貫性を与える「魂」という統一的な実体があるはずです。「私」がその場限りでの判断をしているのではなく、少なくとも「私」という実体（魂）の中では、「AはBである」は不変でありAがBでなくなったり、「AはCである」や、「BはDである」などと矛盾したりすることがないように調整されているわけです。

選言的推論は、「AはBであるかCである」という形を取ります。BとCの間には相互依存関係はありません。つまり、BであるかCであるかDであるかEであるか……と、選択肢が無限に続く可能性があるわけです。選言的推論を行うには、どれとどれが述語として同じレベルに並ぶか、そのうちどれが述語として適切か、選択肢は一つか二つかを決めねばなりません。これを決めるには宇宙全体を見渡せる「神」が必要になります。選言（離接）的推論による離接的総合は、ある意味、そうした神の視点に立つことを含意しています。様々な考え得る性愛の可能性の中から、特定の異性愛の形態だけを正しいとし、それ以外を排除するオイディプスの論理はある意味、神の視点に立った論理です。カントによると、神でない者が神のように判断するのが形而上学です。ドゥルーズ＋ガタリは、カントの議論になぞらえることで、エディプス仮説の独断性を批判しているわけです。

狂気と奇蹟——「第二章第四節　登録の離接的総合」を読む

それを踏まえて、「第四節　登録の離接的総合」を見ていきましょう。「登録」とは、これまで見てきたように、「私」と「私」の対象のアイデンティティを固定化して記録することです。「離接的総合」は先ほど見たように、AであるかBであるか選択する形で、二つのものを関係付けることです。

> オイディプスは、欲望的登録の離接的総合の中に忍び込むとき、これらの総合にある種の制限的排他的使用の理想を押しつける。この使用は、三角形化の形態——パパ、ママ、あるいは子供であること——と一体である。これによって、近親相姦を禁止する区別機能の内部において、あれかこれかの支配が確立される。ここからはママの場所だ。ここはパパだ。そこはおまえだ。おまえは、おまえの場所にとどまっていなさい。近親相姦を犯すオイディプスの不幸は、じつはまさに、誰がどこで始まるのか、また誰が誰であるか、もはや知らないことである。

「離接的総合」自体は必ずしも、排他的ではないけれど、「エディプス」が作用すると、男か女か、性的欲望の対象は父か母かが確定され、同時にその対象との交わりが「禁止」されます。これによって、主体の性的アイデンティティが固定されます。「あれかこれか」という言い方は、キルケゴール（一八一三—五五）の著作『あれか、これか』（一八四三、四九）を念頭に置いているのでしょう。この「あれか、これか」というタイトルは、あれもこれも一つに総合してしまうヘーゲルの弁証法に対抗して、明確な決断に基づく倫理の可能性を探ろうとするキルケゴールの狙いを表しています。

この後、一四八頁にかけて、エディプス三角形は三つの区別を伴っているということが述べられていますね。「男か女か」「親か子か」「生きているか死んでいるか」。近親相姦のタブーを犯したエディプスにはこれらの区別が分からなくなる。この違反によって離接的総合が弱まると、家族に関わる三大神経症と呼ばれるものが生じる。「男か女か」に関わるのがヒステリー（l'hystérique）、「親か子か」に関わるのが恐怖症（le phobique）、「生か死か」に関わるのが強迫観念症（l'obsédé）。
　更にこの「家族的三角形」の結果を、「宗教的三角形」が確認しているということですね。キリスト教の「父なる神―子なる神（イエス）―聖霊」の三位一体のことです。三位一体では、本来母に相当すると思われる「聖霊」の女性性が抹消されていますが、ドゥルーズ＋ガタリによると、そのことによって、性の区別も含めて、全ての区別が、三つの位格（ペルソナ）の統一体としての神によって根拠付けられていることが暗示される、というわけです。この点でも、離接的三段論法のアプリオリな原理として「神」を持ち出したカントは秀逸だということですね。

　オイディプス的登録に固有の特性は、離接的総合の排他的、制限的、否定的使用を導入するということである。私たちはあまりにもオイディプスに慣らされているので、ほとんど他の使用を想像することができない。（…）ところが、思うに分裂症はオイディプスの外にあるものについて特異な認識を開き、離接的総合の未だ知られざる力を、もはや排他的、制限的ではなくて、まったく肯定的、無制限的、包含的な内在的使用を発見したのである。離接はあいかわらず離接的ではあるが、しかし離接の諸項をすべて肯定し、諸項の間の距離を超えてこれらの諸項を肯定し、諸項はたがいに制限しあうことも、排除しあうこともない。このような離接は、おそらく最高のパラドックスであろう。「あれか、これか」の代りに、「あれであれ、これであれ」が登場することになる。分裂症者は、男性にして女性であるのではない。彼は男性あるいは女性なのである。しかし、彼はまさしく男女両方に属していて、男性たちの側面では男性であり、女性たちの側面では女性なのである。〈愛すべきジェイエ〉（アルベール・デジレ〔欲望されるアルベール〕）、登録番号五四一六〇〇一）は、男性的と女性的の平行的な二系列について長広舌をくりひろげ、自分自身を男女の両側におく。すなわち、「登・アルベール、録男番号五四一六、狂気のローマ人サルタン」「登・デジレ、録女番号一〇〇一、狂気の

――ローマ人サルタン妃」。

「離接（選言）的総合」は、排他的（exclusif）、制限的（limitatif）である必然性はなく、全面的に肯定的（pleinement affirmatif）、無制限的（illimitatif）、包含的（inclusif）でありうる、そして、離接的総合のそうした未知の力を使用しているのが、「分裂症者」であるというわけです。「男性にして女性 homme et femme」なのではなくて、「男性あるいは女性 homme ou femme」である、より正確に言うと、「男女両方に属し des deux côtés」ていて、「男性たちの側面では男性 homme du côté des hommes」であり、「女性たちの側面では女性 femme du côté des femmes」である、というのは禅問答みたいで分かりにくいですが、これは先ほど見たように、自らのアイデンティティに関しても、性愛の対象に関しても男女双方の要素を持っていて、その都度の状況で、男になったり、女になったりするので、「男と女」が調和して一体になっているとか、半々の状態だというのとは違う、ということでしょう。ヘンな感じがしますが、分裂症者は、雌雄同体ではなくて、あくまで「分裂症」者なのですから、当然と言えば当然です。

〈愛すべきジェイィエ Aimable Jayet〉以下がこのままだとちんぷんかんぷんですが、このエマーブル・ジェイィエ（一八八三―一九五三）というのは、フランスのアール・ブリュットのアーティストで、精神のバランスを崩して、精神病院に入院して以降、ノート等に字やデッサンを書き連ねます。彼のテクストは統語法、正字法を逸脱しているし、語の性を変えて新しい語彙を作り出したりしています――フランス語の名詞には男性と女性があります。注（17）を見ると、ジャン・ウリが、ジェイィエの作品に序文を書いていることが分かります。ジェイィエの治療に当たったウリなどの精神科医が、彼の作品をアール・ブリュットの提唱者でコレクターであるデュビュッフェに紹介したようです。

自分のアイデンティティと作品番号を登録しているのですが、これではどのような人間なのか、まったく意味が分からないですね。アルベール・デジレ（欲望されるアルベール Albert Désiré）という人物について、男性としての記述と、女性としての記述が入り乱れているという話です。アルベール・デジレ・

バール（一八一八－七八）という有名な彫刻家がいるので、その人のことを念頭に置いているのかもしれません。（　）内は、原文ではそれぞれ上の黒板のようになっています。

〈matircule〉は「登録簿」もしくは「登録番号」という意味のフランス語です。「登録簿」の方だと女性名詞で、「登録番号」の方は男性名詞です。〈Albert Désiré〉と〈matricule（登録番号）54161001〉をそれぞれ分割して、二人の人物のようにしているわけですね。少し分かりにくいですが、〈Matricule〉が〈Mat〉と、〈ricu-le〉あるいは〈ricu-la〉に分割されています。〈ricule〉の部分がハイフンを入れて更に分割されているわけですが、ハイフンがなかったとしても〈matricula〉という単語はありません。〈le〉と〈la〉は、それぞれ男性名詞、女性名詞に付く定冠詞なので、ハイフンで切って強調することで、男性／女性の区別が際立ちます。〈sultane〉が〈sultan〉の女性形になっていて、その後の形容詞もそれに合わせて語尾になっているのが分かりますね。〈vesin〉が何のことだか分かりませんが、スイスの地名もしくはフランス系の苗字の可能性があります。あるいは、南フランスで少数の人が今でも話しているオック語で「隣人」という意味かもしれません。オック語の〈vesin〉の語源はラテン語の〈vicinus〉です。多少綴りはズレますが、古いフランス語に「狂気」を意味する〈vésanie〉いう単語があります。ラテン語の〈vesania〉が語源です。その形容詞形のつもりかもしれません。ただし、〈vésanie〉の正式の形容詞形は、〈vésanieque〉なので、完全にしっくりとは消えません。河出書房新社の市倉宏祐さん（一九二一－二〇一二）の旧訳でも、宇野邦一さん（一九四八－　）によるこの新訳でも、「狂気」としているので、［vesania → vésanie］の系統が主要な意味だと見ているのでしょう。

――分裂症者は、生者または死者であって、同時に両者であるわけではない。むしろ、彼は、両者の距離の一方の端において、両者のうちのいずれかであり、この距離を滑りながら一方から他方へと飛び移る。彼は子供あるいは親であって、同時に両者であるわけではない。むしろ、彼は、分解不可能な空間の中にある棒の両端のように、他方の端において一方であり、一方の端において他方なのである。ベケットにおける離接の意味は、こうしたものである。彼は、自分の作中人物たちやこれらの人物に到来する諸事件を、このような離接の働きの中に登記する。

「生／死」あるいは「親／子」についても、「男／女」の場合と同じような非排他的で非制限的な離接の関係にある、というわけです。「男／女」の場合と違って、さすがにどういうことかイメージしにくいですが、そのためにベケットなどの文学作品が参照されているのでしょう。ベケットの作品の登場人物たちは、AさんになったりBさんになったりし、一体どちらが本当の自分が分からないような語り方、リアクションをします。ある出来事を経験したのがAさんとしてなのか、Bさんとしてなのか、それぞれの瞬間ごとには決まっているように見えるけれど、そのアイデンティティが次の瞬間にさっと入れ替わったりする。クロソウスキーは、小説『バフォメット』（一九六五）で、神を排他と制限の巨匠として描く一方で、反キリストとしてのバフォメットを、様々な述語の間を遍歴する、「包含的離接 une disjonction inclusive」の化身として描いている、ということですね。もう少し具体的に言うと、この小説は一四世紀初頭にフランスに駐在していたテンプル騎士団の中で、「バフォメット」と呼ばれる偶像に対する崇拝や同性愛が拡がったので、グランド・マスターであるジャック・ド・モレー（一二四三頃―一三一四頃）が、その事態に対処して騎士団をもう一度引きしめようとするけれど、「バフォメット」はいろんな姿で現れる。ものすごい美少年の小姓だったり、カルメル会の修道女テレーズ（一八七三―九七）だったり、大アリクイの姿をした、反キリストの異名を取ったシチリア王（兼神聖ローマ皇帝）フリードリヒ二世（一一九四―一二五〇）だったりします。はっきり名前は出てきませんが、フリードリヒという名前と台詞にニーチェが混じっている感じがあります。モレーもその誘惑によって翻弄されます。神は一人一人のアイデンティティに関する記憶を守ってくれるのに対し、バフォメットの中ではいろんな人物の記憶や霊がまじりあっているという設定です。ベケットの『モロイ』の有名な最後の一節が示されていますね。「真夜中である。雨が窓ガラスを打っている。真夜中ではなかった。雨は降っていなかった。Il est minuit. La pluie fouette les vitres. Il n'était pas minuit. Il ne pleuvait pas.」。自らの発言を同時に否定するこの文は、自己を無化するこの小説の特徴を示す、象徴的な文だとされているようです。ドゥルーズ＋ガタリは、互いに矛盾するように見えるものを、「AかB」のいずれか一方だけを排他的に肯定するのではなく、AからBへと急転しながら、両者を何らかの究極の根拠のようなものによることなく関係付ける「包含的離接」の例として位置付けているわけです。日本語にすると単純にナンセンスに見えますが、現在形の後に過去形——正確に言うと、過去のある時点で継続中の出来事を示す半過去形（Imparfait）——が続く形になっています。異なる時点の、(同じ名前、全く同じ属性を持っているとは限らない）異なる主体による言明が連続しているのだとすれば、矛盾しません。無論、こういう繋がり方は常識からするとヘンですが。『モロイ』は、一つの主体から別の主体へと、はっきり兆候なしに移行する、ヘンな小説だということは、最初から読んでいれば分かることですが、そのヘンなところがこの四つの文に凝縮されて表現されているわけです。これが「一方から他方へと飛び移る」ということでしょう。

ニジンスキー

系譜学

その後にロシア出身のバレー・ダンサーでコレオグラファー（振付師）でもあるニジンスキー（一八九〇－一九五〇）の手記が引用されています。彼は統合失調症になって入院して、その間にこの手記を書いています。この手記は新書館から翻訳が出ています。

——ニジンスキーは、次のように書いていた。私は神である私は神でなかった私は神の道化である。「私はアピスである。私はエジプト人であり、赤い肌のインディアンであり、黒人であり、シナ人であり、日本人であり、外国人であり、未知のひとである。私は海の鳥であり、また堅固な陸の上を飛ぶ鳥である。私はトルストイの樹であり、根をはっている。」「私は夫であり妻である。私は私の妻を愛し、私は私の夫を愛する…。」重要なのは、両親の呼称でもなければ、人種や神の呼称でもない。ただ、これらの呼称の用法が重要なのである。意味が問題ではなく、用法だけが問題なのだ。根源的か派生的かが問題ではなく、普遍化した派生が問題なのである。分裂者は、未開の、無制限の系譜的素材を解き放ち、同時にあらゆる方向への分岐に身をおき、そこに自分を登記し、自分を位置づけることができる。彼は、オイディプス的系譜を吹きとばす。次から次へと関係を構成し、それによって彼は、不可分な距離の絶対的な跳躍を試みる。狂気の系譜学者は、器官なき身体の上に離接の網の目を縦横に張りめぐらせる。神は、登録のエネルギー以外の何ものでもなく、パラノイア的登記においては最大の敵でありうるが、奇蹟を授ける登記においては最大の友でもある。

何だか出鱈目にいろんなものと同化しているように見えますが、ドゥルーズ+ガタリは、一つのアイデンティティで「登記」を行うと、それと並列的な関係にあると思われる、選択肢となるべき名前の列が現れてきて、それらと自己を関係付ける可能性が出てくると考えるわけです。当然、その一つ一つの名前から別の分岐「les embranchements」が生じてくる。「登記」という言い方から私たちは、その登記によって更なるアイデンティティが固定化するような印象を受けますが、ドゥルーズ=+ガタリの言う登記は、そこからその分岐点は消えてしまうわけではない。だから、「狂気の系譜学者 Le généalogiste-fou」は独自の系譜を作り出していく。「系譜学者」と訳されているけれど、恐らく、そういう系譜を研究している人というより、自らのアイデンティティの変容を通してそうした系譜を作り出し、第三者も、系譜の生成をトレースできるようにする人ということでしょう。この「狂気の系譜」は、「器官なき身体」の上に「登記」されている、つまり、本人の身体には、そのキャラを演じた痕跡、記憶が残っているわけですね。痕跡も残らないほどのカオスではない。だから辿り直すこともできるわけです。それは、もっぱら親子の系譜を通して、各自のアイデンティティを唯一的なものにする「オイディプス的系譜 la généalogie oedipienne」に対置されるべき、分裂症的な系譜です。

「オイディプス的系譜」において、一つのアイデンティティに固執させる「パラノイア的登記 l'inscription paranoïaque」がなされる。それに対して「狂気の系譜」では、排他的でない離接的総合を可能にする「奇蹟を授ける登記 l'inscription miraculante」が行われる。「奇蹟」というのは、先にカントに即して見たように、離接的総合の場としての「神」に直接由来するという意味と、エディプス的な系譜では父と母から子が生まれるしかないのに対し、狂気の系譜では、聖母マリアによるイエスの受胎のように、親子関係によらない誕生がある、というような意味が込められているのでしょう。シュレーバーの身体に起こった奇蹟のことも念頭にあるかもしれません。

精神分析の第二の誤謬推理――ダブル・バインド

一五二頁の終わりの方で始まる段落で、接続的総合の場合と同じように、離接的総合でも、内在的用法と超越的用法があり、エディプス理論が後者で、外から制限を押し付けるのに対し、分裂症者に寄り添う「狂気の系譜学者」は、離接的な選択肢として配置されている各項の間の関係を系譜学的に再構築するわけです。そのうえで、エディプス的な区別を基準とするのではなく、包括的離接を前提とする場合、〝主体〟がどのように見えるかという議論をしています。

そこでは神も同じ役割を果さないし、両親の呼称も同じ役割を果さない。両親の呼称が示しているのは、もはや強度的状態ではない。主体は強度的状態を通じて、器官なき身体の上を、孤児にとどまる無意識の中を通ってゆくのだ（そうだ、私は……であった）。両親の呼称は、包括的性格をそなえた

> 諸人物を指示するが、そのようなものは禁止事項より以前には存在せず、禁止によって始めてこれらの人物が生まれ、相互に区別され、〈私〉とも区別されることになるのだ。したがって、ひとたび禁止が犯されると、区別の規則や示差的機能が失われ、相関的にもろもろの人物の混同が起り、これらの人物と〈私〉との同一化が起る。まさに私たちはオイディプスについて、こう語らなければならない。オイディプスは二つのことをもたらすのである。区別を命じること、そして未分化状態に陥るというわけで私たちを脅すこと。オイディプス・コンプレックスが三角形化の中に欲望を導入すること、そして三角形化の各項によって欲望が満足することを禁止すること、これらは同じ運動の中で行われる。

「無意識」が「孤児」であるという話がまた出てきましたね。エディプス化が行われていない状態では、私は○○と▽▽の間に□□番目に生まれてきた子であるAであって、別の親子系譜から生まれてきたBではないというような排他的区別はない。そもそも、私とそれ以外の諸人物を明確に区別することはなく、周囲の諸人物の動きや情動を自分の「器官なき身体」でそのまま受けとめてしまう。そこに、「お前は、母とは交わっていけない。母は父のものだ。母とは、目の前にいるMであって、父はFだ」という「禁止 l'interdit」を押し付けられることで、母を「欲望」しているはずの主体としての「私」が現れてくるわけです。「強度的状態 états intensifs」というのは、欲望の流れの中でエネルギーが集中して強まっている状態ということでしょう。ただし、「主体」と外部を区切る境界線ははっきりしない。

一五五頁では文化人類学者グレゴリー・ベイトソン（一九〇四－八四）の「ダブル・バインド（二重拘束）」状況について述べられています。「ダブル・バインド」というのは、特に家族内の関係で、メッセージの内容とそのメタ・メッセージが矛盾するような状況を指し、ベイトソンはそれが統合失調症の原因になるのではないか、と考えました。例えば、「何をやったらお父さんの機嫌が悪くなるかなど考えないで、正々堂々と自分が正しいと思うことをやりなさい。そうでない子だったらいらない」、とお父さんがものすごく強い口調で言ったとします。この言葉を投げかけられたら、どう反応しても、お父さんの機嫌を悪くしてしまうので、子供は追い詰められます。エディプスというのは、まさにそうした「ダブル・バインド」の総体だと述べられていますね。「お父さんのようにお母さんに愛される人になるには、お母さんを愛する欲望を克服して、(愛のライバルである)お父さんのようになりなさい」、というメッセージがまさにそうですね。もっと抽象的・社会的に言うと、「誰にも依存しない主体になるためには、みんなが認めているような主体モデルに従いなさい」、というのもそうでしょう。

そのダブル・バインドの端的な例としてフロイトから、フランスの作家ロマン・ロラン(一八六六―一九四四)に宛てられた一九三六年の手紙が引用されていますね。

「あたかも成功の本質は父よりも先に進むことであるかのように、しかも父がのり越えられることは常に禁じられているかのように、すべてが生起するのです」

フロイト自身が直面してきたダブル・バインド、父を超えるか超えないか、という一見排他的な離接的(選言)的総合が、エディプス・コンプレックスの端的な例になっているわけですね。一六〇頁を見ると、人はこうしたエディプス的離接を「病的危機 crise」もしくは「構造」として持っていると述べられていますね。そしてこのエディプスが、「同一化の傾向を持つ想像的形象 figures imaginaires identificatoires」と「差異化の傾向を持つ象徴的機能 fonctions symboliques différenciantes」の間の両極を行ったり来たりしている、というわけです。分かりやすく言うと、前者は父母に愛され、イメージ的に彼らと同化しようとする側面、後者は、禁止(法)の彼方にある、理想としての「ファルス」。親に愛されるため、「象徴界」に向かっていっても、そこに禁止が働いて「想像界」へと送り返される。しかし、「想像界」の母は、いつまでも子供のままそこにいることを許してくれず、愛されるためには主体になりなさいと圧力をかけてくるので、居心地が悪くなる。それでずっと行ったり来たりすることになるわけです。どっちかによって、問題を解決することはできません。

「地獄の機械 machine infernale」と「専制君主シニフィアン un signifiant despotique」

一六二頁にかけて、問題はやはり「排他的離接のオイディプス的使用」と「包含的、無制限的離接の非オイディプス的使用法」の間の違いにあって、後者の立場を取るべきことが示唆されています。一六三頁で、ラカンとその弟子たちに関してかなりごちゃごちゃしたことを言っていますが、要は、ラカンがエディプスのタガを緩めて、分裂症的な動きを解放したように見えて、実は、そのタガを締め直そうとしているように見える、それが少しズレた形で弟子たちの動向にも反映されている、ということです。

解放したように見える側面として、「地獄の機械 machine infernale」としての〈対象ａ：objet a〉に言及されています。この〈a〉は、「他者の」とか「異なる」を意味するフランス語の形容詞〈autre〉の略で、人が一生を通じて求め続けるけど、決して到達できない「対象」です。主体の「欲望」を喚起する源泉です。「部分対象」として現れるので、何とかなりそうだけど、結局、手に入れたと思ったら、〝本体〟は別の所に移動している。ラカンは具体例として、乳房、糞便、声、まなざしの四つを挙げています。精神分析を応用した文化論では、人が子供の時からフェティシズム的に拘るもの、例えば、人形やフィギュア、怪獣、アニメのキャラのようなものが〈対象ａ〉として機能している、という議論があります。この〈対象ａ〉は、「想像界／象徴界／現実界」のいずれにも属さない微妙な所に位置し、「構造」を攪乱するものと見なされることが多いです。

「地獄の機械」という言葉は、前回、『マロウンは死ぬ』に関連して出てきましたね。元々、一九世紀にコルシカ出身の陰謀家ジュセッペ・フィエスキ（一七九〇－一八三六）が発明した、二四挺の銃を同時発射する装置の名称です。あと、コクトー（一八八九－一九六三）の戯曲に『地獄の機械 la machine infernale』（一九三四）というのがあります。これは、ソフォクレスの「エディプス」をベースにしていますが、実の親子だったと知らない時のエディプスとイオカステの恋愛、年上の女性に憧れる若い男と、若い男に刺激される中年の女の間の関係が強調されています。エディプス三角形は、実は、地獄を現出するように作動する「機械」だということが暗示されているタイトルです。

そして、閉じる側面が「専制君主シニフィアン un signifiant despotique」です。これはドゥルーズ＋ガタリ流の言い換えで、実際には、後期のラカンの「主人のシニフィアン le signifiant maître」と呼ばれるものを指しているのだと思います。これは簡単に言うと、他のシニフィアンがそれに関係付けられることによって、意味を持つようになる中心的シニフィアン、象徴としてのファルスをより抽象化した概念です。これが中心的位置を占める限り、エディプスの専制支配が続くということでしょう。

旅と砂漠――「第二章第五節　消費の連接的総合」を読む

「第五節　消費の連接的総合」に入りましょう。復習しておくと、「連接」というのは、「と」で並列的に繋いでいく関係です。これが「消費」とどう関係しているのか？「生産」というのは、一つの対象から別の対象へと向かう欲望の連鎖のことで、その中で主体が立ち上がって、排他的あるいは非排他的な「離接」の形で「登記」される。その主体の中で「強度」が変動して、主体の状態が変化することが「消費」。「消費」の結果として生じる様々な状態の並列的な関係が「連接」。「消費」という言葉は日常的には、何らかの物質が主体に取り入れられて、減少していき、最後は消滅するという意味で使われますが、ここまで見てきたように、ドゥルーズ＋ガタリは、対象となる物質と主体の状態を区別しないで、欲望を生み出す「機械」という括りで把握しているので、常識的な言葉の使い方から離れる必要があります。

――重要なのは強度の関係であって、これを横断して主体は器官なき身体の上をかけめぐり、もろもろの生成変化、没落や昂揚、移動や置換を行うのである。

私たちは「主体」が身体全体を統合しているようなイメージを何となく抱いていますが、考えてみると、「歯が痛い」とか「お腹が空いた」とか「足が動かない」「性的に興奮した」などと感じる時、それまで自分の動きをほとんど意識していなかったのに、急にそういう感覚を抱いている〝主体〟としての自分を意識し、行動します。その時、その器官の感覚的強度が高まっているわけですが、そこの「強度」が弱まり、別の所の「強度」が高まれば、〝主体〟の位置は移動する。そういう風に考えているようです。そういう「器官なき身体」上の〝主体〟の移動が、「旅 voyage」と形容されています。

ある内的な旅をさまざまの外的な旅に対立させるようなことさえも、すべきではない。レンツの散歩、ニジンスキーの散歩、ベケットの人物たちの散歩は、ほんとうの現実なのである。しかしこの場合、質料的実在はあらゆる外延を離脱したのであり、同じく内的な旅は、あらゆる形式や質を捨ててしまったのである。こうして外においても内においても、結合された純粋強度をきらめかせるだけである。ほとんど耐え難いこの純粋強度を、ある遊牧的主体が通過していくのだ。これは幻覚的経験でもなければ、錯乱的思考でもなく、ひとつの感情である。つまり、もろもろの強度量の消費にほかならない一連の感動と感情であって、次に発生する幻覚や錯乱の素材を形成するのである。強度的感動つまり情動は、錯乱や幻覚の共通の根源であると同時に、これらを分化させる原理でもある。

ドゥルーズ＋ガタリにとって、自然界の「機械」と身体の「機械」は運動の連鎖として繋がっているので、内的旅と外的旅の間に絶対的な境界線はないわけです。ポイントは、「結合された純粋強度 des intensités pures accouplées」と「強度量の消費 consommation de quantités intensives」ですね。「器官なき身体」の中の諸「強度」の全体を合わせた量があり、その分布が主体の身振りに伴って、変動する。大きく変動した時、それは「かがやき」として感じられる。ある場所に溜まっている強度を消費することで、主体の内に一連の「感動と感情」が生じる。この「消費」の中で錯乱（hallucinations）や幻覚（délires）も生じる。

（私はこう感じる）、私は神になる。私は女になる。私はジャンヌ・ダルクであった、そして私はヘリオガバルスである。また〈偉大なるモンゴル人〉、ひとりの〈中国人〉、ひとりのアメリカ・インディアン、ひとりの〈聖堂騎士〉である。私は私の父であったし、私の息子であった、と。そしてまたあ

――らゆる犯罪者たち、すべての犯罪者たちのリスト、誠実なものも、邪悪なものも。

ヘリオガバルス（二〇三―二二二）は、母方のシリアの大祭司の血を引くローマの皇帝で、太陽神エル・ガバルの崇拝をはじめ、処女であるべき巫女を妻にしたり、怪しげな男や女と関係を持ち、公共の場で性的な行為をさせるなど、歴代皇帝で最も悪名高い人物の一人です。アルトーが『ヘリオガバルスまたは戴冠せるアナーキスト』（一九三四）という伝記的なエッセイを書いています。神とかジャンヌ・ダルク（一四一二―三一）とかになったと感じることと、「消費」がどう関係しているのかと思ってしまいますが、恐らく、前回、第一章第三節で見た、ニーチェのブルクハルト宛の手紙に出てくるように、テクストを読んだり、聞いたりして知った歴史上や神話上の人物の経験（＝極度に高まった（集約された）強度）を生きる、ということでしょう。「歴史上の名前を器官なき身体の上のもろもろの強度地帯に一体化する」という言い方をしていましたね。その人物の役割を演じることが「旅」であり、器官なき身体上で強度の劇的な変化が起こる。

一六七〜一六八頁にかけてニーチェの話が出てきていますし、その少し前に、アルトーの「残酷劇」が、私たちの文化に対する闘争や、「人種」間の対立、メキシコの秘めた力や宗教にアルトーが惹き付けられて「旅」したことと関係付けられていますね。アルトーは一九三六年に、メキシコ北西部の先住民族タラウマラ族を訪問し、ペヨーテという薬物体験のイニシエーションを受けています。これについてのエッセイもあります。それに続いて、ランボー（一八五四―九一）の散文詩集『地獄の季節 Une saison en enfer』（一八七三）が、標準ヨーロッパ的アイデンティティから離脱しようとする「旅」と結び付いていることが示唆されていますね。「スカンジナビア人」とか「モンゴル人」「女性」になるといったことを、ランボーは「旅」の中で経験しようとしたわけです。ランボーは、この詩集を出版する前に愛人関係にあった詩人ポール・ヴェルレーヌ（一八四四―九六）――男性で妻帯者です――とブリュッセルやロンドンを旅行し、破局後、これを自費で刊行しています。その後、兵士、翻訳家、商人と職を転々とし、ヨーロッパから紅海、南アラブを経て、エチオピアまで「旅」しています。
一六九頁で、ニーチェたちが次々と同化していった人物の名前は決して「父の名（否）le nom du père」ではなかったことが強調されていますね。つまり、エディプス化されないということです。「旅」の中で経験される人物たちは、並列関係にある。先ほどの「登録の離接的総合」と話がかぶっているようですが、「登録の離接的総合」を、その際の「強度」の変化という面から見ると、「消費の連接的総合」になるのかもしれません。

現実性の乏しさ、現実の喪失、生との接触の欠如、自閉症や感情鈍麻については、あらゆることがいわれてきたし、分裂症者たち自身もまたあらゆることをいってきた――彼らは予期される病状の鋳型に自分を流し込む傾向があるのだ。暗黒の世界、膨張する砂漠。孤独な機械が浜辺で唸り、砂漠には原子力工場が建てられる。ところが、器官なき身体がまさにこうした砂漠であるのは、それがいわば分割不可能な不可分の距離であるからであり、分裂者はこの距離を飛び移り、現実的なものが生産されるいたるところ、生産されたところ、生産されるであろうところのどこにでも存在しようとする。確かに、現実はひとつの原理ではなくなったのである。この原理にしたがって、現実的なものの現実は、分割可能な抽象的量として措定されていたし、一方で現実的なものは、質的に規定された単位に、判明に区別された質的形態に配分されていた。ところがいまや、現実的なものとは、ひとつの生産物であり、もろもろの強度量の中にもろもろの距離を内包している。

分裂症者には決まった型がないというのがポイントですね。少し後で、「分裂者には、いかなる原理もないのだ」とも言っています。これまで見てきたように、ドゥルーズ＋ガタリにとって、「現実的なもの」は「機械」の運動の中で産出されるものなので、質的にも量的にも明確に決まっていません。「砂漠 désert」という言い方は、先ほど出てきた「遊牧的主体 sujet nomade」の「旅」に対応しているのでしょう。定住することなく、砂漠の中を渡り歩く「ノマド」的な在り方は、『千のプラトー』では、脱近代的な主体のモデルになります。ここで、「砂漠」と呼ばれているのは、普通の人から見ると、現実感覚が希薄で、無味乾燥に見える分裂症者の生、身体ということになるでしょう。「原子力工場 usine atomique」というのは、制御できないくらい強大で危険なエネルギーを生み出している「機械」ということでしょう。〈atomique〉という言葉には、原子（アトム）のように孤独であるという意味も込められているかもしれません。

ドゥルーズ＋ガタリは、「器官なき身体」は元来、「砂漠」だと考えているのでしょう。普通の人の場合、この身体の上で様々に機能分化した「機械」が作用しているので、ベースが「砂漠」であることが分かりにくくなっていると考えているようです。普通の人であれば、「砂漠」の中の距離を、今現在一定の空間に存在し、名前を親から与えられ、国家によって社会的地位を与えられた「私」以外の在り方は考えられないけれど、分裂症者の場合、そうした機能分化が緩み、「現実的なもの」が絶えず組み替わっているせいで、異なるもの、異なる強度分布の状態になるための「距離」を一挙に圧縮できる、とも言える。

ここから一七七頁にかけて、分裂症やパラノイアの人が抱く歴史的妄想という形での「連接的総合」が分析され、そこから一八二頁にかけて、そうした「連接的総合」を非正常なものと見なし、そうなってしまうのは「エディプス」を欠いているせいだと断定し、〝狂人〟を家族の枠に〝もう一度囲い込む〟ことを試みる精神分析のやり方が批判的に記述されています。一八〇頁を見ると、前回も出てきたように、フーコーの議論に即して、狂人と見なされた人を家族のもとに送り返そうとする精神医学の改革運動と、精神分析の繋がりが指摘されています。そこに名前が出ているフィリップ・ピネル（一七四五―一八二六）は、百科全書派やルソー（一七一二―七八）の影響を強く受けたフランスの精神医学者で、革命時代にビセートルやサルペトリエールなどの主要な病院に勤務して、パリ大学の病理学教授に就任します。閉鎖病棟からの患者の解放や、薬物によらない心理面を重視した療法を提唱し、患者の人権を重視する、人道的精神医学の創始者とされています。ウィリアム・テューク（一七三二―一八二二）は英国のクエーカー教徒の実業家で、ヨーク収容所と呼ばれる、患者が自由に散歩できる開放的な構造の精神病院を創設したことで知られています。二人とも、『狂気の歴史』で詳しく紹介されています。

一方で、一見反エディプス的に見える精神医学の潮流に対する批判も出てきます。一八一〜一八五頁にかけて何人かキーパーソンが紹介されていますね。ジャック・オシュマン（一九三四‐　）は、自閉症への精神分析の応用を試みた人です。この人は一八一〜一八二頁にかけて出てくるように、家族とそれ以外の区別しかなく、内ではメンバーが未分化の状態にある融合的家族（la famille fusionnelle）とか、家族自体の中にブロックとか徒党が存在する離散的家族（la famille scissionnelle）、それぞれのメンバーに異なった三角形があり、核となる三角形の所在が分からない管状家族（la famille tubulaire）、メンバーの一人が排除されている排除的家族（la famille forcluante）など、家族の諸形態を分類し、エディプスの機能を相対化していますが、その一方、「家族から病院制度へ、病院制度から家族制度へ。……治療を家族に戻せ」というスローガンを掲げています。

反精神医学

一方は制度的分析、他方は反精神医学といった進歩主義的あるいは革命的分野においてさえ、外延された家族主義の危険が存続している。それはまさに外延されたオイディプスの二重の袋小路に対応しており、家族そのものに病源を求める診断や、治療用の疑似家族の構成といったやり方にそれが現われるのだ。もはや家族的社会的な適応または同化の枠を作り直すことが問題ではなく、活動的集団の根源的な諸形態を設立することが問題であるとすれば、提起されるべき課題は、これらの基礎的集団が、どの程度まで人工的な家族に似ているのか、どの程度までオイディプス化に同意するのか、といったことを知ることである。

制度的分析や反精神医学でさえ、精神病や神経症の原因が家族にあるとしたり、治療のために疑似家族的な集団を作ったりするので、「エディプス」と無関係であるわけではなく、むしろいつのまにか「エディプス」の前提を補強していることになるかもしれない、ということです。一八四頁を見ると、南アフリカ出身の英国の精神科医で、ロナルド・D・レイン（一九二七－八九）と共に、反精神医学の旗手と目されていたデヴィッド・クーパー（一九三一－八六）のことが言及されていますね。彼らの反精神医学というのは具体的には、統合失調症の人を病院に隔離して、治療しようとするそれまでの発想を改めて、彼らを解放して、むしろ周辺社会の認識を変えさせるべく実践をした、ということです。彼らの発想はドゥルーズたちに近いように思えるけれど、一八四～一八五頁の長い引用を見ると、クーパーは社会的現実と子供を媒介するのは家族であり、家族のプロセスが人間を生み出す、という見方をしているようですね。だとすると、社会的プロセスを重視しても、結局は全て家族が原因ということになりかねないですね。

一八六～一八九頁にかけて、かなりごちゃごちゃしていますが、エディプスは最初からしっかりした三角形を構成していて、そこでしっかり自己形成された私が、父や母の延長にある諸人物との間に三角形を再現するということではなく、〝父〟的に見えるものや〝母〟的に見えるものは社会の中に分散して存在していて、それらと関係し、自らの身体に刻印しながら、各人が自分なりの〝三角形〟あるいは〝構造〟に相当するものを構成している、ということです。動乱の時代は、各人の自己形成に影響を与え、それによって母や父との関係の仕方を動揺させ、家族的コンプレックスを形成しにくくする。それを指摘した人としてフランツ・ファノン（一九二五－六一）の名前が挙げられていますね。ファノンはフランスの植民地だったカリブ海のマルティニークに白人と黒人の混血として生まれ、フランスで精神医学を学んだ後、フランスの植民地支配下にあったアルジェリアで精神科医として働きながら、独立運動にコミットします。ポストコロニアル・スタディーズの創始者の一人とされます。彼の『地に呪われた者たち』（一九六一）では、植民地戦争状況下にあって精神的に限界状況にある人たちのことが臨床経験に基づいて報告されています。

精神分析の第三の誤謬推理——「隔離的一対一対応的使用法 l'usage ségrégatif et bi-univoque」

ギリシア研究者たちは、あの敬うべきオイディプスの中においてさえ、すでに「政治的なもの」が問題であったということを思い起させているが、これは正しい見解である。ところが、ここからただちに、リビドーはこのオイディプスとは何の関係もないと結論することは、端的に誤りである。事態はまったく逆である。もともとオイディプスのばらばらの諸要素は、決して自律的な表現的心的構造を形成していないのであって、まさにこの意味において、リビドーはこうした諸要素を通じて、家族の外または家族の下にあるもろもろの切断を備給する。すなわち欲望的生産と関係する社会的生産のこれらの形態を備給するのである。だから分裂分析は、政治的社会的精神分析であり、闘争的な分析であることを自認している。分裂分析は、これまで有効だった滑稽な諸条件にしたがって、文化においてオイディプスを一般化しようとするからではない。逆に、この分析は、社会的歴史的生産の無意識的なリビドー備給の実在を明らかにしようとするからである。このような備給は、これと共存する意識的備給とは区別されるものである。

ややこしい言い方をしていますが、ポイントは分かりますね。エディプス的な諸要素は確かに存在するのだけれど、バラバラに分散していて、「自律的な表現的心的構造」を最初から構成しているわけではない。「政治的なもの」が、「家族」に関わる欲望の連鎖の中に様々な切断線を入れてくる。各人の「欲望的生産 la production désirante」に、必ずしも家族を介さない形で、無意識レベルで関わってくる「社会的生産 la production sociale」を分析することを、分裂分析は自らの課題としているわけです。一九六頁を見ると、「社会的生産」に関係する組織が列挙されていますね。人種、階級、大陸、民衆、王国、主権……。ジャンヌ・ダルクとか偉大なモンゴル人、ルター（一四八三―一五四六）などが出てくるのは、組織の運用とか管理、規則ではなく、その象徴的あるいは想像的な作用が問題だからでしょう。

一九七頁では、「社会的生産」の影響が大きいと思われることでも、エディプス三角形に起因するものと強引に解釈できなくないことが指摘されていますね。

ヒットラーは、自分の中の父を亡きものとし、〈悪しき母〉の力を荒れ狂わせる。ルターは父を内面化し、超自我との妥協を確立する。もう一方には群衆が登場する。この群衆もまた、第二の秩序に属する集団的な父母のイメージを介して、これまたオイディプス式に規定される。だからルターと十六世紀のキリスト教徒、あるいはヒットラーとドイツ国民といった出会いが生まれるが、この対応関係は必ずしも同一性をともなうものではない(ヒットラーは、「同性愛的融合」によって、女性的な群衆に対して、父の役割を演じ、ルターは、キリスト教徒の神に対して女性の役割を演じる)。精神分析の一面的な解釈に対して歴史家が怒るのは当然であるが、もちろんこの怒りに対して身を守るために自分の立場を規定して、精神分析は、ある次元の原因を扱うだけで、「他の」諸原因も考慮しなければならないが、しかし精神分析自身がそんなことをすべて引き受けることはできないというのだ。もっとも私たちに予兆を知らせるほどには、精神分析は他の諸原因も考慮に入れるのである。じじつ精神分析は一時代の諸制度(十六世紀のローマ教会について、二十世紀の資本主義について)も考察するのである。

社会心理学が入った思想史の本をよく読んでいる人であれば、こういう感じのヒトラー論とかルター論をよく目にしているのではないかと思います。ラディカルなことをやってのけた人間をその家庭環境から理解しようとすると、エディプス的な説明になってしまいがちですね。エディプスに持ち込むと、分かりやすいから。しかしそうすると、歴史的事実と抵触してしまう。では、精神分析理論に基づいて社会心理学的な分析をやっている人はエディプス家族以外の原因を考慮に入れていないかというと、実は考慮に入れているし、入れざるを得ない、というわけですね。

一九九～二〇三頁にかけて、社会的・政治的なものを全てエディプス三角形に還元してしまう発想は、無意識における「連接的総合」の「隔離的使用法 un usage ségrégatif」に由来しているということが指摘されていますね。つまり、「AとBとCと……」という形で形成される各人のアイデンティティを限定し、それ以外のものは本質的に関係ないと見做すことです。エディプス三角形を中心とする「隔離的使用」は、血統とか氏族という見方と繋がっているので、支配集団／隷属集団の関係を固定化し、愛国心などの忠誠心を培ううえで有利です。分裂分析はそうした政治・社会的な要因を露わにしていこうとするわけです。そこで、エディプスを構成する「隔離的一対一対応的使用法 l'usage ségrégatif et bi-univoque」に対抗して、「遊牧的多義的使用法 l'usage nomadique et polyvoque」を実践します。一対一対応というのは、AとかBに一つの意味だけ割り振る、例えば、ヒトラー（一八八九－一九四五）のユダヤ人に対する異様な拘りを、父殺しの衝動と解する、というようなことでしょう。そういう一義的な性格を決まった数だけ集めると、エディプス的人格が構成される。それに対して、AやBに家族関係的なものだけでなく、社会・政治的な意義も認め、かつ、構成要因となるものを絶えず組み替え、アイデンティティを変容させるのが「多義的」かつ「遊牧的」な使用法です。

――錯乱はいわば人種主義的と、ただ人種的という二つの極をもっている。隔離的－パラノイア的極と、遊牧的－分裂症的極である。そして両極の間には、不確かで微妙な移行が数多く起きる。

「隔離的」が「パラノイア」に結び付いて、「遊牧的」が「分裂症」と結び付くというのはこれまでの流れから分かりますね。興味深いのは、前者を「人種主義的 raciste」、後者を「人種的 racial」と特徴付けしている点ですね。後者の場合、モンゴル人とかスカンジナビア人などと同一化することもありますが、そこに固執することはない。前者の場合、自分の出自が決まると、それ以外の可能性を排除し、自己の人種を優先することになりがちだということでしょう。分裂症の方が、人種にイデオロギー的に固執することになりにくい、と考えているようですね。

「主体」の回復ではなく……

「第二章第六節　三つの総合の要約」を読む

次の第六節のタイトルは「三つの総合の要約」で、文字通り、これまでの「生産の接続的総合」「登録の離接的総合」「消費の連接的総合」のまとめ的な内容です。

最初に「神の死」をめぐるニーチェの言説と、エディプスを絡めた話をしていますね。どうして「神の死」かというと、［神＝父］と考えられるからです。フロイトは、『トーテムとタブー』（一九一三）で、原初において「父殺し」を行って父から全てを奪った息子たちは、憧れの対象でもあった父を殺してしまったことに対する良心の呵責を覚え、それを鎮めるため、父の象徴としてのトーテムを建立し、それに伴って「父」を内面化するようになった、それが宗教の原点になった、という議論を展開しています。ニーチェは、その象徴化された父としての「神」も既に死んでいると宣言したことになります。『悦ばしき知識』（一八八二）では、「神の死」を宣言した「狂人 der tolle Mensch」は、その後に「そのことはまだ人びとの耳に届いていない」、と述べています。この時間差は、精神分析にとって、あるいはそれを克服しようとする分裂分析にとってどのような意味があるのか？

> 彼は、神の死が無意識の中にまで達するには長い時間がかかる、といいたいのではない。彼がいいたいのは、無意識にとって神の死はどんな重要性も持たないという知らせこそが、意識に到達するのに時間を要するということなのである。この知らせのもたらす収穫は、神の死がもたらす結果そのものではなくて、神の死そのものが何らの結果ももたらさないという別の知らせである。別の言い方をすれば、神も父も、決して存在したことなどないのである（……）。

今まで見てきた議論を踏まえると、そんなに難しくないですね。「無意識」それ自体は、父と私の関係のようなものを認識することなどない。「無意識」は「孤児」だということでしたね。「無意識」は、様々な「欲望機械」の連鎖を通して産出されるものであって、狭義の家族の影響だけでなく、身体に到来する社会的・政治的ないろんな要素が関わってくる。では、「無意識」にとって「父」や「神」をめぐる問題が最初から存在しないとすると、どうしてエディプスが問題になるのかというと、それは三つの「総合」をそれぞれ、「包括的特殊的＝超越的」「排他的」「隔離的一対一対応的」に「使用」するからです。超越的な視点から、「エディプス」的な過程を再構成しようとするから、ダブル・バインド状況にあるエディプス的な主体しか見えてこない。分裂分析は、そうした問題設定を見直し、「機械」の連鎖を構成する「質料＝物質 matériel」的なものをきちんと観察する。

「欲望」は「欠如 le manque」「法 la loi」「シニフィアン」を知らない

二一三頁に「欲望」に関する三つの観念論的な誤りとして、「欠如 le manque」「法 la loi」「シニフィアン」の三つが挙げられています。「欠如」と「法」については既に何度も出てきましたね。「ファルス」や「父の名」と結び付いています。ラカンの場合、専制的シニフィアンである「ファルス」を核とする「シニフィアン」相互の結び付きによって、「意味」が生じます。ドゥルーズ＋ガタリに言わせると、

欲望の記号は決してシニフィアンではない。欲望の記号は無数の生産的な流れ－切断の中にあり、流れ－切断は、去勢という統一的な特性において記号化されるのではない。それは、常に多次元をもつ点－記号であり、点の記号学の基礎としての多義性にほかならない。

ドゥルーズ＋ガタリは、「シニフィアン」が、（「去勢」という性格を全体的に付与された）既定の連鎖の中でしか意味作用しないのに対し、「欲望の記号 le signe dedésir」は本来、何にどのように結び付くか決まっておらず、多元的に拡がっていくと考えているようです。もう少し砕いた言い方をすると、欲望は父のファルスとか、母の乳房のような、決まった意味を担っているものにお決まりの関わり方をするというのではなく、身の回りのおもちゃとか家具とか、家によく出入りする人や動物とか、いろんなものに関わ

りを持つ、その都度成立する「機械」の運動によって、関わり方が異なってくる、ということです。だから、そうした多元的に分岐していく欲望と結び付いた記号は、ソシュール言語学で言うところの「ラング（言語体系）」のようなものに収れんしていかない。

二一五頁で、ルソーの「悪意と策略」について述べられていますね。「侵犯 transgression」「罪責 culpabilité」「去勢 castration」がキーワードになるようですね。これは、『人間不平等起源論』（一七五五）や『言語起源論』（一七八一）での、ルソーの「自然人」像のことを言っているのでしょう。自然状態にある自然人は、自他を明確に分ける反省的自己意識がなく、固定化された言語記号によらず、身振りや感情の叫びで心と心を直接に通い合わせていた。当然、所有欲や支配欲を持たない。しかし、自己意識が芽生え、言語を使うようになると、自分には何か不足しているものがある、と気づき、それを獲得しようともがくようになる。もはや自然と無邪気に交わることはできなくなった。善悪を知る木の実を食べて、自分が裸であることに羞恥心を覚えたアダムとエバのように。

そうしたルソーの「自然人」観の影響を受け、「自然人」的な無垢を回復しようとする思想家・革命家たちは、一見すると、「父の法」の支配を打破しようとしているように見えるけれど、よく考えてみると、ありのままの近代人・文明人には何かが「欠けている」ので、それを到達すべき理想として回復しようとしているのではないか？「自然人」が、「父」になっているのではないか？つまり、どっちに転んでも、「父の法」に支配されることになる。まさにダブル・バインドですね。そういう近代的思考の罠をルソーは作り出してしまった。デリダの『グラマトロジーについて』では、こうした視点からのルソーの批判的読解が試みられています。拙著『今こそルソーを読み直す』（ＮＨＫ出版）で、この辺のことを簡単に解説していますので、関心があればご覧下さい。

ドゥルーズ＋ガタリは、精神分析はそうしたルソーの罠に加担しているとしたうえで、「主体」を回復することを目指すのではなく、無意識の総合作用、欲望機械の生産とそれに対する経済的社会的備給を内在的に分析することこそが、革命的な実践に通じると示唆しているわけです。

■質疑応答

Q　前回、各人の肉体の一番基本的な層としての「器官なき身体」についてご説明がありましたが、歴史上の人物を「器官なき身体」で生きるとかいうことになると、肉体の次元を超えた話になっているようで混乱します。今日読んだ所のもっと先では、社会の在り方について「器官なき身体」と言っているような所があって、もっと混乱します。

A　まずは、人間の個別の身体を起点に考えるべきでしょう。前回お話ししたように、様々な器官へと有機＝組織的に分化する以前の状態が「器官なき身体 corps sans organes」です。もっとも生物学的に厳密に考えれば、細胞分裂する前の受精卵でさえ、分化していく傾向を帯びているわけですから、「器官なき身体」は通常の意味では実在しません。実在するものではなく、私たちの身体が志向しているヴァーチャルな状態です。様々な機械的運動によるストレスがない状態、母親の胎内の母子一体の状態、主体／客体の分離がない状態……という感じで理解すればいいでしょう。その緊張ゼロのヴァーチャルな状態を起点として見た場合、生きていくうちに、いろんな「機械」に接触して、その「機械」の運動が「身体」に蓄積していく。柔らかくなった体にいろんなストレスや凝り、捻じれなどが溜まっていくイメージで考えるといいでしょう。そうした凝りとか捻れとして、他の人間の生を生きるということも入ってくるわけです。私たちは日常的に、自覚しないまま他者の動作や言葉に影響を受け、それをいつのまにか模倣したり、記憶したりしていて、それを別の場面でまた無自覚的に再現したりしています。

そうした「器官なき身体」が、民族とか社会のような人間の集合体（corps）にもあると考えるわけです。それは、その民族や社会にとっての原初の状態、大きな変動がなく、神話的な円環を繰り返しているように見える状態です。無論、それはヴァーチャルな幻想としてしか存在しませんが。そういう身体の零度の状態の幻想を、その集合体のメンバーが共有し、それを各人〝固有〟の「器官なき身体」と重ね合わせていると考えると、それなりに理解できると思います。

Q2　『アンチ・オイディプス』では、いろんな精神医学者が参照されています。マルクス主義に近いライヒやマルクーゼ（一八九八－一九七九）は肯定的に捉えられている。反精神医学のクーパーやロナルド・D・レインに対しても比較的肯定的。ヤスパースについても半分肯定的。しかし精神分析の創始者であるフロイトに関しては相当否定的です。それはいいのですが、そうした個々の理論家の用語の使い方がすごく恣意的だと感じます。精神医学的、精神分析の学術用語の使い方として妥当ではない箇所が多い。「器官なき身体」とクラインの「部分対象」が関連付けられて論じています。しかし、クラインの言っている「部分対象」は、基本的に母親のことで、対象としての母親の分裂が問題になっている。ドゥルーズたちの言っている個々の「機械」にとっての欲望の対象というようなことではない。そういう概念のズレが絶えず出てくるのが理解し難い。

A2　ドゥルーズ＋ガタリは「部分対象」をめぐるクラインの理論自体を参照しているのではなく、主体の欲望が、ある特定の人物全体ではなく、その身体のパーツとか特定の表情、仕草に向けられることに注目していて、それを「部分対象」と呼んでいるわけです。恐らく、クラインの「部分対象」論を別の角度から掘り下げて考察したら、自分たちの言っている「部分対象」論に行き着くと考えているのでしょう。

Q2　私は精神分析をそれほど肯定的に評価しているわけではないですが、精神分析は、心的構造のモデルや基本的用語を共有しているので、違った流派の間でも議論が可能です。そうしたモデル構築の段階が必要なわけです。学問は常にそうです。ドゥルーズ＋ガタリのような言葉の使い方をすると、それが成り立たなくなってしまう。単なるジャーゴンになってしまう。別にクラインの名前を出す必要はないですよね。

A2　ドゥルーズ＋ガタリは精神医学的な用語を使っているけれど、精神医学の土俵に乗って、医学的という意味で学術的な議論をしようとしているわけではないと思います。

Q2　しかし、何故これほどエディプス・コンプレックスにこだわっているのかが不思議です。こだわる理由が分からない。精神医学においては、エディプス・コンプレックスについて肯定的な考え方は多くないと思います。

A2　だから精神医学界の評価はあまり気にしていな

いんですよ。それに精神分析の土俵に完全に乗っかっているわけでもありません。精神分析が、近代の「家族主義」と強く結び付き、強化していることが問題だと主張しているわけです。精神分析を学術的に論破して、新しい学派を打ち立てるというような意図でやっているわけではないと思います。

Q2　ではこの本は学術書なんですか？　読者の対象は？

A2　少なくとも精神医学の学術書ではないです。無理やり学問分野を特定すれば、社会哲学でしょう。

Q2　でも、精神医学や精神分析のかなり専門的な用語を使っています。どうしてわざわざ、学術用語っぽいものを持ってくるのか。先生が前回の冒頭でおっしゃった、生物を含めて様々なものが、それぞれ相対的に自律して運動し、相互に影響し合い、新たなユニットを生み出す「機械」によって構成されている、ということに関しては、結構一般的な考え方だと思います。生物や人間の精神がそういう運動によって合成されたものである、という見方をわざわざ否定する自然科学者はそんなにいないと思います。なのに、何故非常に難解な文章にするんでしょうか。

A2　「機械」に焦点を絞って話をすると、それなりに説得力があるように聞こえるかもしれませんが、精神や身体、欲望、主体などの話になると、どうしても一つのまとまった実体のようにイメージしてしまいがちです。イメージするだけでなく、そういう前提で理論を構築する。精神や意識を実体視しないと、理論を組み立てにくい。その常識に揺さぶりをかけようとしているわけです。その意味では精神医学や精神分析に対する批判になっていますが、メタレベル、あるいはメタ・メタレベルくらいの批判です。

Q2　だったら、ヤスパースや、その源流にあるディルタイ（一八三三－一九一一）の解釈学的心理学を起点に議論を展開していけばいい。

A2　ディルタイやヤスパースも精神を実体的に捉えていますよ。自然科学的な方法論を批判しているのではなくて、実体論的な見方を問題にしているんだから、ヤスパースに依拠するわけにもいかないでしょう。更に言えば、精神分析は、精神医学の枠を超えて、社会科学や文芸批評、哲学など、知的言説に影響を与え、前提として取り入れられている。精神分析と共に流布し、定着している「家族中心主義―性愛中心主義―自我中心主義」を問題にしているわけです。

Q2　想定読者がいるわけですね。当時のフランスの流行の最先端の知識人ですか。

A2　自ら言論活動している、狭い意味での「知識人」だけでなく、その影響を受けている、日本語で「インテリ」と呼ばれる人全般が想定読者でしょうね。ドゥルーズたちは精神分析的な言説が、フランスの知的風土の中でかなり大きな役割を果たしていると見て、精神分析に照準を当てているわけですが、第三章になると、文化人類学的な議論に焦点が移ります。精神分析と文化人類学は、「構造主義」という形で繋がっています。ラカン―レヴィ＝ストロースのラインが問題になっているわけですね。一九五〇年代から六〇年代にかけて、構造主義はフランスにおける知のメインストリームになっていました。無論、単に構造主義が流行っていたから批判したのではなく、それが近代合理主義―自我中心主義哲学のある特徴を代表している、と見ていたからでしょう。彼らから見て一番影響力のあるところ、一見新しいように見えて、近代的知の権化であるようなものをターゲットにしているわけです。

精神分析や構造主義が影響を持っているのは、西欧的な知の伝統に根ざしたそれなりの理由があるからです。どういう風に根ざしているか言説批判的に明らかにし、ヘゲモニーを解体することに主眼があるわけです。彼らは「分裂分析」を〝提唱〟していますが、「精神分析」と対置されるような体系性を志向しているわけでも、問題解決のための単一の方法を呈示しているわけでもありません。むしろ、そういう画一的なものを回避するためのメタ方法的、方法批判と見た方がいいでしょう。

［講義］第三回　エディプス・コンプレックスの起源
——第二章第七節～第三章第三節

前回の復習

前回は第二章第六節まで読みました。「エディプス三角形」には実は根拠がない、ということが繰り返し強調されていましたね。フロイトの理論形成過程においても、かなりの逡巡があった。ですが、エディプス三角形は実証性がないという話で済むのであれば、この本を書く必要もありませんし、精神分析が自然消滅するのに任せておけばいいとも思えますが、どうもそうはいかない事情があると彼らは考えているようです。それは、エディプス三角形が、核家族における人格形成を重視する、近代の家族主義のイデオロギーに対応しているように見えるからです。

近代においては人間形成の場が核家族であるということは、それほど疑われていません。マルクス主義もある意味、ブルジョワ的な家族主義を補完しています。エンゲルスの『家族・私有財産・国家の起源』（一八八四）では、資本主義的な生産（production）と、家族における生殖＝（労働の）再生産（reproduction）が不可分の関係にあるものとして描き出されています。原始時代の乱婚制から始まり、生産形態が進むにつれ、血族婚↓（姉妹もしくは兄弟が、夫あるいは妻を共有する）プナルア婚↓（妻あるいは夫の集団の中から自分が当面一緒に生活する相手を選ぶ）対偶婚↓一夫一婦制という流れで、家族の形態が進化する。資本主義段階になると、父親を労働者として工場に送り出し、そこから得た収入で一家が生活し、次の時代の労働者が養われサイクルが完成する。エンゲルスは当然、資本主義の解体を目指す立場ですが、核家族は否定しません。人間が育つ場として、核家族が最適だというのがいつのまにか近代の常識になっている。

エディプス三角形が虚構ではないかと疑う人も、人間がどのように基本的アイデンティティを形成するか考えると、どうしても［父―母―私］の三角形に近いものを想定してしまう。母親に対する愛着と、その関係を引き裂いて主体になるよう命じる父、という図式は、フロイトと関係なく当たり前な話のように感じてしまいますね。フロイトの影響でそういう発想になるのか、人間の本性に合っている発想なのか、よく分からないですね。ドゥルーズ＋ガタリは、家族の三角形が人間本性に根ざしているという発想を否定しているけれど、単純にフロイトの個人的な思いつきに多くの人が洗脳されているだけだとも考えない。エディプス三角形が、唯一のリアリティのように見えてしまう理由はあるわけです。精神分析的言説の批判的分析を通して、そこを明らかにしようとしているわけです。

歪曲されたエディプス欲望――「第二章第七節　抑制と抑圧」を読む

では「第七節　抑制と抑圧」に入りましょう。

私たちは、オイディプス三角形の形態、その再生産、その（形式上の）原因、その方式、その条件を分析しようとした。しかし、私たちは、この三角形化を決定している現実的な力、現実的な原因の分析を後まわしにしてきた。これに対する答えの全般的方向は単純なもので、すでにライヒはこれを示していたのである。それは社会的抑制であり、社会的抑制の諸力なのである。

これまでは「エディプス三角形」がどういう構造を持ち、どのように再生産するか形式的な面から分析してきたけれど、ここから、それが現実にどういう「力」を各人に及ぼしているのか、どういう身体的・

社会的影響を与えているか論じようというわけです。ライヒはこれまでも何回か名前が出てきましたね。マルクーゼと同じく、ドイツ語圏からアメリカに移住して、六〇年代後半の新左翼運動に影響を与えたフロイト左派的な立場の論客です。ただ、フランクフルト学派のマルクーゼが哲学者・社会学者だったのに対し、ライヒはフロイトの教えを直接受けたことのあるプロの精神科医・精神分析者です。「社会的抑制」がキーワードですが、前回お話ししたように、ドゥルーズ＋ガタリは、「抑制 répression」と「抑圧 refoulement」を使い分けています。「抑圧」の方が、無意識へと抑圧されているとか言う時の「抑圧」で、フロイト用語の〈Verdrängung〉に相当します。「抑制」の方が、日本語の日常語として抑圧と言っているもの、社会的に特定の集団やタイプにプレッシャーをかけることを指しているようです。

先ほどの箇所からすると、性が社会的に抑制されていることを問題にするライヒの理論でオーケーと言っているように見えますが、どうもそう簡単な話ではないようです。

> しかしこの答えは二つの問題を残したままで、しかもこれらをより切迫したものにする。まず抑制と抑圧の固有の関係があり、もう一方に、抑制－抑圧のシステムにおけるオイディプスの特殊な状況がある。この二つの問題は明らかに結びついている。なぜなら、もし抑圧の対象が近親相姦の欲望であるならば、このことによって抑圧は交換および社会全体を構成する条件となり、抑制に対して独立性と優位を獲得することになるからである。抑制の方は、既成社会において抑圧されたものが回帰することにしか関係しないであろう。

細かい話なのでピンと来にくいですが、前者は社会的「抑制」と無意識の「抑圧」が相互にどういう関係にあるのか、という一般的な問いです。厳密に考えると、そもそも両者の間に関係はあるのか、どのような関係なのかを論じる必要がありますね。後者は、「抑制―抑圧」の相関関係のシステムがあるという前提の下で、「エディプス」がどのような位置を占めるか、という問題です。論理的に考えると、「抑圧」の対象は必ずしも、「近親相姦の欲望 des désirs incestueux」とは限りません。例えば、他者を支配したい

欲求とか名誉欲、金銭欲、暴力衝動、もてたい願望とか、いろいろ考えられます。名誉欲のようなものであれば、「抑制」と「抑圧」の関係は密になり、前者が後者を支配することになりそうですが、「近親相姦の欲望」が「抑圧」されていると、当然、家族内の関係が中心になり、「社会的抑制」は、それを、擬似家族的な人間関係において再現するだけ、ということになるでしょう。

したがって、私たちはまず第二の問題を考察しなければならない。抑圧は、無意識の十全な表現としてのオイディプス・コンプレックスに対して働くのか。フロイトにしたがって、オイディプス・コンプレックスは、その二つの極のそれぞれに応じて、抑圧されるか（抑圧されても、後にもろもろの禁止に遭遇することになる痕跡や回帰がなくなるわけではない）、そうでなければ消去されるか（消去されても、子供たちに移行して、同じ歴史が再び始まることがなくなるわけではない）どちらかであるといわなければならないのか。オイディプスがじっさいに欲望を表現しているのかどうか、ひとは問う。オイディプスが欲望されるとすれば、まさにオイディプスに対して抑圧が働いているからである。ところが、フロイトのこの議論は、私たちを考え込ませる。

この二つの極というのは、注にも出ている「エディプス・コンプレックスの消滅 Der Untergang des Ödipuskomplexes」（一九二四）という論文でフロイトが、エディプス・コンプレックスの単なる「抑圧 Verdrängung」ではなくて、「破壊 Zerstörung」あるいは「止揚 Aufhebung」――高い次元において矛盾が解消されることを意味する、ヘーゲル用語です――とも言うべきプロセスがあると示唆していることに対応しています。フロイトの精神分析をある程度知っている人のイメージとしては、エディプス・コンプレックスは幼児期初期、ファルス期に現れたあと、抑圧されて潜伏し、正常な状態の人であろうと神経症や精神病になる人であろうと、その後もずっと無意識に残り続けるという風に理解していることが多いと思うのですが、この論文ではフロイト自身が、正常な発達プロセスにおいては、エディプス・コンプレックスが消失する可能性があることを示唆しているわけです。

「オイディプスが欲望されるとすれば、まさにオイディプスに対して抑圧が働いているからである」というのは、これまで何度か出てきたように、オイディプス的な欲望が私たちにあると言えるのはどうしてか、という問いに対して、だって、それは社会的に禁止——社会的抑制——されているし、そういう欲望は抑圧されているからだろ、という論法の話です。この場合は、「社会的抑制」よりも、「抑圧」の方に重点があるわけですが、実証性の度合がより下がりますね。近親相姦を禁止する制度・慣習は少なくとも、それに対応する欲望が本当にあるかどうかは別にして、存在を確認できますが、その欲望自体が無意識の中に抑圧されていると言われても、何をもってその抑圧の証拠とするのか難しいですね。

ジェイムズ・フレイザー

法、欲望→禁止か、禁止↔欲望か

この点を考えるヒントとして、文化人類学者ジェイムズ・フレイザー（一八五四－一九四一）の議論が参照されています。フレイザーは、原始宗教や儀礼、神話等を比較研究した『金枝篇』（一八九〇－一九三六）で有名な人です。タブーやトーテムについても論文を書いており、フロイトは論文『トーテムとタブー』で、フレイザーの仕事を何度も参照しています。主要なソースと言っていいでしょう。前回見たように、『トーテムとタブー』では、原初における父殺しがトーテムのタブーの起源だという論が展開されています。原初の世界に、その圧倒的な力によって、全ての女性を独占する父がいたが、それをねたんだ息子たちが共謀して父を殺した。殺した後、自分たちが実は父のようになりたい、父と同化したいという欲望を持っていたことに気付いた。加えて、父がいなくなったことで女性をめぐる果てしない兄弟同士の抗争が起こった。その二重の後悔のために、トーテムのシステムを作り出した。この論文の中でフロイトは近親相姦タブーをめぐる『金枝篇』の記述を引用しています。二一九頁の最初の数行の「　」に入っている部分は、フレイザーからの引用です。フロイト自身もほぼ同じ見解のようです。

「法が禁止するのは、何らかの本能にうながされて人間がするかもしれないことだけである。だから、私たちは、近親相姦が法によって禁止されているということから、私たちを近親相姦にかりたてる自然的本能が存在すると結論しなければならない」。別の言葉でいえば、こういうことだ。それが禁止されているのは、それが欲望されているからである（ひとが欲望しないものを禁止する必要はないだろう……）。もう一度繰り返すが、私たちをとまどわせるのは、法に対するこの信頼、法の策略や手口に対する無知なのである。

これまで繰り返し出てきた議論ですね。法で禁止されているのは、人間がそれを欲しがるので法は禁止せざるを得ないのだ、と子供には教えるわけですが、よく考えてみるとその逆かもしれない。禁止されているという事実から逆算させる形で、私たちはそれを欲していたのだ、と思わされている気もする。エロティシズムをめぐる議論で、何かをわざとらしく隠すことによって、あたかもその隠されているものが、欲望の対象であるかのごとく見せる、というのがあります。隠されると、そこに見たいものがあると思うように誘導される。人間は性器を隠しますが、動物は隠しません。もし人間がずっと裸でいたら、ずっと発情しているのか、発情する機会が減って、他の動物のように規則的になるのか。最近、私がドラマトゥルク――監督・脚本家に対する理論的アドバイザーだと思って下さい――として制作に関わっている演劇で、役者、特に女性が裸体になることをめぐって、そういう議論がありました。人間が「性的なもの」を見て興奮するという場合、そもそも何が「性的」なのか？　胸とか性器とかは相場のようになっていますが、ずっと裸で暮らしている人たちであれば、服を着ている人とは感じ方が違うでしょうし、胸や性器以外の部位については、文化によってどこを隠すか違いますね。古代のローマやカルタゴの世界のチュニックは、肩や腕はむき出しだったけど、足先はしっかり隠していました。フロベール（一八二一－八〇）はカルタゴを舞台にした歴史小説『サランボー』（一八六二）で、そうした隠されている場所が近代とは違うことを意識して、足先へのエロティックなまなざしが浮かび上がるような描写をしています。

人間の本当の自然本能がどういうものか本当のところは分かりませんが、少なくとも、文明社会に生きている人間の大多数については、隠したり、禁じたりするといった操作で、「欲望」が構築されているのは確かでしょう。二一九頁でこの問題をめぐるフロイトとユングのやり取りについて述べられています。

フロイトには、ユングの単純な冗談が我慢できなかった。ユングはこういったのだ。未開人でさえ、自分の母や祖母よりも、若くて美しい女を好むのだから、オイディプスがほんとうに現実的存在であるはずがない、と。もしユングがすべてを裏切ったとしても、しかしそれはこの冗談のせいではない。これは単に、美しい娘が母の役割を演じるのと同じく、母が美しい娘の役割を演じるということを示唆しているだけのことだ。根本的なことは、未開人にとっても子供にとっても、自分の欲望機械を形成し、作動させることであり、みずからの流れを循環させ、また流れを切断することである。

「ユングがすべてを裏切ったとしても Si Jung a tout trahi」というのがよく分からないですね。これは訳の問題ではないかと思います。〈trahir〉というフランス語の動詞には、「裏切る」のほか「暴露する」という意味もあります。この場合は、どちらかというと、「暴露する」の方でしょう。つまり、理論的建前ではなくて、精神分析家でも生身の人間として感じている本音を暴露したという意味でしょう。そのユングの言い分が本当に男性の本音だとすると、近親相姦の欲望があるということになるでしょう。それはこのエピソードのごく常識的な解釈ですが、ドゥルーズ+ガタリはポイントがそこではなく、「美しい娘」と「母」が役割を交換し得るということだ、と言っているわけですね。これもどういうことかピンと来にくいですが、ごく素朴に解釈すれば、頻度を度外視すれば、「美しい娘」が「母」のように見えて欲情するということもあれば、「母」が「美しい娘」に見えて欲情することもある、という話でしょう。若くて美しい娘がいいのは当たり前ではないか、と思う人は多いでしょうが、そうでない人もいますし、性行為による子孫繁栄だけが男性が女性に欲情する唯一の原因であるとすれば、若くて美しい娘が一番いい、ということにはならないでしょう。「母」であれ、「若い娘」であれ、自然と欲望の対象になるわけではなく、その人の「欲望機械」の対象として設定されないといけない。ドゥルーズ＋ガタリは、「欲望機械」が最初から決まった形をしているわけではなく、形成され、具体的な状況において、作動される必要があることを指摘しているわけです。

精神分析の第四の誤謬推理——〈déplacement〉、「位置ズラし」

法は私たちにこういう。おまえの母と結婚するな。おまえの父を殺すな。そこで私たち、従順な家来は、こういうのだ。だからこれこそが、私が欲していたことなのだ。私たちに次のような疑問が生ずる日はくるのであろうか。すなわち、法が有罪とみなしているひと、法が有罪にしようとしているひと、当人自身が有罪と感ずることを法が望んでいる人、法はこういうひとを辱かしめていないか、あるいはこういうひとを辱かしめ、その正体を歪めることで利益をえていないか。あたかも、抑圧から抑圧されるものの本性を、また同様に、禁止から禁止されるものの本性を直接に結論しうるかのようにひとは振る舞っているのだ。

言い回しはややこしいですが、ポイントは分かりますね。「法」は「抑圧」や「禁止」を設定することで、その対象を欲している誰かの正体を歪めているかもしれない、罪がある人にしてしまっているかもしれない、というわけです。お前は抑圧を受けている、それはお前が欲望してはいけないものを欲望しているからだ、と相手に押し付ける。このように「禁止されている」という事実から「禁止されているもの」の本性を推理してしまう誤謬を、ドゥルーズ＋ガタリは、これまで出てきた「接続的総合」「離接的総合」「連接的総合」をめぐる三つの誤謬推理に続く第四の誤謬推理であり、「置換 déplacement」をめぐる誤謬だとしていますね。この三つの総合をそれぞれ一義的なものと見なし、エディプス三角形が全ての核にあるかのように見てしまうのが、これまで問題になってきた誤謬ですね。〈déplacement〉は現代思想用語としては、「位置ズラし」と訳されることが多いです。

> なぜなら法は、欲望あるいはもろもろの「本能」の次元において、完全に虚構的な何かを禁止し、その結果、法の臣下たちがこの虚構に対応する意図をもっていたと彼ら自身に思いこませる、ということが起きるからである。こうした置換は、法が意図に食い込み、無意識を有罪にする唯一の仕方でさえある。要するに私たちは、形式的な禁止から現実に禁止されているものを結論することを可能にするような二項の体系に直面しているのではない。私たちは三項の体系の中にあるのであって、このような結論はまったく不正となる。私たちは次の三項を区別しなければならないのだ。まず、抑圧を操作する抑圧的な表象。次に、抑圧が現実に及んでくる抑圧される表象者。第三に、置換される表象内容であり、これは抑圧されるものについて、偽装された見かけのイメージを与えるものであり、欲望はこのイメージに捉えられるとみなされる。これこそオイディプス、偽装されたイメージである。

「法」は無意識に罪があるという宣告を下すわけですね。「二項の体系 un système à deux termes」ではなくて、「三項の体系 un système à trois termes」であるというのが、ここでの議論のポイントです。「二項」の方は、「形式的な禁止 l'interdiction formelle」と「現実的に禁止されているもの ce qui est réellement interdit」だけの関係です。三項の場合は、「抑圧を操作する抑圧的表象 la représentation refoulante, qui opère le refoulement」―「抑圧が現実に及んでくる抑圧された表象者 le représentant refoulé, sur lequel le refoulement porte réellement」―「置換される表象内容 le représenté déplacé」の三者関係になります。この三項がいずれも抽象的で分かりにくいですね。「操作する」とか、「〜者」といった字面から、具体的な人間同士の関係のように聞こえますが、そうではありません。基本は、ソシュールの「意味するもの／意味されるもの」関係に対応する「表象するもの／表象されるもの」関係ですが、そこに「抑圧」と「置換（位置ズラし）」が絡んできて複雑になり、「表象作用」それ自体を視野に入れないといけなくなったわけです。

で、何に関する「表象」かというと、「エディプス」をめぐる「表象」です。ごく単純に考えれば、「エディプス」の名の下に「抑圧（↓禁止）されているもの」として「表象されているもの」、表象内容、つ

三項の体系

◆「抑圧を操作する抑圧的表象 la représentation refoulante, qui opère le refoulement」
◆「抑圧が現実に及んでくる抑圧された表象者 le représentant refoulé, sur lequel le refoulement porte réellement」
◆「置換される表象内容 le représenté déplacé」

まり、抑圧されている無意識の欲望と、「抑圧されているもの」を「表象しているもの」、つまり、その抑圧されている無意識の欲望の存在を示す身体的兆候とか身振りとか、芸術とかサブカルチャーの作品、更には私たちの周囲の各種オブジェの間の関係、ということになるでしょう。「熊」という概念を、〈クマ〉という音とか、熊の絵で表象するというような時は、表象作用それ自体は中立、つまり「表象するもの」と「表象されるもの」を結び付けるだけ、と考えてもよさそうですが、この場合、ドゥルーズ+ガタリが一貫して主張しているように、〝その本来の欲望が無意識へと抑圧されているオイディプス〟という表象自体が、抑圧に寄与しています。元々、そういう抑圧があるのか、表象によって抑圧が生じるのか分からない循環的な関係にあるわけです。それが「抑圧を操作する抑圧的表象」です。

「抑圧が現実に及んでくる抑圧された表象者」というのが、「表象するもの」ですが、訳が分かりにくいですね。「表象者＝表象するもの」に、「抑圧が現実に及んでくる sur lequel le refoulement porte réellement」という関係文が後ろからかかっているわけですが、抑圧と現実の関係が分かりにくいですね。「抑圧」が「表象するもの」に対して（を対象として）現実的に影響を及ぼす、もしくは、「表象するもの」の「上で sur」現実的に影響を及ぼす、のいずれにも取れますが、恐らく両方の意味が込められているのでしょう。この「表象するもの」というのは、具体的には、「その無意識的な欲望を抑圧されているエディプス」を表象する精神分析的言説とか、それに対応する社会的言説や制度を指していると考えられます。「抑圧」はそうした表象装置に現実的に作用しているし、かつその「上で sur」、つまりそうした表象装置を起点として、その周囲にあるものに更なる現実的な作用を及ぼしているということでしょう。

普通なら、この「表象するもの」に、「その無意識的な欲望が抑圧されているエディプス的（な実在する人間）」が対応していると考えればいいのですが、「置換」が起こっているために、対応するのは、実在するエディプス的人間ではなくて、そういう人間として表象される誰か、つまり、〝本当に近親相姦の欲望とか父への対抗心を潜在的に抱いていて、それが抑圧されているかどうか分からないけど、そういう存在として表象される誰か〟です。それが「置換される表象内容」、少し訳し直すと、「位置ズラしされて、表象されるもの」です。

> 抑圧が働くのは、オイディプスの中においてではないし、オイディプスに対して抑圧が及ぶわけではない。オイディプスは、抑圧されたものの回帰でさえもない。それは抑圧の人工的な産物である。それは抑圧によってもたらされたものであるかぎり、単に表象されたものにすぎない。抑圧は、欲望を置換することなしには作動しえないのだ。抑圧が作動するときには必ず、罰に対してすっかり準備が整い、罰を切に願う事後の欲望のほうが表に出て、原則的に、あるいは現実的に抑圧の対象である事前の欲望のかわりになってしまう（「ああ、それゆえそれはこれだったのだ！」）。

抑圧が、「エディプス」の中で働くのではないし、「エディプス」に対して働くのでもない、という言い方が、文学か宗教みたいでとっつきにくいですが、これは先ほどの「その潜在的欲望を無意識へと抑圧されているエディプス」が最初からいたわけではない、ということです。そういう「エディプス」は、「単に表象されたものにすぎない」。「表象」の「置換」作用によって、事後的に作り出されたわけです。「罰を切に願う事後の欲望 un désir de conséquence, tout prêt de conséquence」という言い方が少しひっかかりますね。本当に、みんな罰されたいと思っているのか、と思ってしまいますね。恐らくここでは、精神分析を受けたり、精神分析的な言説の影響を受けた人が、自分がそういう悪しき欲望を抱いていたのかと思い込まされてしまうということでしょう。ただ、事後的に再構成されたものだとしても、これは外的な証拠がある物理的事実ではなく、「欲望」の話なので、本人がそう思ってしまうと、最初からそういう「欲望」があったかのような状態になり、それに反駁するのは難しくなります。

二二一～二二二頁にかけて、性愛（sexualité）の流れが形成される場所をエディプス的な育児室に閉じこめてしまうようなフロイトの理論に対して、D・H・ロレンス（一八八五―一九三〇）が異議を申し立てているということが述べられていますね。日本では、わいせつ物頒布罪の裁判で有名な『チャタレイ夫人の恋人』（一九二八）の作者ですね。ロレンスは評論『精神分析と無意識 Psychoanalysis and the Unconscious』（一九二一）、『無意識の幻想 Fantasia of the Unconscious』（一九二二）、『セックス対愛らしさ Sex versus Loveliness』（一九二八）などでフロイト批判を展開しています。二二二頁で、『精神分析と無意識』の一節が結構長く引用されていますね。ロレンスによれば、近親相姦願望というのは、理性が自分を救い出すために作り出した理屈、つまり無意識を制御しやすいものであるかのように装うために作り出した理屈にすぎず、本当の「無意識」は、人格的でもなければ生物学的なものでもない、ということですね。

> オイディプス的欲望は少しも抑圧されていないし、また抑圧される必要もない。それなのに、別の側面では、この欲望は抑圧と密接な関係をもっている。オイディプス的欲望はおとりであり、あるいは歪曲されたイメージであって、これによって抑圧は、欲望を罠にかけるのだ。欲望が抑圧されるのは、それが母への欲望であり、父の死を欲するからではない。逆である。欲望がそういうものになるのは、それが抑圧されているからであり、欲望がこうした仮面をつけるのは、それが抑圧のもとにあって、抑圧が欲望に仮面をつくり、仮面をかぶせているからにすぎない。

「エディプス的欲望」が、歪曲されたものであるというのはこれまで述べられてきたことの要約ですが、「おとり le leurre」とか「罠 piège」というのが分かりにくいですね。何をおびき寄せるための「おとり」

「罠」なのか。恐らく「エディプス的欲望」を持っている者として名指しされた人、その人の「欲望」の一部でしょう。君の「欲望」は「エディプス的欲望」だと教え込まれることで、そこに実際に意識が行く、実際そういう「欲望」を抱いている気になる。ただ、「仮面 masque」を被せるという言い方から分かるように、罠にかかってコントロールされているのは、「欲望」の表層だけで、深い所、本当の無意識の領域で生産される「欲望」は手つかずのままかもしれません。実際、二二三～二二四頁にかけて言われているよう、「欲望」はそれ自体として革命的であり、何かを覆さないではおかない、ということのようですね。だから「欲望」を抑制しておくことが社会にとって重要です。エディプスはそのための有益な装置ということになります。エディプスが「罠」や「おとり」であってくれた方が社会の安全にとって好都合なわけです。

フロイトの反動――「抑制」と「抑圧」

二二四～二二五頁にかけて、「抑圧」と「抑制」の関係について改めて説明されています。

> 精神分析が、ある前提された脈絡から何を期待しているのか、いまはよく分る。この脈絡では、オイディプスは抑圧の対象〔客体〕でありながら、超自我の介在によって、抑圧の主体にさえなるのである。精神分析は、この脈絡から、抑圧を文化的に正当化することを期待しているのである。これによって抑圧（refoulement）が前景を占めることになり、もはや抑制（répression）の問題は無意識の観点からは二次的なものとしか考えられないことになる。だから、フロイトの批判者たちは、フロイトの保守または反動への転換点を見きわめることができた。それはフロイトが、近親相姦の欲動に対抗して働く文化の条件として抑圧に自律的価値を与えたときに始まる。

「エディプス」が抑圧の客体でありながら主体であるというのは、ここだけ見ていると、何のことだかよく分かりませんが、これまでの議論から、「エディプス」は元々、抑圧の客体として存在していたというより、精神分析的な「表象」を通して、〝抑圧された欲望を抱えている主体〟として事後的に（再）構成されます。しかもいったん（再）構成されると、人間は潜在的に近親相姦欲望を持っていて、通常は効いている「抑圧」が効かなくなると、大変なことになるということが既成事実化して、それを「抑制」するための制度や慣習が必要だということになる。そうなると、「抑圧」が根源にあり、「抑制」はそれを補完するものにすぎない、ということになります。フロイトは後期の著作『文化における不満 Das Unbehagen in der Kultur』（一九三〇）等で、「抑圧」が人間の文明が成立する条件だとしています――フロイトは「文化 Kultur」という言葉を使っていますが、民族や国民ごとの個別の「文化」ではなくて、人間全体のことなので、「文明」と言った方がいいと思います。「抑圧」を補完する「抑制」がきちんと機能しないと、文明が崩壊してしまいます。

無論、ドゥルーズ＋ガタリの側から見ると、「抑制」の方が先行している可能性もあるのに、とんでもないものを抑え込んでいる「抑圧」が原点にある、というフィクションがそのまま通用しているわけです。フロイトが想定したような特徴を持つ「エディプス」は、いつのまにか自律性を有し、むしろ社会的「抑制」を強化・主導するようになる。それまでフロイトは、理性的な風を装う市民社会によって隠蔽されてきた「無意識」の領域を露わにし、市民社会的秩序に揺さぶりをかけたと思っていた人たちは、「文明」の基礎は抑圧だという話を聞いて、フロイトは保守・反動化としたと思ったわけですが、ドゥルーズ＋ガタリに言わせれば、「エディプス」の普遍的存在を前提にした時点で既に、〝根源的抑圧〟を前提にした「抑制」を正当化する方向に動き出していたわけです。

二二五頁でこの件でのライヒの見解が紹介されていますね。注（49）までが、一応、ライヒの議論の要約です。ただ、注（49）を見ると、ライヒだけでなくてマルクーゼや他の人の論考も参照されているので、〝フロイトの転向〟に関するフロイト左派の見解をまとめたもの、ということでしょう。ただ、当然のことながら純粋なまとめではなく、ドゥルーズ＋ガタリの視点で、フロイト左派の見解をまとめ直したものです。ここで参照されているライヒの『オルガスムの機能 The Function of Orgasm』（一九四二）で、ライヒは自分の「オルガスム」理論の発展過程を、フロイトからの影響と反発に即して語っています。マルクーゼの『エロスと文明』（一九五五）は、フロイトとの対決姿勢を明確に示しているわけでも、フロイトの転向を指摘しているわけでもありませんが、「文明」と「抑圧」をめぐるフロイトの理論の形成過程を詳しくフォローしています。注の所まで読んでみましょう。

> ライヒは次のようにさえいう。性愛の放棄という、フロイト主義の大きな転換点が生じるのは、フロイトが内因性の抑圧を引き起すものとして、根源的不安の観念を受け入れるときである、と。「文明化された性道徳」に関する一九〇八年の論文を見てほしい。オイディプスは、ここではまだ名付けられてもいない。抑圧はここで、抑制との関連で考察され、抑制は置き換えを引き起し、部分的欲動に対して働くものとされる。部分的欲動は、近親相姦的欲動や、あるいは正当な結婚を脅かすその他の欲動に対して働く以前に、独自の仕方で一種の欲望的生産を表象するからである。しかしやがてオイディプスと近親相姦の問題が舞台の前面を占めるなら、抑圧とその相関項である禁止と昇華は、ますます文明の超越的とみなされる要求に根拠を見いだす。同時に精神分析は家族主義的、イデオロギー的見方にいっそうはまり込むことになる。私たちは、フロイト主義の反動的妥協や、その「理論的変節」についてさえ、あらためて物語る必要はない。こうした作業は、繰り返し、奥深いところまで、厳密で精妙な仕方でなされてきた。

エディプス・コンプレックスは「性愛 sexualité」に関係する話なので、「性愛の放棄 l'abandon de la sexualité」というのは言い過ぎのように聞こえますが、性（愛）の解放を主張するライヒからすれば、人間にとっての根源的な性愛を抑圧することの不可避性を示唆しているわけですから、放棄と同じです。「根源的不安 une angoisse première」の観念を受け入れたというのは、論文『制止、症状、不安 Hemmung, Symptom und Angst』（一九二六）での議論を念頭に置いているのでしょう。この論文では、「最も根

源的不安 die ursprünglichste Angst」について考察し、それを「誕生の『原不安』die "Urangst" der Geburt」と言い換えています。つまり、誕生して、母の胎内から外界に出ることの「不安」です。その「原不安」から、「去勢不安 Kastrationangst」などいろんな不安が生じてくるわけです。無論、フロイトはその「原不安」を緩和すべく「愛 Liebe」とか「性愛」が生じるという議論をしているのですが、その一方で、「原不安」の時に感じの似た危険状況から離脱すべく、「自我」は様々な「不安」を感じると述べています。危険な状況をもたらすような「性愛」に「自我」が不安を感じ、控えてしまう、ということになりそうです。「超自我 Über-Ich」が「エス」の暴走を止めるべく、「自我」に行動を自粛するよう命令します。『オルガスムの機能』でのライヒの記述によると、それまでフロイトは、「不安」は「性的抑圧 sexual repression」の「結果 result」と考えていたのだけれど、これ以降はその逆に、「不安」が「性的抑圧」の原因と見なされるようになり、リビドーをめぐる問題が二義的なものになってしまった、ということです。

これに対してもっと初期の論文、一九〇八年の論文では、性愛についてもっと柔軟な見方が示されていたということですね。この論文の正式なタイトルは、「『文化的』な性道徳と近代の神経症 Die "kulturelle" Sexualmoral und die moderne Nervosität」です。ここでは、最初に「抑圧」ありきではなく、タイトルが示唆しているように、「文化」が人々の「性生活 Sexualleben」を有害な仕方で「抑え込んでいること＝抑制 Unterdrückung」、それによって神経症が生じる可能性があることを問題にしています。つまり、「抑制」の方が「抑圧」を引き起こしている側面もあることを示唆していたわけです。更に、人間の「性欲動 Sexualtrieb」はいくつもの「部分欲動 Partialtrieb」から構成されていること、そして、「性欲動」は本来「生殖の目的」に仕えるものではなく、ある特定の種類の「快」の獲得を目指すものであり、幼年期においては、その「快」は性器以外の他の身体部位においても達成され得る、ということを論じています。文化的性道徳は、性欲動がノーマルな仕方で発達するよう制限を加えますが、「部分欲動」のいくつかがそこから逸脱していく傾向を完全に止めることはできません。完全にノーマルなコースから逸れて、倒錯者や同性愛者になる人や、神経症になる人が相当数出ることが示唆されています。つまり、「抑制」と「抑圧」の相関関係を視野に入れていて、一方的に「不安」に基づく「抑圧」を根源的なものと見ていなかったし、性欲動の対象の多様な可能性も視野に入れていたわけです。

フロイトの理論的な反動はいきなりどこかの時点で急浮上したということではなく、ゆっくりと時間をかけて進行してきたということですが、それについて少し突っ込んで論じていますね。

精神分析理論の「精神分析」

理論的かつ実践的な同一の学説の核心に、革命的、改良的、反動的な諸要素が同時に共存しているからといって、私たちはそこに、なんら特別な問題を認めない。理論は実践から生まれたものであるかぎり、実践を正当化するとか、あるいは「治療」のプロセスに対して異議申し立てをしていいのは、この同じ治療から引きだされた要素から出発する場合だけであるとか、こういったことを口実にして、「とるべきか、すてるべきか」と迫ることを私たちは拒否する。あたかも、あらゆる偉大な学説とは、もろもろの部品や断片、様々な混交するコードや流れ、部分的要素や派生物からなる、ひとつの集成された形成体ではないかのようである。学説の生命そのもの、あるいはその生成は、こうしたものによって構成されるのだ。あたかも、まず精神分析が、自分の発見する対象や操作する力との関係を理論的にも実践的にも曖昧にすることによって成立していることには触れもしないで、ひとが精神分析に対して曖昧な関係をもっていると非難することができるかのように。フロイト的イデオロギーの批判的研究が行われており、周到に行われているとしても、一方でその運動の歴史は素描さえされていない。つまり精神分析集団の構造、その政治、その傾向や拠点、その自己適用、その自殺行為やその狂気、法外な集団的超自我、師匠の充実身体の上で生起したあらゆることである。

意外と冷静ですね。ドゥルーズはともかく、ガタリは左翼で実践的な人というイメージがあるので、理論と実践は一体で、実践と結び付いていない理論はダメだとか、保守反動化する理論は元々、ダメだったとか言いそうですが、そういう二者択一的な発想はしない、と言っているわけです。むしろ、どんなに立派に見える学説も、「もろもろの部品や断片、様々な混交するコードや流れ、部分的要素や派生物からなる、ひとつの集成された形成体」であって、理論的にせよ実践的にせよ、論理的に完全に首尾一貫した体系として存在するわけではない、という見方をしているわけです。「学説」もまた、人の身体と同じように、複数の「機械」の運動の結果として生じているわけです。だから、「精神分析」全体が反動だ、革命的だ、とかいうような発想はおかしいわけです。ドゥルーズ＋ガタリに言わせれば、「精神分析」は自らがどのように生成したか分析し、自分が「発見する対象」やそうした対象を「操作する力」と、自分自身の関係を明らかにすべきなのにそれをしていない。フロイトを批判する側が、まるで、フロイトが一貫した意図をもって理論を展開したかのごとく批判したら、「精神分析」の中に蠢いている諸機械の運動がますます見えなくなる。

要は、「精神分析」理論の精神分析が必要だということですね。「師匠の充実身体 le corps plein du maître」というのは、具体的にはフロイトの身体のことです。この言い方で言わんとしているのは、「フロイト」という、各種の欲望によって充満し、様々な機械が絡み合う「身体」を具えた存在が、社会の中で他者と様々な関係を持ち、「機械」の編成が組み替わっていく中で、「精神分析」の理論が出来上がってきたのだから、その過程をちゃんと見ていこうというわけです。別にドゥルーズ＋ガタリでなくても、「理論」自体の生成過程を理論的に探究しようとする、批判的理論史のような試みはいろいろあるわけですが、彼らは、［機械論→分裂分析］の見地から徹底してやろうとしているわけです。その結果、

なんと、精神分析には、三つの要素が共存しているのだ。まず探検的、先駆的、革命的要素であって、これこそ欲望的生産を発見していた。次に古典的文化的要素であって、これはオイディプス的演劇の上演［表象］の舞台にすべてを引き下ろすのである（神話への回帰！）。最後に、第三の最も憂慮す

べき要素、これは尊敬を渇望する一種の恐喝という要素であり、承認され、制度化されるまでやめないのである。それは剰余価値を吸収しようとする恐るべき企てであり、同時に果てしのない治療を成文化し、貨幣の役割をシニカルに正当化し、既成秩序にあらゆる保証を与える。フロイトには、こうしたものすべてが存在していたのだ。めざましいクリストファ・コロンブス。ゲーテ、シェイクスピア、ソフォクレスの天才的なブルジョワ的読み手。仮面をかぶったアル・カポネ。

最初の「探検的、先駆的、革命的要素 l'élément explorateur et pionnier, révolutionnaire」と、二番目の「古典的文化的要素 l'élément culturel classique」というのは分かりますね。「これこそ欲望的生産を発見していた」という文が、日本語として少しヘンで、主語はどうなっているのか、という感じがしますが、原文は〈qui découvrait la production désirante〉となっていて、「探検的、先駆的、革命的要素」にかかる関係文になっています。先行詞である「探検的、先駆的、革命的要素」が主語です。つまり、こうした要素のおかげで、ドゥルーズ＋ガタリが関心を持つ「欲望的生産」が発見されたということです。ちょっと分かりにくいのが、第三の「尊敬を渇望する一種の恐喝 une sorte de racket assoiffé de respectabilité」です。これは、日本で最近流行っている言い方だと、承認欲求の究極の形態ということでしょう。具体的には、精神分析が自己を正当化するために、自らを制度化し、既存秩序の中に位置付けようとした、そのために「近親相姦の欲望」や「去勢コンプレックス」の話で人々を脅した、ということでしょう。「貨幣」というのは、「貨幣」を媒体として自己増殖し続ける資本主義社会に適合しているという意味と、フロイトが実際、それなりに高い報酬を取っていたことを指しているのでしょう。「剰余価値」というのがマルクス主義用語で、生産過程において、労働者の生活維持に必要な分を超えて生み出される価値のことで、資本はそれを吸収することで、自己増殖するとされています。

第一の要素に対応するのが、コロンブス（一四五一－一五〇六）、第二の要素がゲーテ（一七四九－一八三二）、シェイクスピア（一五六四－一六一六）、そして、ソフォクレスの読み手としてのフロイトです。

コロンブス

ゲーテ

シェイクスピア

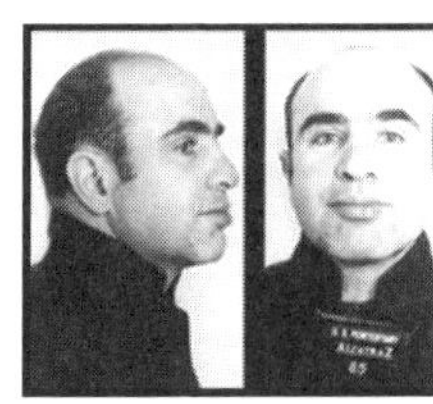
アル・カポネ

フロイトの著作には実際、ゲーテやシェイクスピアからの引用が多いです。「小箱選びのモチーフ」（一九一三）という論文は、シェイクスピアの『ヴェニスの商人』（一五九六‐九九）の中のバッサーニオの小箱選びを分析したものです。ゲーテについては、彼の自伝『詩と真実』（一八一一‐三三）の中の幼少期のエピソードを分析した、「『詩と真実』の中の幼年期の思い出」（一九一七）という論文があります。「天才的なブルジョワ的な読み手 genial lecteur bourgeois」というのは、恐らく、これらの古典的テクストをラディカルな体制変革の方向ではなく、資本主義維持のための抑制が効いている現体制それ自体とその中での自分の地位が維持される方向に読んでいるということでしょう。アル・カポネ（一八九九‐一九四七）というのは、人々を脅すとか、裏で社会を動かすことに寄与する、といった意味合いでしょう。

二二七～二二八頁にかけて、ライヒが、抑圧が社会的抑制に依存していることや、欲望と社会野の関係を把握していた、ということが述べられています。ただし、ライヒは「欲望的生産の概念を十分に形成していなかったので、経済的下部構造そのものの中に欲望が介入すること、また社会的生産の中に欲動が介入することを規定するまでには至らなかった」ということですね。「下部構造」というのは、マルクス主義で言うところの下部構造、生産様式のことです。ライヒは素朴マルクス主義と違って、単純に全ての「欲望」は下部構造によって規定されるとは言わなかったけれど、「欲望」は単に社会体制によって生産されるだけでなく、社会体制そのものの編成に関わっていることを見抜けなかった、ということです。「欲望 désir」と「欲動 pulsion」が一応区別されていますが、通常のフロイト派の精神分析だと、「欲望 Wunsch」が具体的な対象の獲得を目指し、それによって充足されると考えられるのに対し、「欲動 Trieb」はそれよりもっと深い層にある、「死の欲動」か「生の欲動」のような主体の在り方を根底で規定している、あるいは、主体を限界付けるような力を指している、ということになるようです。ただ、「主体」の内で働く力と、外部の力の区別を、「機械」の運動の連鎖という視点から相対化するドゥルーズ＋ガタリ自身の議論の枠では、それほど大きな意味のない区別かもしれません。

> 抑圧は、その作用の無意識的性格と、それがもたらす結果によって、抑制から区別されるのであるが（「反抗の禁止さえ無意識的となった」）、この区別はまさにこの両者の本性上の差異を表現している。だからといって、二つが現実的に無関係であると結論することはできない。抑圧は、抑制が意識的であることをやめて、欲望されるようになるべく存在する。そして抑圧は、事後の欲望を導き出すのであるが、これは抑圧の対象の偽装されたイメージにすぎず、これこそ抑圧に、あたかも独立しているかのような外観を与えるのだ。本来の意味での抑圧は、抑制に奉仕する一手段である。抑圧が及ぶものとは、また抑制の対象でもある。この対象はまさに欲望的生産なのだ。しかし、抑圧はまさに根源的な二重の操作をともなう。第一の操作を通じて、抑制的な社会組織体は、みずからの権力を、抑圧的な審級に委譲する。もうひとつの操作を通じて、これと相関的に、抑制された欲望は、置き換えられ偽装されたイメージによって、いわば蔽い隠されてしまう。まさに抑圧が、欲望についてそのようなイメージを喚起するのである。

「抑圧は、抑制が意識的であることをやめて、欲望されるようになるべく存在する」という文はこれ単独で見ると、分かりにくいですが、「抑制」と「抑圧」の関係をめぐるここまでの議論を踏まえるとそれほど難しくないですね。「抑制」の方は社会的・慣習的なものなので、多かれ少なかれ人々に意識されていますが、意識された状態のままだと、人々はそれに従うか従わないか選択することができますから、効力が弱い。先ほど見たエディプス・コンプレックスにおける「表象の置換」の操作によって、無意識のレベルでの「抑圧」にすることができれば、自動的に発動してくれるので、効率がよい。いったんそういう状態になると、「抑圧」は「抑制」とは関係なく、最初から働いていて、むしろ「抑制」の原因のように見えてくるが、実は逆なのだ、ということです。二重の操作の第一というのは、そうした社会組織体による「抑制」が、あたかも、「抑圧」の次元によって決定されているかのような、見かけ上の「(権)力」の「委譲」が起こる。第二の操作に関係する、「抑制された欲望」というのが具体的に何なのかここでは述べられていませんが、社会の秩序維持にとって不都合な反社会性が高い欲望であるのは間違いないでしょう。第三章では、資本主義的生産体制と欲望の関係が論じられているので、資本主義的な生産にとって都合の悪い欲望が「抑制」されることは想像がつきます。そうやって、「欲望」が社会の制度や慣習によって「抑制」されているという事態が、「抑圧」をめぐる偽装されたイメージのかげで隠蔽されてしまい、エディプス的な「欲望」に還元されてしまうか、精々その派生物としか見なされなくなってしまうわけです。

> こうして、社会組織体による抑圧の委譲と、抑圧による欲望的組織体の歪曲、置き換えは、同時に起きるのだ。抑圧を委譲された代行者、あるいはむしろ抑圧へと委譲された代行者とは、家族なのである。抑圧されるものの歪曲されたイメージ、それこそが近親相姦の欲動である。したがってオイディプス・コンプレックス、またオイディプス化は、この二重の操作の成果である。抑制的な社会的生産が、抑圧的家族によって代行されるということと、抑圧的家族が、欲望的生産の置き換えられたイメージを与え、このイメージが、抑圧されたものを家族的、近親相姦的欲動として表象するということと、二つは同一の運動の中で起きる。こうして二つの生産の間の関係は、家族－欲動の関係によって代替され、この転換に精神分析全体が迷い込むのである。

これまで見てきたことを踏まえると、さほど難しくはないですね。「二つの生産」というのは、「社会的生産」と、各人の身体における「欲望的生産」のことです。簡単に言うと、社会全体の生産システムと、個人の欲望の相関関係ですね。両者の相関関係が、「抑圧的家族」の中での「近親相姦的欲動」の抑圧という図式に置き換えられてしまい、「精神分析」はその置き換えられた、いわば、デッチ上げられた図式を自明視して、その〝問題解決〟に当たっている、というわけです。無論、置換によって作り上げられた〝問題〟なので解決しようがないわけです。

エディプス的な「現実」の押し付け——「第二章第八節　神経症と精神病」を読む

「第八節　神経症と精神病」に入りましょう。フロイトが両者を区別し、ラカンがそれを継承しました。ラカンの理論において両者の区別は重要です。ラカンの言い方だと、「神経症 la névrose」の方は、象徴界が機能しているので、分析者から被分析者への言葉によるアプローチによってなんとかなるのですが、「精神病 la psychose」の場合は象徴界が壊れているので通常の言語によるアプローチが困難になります。

神経症において、〈それ《エス》〉の諸欲動を抑圧するとしても、自我は現実のもろもろの要求にしたがうのである。ところが精神病において、自我は現実と断絶するとしても、〈それ《エス》〉の支配下にある。フロイトのもろもろの観念がフランスに入ってくるには、しばしば若干の時間を必要とした。ところが、この区別に関する観念だけは、そうではなかった。

用語的に紛らわしいのですが、ここで「現実 la réalité」と呼ばれているのは、ラカンの言う「現実界 le Réel」のことではありません。「現実界」は人間の経験できる限界の外側に位置し、通常は「象徴界」、つまり言語を介して間接的にしかアクセスできません。「現実界」に直接触れてしまうと、それはトラウマになり、精神病の原因にもなるとされます。「エス」に近い概念です。それに対して「現実」というのは、「現実界」そのものではなく、「想像界」と「象徴界」の加工を経て構成されるもので、私たちが通常〝現実〟と呼んでいるものだと考えていいでしょう。ただ前回、前々回見たように、ドゥルーズ＋ガタリは、欲望機械の運動によって、「現実（的なもの）le réel」が生産されるという言い方をしていて、ラカンの言う意味での「現実界」に固有の位置を与えないで、（「現実界」も含めて）「現実」全般が、「欲望機械」によって生産されていると考えているように見えます。

この箇所でドゥルーズ＝ガタリが言っているのは、精神分析の通常の説明によれば、神経症の場合、その人は「エス」の欲動を抑圧しており、その意味で、自分の身体をめぐる〝現実〟を否定していることになるけれど、「現実」全般を認識する自我の能力を失っているわけではなく、「精神病」の場合、その人の自我が「エス」に完全に制圧されてしまって、「現実」を認識できなくなっているということです。

一九二四年にフロイトは「神経症と精神病」「神経症と精神病における現実喪失」という二本の論文を書いて、両者の区別を確立したとされています。その同じ年にカプグラとカレットの二人が、これに関連した症例を発見した、ということですね。ジョセフ・カプグラ（一八八七―一九五〇）というのはフランスの精神科医で、ここで言及されている、家族が瓜二つの偽物に入れ替わっているという妄想は、彼の名を取ってカプグラ症候群、あるいは、ソジーの錯覚と呼ばれています。カプグラとカレットが発見した「抑圧における逆の関係」についての説明が少しややこしそうですね。ここは原文では〈rapport inverse〉となっています。単に、「逆の関係」です。この方が分かりやすいでしょう。何が逆かというと、「神経症」と「精神病」では、「抑圧」と「現実」認識の関係の位置付けが逆になっているということです。「神経症」の場合、神経症の原因となるコンプレックスが抑圧されているけれど、「現実」は、その人にとって客観的なものとして機能し続ける。「精神病」の場合、コンプレックスが意識の中に侵入してくる、つまり本人が自分がどういうコンプレックスを抱いているかを知っている、しかしそのせいで、「抑圧」が「現実」の機能に侵食し、「現実」をちゃんと認識できなくなる。

フロイトはそうした区別が図式的なものにすぎないことを認識していたけれど、それを維持したと述べられていますね。それによって結果的にフロイトは、それまでの精神医学と同様に、「狂気 la folie」を

「現実の喪失 une perte de réalité」と結び付ける見方をなぞっていき、それを強化していくことになった。精神医学における「自閉症」や「人格の遊離 dissociation」といった概念も、そういった前提の下に構築されていて、結果的にフロイトと「一致」しているということですね。

ところで、私たちにとって興味深いのは、このような一致のプロセスにおいて、オイディプス・コンプレックスが正確にはどんな役割を果たしたのかということである。なぜなら、家族的な主題がしばしば精神病的意識の中に侵入するということが真実であるとしても、ラカンの指摘にしたがって、次の事態を知ることになると、私たちはいっそう驚くほかはないからである。すなわちオイディプスが「発見」されたのは、それが明白であるとされている精神病においてよりも、むしろ逆に、それが潜在的であるとみなされている神経症においてである。ところが、このことは、精神病においては家族的なコンプレックスが、まさに任意の価値をもつ刺戟として、組織者の役割を果さない誘導子として、まったく別のもの（社会的、歴史的、文化的地平）を目指す現実の強度的備給として現われるということではないのか。オイディプスが意識に侵入するのと、「組織体」として無能であることを証しながら自己解体することとは、同時進行するのだ。こうして、現実喪失という効果を確立するには、このまやかしの尺度によって精神病を測定し、それをこのオイディプスという偽の指標に連れ戻すだけで十分である。こうした作業は、抽象的な操作ではない。つまり精神病患者において、彼の内部にオイディプスが「欠如」していることを指摘するためであろうと、患者には、このオイディプス的「組織作用」が押しつけられるのだ。それは肉全体、魂全体に対する作用である。精神病患者は、自閉症と現実喪失によって、これに反応することになる。しかし、現実喪失は分裂症的プロセスの効果ではなく、このプロセスが無理にオイディプス化され、つまり中断されることによる効果なのだということが、ありうるのであろうか。

ややこしい話をしていますが、ポイントは意外と単純です。もしラカンの指摘する通り、「エデイプス・コンプレックス」に由来する（とされる）矛盾がより端的に現れるのが、「精神病」だとすると、おかしなことにならないか、ということです。先ほど述べたように、精神病では現実喪失が起こる代わりに、抑圧の内容が意識の中に入り込んでくるとすると、精神病の人は、自分が近親相姦の欲動を抱いていることを意識しているはずで、その逆に、神経症の人は、欲動が抑圧されて潜在化しているので、自覚していない、したがってその抑圧の原因を特定するのは難しいはずです。しかし実際の精神分析の歴史では、フロイトの神経症の研究を通して、「エディプス・コンプレックス」が発見されている。おかしくないか、ということです。

「精神病においては家族的なコンプレックスが、まさに任意の価値をもつ刺戟として、組織者の役割を果さない誘導子として、まったく別のもの（社会的、歴史的、文化的地平）を目指す現実の強度的備給として現われる」という文章がかなり分かりにくいですが、「エディプス・コンプレックス」と言わないで、「家族的なコンプレックス」と言っているところがミソです。つまり、家族に関わるコンプレックスが現れてくることは確かだけど、それが「エディプス・コンプレックス」論で言われているように、父をモデルにした主体の形成に直結するのではなく、むしろ、家族のメンバーを媒介あるいは象徴にして、社会的・歴史的・文化的な意味――家族の外部のものに関わる意味――を持った、別の要素、例えば、権力とか権威、名誉、富、法、宗教……などとその人を関係付け、その関係を次第に強化していく、というような意味でしょう。

その後の「オイディプスが意識に侵入するのと、『組織体』として無能であることを証しながら自己解体することとは、同時進行するのだ」という文もかなり分かりにくいですが、「組織体 organisateur」として無能であるというのは、「オイディプス」の表象は、精神分析で言われているように、自我を組織化するのに役に立っていないということです。家族の中で生きる以上、何らかの形でエディプス的なものと関わっているでしょうが、エディプス的なモデルに自我を一定の方向性に発展させる力がアプリオリに具わっているとは限らない。実はそれほど強い牽引力を持っていないので、すぐに機能停止してしまうかもしれない。精神分析の見方では、エディプス・モデルは本来ちゃんと機能するはずなのに何故か機能停止することで精神病になるわけですが、ドゥルーズ＋ガタリは、最初からそんなちゃんとした機能などなかったのではないか、と示唆しているわけです。精神分析は、「エディプス」が機能していなければ、人間は現実をきちんと把握できないということを大前提にして、「エディプス」の「欠如 manque」という視点から、精神病者の「現実喪失」を説明するわけです。

私たちの多くは、精神病の人は「現実喪失」していると前提しているので、その原因を説明するエディプス理論にそれなりの正当性があると思いがちですが、ドゥルーズ＋ガタリに言わせれば、その時の基準になる「現実」というのは、エディプス的な観点から構成された〝現実〟です。〝エディプス的な主体にとっての現実〟を受け入れることのできないものが、精神病者と見なされ、その〝現実喪失〟の理由が、エディプス仮説に基づいて説明される。そういう風に言われても、いや、精神病の人の現実喪失は別に家族とか自分の固有名にまつわるアイデンティティだけの話ではなくて、日常的にそこら中にある事物の認識の仕方もヘンだろう、と言いたくなるところですが、ドゥルーズ＋ガタリは、〝精神病者〟の〝現実〟認識が〝普通の人〟のそれとズレていることはあまり気にしていないのでしょう。元々個人差があるので、差があって当然くらいに思っているのかもしれません。それよりもむしろ、精神分析医が被分析者の内で「エディプス」が機能しているのを当然視し、その人が〝標準〟からズレていることを全部、「エディプス」の機能の不全や欠如のせいにすることがおかしいと言いたいのでしょう。分析者と被分析者が〝現実〟を共有していて、会話が可能であれば、分析を通して「エディプス」を押し付け、受け入れさせることができるかもしれないけれど、それが難しい人は精神病扱いすることも可能です。

不安定なエディプス三角形

ドゥルーズ＋ガタリは、無理に「エディプス」を押し付けることによって、分裂症的な運動が中途半端に中断されてしまうことを問題視しているわけです。この後の箇所では、「分裂者 le schizo」が、彼を（架空の）エディプス的なものに無理に関係付け、そこに連れ戻そうとする圧力のおかげで病んでいるということが述べられていますね。恐らく精神分析医だけでなく、資本主義的な社会全体がそういう圧力をかけていると考えているのでしょう。

彼らは遠い旅に出たのに、ひとはあたかも、数々の大陸と文化を遍歴するものをたえず〈故郷の灯台〉に連れ戻すかのようだ。分裂者が苦しむのは、分裂した自我でも、破壊されたオイディプスでもない。逆に自分が棄て去ってきたすべてのものに連れ戻されるということを苦しむのである。零度としての器官なき身体にまで強度が低下すること、これが自閉症である。

前回見た三つの「総合」をめぐる誤謬の議論に見られるように、人のアイデンティティは本来多様なものであり、いろんな人格を経験していく可能性があり、「分裂者」はまさにそうした生を生きているのだけれど、エディプス・コンプレックスを核とする近代の家族主義は、それを家族の中で形成される〝元来のアイデンティティ〟へと連れ戻そうとする。そのため、「分裂者」は様々なキャラを演じることで獲得してきた身体的強度や、彼にとっての（変容し続ける）「現実」を奪われ、「器官なき身体」、つまり強度ゼロの状態にまで押し戻されてしまう。そうやって動けなくなり、「現実」を奪われて、「自閉症」にされてしまうというわけです。〝私たち〟のようなエディプス化されたアイデンティティを強く保持している人とは、ある意味、逆の仕方で「現実」と関わっているわけですね。

だから、精神病と神経症については、逆の関係について別の定式化が可能となる。精神病患者と神経症患者が二つの集団として存在し、前者はオイディプス化に耐えられない人びとであり、後者はそれに耐え、それに満足さえして、その中で進展する人びとである。前者はオイディプスの刻印をもた

――ない人びとであり、後者はそれをもつ人びとである。

ここは比較的分かりやすいですね。「エディプス」は人が成長のコースで自然と通過するものではなく、社会的な制度や慣習に基づいて身体の上に刻印されるものだということでしょう。その刻印に何とか耐え、アイデンティティを固定できた人は、神経症になるけれど、耐えられなかった人は、エディプス的に構成された「現実」と適合できず、現実喪失した精神病者と見なされることになる。エディプスは「家族」とその外の間に境界線を引き、欲望機械の分散化していく運動を、「パパ－ママ－おまえ」の三角関係を中心とするものに再組織化していく。無論、それによって欲望機械の運動が完全に抑え込まれ、完璧に組織化されていくわけではない。二四〇頁の最後の方で、「欲望機械は、固有の異常な諸切断を再び導き入れ、あるいは再び導き入れようとする。子供は、自分をいざなっている任務を感じとる。しかし、三角形の中に何を入れたらいいのか。いかに選択すべきか」と述べられていますね。子供はエディプス三角形の中にきちんと取り込まれていないので、何を自分の欲望の対象とすべきか、母の何に憧れ、父のどこを模倣すべきか分からないわけですね。これは、浅田彰さんの「スキゾ・キッズ」のイメージに通じていますね。

家族的再生産が欲望的生産に対して行使する圧力と、欲望的生産が家族的再生産に対して行使する圧力とを、どのように区別するのか。オイディプス三角形は振動し、動揺する。しかし、それは、この三角形が欲望の機械を確かに掌握していることと関係しているのか。それとも、欲望機械が三角形の刻印を逃れ、この三角形の支配を放棄させることと関係しているのか。共振はどこで極限に達するのか。

どうもドゥルーズ＋ガタリは、エディプス三角形の人為性を強調する一方で、この三角形もまた、「欲望機械」の影響を受けているので決して自己完結して安定しているわけではないと見ているようですね。そうすると、先ほどの「精神病」と「神経症」の違いも決定的なものではなく、いずれも最終的には「欲望的生産」に起因する、ということになります。

二四三頁に「現働的因子 le facteur actuel」という言葉が出てきて、これについての記述がしばらく続きますね。これは、精神病や神経症の具体的なきっかけになるものというような意味合いですね。仮にエディプス三角形の刻み込み、あるいは、その他の性的抑制が原因だという前提で出発するとしても、それが症状として現れてくるには、何らかの別のきっかけがあるはずです。神経症や精神病になる人ばかりではありませんし、その現れ方も多様なので、現実的にそれを作動させる何かがあるはずです。それについての分析が、実はフロイトの分析でも大きな比重を占めています。それは実は、一見閉じられているように見える〝エディプス三角形〟外の欲望的生産の効果かもしれない。

精神分析の第五の誤謬推理――〝アプリオリなもの〟が事後的に構成されるという逆説

二四六頁を見ると、ユングの言う、神話的無意識の根底にある「原型 Archetypus」というのは、「現働的因子」が、エディプス三角形の「彼岸（向こう側）un au-delà」として表象されたものだということのようですね。「現働的因子」は当然、その人の置かれている状況によって変わります。ユングが「家族や愛を問題にする若者のためにはフロイトの方法。社会的適応を問題にする、それほど若くない人びとにはアドラー。そして、〈理想〉を問題とする大人や老人のためにはユング……」という主旨のことを述べた――これはユング自身の発言ではなく、ドゥルーズ+ガタリなりの砕けた要約です――ということが言及されていますが、「現働的因子」のことだと考えると、それなりに納得できますね。年齢と共に、身体のコンディションや価値観、社会的立場、関係性が変化し、それが新たな「現働的因子」になるので、解決の仕方も変わってくる。ただ、そう考えると、もはやフロイトたちがそれぞれ想定している〝根源的なコンプレックス〟は主要な役割を担っていないですね。

――私たちが言いたいのは、神経症であれ、精神病であれ、障碍の原因は、常に欲望的生産の中にあり、欲望的生産と社会的生産の関係の中にあり、この二つの生産の体制の差異あるいは葛藤、欲望的生産

――が社会的生産に対して行う備給の様式の中にあるということである。

これは分かりやすいですね。各人の身体をめぐる欲望的生産と、社会的生産の間の葛藤から神経症や精神病などの症状が生じてくるのであって、コンプレックスとして無意識的なものが働いていると考える必要はないわけです。二四七頁の終わりの方で、そうした「潜在的 virtuel」（と想定されている）ものは、実は、「現働的 actuel」なものからの派生物にすぎない、ということが述べられていますね。普通は「潜在↓現働」だと考えるので、その逆ですね。ポストモダン系の思想では、〝アプリオリなもの〟が事後的に構成されるという逆説が強調されることが多いです。因みに、「潜在的／現働的」という概念対は、ドゥルーズ用語として有名です。ただ、この場合は、「潜在的」の虚構性を強調している感じですね。二四八頁を見ると、欲望的生産は常に「現働的」なものである、と述べられていますね。

欲望的生産のプロセスは、分裂症的な傾向をベースとする――「第二章第九節　プロセス」を読む

精神病は「プロセス」の中断か？

「第九節　プロセス」に入りましょう。最初に、精神病や神経症を「プロセス」という視点から捉え直すことができるのではないか、という問題意識が提起されています。

私たちが精神病をプロセスそのものと呼ぶか、それとも逆にプロセスの中断と呼ぶかにしたがって、すべては変ってくる（そしてこれは、どのような種類の中断なのか）。プロセスとしての分裂症は欲望的生産であるが、それは限界における欲望的生産であり、資本主義の諸条件において規定された社会的生産の極限にある。それは私たち現代の人間に属する「病」である。歴史の終末は、別の意味をもっているのではない。ここでプロセスの二つの方向が合流する。自分自身の脱領土化を果てまで進める社会的生産の運動と、新しい〈大地〉に欲望を導き再生産する形而上学的生産の運動という二つ

一の方向である。「砂漠が拡大する……、兆候は接近している……。」

ドゥルーズ＋ガタリは、「精神病」を欲望的生産のプロセスが中断されたものとしてネガティヴに捉えるのではなくて、むしろ、抑制を受けない素のプロセスだと見ようとしているわけです。先ほどは、精神分析医が強引に「エディプス」を押し付けて、欲望的生産を一定の方向に誘導しようとするのに耐えられなかった人が「精神病」になる、ある意味、プロセスを中断されてしまった結果、「精神病」になるという話をしていたので、矛盾しているような印象も受けますが、ここでは、そういう精神科医とか周囲の見方や抑制とは関係なく、欲望的生産のプロセスは元々分裂症的性格を有していることを示唆しているのでしょう。

「資本主義の諸条件において規定された社会的生産の極限にある」というのは、欲望的生産のプロセスが全く無制約であるわけではなく、社会的生産によって、資本主義社会の場合は、資本主義的生産によって制約されていて、相互に影響を与え合っている――無論、この場合の資本主義的生産というのは、工場での生産とか狭義の商品の開発とかに限定されるわけではなく、資本主義的な社会におけるライフスタイルや慣習、欲望の連鎖など、もろもろの生産のことです。「極限 limite」というのは、第三章の第九節以下で論じられているように、「資本主義機械」は分裂症的傾向と、つまり一つの空間・領域に留まることなく、あちこちに分散し、放浪していこうとする契機と、それを押しとどめて、一つの秩序に押しとどめようとする契機の両極を持っていて、その前者の契機の「極限」ということでしょう。個人の身体レベル、特に精神病に分類される人の身体にその傾向が強く出るということでしょう。詳しくは、次回以降見ていくことになりますが、簡単に言うと、みんなが同じ所で同じ生活パターンをキープすることに固執し、同じ欲望を抱き続けたら、資本主義は発展しません。しかし、かといって、みんなが財産をちゃんと確保すべく生活の向上を目指さないと、社会全体として何かを生産するということが不可能になります。

その後の「脱領土化 déterritorialisation」と、「新しい〈大地〉に欲望を導き再生産する形而上学的生産

la production métaphysique qui emporte et reproduit le désir dans une nouvelle Terre」というのは、そういう意味です。「大地」が大文字になっているのは、原初においては、人々の欲望が一つの固定した土地（領土）の環境・慣習に縛り付けられていた、という措定があるからです。そういう土地は実際にはもうないけど、何か価値の中核になりうるものがあると思わせて社会を保持する作用、神話的なものを「形而上学的」と形容しているのでしょう。無論、「形而上学的生産」が強すぎることを否定的に見ているのでしょう。

「砂漠が拡大する……」というのはニーチェの『ツァラトゥストラはこう言った』（一八八五）の第四部の「砂漠の娘たちのもとで」という章の二つ目の節に出てくるフレーズです。この「砂漠」を『ツァラトゥストラ』の文脈に即して素直に理解すれば、神がいなくなった後の世界の不毛の空間ということになるでしょうが、ドゥルーズ＋ガタリはそこに、遊牧民（ノマド）が何に囚われることもなく、分裂しながら運動するイメージを与えているのかもしれません。「兆候は接近している……」というのは、恐らく「終末」の兆候という意味でしょう。

分裂者は、脱コード化したもろもろの流れを導き、これらの流れに器官なき身体の砂漠を横断させ、この荒地に自分の欲望機械をすえつけ、能動的な諸力のたえざる流出状態を生みだすのである。分裂者は、欲望の生産をいつも社会的生産の周縁において、接線的なもの、つねに遠ざけられるものとして維持する境界、または裂開をのり越えたのである。分裂者は、出発することを知っているのだ。彼は、生まれること、そして死ぬことと同じくらい出発を単純なものにしてしまったのだ。

「脱コード化したもろもろの流れ」、つまり、意味のコードを解体する欲望の流れが「脱領土化」をもたらすわけですね。「器官なき身体の砂漠」というのは、抑制から解き放たれて、どんな欲望機械がこれから作動するのか分からないような、むき出しの「器官なき身体」の状態を「砂漠」に譬えているのでしょう。「欲望の生産をいつも社会的生産の周縁において、接線的なもの、つねに遠ざけられるものとして維

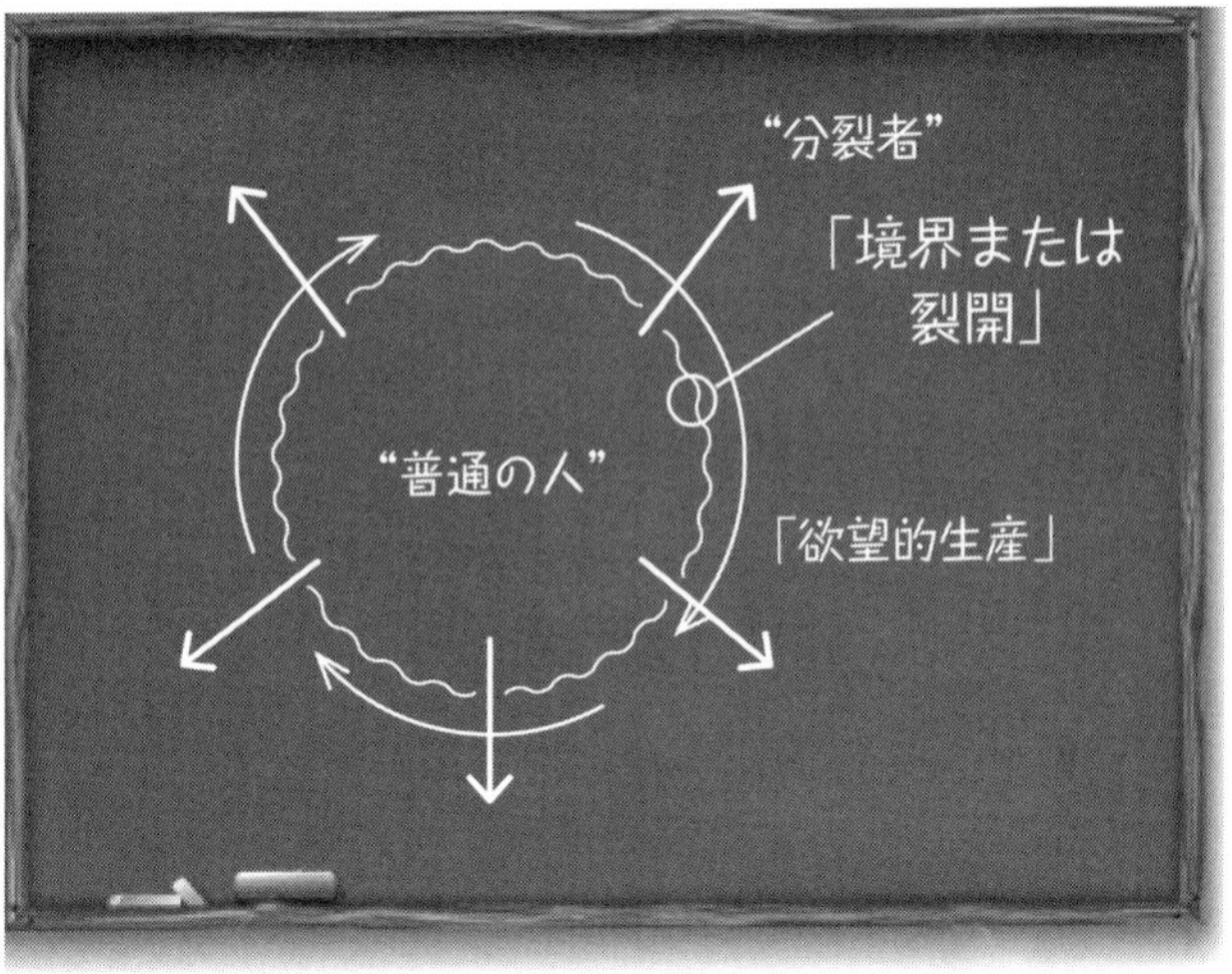

持する境界、または裂開」という表現は切れ目が分かりにくいせいで読みにくいですが、原語は〈la limite, le schize, qui maintenait la production de désir toujours en marge de la production sociale, tangentielle et toujours repoussée〉で、「社会的生産の周縁」にあるのは、「欲望的生産」だと読むのが自然でしょう。これは先ほど出てきた話ですね。その「欲望的生産」は、「接線的なもの、常に遠ざけられるもの」であるけれど、何とか「周縁」にとどまっているわけです。社会的生産という枠の内と外を隔てている「境界」あるいは「裂開（裂け目）la schize」のおかげで。「接線的なもの、常に遠ざけられるもの」というのは、恐らく、円の上で運動している物体のようなものをイメージしているのではないかと思います。各瞬間ごとに接線方向に一定の速度で運動しているけれど、遠心力と向心力が釣り合っているおかげで、円の外には飛び出していかない。この場合、円が社会的生産の「境界または裂開」で、運動している物体が「欲望的生産」と考えればいいでしょう。〝普通の人〟は円周上にとどまっているけれど、分裂者は飛び出していってしまう。この後に、分裂者はツァラトゥストラのようなものだということが述べられていますが、ニーチェの描くツァラトゥストラは、既成の価値を追いかけるのではなく、自らの身体に働く諸力の中から新しい価値を生み出すことのできる「超人」です。「超人」は、まともな軌道に乗って生きている人から見れば、狂人です。

「プロセス」からの分析と〝狂気〟という突破口

二五二頁を見ると、これまでの精神医学の歴史において、精神病を「プロセス」という観点から把握しようとしたのは、ヤスパースとレインだけだということが述べられています。初回に見たようにヤスパースは、精神病において人格の中に外部から侵入してくるものがあることを「プロセス」として捉えていました。ただし、その「プロセス」を「悪魔的 dämonisch」なものと呼んで、それ以上の分析をしていないことはあまり気に入らない、という感じでしたね。レインからの引用が分かりやすいし、ドゥルーズ＋ガタリ自身の見解に近そうなので見ておきましょう。

「もし人類が生きのびるとすれば、私の想像するところ、未来の人間たちは、私たちのかがやかしい時代を、まことに蒙昧の世紀とみなすことだろう。彼らは、おそらく、この状況の皮肉さを私たちよりももっと楽しんで味わうことができるかもしれない。彼らは私たちを笑うことだろう。彼らは気づくだろう。私たちが分裂症と呼んでいたものは、しばしば、きわめて普通のひとたちを媒介にして、私たちの閉ざされた精神の裂け目に光がさし込み始めた形態のひとつであったのだ、と……狂気は必ずしも崩壊 break down ではない。それはまた突破口 break through でもありうる……。自我の喪失という超越論的経験をした個人は、さまざまな仕方で、均衡を失うことがあるかもしれず、ないかもしれない。そのとき彼は狂人とみなされるかもしれない。たとえ私たちの世界では、狂人と病者という二つの語が相補的になっているとしても、狂人であることは必ずしも病んでいることではない……。私たちの精神の疑似的な健全さという出発点から見れば、すべては曖昧である。私たちのこの健全さは、真の健全さではない。狂気といわれる人びとは、真に狂気ではない。私たちの患者たちの狂気は、破壊の産物であって、私たちが彼らにこれを押しつけ、また彼らが彼ら自身に押しつけているのだ。本当の狂気に出会うことも、本当に精神的に健全であることも、想像さえできないのだ。私たちが患者において直面している狂気は、こうした奇妙な統合作用からの自然的な治療であるかもしれない事態の粗雑な擬装であり、単なる見せかけであり、グロテスクな戯画なのである。精神の真の健全さとは、何らかの仕方で、正常な自我の解体を前提としているのだ……。」

これは分かりやすいですね。「狂気」を正常な精神の「崩壊」ではなく、むしろ〝私たち〟が想定している擬似的な健全さから抜け出す突破口かもしれないというわけです。二五三頁の後半から二五四頁の前半にかけて英国のロマン主義時代の風景画家ターナー（一七七五―一八五一）の作風の変化に即して、「突破口」が語られていますね。二五四頁後半以降は文学について語られています。

英米文学という奇異なもの。トマス・ハーディ、ロレンスからローリーへ。ミラーからギンズバーグやケルアックへ。人びとは出発し、コードを混乱させ、流れを開放し、器官なき身体の砂漠を横断することを知っている。彼らは境界を越え、壁をうがち、資本主義の柵を粉砕する。そして確かに彼らはプロセスの完成には失敗することがあり、失敗を続ける。神経症の袋小路はまた塞がってしまう。――オイディプス化の働きをするパパ―ママ、アメリカ、故国への回帰、――あるいはエキゾチックな領土性の倒錯、そして麻薬、アルコール、――あるいはもっと悪いことには、ファシズムの古めかしい夢。錯乱が一方の極から他方の極へと、これほどゆれ動いたことはいまだかつてなかった。しかしもろもろの袋小路や三角形を貫通して、分裂症の抵抗しがたい流れが、精子、大河、下水が流れる。膿漏あるいは言葉の洪水は、コード化されることがなく、リビドーはあまりに流動的、あるいは粘着質である。統辞法への暴力、シニフィアンの一致団結した破壊、流れとして打ちたてられた無意味、あらゆる関係に忍び込む多義性。文学の問題が、文学の内包するイデオロギーや、社会秩序による文学の回収という点から提起されるのは、何という誤りだろう。

ハーディ（一八四〇―一九二八）はヴィクトリア朝の英国の代表的な小説家で、牧歌的・宿命論的な作品が多いことで知られています。旧制高校時代から日本の英語の教科書によく採用される人ですね。『チャタレイ夫人の恋人』で知られるロレンスは先ほど見たように、精神分析を批判して本当の無意識の欲望

の無規定性を指摘したことでドゥルーズ＋ガタリが評価していましたね。マルコム・ローリー（一九〇九―五七）は、英国生まれの詩人・小説家で、母親からのネグレクトなどが原因で、一四歳からアルコール漬けになり、同性愛の友人の告白を拒絶して相手を自殺に追いやったことへのトラウマも加わって、すさんだ生活をするようになります。母親代わりになってほしいと願った妻と共にアメリカやカナダ、カリブ海諸国を放浪し、英国に戻ってきて亡くなります。アルコール中毒ぎみの英国の領事がメキシコの火山地帯の町で突然の死を迎える一日の流れを描いた『火山の下で Under the Volcano』（一九四七）という小説が有名です。ヘンリー・ミラーは第一回で見たところにも出てきましたね。アメリカの小説家で、パリでのボヘミアンたちのコミュニティの中での経験をベースにした自伝的小説『北回帰線』（一九三四）と『南回帰線』（一九三九）で知られます。アレン・ギンズバーグ（一九二六―九七）と、ジャック・ケルアック（一九二二―六九）は、第一次大戦勃発から大恐慌（一九一四～二九）くらいまでの間に生まれて、五〇年代のアメリカで活動し、ヒッピーなど、カウンター・カルチャーに影響を与えたビートニク世代の代表的な文学者です。

　引用した箇所から十分明らかだと思いますが、ドゥルーズ＋ガタリは、エディプス的にコード化されることなく、というよりコード化されることに失敗し、「プロセス」が進行する中でその人生とエクリチュールが分裂症的・多義的な様相を呈する、これらの作家を高く評価していることが分かります。恐らく彼らが資本主義の中心地である英米の作家であることも念頭にあるのでしょう。資本主義のただ中にいな

ハーディ

マルコム・ローリー

ヘンリー・ミラー

アレン・ギンズバーグ

ジャック・ケルアック

がら、というより、資本主義のど真ん中にいるからこそ、逸脱していく。「文学の内包するイデオロギーや、社会秩序による文学の回収」といった点から文学の問題を提起すべきでない、というのは分かりますね。ドゥルーズ+ガタリは、文学をそれが伝えようとしている思想の中身の方向性、体制を破壊しようとしているとか守ろうとしている、といったことではなく、その「文体 style」が、既成の「シニフィアンの秩序 l'ordre du signifiant」、それによって規定される「内容の形式」を突き破っていくかどうかに関心を持っているわけです。「内容の形式」というのは、恐らく、どういう内容であれば、意味が通じる物語として成立するか、多くの人に伝達可能になるかを決めている条件のようなものでしょう。そういう突き破っていく文学の運動を「文学機械 la machine littéraire」と呼んでいます。

二五五〜二五六頁にかけて、芸術作品を消費対象にしたり、神経症のような人々が抱えている問題を昇華して解決することが芸術の目的だとするような考え方が批判されていますね。そういう観点に立つと、治る見込みがある神経症は肯定的に評価されるが、文法さえも破壊してしまう精神病はダメだということになるけれど、ドゥルーズ+ガタリにしてみれば、精神病と呼ばれているものこそ、言語活動を欲望的生産に転換する、「革命的逃走 fuite révolutionnaire」の可能性を秘めているわけです。二五六〜二五七頁にかけて、「確立された文学 la littérature établie」は、エディプス的なものを生み出す「超自我」的な働きをする、それはエクリチュールとして可視化されていない「超自我」よりももっとたちが悪いということが述べられていますね。

実際オイディプスは、精神分析的である前に文学的である。アルトーに対してブルトン、レンツに対してゲーテ、ヘルダーリンに対してシラー、こういう人物たちが常に存在して、文学を超自我化し、私たちにこう語る。用心せよ。やりすぎるな。「如才なさを欠いては」ならない。ウェルテルはいいが、レンツはだめだ！　文学のオイディプス的形式は、商品の形式なのだ。

確かに、「エディプス」は精神分析が生まれるずっと前に、文学作品として成立したわけですね。対になっているのは、同じような範疇に見られがちだけど、ドゥルーズ＋ガタリから見れば、先ほどの意味での神経症と精神病、ちょっと逸脱しているから昇華の契機になるからいいといって称揚される作家と、ここまで狂っていたらどうしようもないと切り捨てられる作家との組み合わせですね。アルトーに対置されているアンドレ・ブルトン（一八九六―一九六六）は、ご存知のように「シュルレアリスム宣言」（一九二四）を起草したシュルレアリスムの代表的詩人で、アルトーと同じ年の生まれです。アルトーもシュルレアリスムに加わっていた時期があるので、同じ範疇と見られがちですが、一線を越えているかどうかで全然違うということでしょう。レンツは、第一章に出てきたゲオルク・ビュヒナーの作品『レンツ』、もしくはそのモデルになった実在の人物です。実在のレンツは、ゲーテの二歳下で、ゲーテを追ってワイマールに行ったけど、追いかえされたようです。精神状態が不安定になって治療を受けていたようですが、ビュヒナーの『レンツ』ほど分裂症的だったかまでは分かりません。ロシアに行って、フリーメーソンのサークルと付き合ったりしていたようです。ゲーテの『若きウェルテルの悩み』（一七七四）のウェルテルは最後に自殺しますが、自殺の動機は理解できなくもないし、危機を乗り切りさえすれば、まともな大人になりそうに見える。それに比べると、『レンツ』の主人公はもはや後戻り不可能な、完全に分裂症的な人物です。ヘルダリンはシラーより一一歳若いですが、二人ともギリシア文学の影響を強く受けていて、ドイツ文学史では、古典文学とロマン派の中間に位置付けられることがしばしばありますが、シラーの作品の登場人物、『群盗』（一七八二）のカールや『たくらみと恋』（一七八四）のフェルディナントの情念に満ちた行動は常軌を逸しているように見えるけれど、理解できなくはない。だからドイツ文学の古典になった。それに対してヘルダリンの詩はドイツ語の通常の統語法からして逸脱しているし、本人が実際に狂気に陥って後半生を塔に監禁されて過ごします――ヘルダリンについては拙著『危機の詩学』（作品社）をご覧下さい。

スキゾとパラノイアのシーソー・ゲーム

二六〇頁でヤスパースに触れています。

ヤスパースによれば、通常は抑制－抑圧されている「悪魔的なもの」が、ある状態に乗じて出現したり、一定の状態を喚起して、この状態が、たえず悪魔的なものを、崩壊や解体に追い込む恐れがある。病気はプロセスの偽装あるいは戯画にすぎず、プロセスこそが真に狂気と呼ばれるべきなのか、それとも、病気の方が唯一の狂気であり、プロセスは私たちをこの狂気から癒すはずなのか、もはや私たちには分からない。しかし、いずれにしてもプロセスと病気の親密な関係は、直接に逆比例するものとして現われる。つまり生産プロセスがその流れを逸脱し、急激に中断されるなら、臨床実体としての分裂者はますます特別な産物として出現してくることになる。だからこそ、逆に、私たちは神経症と精神病との間に、どんな直接的な関係も確立することはできなかった。神経症、精神病、また倒錯、これらの関係は、プロセスに対するそれぞれの状況に依存し、またそれぞれがプロセスの中断の様態をいかに表象するか、その仕方に依存する。それはすなわち残滓の大地であって、欲望の脱領土化した流れに巻き込まれないように、ひとはまだこれにしがみつくのだ。オイディプスの神経症的領土性、人工の倒錯的領土性、器官なき身体の精神病的領土性がある。

ヤスパースの言う「悪魔的なもの」は、何らかのきっかけで浮上してきて、主体の意識を乱すもので、私たちの心身において進行している「(欲望の生産)プロセス」と深く関係しているようですね。ここで「病気」と呼ばれているのは、「悪魔的なもの」が発現した状態のようです。「病気」と「プロセス」の関係が分かりにくいですが、二通りの解釈が可能だということは分かりますね。「プロセス」の本質は「狂気」であり、その一部が表面化したものが「病気」として現れるのか、それとも、「プロセス」自体は健全で、それからの逸脱が「狂気」なのか？　そのいずれの解釈も可能だけれど、はっきりしているのは、「プロセス」が、人為的に強制されてか、それ自体の運動法則に従ってか、何らかの理由で、中断するか、それまでの流れから逸脱するかしたら、それが通常、神経症、倒錯（perversion）、精神病などの〝病気〟として現れてくる、ということです。

「オイディプスの神経症的領土性」というのは、「エディプス」を受け入れると、エディプス的アインデンティティ、それに関わる生活領域に拘るようになり、それが神経症として現れてくるということでしょう。「器官なき身体の精神病的領土性」というのは、その逆に、欲望を一定の制約に留めておく枠がなくて、あるいは壊れていて、器官ごとに機能分化する以前の「器官なき身体」がむき出しになった状態、心身が属すべき固有の領域を持たない状態になる、ということでしょう。「人工の倒錯的領土性」というのは、生物学的な意味で正常な身体性とも、典型的にエディプス的でもない、人工的な身体性を構築して、それに固有の領土を作り上げていることでしょう。フェティシズムや非異性愛は、そういう風に説明できるかもしれません。

ときにプロセスは罠にはまり、三角形の中で空転する。ときにプロセスは自分自身を目的と考える。ときにプロセスは自分自身を追い続け、自分を完成するかわりに恐るべき悪化を招く。これらの形態のそれぞれの根底には分裂症がある。プロセスとしての分裂症こそ、唯一の普遍性なのである。分裂症とは、壁であり、壁の突破口であり、同時にこの突破口の挫折でもある。

プロセスが罠にはまるというのは、エディプス三角形のようなものにはまってしまって、その狭い閉鎖的サイクルの中で運動するようになるということです。そのサイクルの内部にしか、自分の目指す目的はないかのように錯覚するようになることもあるけれど、それもまた、分裂症的なプロセスの一つの様相である、というわけです。「プロセス」は常に自由奔放に進んでいくというより、自ら壁を作り、それを壊して進んでいく。全体的・長期的に見ると、欲望的生産のプロセスは全て、分裂症的な傾向をベースにしているわけです。

浅田彰さんの『構造と力』や『逃走論』を——それほど細部に注意しないで——読んでいると、パラノ・モードとスキゾ・モードは対等の関係にあって、一方に傾きすぎると、他方へと引き戻そうとする力が働いて、絶えずシーソー・ゲームをしているような印象を受けますが、この辺りを読むと、ドゥルーズ＋ガタリはむしろ、スキゾ的な傾向がベースであり、そのプロセスの随所で、パラノ的に特定の欲望領域に固執しているように見える地点がある、ということになるでしょう。

社会的機械と「大地機械」――「第三章　未開人、野蛮人、文明人」を読む

では、「第三章　未開人、野蛮人、文明人」に入りましょう。この章もそれなりに難しいのですが、文化人類学的な知見をベースにしていることは確かなので、ある意味分かりやすいです。まず、個人の身体レベルで働く「欲望機械」とは異なる「社会的機械」とはどういうものかが話題になります。

「大地機械 la machine territoriale」――「第三章第一節　登記する社会体」を読む

――資本主義以前の社会的機械は、きわめて厳密な意味で、欲望に内属しているということも確かである。これらの社会的機械は、欲望をコード化し、欲望の流れをコード化する。欲望をコード化すること――、そして脱コード化される流れに対する恐れや不安――、これがまさに社会体の関心事である。

ここは分かりやすいですね。資本主義以前に働いていた「社会的機械」は、人間の身体的欲望に密着していて、欲望をコード化していた、人々が何に対してどういう風に欲望を抱くか規定していた。それによって、社会の秩序、経済的な循環が維持されていたわけです。だから、「脱コード化される流れ」、つまり秩序を壊すような欲望の流れが生じると、それに社会体は「恐れや不安」を抱くわけです。

――欲望と生産の未開の原始的統一体とは、大地である。なぜなら大地はただ分割される多様な労働対象

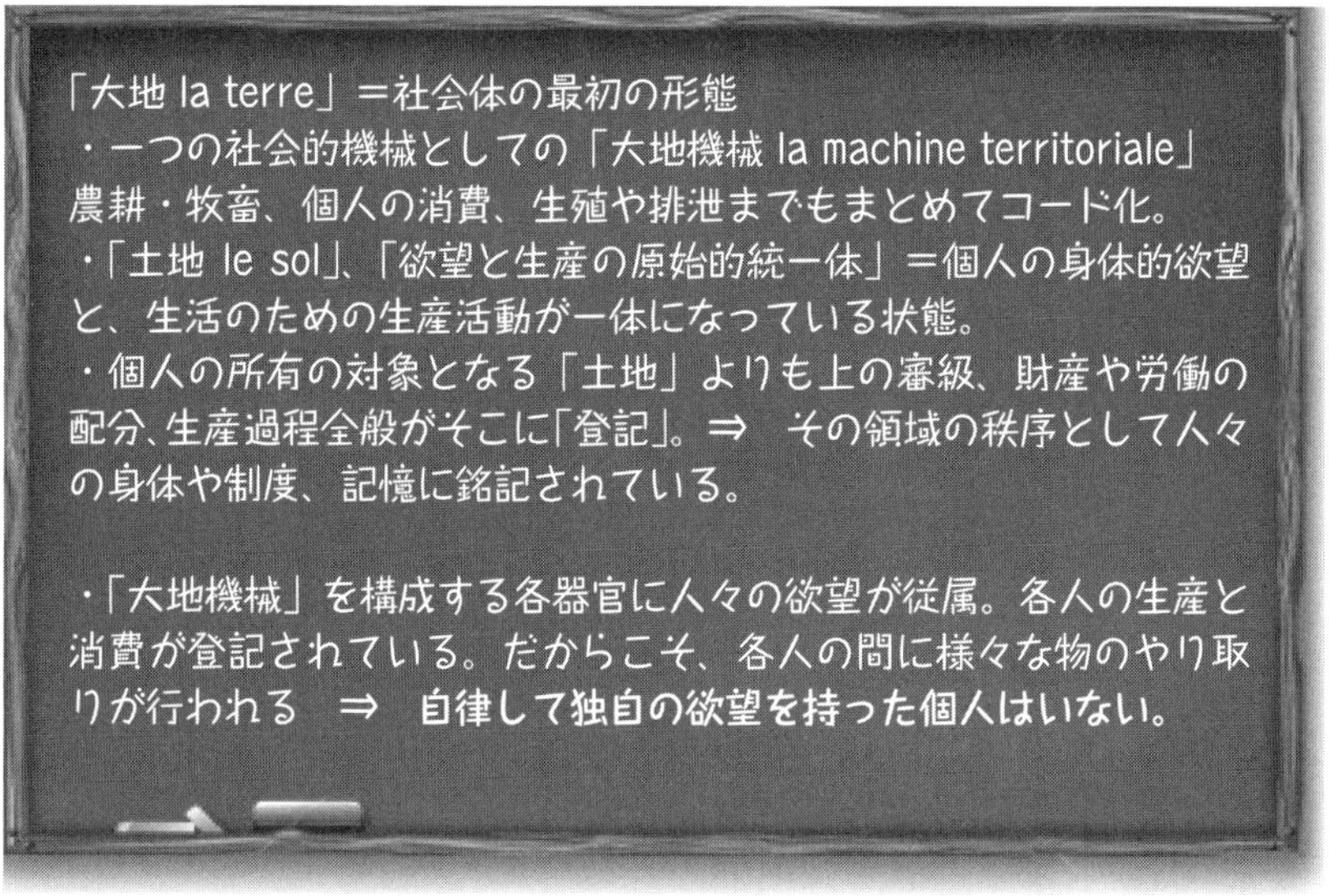
「大地 la terre」＝社会体の最初の形態
・一つの社会的機械としての「大地機械 la machine territoriale」
農耕・牧畜、個人の消費、生殖や排泄までもまとめてコード化。
・「土地 le sol」、「欲望と生産の原始的統一体」＝個人の身体的欲望と、生活のための生産活動が一体になっている状態。
・個人の所有の対象となる「土地」よりも上の審級、財産や労働の配分、生産過程全般がそこに「登記」。⇒　その領域の秩序として人々の身体や制度、記憶に銘記されている。
・「大地機械」を構成する各器官に人々の欲望が従属。各人の生産と消費が登記されている。だからこそ、各人の間に様々な物のやり取りが行われる　⇒　自律して独自の欲望を持った個人はいない。

ではなく、また不可分な唯一の総体でもあり、自然的あるいは神的な前提として、生産諸力の上に折り重なり、生産諸力を自分のものとして所有する充実身体なのだから。土地は生産の要素であり、所有の結果として存在するが、大地は、生み出されることなく、始めから存在する大いなる鬱積であり、土地の共同的な所有と使用を条件づける生産よりも上位の要素である。〈大地〉という表面に、生産のあらゆる過程が登記され、労働のもろもろの対象、手段、力が登録され、生産の代行者や生産物が分配される。

「大地 la terre」という比喩的表現が分かりにくいですが、「土地 le sol」と関係しているけれど、イコールでないことは分かりますね。最初に述べられているように、「欲望と生産の原始的統一体」です。つまり、個人の身体的欲望と、生活のための生産活動が一体になっている状態です。これは、資本主義社会で、身体の欲望と社会的な富の生産がかなり乖離していて、企業で生産されるものが、その生産に従事している各人の身体的欲望を必ずしも直接的に充足するものとは限らないことを考えれば、分かるでしょう。労働者は、自分がその生産に従事したものを消費するわけではありません。その意味で、生産と欲望が結び付いた場所としての「大地」を

様々な機械がしっかりと配置され、欲望の流れが充満している、一つの「充実身体」と見ているわけですね。そうした充実身体としての「大地」は、個人の所有の対象となる「土地」よりも上の審級で、財産や労働の配分、生産過程全般がそこに「登記」されている、つまり、そこでの秩序として人々の身体や制度、記憶に銘記されている。この〈大地〉が社会体の最初の形態であり、一つの社会的機械になっているということで、「大地機械 la machine territoriale」とも呼ばれていますね。二六五～二六六頁にかけて、「社会的機械 la machine sociale」と、「技術的機械 les machines techniques」の原理的な違いが述べられていますね。後者は人間の力を拡張し、解放するためのもので、作動・伝達のための動力として非人間的なものを含んでいる、ということですね。つまり普通、広い意味で機械と呼ばれているものと考えていいです。それに対して、「社会的機械」は人間を部品として扱いながら、自らの過程を再生産するということですね。個人の身体レベルの機械と同じように流れを切断し、新たなサイクルを生み出し、コード化する。

このシステムは、生産の生産、登録の生産、消費の生産を組織する。女たちと子供たちの流れ、羊の群れと穀粒の流れ、精子と糞と月経の流れ、何ひとつコードを逃れるものはない。原始的大地機械は、不動の動力である大地とともに、すでに社会的機械あるいはメガマシンであり、生産の流れ、生産手段の流れ、生産者と消費者の流れをコード化する。〈大地〉の女神の充実身体は、その上で、耕作可能な種、農業用具そして人間の諸器官を結合するのだ。

この講義の第一回に見たように、「登録」や「消費」も「生産」の一部になっているわけです。大地機械は、農耕・牧畜も、個人の消費も、生殖や排泄までもまとめてコード化しているわけです。二六七～二六九頁にかけてかなりごちゃごちゃした記述になっていますが、要は、「大地機械」を構成する各器官に人々の欲望が従属している、各人の生産と消費が登記されている、だからこそ、各人の間に様々な物のやり取りが行われるのであって、最初に自律して独自の欲望を持った個人がいるわけではないということのようです。

「肛門」が私有化のモデル

「大地（機械）」は一つの人間の身体のようなものとしてイメージされていて、その器官としてのペニスとか膣とか肛門とかが、「部分対象」として人々を惹き付け、欲望の流れをコード化するということですね。具体的には、各人が「大地」の中での生産と消費のサイクルに組み込まれている、ということでしょう。

> 私たちの現代社会は、逆に、もろもろの器官の大々的な私有化から始まったのであるが、これは、抽象化した流れの脱コード化に対応している。私有化されて社会野の外におかれることになる最初の器官は、肛門であった。まさに肛門が私有化にモデルを提供したのと同時に、貨幣は、流れの抽象化の新たな状態を表現していたのである。このことによって、精神分析が貨幣経済の肛門的性格を指摘してきたことは、相対的に真実なのだ。

私たちは「大地機械」の器官であったものを、自分のものとして私有化し、それによって自分たちを縛っていたコードを緩めている、ということですね。これは生産手段の私有とか私有財産の形成、家族ごとの経済の開始といった事態を指していると考えればいいでしょう。ここで「肛門」が私有化のモデルだというのは唐突な感じがしますが、フロイトの精神分析で、人間の発達で、口唇期と男根期の間に肛門期という時期を設定しています。肛門にリビドーが集中的に作用する時期、子供が自分の糞便に関心を持つ時期であると共にトイレット・トレーニングを受ける時期であり、この時期に無理な躾の影響で便を溜める癖がつくと、物を溜め込むケチな性格になるとされています。そして便を、貨幣に象徴的に対応させるようになる、ということです。これが「相対的真実」だとドゥルーズ＋ガタリは言っているわけですが、恐らく、肛門期というのは一人の人間の身体において自動的に発生することではなく、「大地機械」の器官を私有化する過程と結び付いているということでしょう。肛門が私有化のモデルになるというのがどういうことかひどく分かりにくいですが、恐らく、肛門から外に出たものはもはや身体に帰属しない、糞便はまだ身体の内にあったとしても、もはや体の循環サイクルから半ば外れていて、私の意志でいじれるようになるので、「大地」の充実身体における生産・消費のサイクルから外れて私有化されるものの象徴になるということでしょう。

原初に全てを統合する「充実身体」があって、それが自らの子供たち（共同体のメンバー）によって次第に解体されて、所有の主体としての個が生まれてくるというイメージから、古代中国の「混沌」の神話とかギリシア神話の「カオス」のことが思い浮かんできますね。

> 原始大地機械は流れをコード化し、器官にリビドーを備給し、身体に刻印する。大地に属する身体に刻印するというこの任務は、他のすべての任務を集約するもので、これに比べれば、循環し交換することは、まったく二次的な活動である。登録し登記する社会体の本質は、もろもろの生産力を自分に帰属させ、生産の代理者を分配するものであるかぎり、入れ墨をすること、切除すること、切りこむこと、切断すること、生贄にすること、手足を切断すること、囲むこと、秘伝を手ほどきすることである。

個人の身体に対する入れ墨とか性器切除とかが、その個人を社会（体）の中に登録し登記することを意味し、それに伴って秘儀伝授が行われるというのは、ドゥルーズ＋ガタリに言われなくてもよく知られていることですが、そうすることが、「原始大地機械」自体の身体の各部、器官の役割を指定して相互に関係付けること、つまり、その社会の「生産」を機能分化することに繋がっている、というのが彼ら独自の主張でしょう。

「残酷 cruauté（Grausamkeit）」な「記号の記憶 une mémoire des signes」

二七二頁でニーチェの『道徳の系譜学』（一八八七）を引きながら、こうした各人の身体への刻み込みが、人々の記憶、「記号の記憶 une mémoire des signes」と繋がっていることが示唆されていますね。「記号」というのは、男根とか肛門とかの大地の身体の部位を指しながら、同時に、生産上の機能を指定する、その部族社会の象徴的諸記号のようなもののことでしょう。そうした「記号」の刻み込みを、ニーチェの表現を借りて、「残酷 cruauté（Grausamkeit）」と呼んでいますね。

人間の歴史を説明しようとして、何らかの暴力、または自然的な暴力が根拠とされることがあるが、〈残酷〉は、こうした暴力とは無関係である。〈残酷〉とは、文化の運動であって、これは身体において作動し、身体の上に刻まれ、身体をえぐる。残酷という言葉はまさにこのことを意味している。この文化は、イデオロギーの運動ではない。逆にそれは、欲望の中に力ずくで生産過程を挿入し、また反対に、社会的な生産と再生産の中に力ずくで欲望を注入する。

「残酷」という言葉の意味を勝手に変えてるような感じもしますが、確かに、肉食獣が獲物を食いちぎるような場面ではなく、人間が何らかの意図を持って、あるいは好んで、相手に血を流させるとか、体に傷を付けるとかいう場面で使う言葉ですね。ドイツ語の〈grausam〉やフランス語の〈cruel〉もそういう使い方をします。私たちは、個人による恣意的な残酷さをイメージしがちですが、ドゥルーズ＋ガタリは、それが元々は、大地機械の大いなる充実身体に各人を組み込む際の登録番号に由来していたと見るわけですね。

文化とは、人間あるいはその諸器官を、社会的機械の部品や歯車にすることである。記号とは欲望の措定であるが、最初の記号は大地的記号であり、身体の中にその標識を植えつける。肉そのものにこのように登記することを「エクリチュール」と呼ぼうとするなら、まさに言葉［パロール］はエクリチュールを前提としているといわなければならない。また、人間の言語活動を可能にし、人間に言葉の記憶を与えるのは、登記される記号の、あの残酷のシステムであるといわなければならない。

ここはかなり明晰ですね。「記号 signe」は単に事物を表示するための道具ではなく、各人の（器官なき）身体に欲望の回路を刻み付け、大地機械が働く大きな身体に組み込むための装置だというわけです。

「エクリチュール」を「肉 pleine chair」——訳には反映されていませんが、ふっくらしたとか充実したという意味の〈plein〉という形容詞が付いています——に刻み込むという話は恐らく、第一回にもお話ししたカフカの『流刑地にて』に出てくる、肉に文字を刻み付ける機械の話を念頭に置いているのでしょう。「エクリチュール」が「パロール」に先行するというのは、当然、デリダの議論ですが、これは恐らく、デリダの『グラマトロジーについて』で、レヴィ＝ストロースの『悲しき熱帯』（一九五五）の記述が論評されていて、そこで現地の人の身体に刻み付けられている「入れ墨」や顔面塗料を「エクリチュール」の前身のようなものとして見ることができるのではないか、という問題が提起されているので、そのことを念頭に置いているのでしょう。『グラマトロジーについて』については、拙著『〈ジャック・デリダ〉入門講義』（作品社）で少し解説していますので、関心があればご覧ください。

負債と贈与——「第三章第二節　原始大地機械」を読む

「第二節　原始大地機械」に入りましょう。最初に、原始大地機械と国家の関係が論じられています。原始大地機械自体は、領土的な性格を持っておらず、領土的なのは、次の、〈専制君主〉を頂点とする〈国家〉的な段階の特徴だということのようですね。〈国家〉は土地を細分化して、所有関係をはっきりさせますが、原始大地機械の「身体」は不可分の一体性を保っているようです。

> そして、原始大地機械の機能は、次のようなものだ。〈国家〉が存在する前に大地の身体の上で縁組と出自を活用変化させること、家系を活用変化させることである。
>
> 機械が活用変化の性格をもつのは、単に出自から縁組を演繹し、出自の血統からもろもろの縁組を演繹することができないからである。縁組とは、ひとつの家系に属する人びとを個体化する力をもつにすぎないとするのは、誤りであろう。むしろ縁組は、一般的な識別可能性を生みだすのだ。

「活用変化する」の原語は〈déclinaison〉で、性・数・格――格というのは、主格、所有格、目的格といった文の中での役割のことです――による名詞、代名詞、形容詞の語尾変化のことです。ここでは、「縁組 alliance」や「出自 filiation」の役割を場面ごとに変化させ、別のものと接続可能にする、という意味でしょう。「出自」から「縁組」を演繹するというのは、どの血統に生まれた人であれば、どの血統の人と縁組するか自動的、自然に決まるわけではないので、大地機械が、各人の「出自」に、関係性に応じて異なった意味を与え、「縁組」を成立させる、それによってその人のアイデンティティも決定するということでしょう。ごく簡単に言えば、○○の何代後の子孫ということで各人のアイデンティティを決める場合、男系なのか女系なのかで全く違ってきます。男系か女系かの一方の世代に定めて、それ以外は関係ないということにすればいいのかというと、多くの社会で、息子と母親や祖母、叔母、従妹などとの縁組は禁じられています。すると基本が男系社会でも、女系が全く関係ないとは言えない。叔母や従姉妹に関して、父方あるいは母方はダメだというルールがあったりします。私たちが従姉妹と呼んでいるものを姉妹と見なす社会もある。そして、出自に基づく家族の諸系譜があって、それらの間で一定の原則に基づいて、娘あるいは息子を嫁や婿に出す形で、縁組を結ぶ。各人は、ある人に対しては父、別の人に対しては息子、兄弟、従兄あるいは従弟、伯父あるいは叔父、又従弟、結婚できるかできないか、養う／養われる、といった様々な関係を他者と結んでいるわけです。元々出自や縁組で繋がっている人との間に、新たな縁組で新たな関係が生じると、余計に複雑になります。従姉妹や叔父、叔母と結婚すると、関係が二重化することになりますね。同じ人が文脈によって違った役割になるわけです。

出自は行政的かつ階層的であるが、縁組は政治的かつ経済的なのである。縁組は、階層秩序と異なり階層秩序から演繹されないという点で権力を表現し、行政と同一のものでないという点で経済を表現している。出自と縁組とは、いわば原始的資本の二つの形態なのだ。一方は固定資本あるいは出自のストックであり、他方は循環資本あるいは負債の可動的ブロックである。この二つの形態に、二つの

——記憶が対応する。ひとつは生物学的な出自の記憶、もうひとつは縁組と言葉の記憶である。「出自」が「行政的かつ階層的」であるというのは、恐らく、統治や支配の仕組みが確定していく、上下関係がはっきりしているということでしょう。「縁組」が「政治的かつ経済的」であるというのは、例えば、女性を嫁に出したり、もらったりするサイクルを作って、均衡を取ろうとするということでしょう。こうした人的資源の再生・保持と交換が、「資本」の原型で、「出自」が資本を構成する固定的部分と、「縁組」が債権―債務の形で循環するフローの部分に相当するわけです。

子供の生産において、子供は、父か母の離接的系譜にしたがって登記される。ところが逆にこれらの系譜は、父と母との結婚によって表される接続の仲介によってのみ、子供を登記するのである。だから、縁組が出自から派生することは、どんな場合にもありえないのであり、縁組と出自は、本質的に開かれたサイクルを形成している。このサイクルの中で、社会体は生産に対して作用し、また生産は社会体に反作用を及ぼす。

——前回見た、「生産の接続的総合」と、「登録の離接的総合」の話が出てきましたね。「縁組」が「出自」から派生することはあり得ない、とどうして言い切れるのか気になりますが、恐らく、実際に子供が生まれるかどうか、男か女か、他の兄弟との年齢差、その家系で男子あるいは女子は足りているか、その子が大人になった時に相手方となる家系に相手となる異性がちゃんといるか、といったことがあるので、生まれる前からきっちり予約しておくようなことはできない、ということでしょう。

「冷たい経済 économie froide」と「コードの剰余価値 plus-value de code」、そして贈与

——二八一頁で、縁組のエコノミーが論じられています。

生産的な接続を自分のものとする、出自の離接なしには、この生産的な接続は存在しない。しかし縁組や人物の接合〔婚姻〕を通して、横の接続を再構成しないような出自の離接は存在しない。流れや

連鎖だけではなく、固定したストックや可動的なブロックまでが、永遠に相対的な状態にある。ストックとブロックの方も、双方向において、連鎖と流れの関係をともなうからである。つまり、それらの要素はすべて、女も、消費財も、儀式の道具も、権利も、威信も、社会的地位も変化するのだ。どこかで代価の一種の均衡が存在しなければならないと要請するなら、関係が明らかに不均衡な場合は、これを病理学的な結果とみなさざるをえない。これは、閉鎖的なものと仮定されたシステムがひとつの方向に拡大して、補償給付をより大きく複雑にするにつれて、閉じたシステムを開いていった結果だと説明される。しかし、こうした発想は、原始的な「冷たい経済」と矛盾する。これは明確な投資も、貨幣も、市場も、交換取引関係ももたないのだ。このような冷たい経済を動かす原動力とは、反対にほんとうのコードの剰余価値なのだ。連鎖からの離脱はそれぞれに、生産の流れの一方の側には超過や蓄積の現象を、他方の側には欠如や不足の現象を生みだすが、こうした不均衡の現象は、威信が獲得されるか、消費が分配されるというようなタイプの、交換不可能な要素によって補償される（「派手なお祭り騒ぎによって、首長は消滅する価値を、消滅しえない威信に変える。こうして財貨の消費者は、最後には最初の生産者となる」）。

難しい言い回しをしていますが、大筋は分かりますね。「出自の離接」というのは、家系のようなものに基づいて、別のグループに属しているということです。「出自」に基づく系譜が安定しているわけではなく、「縁組」を通して常に再編成されている。これを、フローによって再編成されない「資本」はないという経済の論理で説明しているわけですね。親族の体系を、資本とのアナロジーで説明している、と言いたいところですが、先ほど見たように、ドゥルーズ＋ガタリは、縁組を通してのヒトのやりとりも「資本」の流れの原初形態と見ているわけですね。原初の大地の機械の段階でも、女、消費財、儀式の道具、権利が絶えずやり取りされて、各家系に属する「資本」の構成が絶えず変化するわけです。ドゥルーズ＋ガタリは、原始的で閉鎖されていた経済が開放・拡大されていくにつれて、こうした流れが生じたのではなくて、最初からそういう流れや再編を含んでいたと想定しているわけです。

「冷たい経済 économie froide」というのは、恐らくレヴィ＝ストロースの言う「冷たい社会 sociétés froides」の「経済」という意味でしょう。レヴィ＝ストロースは、西欧諸国のように、象徴秩序を中心とした社会的関係が不安定で激しく変化している社会「熱い社会 sociétés chaudes」に対して、変化が少なくて安定している社会を「冷たい社会」と呼んだことが知られています。「冷たい社会」とされているものには確かに投資、貨幣、市場、交換取引はないけれど、だからといって人や物、欲望の流れによる不安定さがないわけではない。二七八頁に、流れと共に移動しながら、自らの家系や資本を絶えず再構成する「大いなる遊牧民の狩猟者 le grand chasseur nomade」のことが言及されていますが、これは、「冷たい経済」の例なのでしょう。「コードの剰余価値 plus-value de code」というのは、マルクスの「剰余価値」を念頭に置いた言い方なのでしょうが、「労働」からではなく、財や人に意味を付与し、流れを制御しているコードから生じる、というところがミソです。では、どうやって生じるかというと、引用にあるように、やりとりする物や人の一方の側における「超過 excès」、他方における「不足 manque」です。不足している方は、放っておけば現実的に消滅してしまいます。それで、「超過」している方が、その分を補塡してやることになるわけですが、それは与える側の一方的な損になるかというと、それが与えてやったという「威信 prestige」になるわけです。純粋に物質的な次元に還元できない「威信」というものがコード化される。簡単に言うと、与える側は、与えてやる側に「貸し」を作ることになり、「貸しを作った者」というステータスを得ることができる。そうなってくると、与える、というか貸しを作ること、逆に言うと、相手側に「借り」を作らせることに対する積極的な動機付けが生まれる。『道徳の系譜学』でニーチェは、「罪」を意味するドイツ語〈Schuld〉が、元々「負債」という意味であったことに着目して、道徳の起原に経済的な関係があることや、支配／被支配の関係を含意していることを示唆していますが、これも「超過－不足」の関係が、「威信」へと変換されるという話だと考えることができます。また、ラカンやデリダなど、フランス系の現代思想でよく見られる、原初における「不足」あるいは「欠如」を補う形で、「意味」が生じるという議論も、こうした「貸し／借り」や、「威信」という視点から理解し直すことができそうです。物質的な「不足」を、〝精神的なもの〟をコード化することによって補塡する――デリダにおける「負債」や「欠如」の問題は、『〈ジャック・デリダ〉入門講義』でも触れています。

こういう風に考えていくと、二八二頁で言及されているように、文化人類学者モース（一八七二―一九五〇）が『贈与論』（一九二四）で論じているような、北米のポトラッチとか南太平洋のクラのような、相手に対して気前のよさを見せつける形での「贈与」――あるいは、贈与の形を取った原初的交換――がある程度、心理的な面から納得いく形で説明できるわけです。「剰余価値」の原初的形態に関するモースの説明――のドゥルーズ＋ガタリによる要約――を見ておきましょう。

> モースによれば、それは贈与されたものにそなわる霊あるいは、もろもろの事物の力であり、これによって贈与は、高い利子がつくような仕方で返されなければならない。贈与は欲望と力能の記号であり、財の豊富さや成果の原理であるからである。不均衡の状態は、病理学的な結果であるどころか、機能的であり、原理的である。システムが開くということは、始めは閉じていたシステムが拡張されることではなく、根源的な事態であって、諸要素の異質性によって生じ、諸要素は、もろもろの補償給付を構成し、不均衡を置き換えることによって、この不均衡を償うのである。

モース＝ドゥルーズ＋ガタリの見方によると、「贈与」の〝原因〟になる「不足」、あるいは「不均衡」というのは、現にどこかに実在する物理的な量の問題というより、お互いが「借り」を返さないといけない、「貸し」にしようという心理もしくは姿勢を持つことから派生してくるヴァーチャルな効果だということになりそうですね。そういう効果があるおかげで、原始大地機械の充実身体の上に流れが生じ、その流れが潜在的に常に不均衡であるがゆえに開かれたシステムを形成している。クラやポトラッチを実践している社会は、デュルケーム（一八五八―一九一七）が『宗教生活の原初形態』（一九一二）で描いた

オーストラリアのアボリジニーの社会のような本格的な未開社会に比べてある程度発達している社会だと見られることが多いですし、アドルノ（一九〇三－六九）とホルクハイマー（一八九五－一九七三）の『啓蒙の弁証法』（一九四七）でも、等価交換が行われる社会への中間段階という位置づけになっています──これについては、拙著『現代ドイツ思想講義』（作品社）をご覧下さい。しかし、ドゥルーズ＋ガタリに言わせれば、クラやポトラッチのような形を取らなくても、物のやりとりを通して、「出自」の系譜を再編し、「負債」をコードの剰余価値で処理することによって継続している社会であれば、それは既に、開かれた経済のシステムを持っていることになります。

「線分機械 la Segmentaire」

二八四～二八六頁にかけて大地機械は「線分機械 la Segmentaire」としての性格を持っていると述べられています。「線分的大地機械 la machine territoriale segmentaire」とも表現されています。「線分」というのは、他の集団との間を区切る線分と、集団内の家系を分ける線分です。線分で区切られているおかげで、「家系」の間に「縁組」などの形で、人や物の流れが生じ、線分の長さの違いで、先ほどの「負債」と「威信」の関係が生じます。当然、家系の線分はしばしば引き直されます。

線分的大地機械は、分裂によって融合を斥ける。また、族長支配体制の諸機関を集団に対する関係においては無力なものにすることによって、権力の集中を妨げる。あたかも、未開人自身が、帝国の〈野蛮人〉の登場を予感しているかのようであるが、〈野蛮人〉は外から到来し、未開人たちのあらゆるコードを超コード化するのである。しかし、最大の危険は、やはり分散、分裂であり、それによって、コードのあらゆる可能性は消滅することになる。つまり脱コード化したもろもろの流れが、脱領土化した盲目にして無言の社会体の上を流れてゆくことになるが、こうした事態は、原始機械が全力で、線分的分節のすべてをつくして追い払おうとする悪夢である。

〈野蛮人 Barbare〉というのは、帝国を動かす「専制君主機械」に組み込まれている人間です。原始的な大地に生きる「未開人 sauvages」と区別しているわけですね。この後出てくるように、「野蛮人」たちは「コード」をメタレベルで支配する「超コード surcode」をもたらします。「線分的大地機械」は、線をうまく引くことで、一部の家系への（権）力の集中や、分裂が起こらないように制御しているわけです。次の段階へと移行する可能性は、既に原始大地機械に内在していたわけですね。

「大地機械」の作用と「エディプス」の誕生――「第三章第三節　オイディプス問題」前半を読む

「第三節　オイディプス問題」に入りましょう。「大地機械」の作用と「エディプス」の誕生がどのように絡んでいるかがテーマです。

「ヌーメン」

> 大地の充実身体は、はっきりした特性をもたないわけではない。この身体は苦しみにみち、危険を含み、唯一にして普遍的であって、みずから生産の上に、また生産の代行者や接続の上に折り重なる。ところが、この身体の上にはまた、あらゆるものが固着して登記され、吸引されて奇蹟を授かる。この身体は、離接的総合と、その再生産の境域である。これは何よりも、出自あるいは系譜の純粋な力であり、〈ヌーメン〉である。充実身体は、生み出されたものではないが、出自はまさに、この身体に刻印された登記を示す第一の指標である。

大地の「充実身体」の特性を描写しているわけです。そこに属すべきあらゆるものを吸着し、人々の出自と系譜を登記するわけです。「奇蹟」という表現が唐突な感じがしますが、恐らく、新たな生命をメンバーとして登録したり、先ほど見たようにメタレベルで各家系を区切る線分の長さを調整することで、流れの循環を可能にし、場合によっては、物の貸し借りを、「威信」という剰余価値の創出によって補足する、というようなことでしょう。価値を付与する奇蹟を行うという意味で、充実身体は神聖さを帯びている。この講義の第一回でも見たように、「ヌーメン」は、「神的なもの」あるいは「神的な現前」、「守護霊」という意味のラテン語で、ドゥルーズ+ガタリは、身体を覆っていて、その上で離接的登記が行われるエネルギーの膜のことを「ヌーメン」と呼んでいるようです。

二八九頁の終わりの方を見ると、この「ヌーメン」に登記される「出自」について、「宇宙的卵の上に登記」されていて、「〈一なるもの〉という神話的な起源をもつ」とも述べられていますね。「出自」を辿っていくと、その源に、「大地の充実身体」の「ヌーメン」があり、その神話的力を各人が分有しているということでしょう。二八九〜二九一頁にかけて、アフリカのニジェール川流域に住むドゴン族の神話を引き合いに出し、原初における〈一なるもの〉と、それから生まれてその創造の業を手伝った双子の精霊〈ノンモ〉の話がかなり長めに展開されていますね。ドゴン族については、そこに名前が出ているマルセル・グリオール(一八九八―一九五六)やジェルメーヌ・ディテルラン(一九〇三―九九)の研究でその神話の詳細が明らかにされ、全家族が〈一なるもの l'Un〉あるいは、その創造の業を具現化する〈二なる一 l'un-deux〉から生み出され、起源を共有していることがはっきりしているので、引き合いに出しやすかったのでしょう。「強度 intensité」の変遷についてかなりごちゃごちゃと書いていますが、要は、各家系が、〈一なるもの〉にまで遡る神聖さの強度を、ある意味双子のように、同じ量で分有していることが基本であり、それからのずれ、不均衡が生じると、「縁組」などを通じて、強度の均衡を取り戻すことが図られるということです。

先ほどは、現実に生じた不均衡を「威信」という剰余価値によって事後的に補うというような記述になっていましたが、神話の体系では、原初に〈一なるもの〉、大地の一なる充実身体があって、それの神聖さ=強度を各家系が分有化しているはず、という想定になっているわけですね。その原初に由来する状態を回復するのだということにしておいた方が安定しそうですね。縁組によって、大地の充実身体がバランスの取れた状態へと再構成されるわけです。

「内包的なもの（l'intnesif）から外延的なもの（l'extensif）への移行」

問題は、出自から縁組へと歩んでいくこと、出自から縁組を引きだすことではまったくない。私たちは、その理由をよりよく理解することができる。問題は、エネルギー的強度的秩序から、外延的システムに移行することであり、これは質にかかわる縁組と外延された出自を同時に含んでいる。強度的秩序の第一のエネルギー――〈ヌーメン〉――が出自のエネルギーであるということは、何ら事態を変えるものではない。なぜなら、この強度的な出自はまだ外延されず、人物の区別も性の区別さえももたず、ただ前人称的な強度の変化をもっているにすぎず、もろもろの度合いにおいてひとつの同じ双生児性に、あるいは男女両性状態にあるにすぎないからである。だから、この秩序に属する記号は、（ライプニッツがプラスでもマイナスでもありうる記号を示すために用いた表現にしたがうなら）根本的に中性であり両義的である。問題は、この始原的強度〔内包〕から出発して、いかに外延のシステムに移ることになるのか、を知ることである。

「始原的強度」というのが、「人物の区別も性の区別さえももたず、ただ前人称的な強度の変化をもっているにすぎず、もろもろの度合いにおいてひとつの同じ双生児性に、あるいは男女両性状態にあるにすぎない」状態であることが分かりますね。問題は、「外延システム un système extensif」です。この箇所は、「外延」を意味する〈extension〉の対義語である「内包 intension」が、「強度」を意味する〈intensité〉と語根を共有していることを念頭に置かないと理解できません。論理学で言う「内包」は概念の意義であり、それに当てはまる対象の共通の性質のことで、「外延」は、その具体的な対象としてリストアップされるもののことです。この意味での「内包／外延」は同時に存在していますが、その「内包」を、あらゆる意味と実体の源泉である〈一なるもの〉の「強度」という意味に読み替えると、一番最初は、外延を構成する個物はなくて、全ては〈一なるもの〉の〝内部〟における強度の変異しかありません。ビッグバンが起こる前の宇宙の卵のようなイメージで考えたらいいかもしれません。そういう混然一体状態から、外延を構成する個体が生じてきて、個体同士の間の「強度」の分布のバランスを取ろうとしながら、自己を維持・再生産するシステムへと移行する、ということでしょう。

この外延のシステムにおいて、1、出自は家系の形態をとって、外延された出自となり、人物の区別や両親の呼称における区別をもつことになる。2、縁組は同時に質的な関係となるが、外延された出自はこの質的関係を前提としているし、また逆に質的関係はこのような出自を前提としている。3、要するに、両義的な強度的な記号は、そのようなものであることをやめて、正か負になる。こうしたことは、レヴィ＝ストロースが平行いとこの禁止、交叉いとこの推奨を、結婚の単純な形態として説明しているページにはっきりと認められることである。二つの家系AとBの間の結婚はそれぞれ、この夫婦の出現がAまたはBにとって女を獲得した結果であるのか、それとも損失した結果であるのかにしたがって、（＋）あるいは（－）の記号を与える。この点に関しては、出自の体系が父系的であるか、母系的であるかは、ほとんど重要ではない。

「質的関係」というのは、単に量の調整だけでなく、どういう家系同士かという「質」も問題になるということでしょう。「両義的な強度的な記号」というのは、外延化が起こっていない、内包の強度だけある状態の記号、ということでしょう。イメージとしては、プラス極とマイナス極ができて、その間に電流が生じるのではなくて、プラスとマイナスが混然と一体化して潜在的なエネルギーが充満しているような感じでしょう。平行いとこ婚というのは、同性の兄弟姉妹の子が結婚することです。父の兄か弟の子と、あるいは母の姉か妹の子と結婚することです。交差いとこ婚は、親同士が異性の場合です。どうしてレヴィ＝ストロースの記述で、前者が禁止され、後者が推奨されているかというと、この本の記述のベースになっている父系的・父方居住的な親族集団から成る社会では、平行いとこは同じ集団に属するものと見なされ、交差いとこは異なる集団に属すると見なされ、かつ、「女性」の贈与をめぐる債権・債務関係として婚姻が観念されているからです。女性を受け取った集団は、債務を負い、次の婚姻でそれを返す義務を負います。それによって、交換のサイクルが出来上がります。多数の集団の間で、相互にどういう方向に贈与していくかに関する複雑な規則を持った社会もありますが、女性をめぐる債権／債務関係のサイクルができていることに変わりはありません。女系社会だと違った交換の形態になりそうですが、ヒトをめぐる債権・債務関係のサイクルができるという基本構造は同じです。関心のある方は、レヴィ＝ストロースの『親族の基本構造』（一九六七）、特に第八～一〇章辺りを読むといいでしょう。

二九四～二九八頁にかけて、レヴィ＝ストロースの親族構造論の記述にドゥルーズ＋ガタリなりの捻りを加えているのですが、ポイントが分かりにくいですね。ポイントは先ほども出てきたように、「内包的なもの（l'intnesif）から外延的なもの（l'extensif）への移行」です。二九五頁で、「変化しながらも規定されている記号の領域 un régime de signes changeants mais déterminés」への移行と言い換えられていますね。プラスもマイナスもなく、全てが潜在的な「内包（強度）」として一体化している原初の状態は――実在していたとすれば――安定していたかもしれませんが、いろんな個体が分化すると、それらを記号的に意味付けし、バラバラにならないよう秩序を保つ必要が出てきます。交叉いとこと平行いとこを区別して、女性の出入りで、プラス・マイナスを付けるような操作は自然になされるわけではありません。そこで「神話」の助けが必要になります。

神話の効用、近親相姦と縁組

――その理由は、神話が、外延されてある現実的諸関係をそのまま移しかえた、あるいはそれを逆にした表象であるからではない。そうではなくて、神話のみが、（生産のシステムを含めて）システムの強度の状態を、土着民の思考や行動にしたがって規定しているからである。

「神話」が現実を反映しているというより、「神話」が記号化された人や物の関係を制御して、「強度」をうまく配分しているわけですね。二九六頁の真ん中辺りにある、「神話とは表現的なものではなく、条件を規定するものである」、という文はそういう意味です。二九六頁から、自分がもぎ取った母の胎盤に潜り込み、母と一体化し、母と擬似兄弟の関係にあるドゴン族の神話上の人物、神の子ユルグについてのグリオールの記述が結構長く引用されていますが、これは、母でもあり、姉妹でもあり、妻でもある「大地」と、それと一体化した状態にあるユルグの関係を、原初における両義的な記号の状態と、〝その後〟の、各個体の家族系譜上の記号的役割、世代がはっきりしている段階を分けることと、母との近親相姦の欲望が神話上の記号的関係によって構築されたものであることを示唆するためでしょう。

身体の観点から見れば、息子は自分の母の兄弟でもなければ、その双生児でもない。だからこそ息子は自分の母と結婚することができない（…）。母と結婚すべきであったものは、それゆえ母方のおじである。ここから出てくる第一の結果は、姉妹との近親相姦は、母との近親相姦の代用物ではまったくなく、反対に胚種の血統を表明するものとして、近親相姦の強度的モデルであるということである。そしてまた、ハムレットはオイディプスのひとつの外延ではなく、第二段階のオイディプスというような人物ではない。それどころか、否定的な後ろ向きの、ひとりのハムレットが、オイディプスよりももっと根源的である。この主体は、自分がしたいと思っていたことをおじがしたというわけで、おじを非難するのではなくて、息子である自分のできなかったことを、このおじがしなかったので、このおじを非難する。もともと、なぜ、このおじは、母つまり、おじ自身の身体上の姉妹と結婚しなかったのか。なぜなら、このおじは、ただ双生児状態や男女両性といった両義的な記号を刻印された胚種的出自という名においてのみ、母と結婚すべきであったからである。この胚種的出自にしたがえば、まさに息子もまた母と結婚しえたであろうし、またこの息子自身が、双生児の母との強度的な関係においてはこのおじであることもできたであろう。おじが母と結婚しえなかったことで、胚種的血統の悪循環は閉じられてしまう（原始的ダブル・バインドの成立）。おじも彼の姉妹つまり母と結婚することができず、したがって、当の主体も自分自身の姉妹と結婚することはできない。

二九九頁のこの箇所は特に分かりにくいのですが、文脈上重要です。まず、二九八頁に出てくる、「連続的胚種的 continue et germinale」な血統と、「身体的非連続的 somatique et discontinue」な血統の違いの区別に注意して下さい。前者は、ドイツの生物学者アウグスト・ヴァイスマン（一八三四―一九一四）の「発芽的プラズマ（生殖質）Keimplasma = le plasma germinatif」説とのアナロジーで考えられる血統のイメージです。ヴァイスマンの説は、遺伝情報は、生殖細胞を通してのみ伝わるという今では常識になっている見方ですが、これをドゥルーズ＋ガタリ的に拡大解釈すると、「胚種」（の情報）自体は不死であり、その半分を共有しているという意味では、両親と子は兄弟姉妹ということになります。ドゴン族の神話自体に即して言うと、母とその身体を共有していた、ユルグは母と兄弟ということになります。両親と子供が兄弟姉妹というのは、ヴァイスマン自身が言ったことではなく、彼を批判したソ連の生物学者ルイセンコ（一八九八―一九七六）が使った言葉です。「身体的非連続的」というのは、そうした物質的な連続性を想定せず、独立した身体を持つ各個体を別個のものと見る、世代をはっきり区分する見方です。当然、後者のような、世代間の非連続を重視する見方がいったん成立すると、ユルグと大地のような関係性は許されない、不自然なことになってしまいます。「胚種的出自」というのは、そういう原初的で親子―兄弟姉妹、男女が混然一体となった、複合的な意味で両義的な記号状態における「出自」です。『古事記』の、国生みがなされる前の、別天津神たちの誕生や、ギリシア神話でガイアが自分の生み出したウラノスとの間でティターン族を生んだこと、ティターンの一人クロノスが自分の姉であるレアーと結婚してゼウス等を生み、ゼウスも姉であるヘラとの間に……というような関係を思い出すと、多少イメージしやすくなるかと思います。

次に、姉妹との近親相姦が母との近親相姦かどうかという論点ですが、結局どうなったのかよく分からない書き方をしていますね。ただ、先ほどの「胚種的出自」の観点からすると、両者の間に区別はないはずです。母は姉妹でもあるからです。ただ、そうは言っても、人間の男性は、自分で母と交わることはできても、その交わりで自分自身を生むことはできません。そこはユルグとは異なります。母の兄弟である叔父ならそれが可能だったはずです。同じ胚種に由来する父と母から生まれた私は、胚種的に母との一体性が極めて強くなる。その胚種の繋がりを更に再生産するために、私と母が交わるということも正当化されるのではないか。手塚治虫（一九二八－八九）の『火の鳥』の「望郷篇」（一九七六－七八）でロミが自分の息子と交わって子供を生んでは、コールドスリープ状態を繰り返すという話が出てきますが、それに近いイメージかもしれません。この場合は、父が同時に兄でもあるし、それ以外の伯父・叔父たちはみんな母の夫ということになります。その母も元々は、最初の伯父の姉妹であるとか、その二人が、人口生命体として同じ試験管から生まれた、という設定にすると、もっとドゥルーズ＝ガタリの言っているイメージに近付きそうですね。

「ハムレット」に関しては、実際のシェイクスピアの『ハムレット』の中での関係性で考えると訳が分からなくなるので、私なりに修正して考えてみたいと思います。ハムレットが母に対して近親相姦願望的なものを抱いていたというのは、さほどおかしくない、むしろ標準的な解釈だと思いますが、問題は「おじ oncle」です。王弟で、兄を殺して、彼の母を殺したクローディアスは、実際、彼の母と結婚しているし、母と血が繋がってはいないはずなので、ここで言われている「おじ」には当てはまりません。恐らく、叔父から（義理の）父になったクローディアスからの連想で、母ゲルトルードの兄弟である叔父の存在を想像した、ということでしょう。そういう（叔）父がいたとすれば、ハムレット自身も、「胚種的出自」の〝論理〟に基づいて、母の夫になれたかもしれない。しかし、それはハムレットにとっての現実ではなかった。彼の生きているのは、「身体的非連続」的な系譜の世界です。そのため、彼は自分の姉妹とも結婚できない。この場合の「姉妹」には、(実際の姉妹ではないけれど、姉妹のような存在であった)オフィーリアのイメージが重ね合わされているのでしょう。つまり、ここで言われている「ハムレット」は、シェイクスピアの『ハムレット』の主人公というより、あの主人公を通して浮かび上がってくる、自分の母=姉妹に対して胚種的な一体化の欲望を抱く男の類型、オイディプスよりも更に古い神話的な位相に属する、むしろドゴン族のユルグに近い半神的、恐らくは両性具有的でさえある男の類型ということでしょう。

こういう風に考えると、母=姉に対する近親相姦的欲望が原初にはあったと示唆しているようにも見えますが、二九九頁の終わりから三〇〇頁にかけての箇所を見ると、ドゥルーズ+ガタリが言いたいのは別のことのようです。

マリノウスキーに反対して、レヴィ=ストロースがいみじくも指摘したことは、世代の混合は、それ自体として何ら斥けられるものではないこと、したがって近親相姦の禁止は、このことによっては説明されないということである。(…)要するに、外延における身体的システムは、もろもろの側方的な縁組が制度として確立されるのと相関して、出自が外延となるかぎりにおいてのみ構成されるのである。側方的な縁組が結ばれるのは、姉妹との近親相姦の禁止によってであり、出自が外延となるのは、母との近親相姦の禁止によってである。ここには、父の抑圧も、父の名の排除もまったく存在しない。

つまりドゴン族の神話を見る限り、母親との近親相姦を含意する「胚種的出自」、つまり血統から、「身体的非連続的」への移行が見られるけれど、そこに父の介入の痕跡はないし、母との交わりを禁止すべき自然の必然性があったわけでもない。むしろ、「縁組」による女性の交換のシステムを形成して、複数の家系から成る社会を安定化させるため、姉妹との婚姻を禁止し、更に、母との相姦も禁止し、世代をはっきりさせることで、「近親相姦」の禁止を事後的に意味付けした、と見るべきだと示唆しているわけです。

ぶっちゃけると、「エディプス」はどうも元々関係なかったようだ、と言いたいのでしょうが、それを直接的に証明するのは難しいので、もって回った言い方になっているのでしょう。

■質疑応答

Q　私がドゥルーズが面白いと思うのは芸術方面なのですが、その点について少しコメントさせて下さい。「エルドン Heldon」というフランスのロックバンドがあります。その前身が「スキゾ Schizo」というグループで、いずれもリーダーはリシャール・ピナス（一九五一― ）というギタリスト・作曲家です。ソルボンヌ大学で哲学を学び、在学中の一九七二年にスキゾを結成しています。リオタール（一九二四―九八）の下で、「分裂分析とサイエンスフィクションの関係」という博士論文を書いています。もちろんドゥルーズの影響を強く受けており、« Le Voyageur/Torcol » という彼の作品では、ニーチェのテクストを読むドゥルーズの声が入っています。

A　『人間的な、あまりに人間的な』（一八七八、八六）の一節ですね。第六三八節「放浪者 Der Wanderer」というところですね。

Q　ピナスのバンドは音が面白いんです。当時のアナログ・シンセサイザーでシークエンスを作って繰り返すのですが、アナログ・シンセサイザーは自然にブレていく。シンコペーションがどんどん変化していく。誰もコントロールできないんです。

そのことに関連してですが、このテクストに「欲望機械」という言葉が頻繁に出てきますね。シークエンスも結局マシーンなわけです。基本形は作っているけれど、作曲と言える状態ではない。かといって人間が意図的に即興演奏しているわけでもない。人間がシークエンスに合わせる。ただ途中でツマミをいじっているかもしれない。何らかの形で流れに関与している。二二〇頁の半ばの「欲望機械を形成し、作動させることであり、みずからの流れを循環させ、また流れを切断する」という表現が、あのバンドの音のイメージに結び付きます。ドゥルーズとは、ピナスがバンドを解散してソロになってからも親交があります。彼のアルバム自体、ドゥルーズ＋ガタリ用語満載で、衒学的だと批判する人もいます。

その辺りが僕の中でのドゥルーズに対してのポジティヴなイメージです。ドゥルーズは、古典派やロマン派、総合芸術のような西欧中心主義的な音楽に対しておそらく批判的だと思います。天才的な作曲家が神から才能をもらい、イデアから得たインスピレーションから作品を作り出すことについて批判的だと思いますが、私もそうなので共感できるところがあります。

A　おっしゃる通り、「欲望機械」というのは、主体としての人間が意識的にコントロールできない欲望の流れ、しかも定型化された運動にならず、絶えず、逸脱する傾向のある欲望の流れに焦点を当てた言葉です。このテクストで、前衛芸術、特に演劇作品がしばしば引き合いに出されるのは、そうした逸脱する欲望の機械的動きが身体上で露わにされるからでしょう。「機械」は至るところにありますが、「欲望機械」は身体を素地として運動します。ただ、それをわざとらしく、いかにもアヴァンギャルドです、という感じでやったら意味がないというか、むしろ逆効果になるでしょう。ブルトンとアルトー、シラーとヘルダリンの違いもそこにあるのでしょう。ドゥルーズたちから見ると、ブルトンにはわざとらしさがあるけれど、アルトーの「器官なき身体」のレベルだと、人間の「身体」自体に内在する、機械的な不規則性が浮き出てきてしまう、身体性が壊れていくような感じがあるのでしょう。

私たちには、まともな「身体の動き」についてかなりの既成観念を持っています。歩いたり走ったりする時、手足をどう動かすか、雑踏を歩く時どう他人を避けるか、どう階段を上るか……など。それを大きく逸脱した動きをしている人がいると、どこかおかしいのではないか、と思ってしまう。また、男らしい動作とか女らしい動作、若者とは区別される中高年らしい動作というものがある。「社会的抑制」が働いているわけです。それが自然だと思っている。そうやって、作り上げられた〝身体性〟や、それを前提にした〝まともなコミュニケーション〟をドゥルーズたちは疑問に付しているのだと思います。

私がドラマトゥルク——簡単に言うと、演出・脚本家への理論的アドバイザー——として関わっている、あごうさとしさんという演出家による、『Pure Nation』という題目の前衛演劇で、日常的に定型化されている身体の動きをリセットして、自分の身体がどういう風に構成されているか探っていく、というコンセプトのものがあります。具体的には、役者が自分の身体の癖、体の重心が右にあるとか左にあるとか、背中が曲がりにくくて無理に曲げようとするとかえって負荷がかかるといった基本情報を口で伝えあって、その状態を自分の身体で模写し、互いのミラーになっていくことで、普段とは違った身体の状態、自分ではコントロールしきれない状態を作り出していく、というものです。気合いをかけて、「器官なき身体」に一気に〝後退する〟ということはできませんし、そんなことをやるとかえって嘘臭さが際立つので、言葉による指示と、ミラーとしての互いの身体――ラカンの言い方だと「鏡像段階」、無論、擬似鏡像段階ですが――を利用するわけです。

その制作に関わっている間に考えたのですが、私たちの身体は、意外なほど訓練されています。例えば、階段を歩く際、私たちは、自分の足と段の幅について考えることなどまずないと思いますが、通常の階段は、それほど幅がありません。私の靴のサイズは二六・五センチですが、ほとんどの階段の幅はそれより短い。だから、足が完全に段にのることはない。必ずかかとかつま先がはみ出す。それでもうまくバランスを取ってこけないように階段をのりおりしているのですが、自分はどういう風にバランスを取っているんだろう、と意識すると、うまく足をのせられなくなって、危なくなります。腕立て伏せとか腹筋とかも、普段できている人でも、動きを意識すると、自由に動かせなくなります。意識を強く働かせることで、定型化された動きの一部が相殺されて不安定になるのだと思います。そういうことをずっとやっていると、本当に身体のバランスが崩れてきて、「器官なき身体」っぽい状態に近づいていく。口頭で伝えてもあまりピンと来ないと思うので、いつか機会があったら、ご覧下さい。

そういうことは芸術の試みとしては面白いのですが、芸術という枠を超えて、人間の心身の在り方を問い直し、精神分析や心理学、延いては、社会学や経済学、哲学に対する批判として展開するということになると、抵抗が強くなる。「いや、それは前衛芸術の話としてはいいけど……」、と言う人が多いですね。

Q　芸術を超えて、一般的な学問の話をしようとすれば、より論理性が必要になってくるんじゃないですか。この本はその逆の方向に行っているように思えます。専門用語の使い方を含めて曖昧模糊としている。議論の中にマズイものが入ってくる可能性がある。例えば分裂症ロマン主義が入ると、それが、統合失調症に対するスティグマになり、差別的なことになる可能性があると思います。

A　確かに分かりにくい言葉で書かれていますが、これまで私が試みてきたように、注意して読めば、彼らなりにきちんとした意味を込めて使っているのが分かってきます。それにこれだけ難解だと、読んでいる人が安易に、分裂症ロマン主義になるようなことはかえって阻害されるのでは。こう言ったら元も子もありませんが、元々ちゃんとついて来れる読者は少ないし、ちゃんと読もうとしたら、むしろ、彼らの言っている「分裂症」って一体何だろう、ということになると思いますよ。それも狙って、わざととっつきにくい書き方をしている面もあると思います。

Q　彼らの言葉はジャルゴンです。専門的な用語を使わず分かりやすく説明していけばいいんじゃないですか。分かり易い言葉で複雑な内容を議論し合えばいい。一般的な専門用語を違う意味で使うとますます分からなくなる。

A　でも、それだとかえって、ある程度知っている人たちの、「多分、こういう話だろう」、という思い込みを強化することにならないですか？　それこそ、分裂症ロマン主義の人の確信を強化する方向に寄与してしまうかもしれない。著者たちの意図とはずれて——彼らの議論からすると、学問のテクストも含めて、テクストは全て機械のはずですから、著者の意図通りにコントロールできないのは前提ですが。想定しているのは広い読者ではないでしょう。かといって、専門用語によってがちがちに固まっている精神医学や心理学のプロを直接のターゲットにしているのでもないでしょう。恐らく、精神分析を無視できないと思っている哲学・思想史・文学研究者、芸術家などの知識人を主たる対象にしているのでしょう。

Q　精神分析を否定していても、分析的、あるいは力動精神医学的な言葉が多いですね。

A　「否定」の意味によりますが、意味がないと思って〝否定〟しているのでないことは間違いありません。だって、本当に意味がないと思ったら、「アンチ・エディプス」を掲げる本を書くはずないじゃないですか。精神分析があれほど影響を及ぼしたのは、「エディプス」にそれなりに説得力があり、なるほどと思わせるところがあるからでしょう。なるほどと思うかもしれないけど、実はそこに落とし穴があるよ、という話でしょう。

Q　フロイトがエディプス・コンプレックスを提示するに至ったのは、基本的には幼児性欲の問題です。しかし、幼児性欲の存在を指摘したことに対する社会的反発は当時ものすごかった。フロイトの方が、七〇年代のドゥルーズ＋ガタリたちよりも、強く信念を通した感じがします。私は別にフロイト信者ではないですが。フロイトは、彼らが解釈しているほど、エディプス・コンプレックスにこだわってはいない。

A　ラディカルだとか信念を通したとかいうのは、知的誠実さと関係ないのでは。フロイトが当時どれくらい社会的抵抗を受けたかについては、いろいろな見方があります。結構めぐまれていたという人もいる。それに、フロイト自身の中で「エディプス」の位置付けが微妙だった、だけれど、その後の精神分析の歴史で、エディプスが中心的な位置を占めるようになったということは、前回読んだところにちゃんと書いてあるじゃないですか。

Q　書いてないと思います。だったら、エディプス・コンプレックスを誇張した人から引用すべきでしょう。

A　要するに、「フロイトは本当はエディプス・コンプレックスにそんなに拘っていなかった」と書かないと、分からないとおっしゃっているわけですね。でも、特定の専門用語に込めたフロイトの真意なんて問題にしても仕方ないと思いませんか。フロイトのテクストが、「エディプス」を強調する方向に次第に進んでいき、その前提で受容した人が多いのは確かでしょう。そうじゃなかったら、「エディプス・コンプレックス」なんて専門用語を、ちょっとしたインテリが気軽に使ったりするような状況になっていないでしょう。

Q　確かによく読むと、精神分析、フロイトに対するシンパシーはある。しかしそれ以上に、反精神医学に対するシンパシーはすごく強い。反精神医学は精神分析の流れから出てきたことは確かなので、その流れに沿って議論しているのでしょう。だったら、そういう書き方をすればいい。

A　ドゥルーズ＋ガタリは、そういう、どっちに味方するみたいな単純な態度を取っているわけではないでしょう。前回読んだところに、反精神医学の旗手とされたレインやクーパーの議論が参照されていましたが、あれは彼らの家族主義を批判的に問題視するための引用です。ドゥルーズたちは、革命とかラディカリズムのために、反フロイト的な人たちを持ち上げているわけではありません。「社会的抑制」と「抑圧」に対するライヒの問題提起に共鳴している一方で、踏み込みが不十分だということも指摘していたでしょう。

Q　そこが反精神医学ですよね。「抑制」から「抑圧」と書いてある。家族のことですよね。何度も繰り返し家族のことが書かれている。それとエディプス・コンプレックスが関連していると書かれている。

A　「抑制」が「抑圧」の原因だから、家族主義のイデオロギーを信奉する、精神分析を含む精神医学と闘わないといけない、というようなメッセージをドゥルーズたちが発した、と言いたいわけですか。先ほど本文を読む中で説明したように、そんな単純なことは言っていません。家庭内での「抑圧」が先にあり、「抑制」の原因になると想定しているのはおかしいという議論はしていますが、その逆の主張はしていません。むしろ、「抑制」と「抑圧」の区別に前提になる、「内／外」の区別を相対化しようとしている、と見るべきでしょう。そもそも、彼らはフロイトと同じレベルで新しい精神分析の理論を作ろうとしているわけではありません。

Q　それは分かりますが、何故これほど精神医学、精神分析の用語を多用するのか。

A　それらの用語自体に拘っているというより、それらの背後にあって、その使用を支えている社会的通念とか知的言説を問題にしているのでしょう。家族主義とか資本主義的生産体制とか。ただ、家族主義だとか資本主義だとかいきなり言い出せば、粗雑なマルクス主義のプロパガンダと変わりありません。だから、反精神医学も含めて、精神医学的言説の家族主義的言説を分析し、その内在的矛盾を明らかにしていく形で批判を進めていく。彼らは概念が固定化してしまって特定の方向に囚われるようになっていること、フランクフルト学派的に言うと、物象化することを問題にし、執拗に批判しているのであって、精神医学的な営みを全否定しているわけではないでしょう。

そういう言説の物象化に対抗するような意味も込めて書いているので、彼らの書き方は分かりにくい。

Q　結局、彼ら流のジャルゴンですね。最初にお話ししたように、詩や芸術であれば問題はない。

A　それは、あなたが思想的安全圏を確保しようとしているからではないですか。芸術だったら、ラディカルなことを言ってもいいと思っていないですか。

Q　例えば、哲学なら哲学で、議論の順当な流れがあったとして、哲学系の学会で、それに沿わない、というか、どうかみ合っているのかよく分からない言葉遣い、流儀で発表したら、相手にされないと思います。

A　本を書くことと、学会発表は違います。精神医学の学会に行って、いきなりこういう内容の学会報告をすれば、前衛芸術的な意味でのパフォーマンスか、単なるバカでしかありませんが、先ほどお話ししたように、必ずしも精神医学者が主要読者ではないでしょう。私の方からすると、どうして用語の問題にそんなに拘っておられるのか、ひょっとすると、彼らが単なるアカデミックな権威付けのために、精神医学用語を使っていると思って怒っておられるのですか。

Q　だって、そうじゃないですか。

A　ご存知のように少なくともガタリは精神医学者だし、ドゥルーズもガタリと本格的に共同作業を始める前から、ベルクソンやアルトーを経由して、精神分析に関心を持っています。精神分析が、現代フランスの知的風土の中で重要な位置を占めていると思うからこその批判です。単なるアクセサリーではありません。専門用語は、通常の専門家が使うのと同じ使い方をしないといけない、というのはあまりにも狭量すぎませんか。法学者や政治学者にはそういう言葉フェチっぽい人が多いですが、そんなに目くじらを立てなくても、ドゥルーズ＋ガタリを読んで、精神医学や心理学を克服したつもりになる人はほとんどいないですよ。いてもそういう人は、その方面の専門家にはなれません。

Q　数学や物理学の用語を使って偽科学的な言説を広める人がいますが、ドゥルーズ＋ガタリにも同じような匂いがします。数学の代わりに、精神分析や精神医学の用語を使っているように思えます。精神医学、精神分析医で反論した人はいますか？

A　私は精神分析を専門にしているわけではないのでそれほど細かく把握していないですが、少なくとも精神分析で博士号を取ったジジェクは真っ向から反論していますし、ラカン派の人たちは、好意的であれ批判的であれ、『アンチ・オイディプス』からかなりのインパクトを受けているのは間違いありません。ラカンとドゥルーズ＋ガタリの関係についての論文はかなり書かれていると思います。心理学者でもあるフーコーは、ドゥルーズと親しい関係にあり、お互いに高く評価し合っています。そういう現代思想系の人たちからの評価だと、納得されないと思いますが。あなたが念頭に置いておられるようなまともな精神医学者や心理学者が相手にしなかったというのは、その人たちも、あなたと同じように受け取ったからではないですか。

Q　トンデモ本に対しては何も言わないですよ。先生はトンデモ本に関して論文が書けますか？

A　「に関して」の意味によります。まず、何をもって「トンデモ」と判断するのかという基準が人によって違います。今の私たちの見解の相違のように、その本のテーマや狙いが何かということについての基本的理解が異なっていることがあります。ただ、私も何らかの基準で、「トンデモ本」だと認定したテクストを、自分の議論の論証のためには引用しません。ただし、誤った事実認識に基づいている記述でも、それが世の中に影響を与えているのであれば、そうした社会的状況について分析する文脈で引用することはあります。例えば聖書は科学の面ではトンデモな話満載ですが、いろんな面で社会的・文化的影響を与えているから引用します。聖書解釈が無意味だとはおっしゃらないでしょう。

Q　サブカルとして面白いと思ったら引用するのはあり得ますね。

A　どういう観点から読むかによって全く扱いが違ってくるわけです。変な用語を使っているから読む価値がないということには、すぐにはならない。ドゥルーズたちが、どういう視点から他の人のテクストを引用しているのか、それを自分がどう位置付けるのか、よく考える必要があります。

［講義］第四回

資本主義機械

——第三章第三節後半〜第一〇節

前回の復習

前回は、第三章の第三節の半ばまで行きましたね。精神分析と文化人類学との接点になる領域での議論です。何故精神分析と文化人類学の接点について話をしているのか。エディプス・コンプレックスの起源を見るためです。話がどんどん複雑になっているので、少し復習しておきましょう。

この本はタイトルから分かるように精神分析批判なのですが、中心にあるのは、エディプス・コンプレックスの仮説が社会で根強く支持されているのは何故かという問題意識でしょう。エディプス的な葛藤を幼児が本当に経験したかどうか、リアルタイムでは証明できません。分析療法の過程で、記憶を再現させるしかない。当然分析医による誘導が避けられない。それでもエディプス・コンプレックスにリアリティがあるように感じられ、なかなか無視できないのは、第二章で見た通り、これが近代の家族主義と密に結び付いており、核家族が資本主義的な生産体制——ただこの場合の「生産」というのは、単なる商品の生産ではなく、「欲望」の生産です——と繋がっているからだ、ということでした。

異性の親に対し性的欲望を抱くという話はスキャンダラスだけど、何となく説得力がある。人間の情動は幼児期において両親との関係の中で形成されるものであり、そこに性的なものも未分化の形で混じっているのではないかという見方、そして、幼児と母親の原初的な結び付きは強く、そこに厳しい父が介入してきて引き離さないと、子供は自立しないという見方は、精神分析を支持しない人でも、当然視していそうですね。エディプス・コンプレックス仮説は、その直感に訴えかけます。ただし、その直感自体が、精神分析やそれと関連する心理学的・精神医学、あるいは社会的言説によって構成されている可能性がある、その背後に、社会のいろんな問題を家族の問題へと還元しようとする家族主義的なイデオロギーが潜んでいるかもしれない。精神分析批判を通して、その背後にあるものまで解体していこうとしているわけです。

第三章で文化人類学的議論を展開しているのは、エディプス・コンプレックスの「起源」について考えるためです。未開社会、あるいは原初的な社会に「エディプス」の発端があり、それがある程度普遍的に観察されるとすると、エディプス・コンプレックスは近代の核家族制度の下で生み出された病理、あるいは、精神分析が生み出した虚構とは言いにくくなる。逆に、西欧近代の偏見に毒されていない文化にも見出されるとすると、人間本性に根差した普遍的な現象ということになるでしょう。フロイト自身、『トーテムとタブー』や『モーセと一神教』（一九三九）等で、オイディプス・コンプレックスの起源を論じる民族心理学的な著作を書いています。エディプス・コンプレックスは元々人間に普遍的に内在していたから、原初における「父殺し」が起こったのか？　それとも「父殺し」のような出来事が歴史的出来事としてあったから、その後悔の念を償うためにトーテムのような制度を設け、永続化していったのか？　生物学的起源なのか、制度的なものなのか。そういう議論は当然、ドゥルーズ＋ガタリ以前からありました。マリノフスキーも『未開社会における性と抑圧』でそういう議論をしています。この本でドゥルーズ＋ガタリはエディプス・コンプレックスに焦点を絞って論じていますが、フェミニズムで、セックスやジェンダーは生得的なものなのか、社会的に構築されたものなのか、という議論をする際にも、文化人類学の知見を援用することがあります。

ドゥルーズ＋ガタリは、文学人類学的知見、特に近親相姦的（に見える）欲望をめぐるドゴン族の神話やレヴィ＝ストロースの親族の構造論を引き合いに出しながら、少なくとも、そうした神話の世界では

「エディプス」の出番はないこと、近親相姦の禁止はむしろ「女性」をめぐる交換システムの形成と関係していることを示唆しようとしています。

エディプス・コンプレックスの「起源」？――「第三章第三節　オイディプス問題」後半を読む

では三〇三頁の近親相姦の不可能性を論じている辺りから読んでいきましょう。ドゴン族の神話を分析したグリオールは、恐らく最も精神分析の影響を受けた文化人類学者だけど、彼のテクストはエディプスを否定する内容になっているということですね。神話の世界には、私たちが知っているような世代の分離は知られておらず、近親相姦欲望、つまり、近親であり、婚姻が許されない誰かと結ばれたいという欲望はないということですね。既に出てきたように、法が禁じているからといって、禁じられている欲望が実在している証明にはならない、ということが確認されていますね。

しかし、近親相姦が不可能であるということは、いったい何を意味しているのか。自分の姉妹や母と寝ることは、可能ではないのか。近親相姦は禁じられているのだから、可能にちがいない、という古くからの議論をいかにして斥けたらいいのか。しかし問題は別のところにあるのだ。近親相姦という概念が可能であるためには、人物と名前が、つまり息子、姉妹、母、兄弟、父が必要だろう。ところで、近親相姦の行為において、私たちは人物を手に入れることができるが、この人物たちは自分の名前を失うのである。これらの名前は、彼らを性的パートナーにすることを禁じる禁制と切り離せないからである。さもなければ名前が存続して、もはや前人称的な強度の形態だけを指示し、この状態は他の人物にも「波及し」、この場合には、ママが正式の妻と呼ばれ、姉妹が配偶者と呼ばれる。まさにこの意味において、ひとは常に近親相姦の手前か、または彼方にいると、私たちはいったのだ。私たちの母たち、姉妹たちは、私たちの腕の中で溶けてしまうのだ。彼女たちの名前は、ちょうど、湿らせすぎた切手がそうであるように、彼女らの人物の上を滑ってゆく。なぜなら、ひとは人物と名前を同時に享受することは決してできないからである。——ところが、これこそが、近親相姦の条件なのである。いいかえれば近親相姦はひとつのおとりであり、それは不可能なのである。

ややこしい言い方をしていますが、ポイントが［親族―縁組（交換）］システムの中での「名前 nom」の問題だということは分かりますね。この場合の「名前」というのは、各「人物 personne」の固有名のことではなくて、息子、姉妹、母、父……といった親族の間での呼称のことですね。同性愛を考慮に入れないとすれば、異性の個体＝人物でありさえすれば、性的に交わり、子孫を残すことは可能です。親族名称による外延（個体）化がなかったとすれば、性的な交わり（の組み合わせ）による強度（内包）だけがある、ということになります。仮に父母や兄弟姉妹と呼ばれる存在であっても、性的関係を持ち、間に子供までできてしまったら、その相手は同時に妻や夫になります、そうすると、それまで兄弟だった存在が、自分の義理の子になる。逆に自分の〝子〟と結婚した父母にとっては、それまで子供だった存在が義理の兄弟姉妹になる。そうした意味で、「名前」は流動的で、「人物」から滑り落ちていく。そうした「名前」のシフトが許容され、第二の名前の方が本物だということになると、「近親相姦」は存在しなくなります。〝近親相姦〟が成立したとたんに、「名前」がズレて、それは近親相姦ではなくなる。その意味で、「おとり（ルアー）leurre」のようなものです。実体があるように見えて、嚙みついたらもはやその実体はそこにはない。嚙みついた者は、前人称的な世界に入り込むことになる。あるいは、「近親」と名の付いた者と交わってしまった者は、そこに元々特別な強度がなかったとしても、「近親相姦」を犯した者という烙印を押され、負債を負わされ続ける。そういう意味での「おとり」かもしれません。

近親相姦を構成するかもしれない非人称的強度的体制の中に存在するような近親相姦と、近親相姦を禁止し、人物に対する侵犯と定義する状態の中で、外延として表象されるような近親相姦とを、混同してはならないのだ。

ここは今お話ししたことの説明なので分かりますね。各個体が明確に人称化されない状態で、血筋が近い者同士が前回見たような、胚種的な繋がりを強化すべく母子で交わるのと、各個人のアイデンティティが明確化され、血縁集団の外延を構成する個として表象されるようになった状態において、「近親相姦」の禁を敢えて犯す形でなされる近親の交わりは違うので、同じ言葉を使うことで混乱すべきではない、ということですね。

しかし、インプレックスすなわち胚種的流体は、大地において欲望を表象するものであるにもかかわらず、なぜそれは抑圧されるのか。それは、表象するものの資格においてこのインプレックスが参照するものが、コード化されえない流れであり、またコード化されるがままにはならないひとつの流れであるからである。――これこそまさに原始社会体の恐怖なのだ。この流れにおいては、いかなる連鎖も離脱しえないであろう。何ものも採取されえないであろう。何ものも出自から親子関係に移行することはないであろう。むしろ親子関係は、次々と自分自身を生みだす行為そのものを通じて、たえず出自の上に折り重ねられてゆくことになる。シニフィアンの連鎖は、いかなるコードも形成しないだろうし、ただ両義的な記号を発信するだけで、その連鎖自身のエネルギー的支持材によって、たえまなく侵蝕されるだろう。

「インプレックス implexe」というのは、「込み入っている」とか「錯綜している」という意味の形容詞、もしくはそれから派生した名詞で、少し前の箇所では「錯綜体」と訳されていましたね。母なのか姉妹なのか妻なのか分からない錯綜とした関係にあるということでしょう。〈complexe〉でないことを強調するためにわざと同じ系統の単語を使っているのでしょう。神話上の、原初の「大地」の身体のうえでは、生み出したものと生み出されたものが再び交わって、新たな生命を生み出していくような状態、言い換えれば、各個体が分化されることなく、折り重なっていくような状態になっていた。そこでは、言語体系の基本となる親族関係に関して、「親」と「子」を、「交われる相手」と「交われない相手」を明確に区分する

二項対立的なコードはなく、それとの類比であらゆる記号が両義性を帯びていた。ヒトやモノを個体として明確に位置付けるコードもなかった。

三一一〜三一二頁にかけて、同性愛の問題が論じられています。ややこしい言い方をしていますが、要は、同性愛と見られる現象がエディプスと関係しているかどうかです。ハンガリー生まれで、フランスとアメリカで活躍した文化人類学者で、民族精神分析（ethnopsychoanalyse）の創始者であるジョルジュ・ドゥヴルー（一九〇八―八五）は、「親族に関する民族精神分析的考察」（一九六五）という論文で、縁組に際して見られる男同士の同性愛的な繋がりが「エディプス」に起因するものであるという記述をしているのだけれど、それは誤りだということをドゥルーズ＋ガタリは言っているわけです。彼らによれば、同性愛は広く見られるものであり、女性の交換を通して男が同性愛的な関係を結ぶというのは正しいのだが、それが、母を所有する父に対する反発と憧れという両義的な感情のようなものに起因するわけではない、ということです。それを確認したうえで、

オイディプス一般に関していえば、オイディプスは抑圧されたものではなく、欲望を表象するものではない。欲望を表象するものは、〈手前〉にあって、まったく〈パパ―ママ〉を知らないのである。さらに、オイディプスは、〈彼方に〉あって、人物を縁組における同性愛の法則に従わせることによってのみ識別するような、抑圧する表象作用でもない。近親相姦は、抑圧される〈表象するもの〉に対して、抑圧する表象作用が及ぼす遡及的効果であるにすぎない。つまり、抑圧する〈表象作用〉は、自分が対象としているこの〈表象するもの〉を歪曲し、置き換えるのである。それは、それ自身が確立して識別可能にしたもろもろのカテゴリーを、この〈表象するもの〉の上に投射するのである。

ややこしいことを言っているように見えますが、前回見た、二二〇頁前後に出てくる「表象」における「置換 déplacement」をめぐる議論の繰り返しです。「置き換え」の原語〈déplacer〉は、〈déplacement〉の動詞形です。つまり、エディプス的欲望が元々あって、それが抑圧されているわけではないのだけれど、

縁組や出自をめぐる「表象作用」があたかもそういう欲望が潜在的にあったかのように見せるわけです。「表象作用 la représentation」と、「表象するもの représentant」を区別しているわけですね。「表象するもの」それ自体は、「欲望」をストレートに表している単純な身振りとか素朴な記号、あるいは神話上の一人物の行動のようなものでしょう。別に深淵な隠れた意味など伴っていないという〝意味〟で、その表象を受け取る者にとって、「手前（此岸）deçà」にある。「表象作用」というのは、恐らく、個々の「表象するもの」をまとめあげて、その意味を抑制する神話や儀礼の体系、あるいはそれを観察する文化人類学者とか西欧人が構築した体系でしょう。そうした「表象作用」の体系に依拠していると、エディプスが生の現実の「彼方から au-delà」超越論的に働きかけてくるようにも見えるけれど、それは幻想にすぎない、というわけです。

未開社会の「エディプス」——「第三章第四節　精神分析と人類学」を読む

「第四節　精神分析と人類学」に入りましょう。いわゆる未開社会の中に「エディプス」の原型になるものを本当に見出すことができるのかが、更に原理的に掘り下げて論じられています。

私たちは性急に進みすぎている。あたかもオイディプスが未開の大地機械の中にすでに確立されているかのように、私たちはふるまっている。けれども、ニーチェが良心の呵責について語っているように、このような植物が成長するのは、この地の上ではない。なぜなら、精神医学や精神分析に固有な家族主義の枠において理解される「家族的コンプレックス」としてのオイディプスを生み出す諸条件は、もちろんまだ与えられていないからである。未開の諸家族は、縁組と出自とに関する実践、政治、戦略を形成する。これらの家族は、形式的に社会的再生産の動力をなす要素であり、表現的なミクロコスモスとは何の関係もない。父、母、姉妹は、これらの家族において、常に、父、母、姉妹とは別

> のものとしても働いている。さらに、こうした父や母などに加えて、ここには姻族が存在する。この姻族は、能動的な具体的実在であり、社会野と外延を同じくする家族間の様々な関係を構成している。しかし、家族的諸規定が社会野のあらゆる隅々において破裂し、社会に固有の諸規定に合体したままであるといってしまっては、やはり正確ではないだろう。なぜなら、家族的規定と社会的規定とは、大地機械において唯一の同じ部品であるからである。ここではまだ家族の再生産は、性質を異にする社会の再生産に役立つ単純な手段や質料ではない。だから、家族の再生産の上に社会の再生産を折り重ね、これら両者の間に一対一の対応関係を打ちたてうる可能性は、なんら存在していない。この一対一の対応関係は、仮に成立するなら、なんらかの家族的コンプレックスに、表現的な価値と、見かけの上の自律的形態とを与えることになるものであるが。ところが逆に、たとえきわめて小さくても、家族の中のまったく小さな個人さえも、直接的に、歴史的経済的政治的社会野を備給しているということは明らかで、この社会野は、いかなる精神的構造にも、またいかなる情動的配置にも還元されえないものである。

ポイントはそれほど難しくないですね。「原始大地機械」に属する未開の諸家族は、「エディプス・コンプレックス」が生まれる大前提である、「パパ－ママ－姉（妹）－ボク」の間の特別な関係はなく、各人は家族を介することなく、「大地機械」の社会的再生産に直接組み込まれていたわけですね。私たちが「家族」と呼んでいる再生産は、各人のアイデンティティの形成決定的な意味を持っていたわけではなかった。とすると、「エディプス・コンプレックス」の原型がそこにあった、というのは怪しくなりますね。だから、先ほどの箇所に続けて、原始社会における病理学的な症例や治療経過を考察する際、精神分析の観点から見たり、家族コンプレックスを最初から想定したりするのは不適切だと述べられていますね。

> 私たちは分裂分析を二つの様相によって規定した。ひとつは、無意識の疑似的な表現的形態の破壊であり、もうひとつは、欲望による社会野の無意識的備給の発見であった。多くの原始的治療は、まさ

にこの観点からあらためて考察し直さなければならない。これらは、まさに実践された分裂分析なのである。

ここはかなりクリアですね。無意識の在り方についての虚偽の表象を解体し、「欲望」という形を取った「無意識」が「社会野 champ social」でどのように働いているかを明らかにしていくことがドゥルーズ＋ガタリの分裂分析の課題であることを確認したうえで、「原始大地機械」の上での人々の「原始的治療」こそ、彼らが解明したいテーマの宝庫だというわけです。アメリカの文化人類学者ヴィクター・ターナー（一九二〇－八三）が紹介する、ザンビアのヌデンブ族の病気治療の例を挙げていますね。女々しくて、自惚れ屋で、なすこと全てで挫折するKが、彼を非難する母方の祖父の霊に苦しめられているという事例ですね。ヌデンブ族は母系制で、母方の家に住まないといけないけれど、Kは例外的に父方の家で長く暮らして、かわいがられ、父方の従姉妹たちと結婚した。しかし父が死ぬと、追放されて、母方の家に戻ってくる。そこで彼は父方の集団と母方の集団の板挟み状態に置かれる。そこで病気になるわけです。これは、精神分析の影響を受けた人だと、エディプス・コンプレックスを想定したくなる事例ですね。

ところで、病気の原因を指し示すという責任を負った占い術と、病気をなおす責任を負った医療とは、どのようにして行われるのか。病気の原因は歯である。それは祖先の狩人の上の二本の門歯であり、これらの門歯は聖なる袋の中に収められているが、しかし病人の身体につき刺さろうとして、この袋から逃げることもできる。しかし門歯の及ぼす効果を診断しそれを払いのけるために、占い師と医者は社会的分析に専念するのであって、この分析は、領土とその近隣、族長と副族長の支配領、家系とその線分、縁組や出自に関するのである。つまり、占師と医者とは、たえず政治的経済的なもろもろの単位と関係づけて、欲望を解明しようとする。

「歯」をめぐって呪術的なことをしているように見えて、縁組・出自、領土をめぐる社会的分析をやっているというわけですね。三二六頁を見ると、原因と見なされた門歯は、偉大な族長であった母方の祖父のものだということですね。その相続問題でごたごたしていて、現在の族長はよい族長ではないので、Kが仲介人としての役割を果たしていたら、族長候補になれたかもしれないのに、なれなかったという事情がある。そこに植民者である英国人が、族長の支配領を認めないという事情も関わってきている。占い師や呪医は「歯」について語りながら、そうした社会的な要因について「集団分析 analyse de groupe」している。「集団分析」と「集団療法」は異なるとしていますね。厳密に言うと、「集団療法」の原語は〈socio-drame〉で、これはオーストリア系アメリカ人の精神分析医ヤコブ・レヴィ・モレノ（一八八九－一九七四）が開発した手法で、対立関係にある当事者たちに集団で演技をさせて、カタルシスを得させることによって治療するものです。「集団分析」というのは、ガタリがラ・ボルド精神病院で実践した「制度分析」のように、各個人の無意識に病理があると考えるのではなく、その人がどういう社会的組織の中でどういう立場にあれば、（たとえ分裂症的な振る舞いをしていても）その個性を生かせるのかを試していくような試みということでしょう。ラ・ボルドでは、医師、看護師だけでなく、あらゆる病院スタッフや他の入院者込みで、病院の制度の中でその人に適した役割や振る舞い方を見出すことが試みられたといいます。

> 病人に水薬を与え、門歯を吸いこむために病人の身体にいくつか角をとりつけ、太鼓を打たせ、医者はひとつの儀式にとりかかる。この儀式は休止と再開によって中断され、ここにはあらゆる種類の流れがあり、ことばの流れと切断がある。村の成員たちが話しにやってくる。病人は語る。亡霊が呼び出される。儀式は中断される。医者が説明する。儀式は再び始まる。太鼓、歌、失神状態。問題は、単に利害による社会野の前意識的備給を見いだすことだけではない。もっと深いところに、欲望による社会野の無意識的備給を見いだすことである。まさにこれは、病人が結婚するときに、また彼が村の中でひとつの地位を占めるときに、さらには族長が集団の中であらゆる地位を強度として生きるときに、介入しているのだ。

大よそのことは分かりますね。「門歯」に呪術的なことを施す体で、「門歯」の象徴する族長の地位あるいは出自・縁組に仮託して、病人の部族内での地位について部族の主要メンバーで反省的に捉え直す作業を行っているわけですね。直接的で目に見えるような「利害」は社会野の前意識、つまり意識化されるちょっと手前の段階にあるのに対し、「欲望」は無意識のレベルにあるということですね。その「欲望」は、個人の内部に（のみ）位置するのではなく、社会の中での地位に伴って社会野全体に分布しているものであり、族長のような地位においては「欲望」の「強度」が強まる、集約される、ということのようですね。「社会野」全体が、一つの身体をなしていて、各人がその地位や出自・縁組に従って、器官として機能しているようなイメージですね。

出発点はオイディプス的であるようにみえる、と私たちは言った。だが、それはただ、私たちにとって出発点にすぎなかったのだ。誰かが父、母、祖父について私たちに語るたびに、私たちはすぐオイディプスと叫ぶように仕込まれているからである。ほんとうは、ヌデンブ族の分析は決してオイディプス的ではなかった。つまり、この分析は、直接的に、社会的な組織や組織解体にかかわるものであった。性愛そのものが、女たちとの結婚による、欲望のある種の備給であった。両親は、ここでは刺戟の役割を演じていたのであって、族長やその形象によって引き受けられる集団の組織者（あるいはその破壊者）の役割を演じていたのではない。あらゆるものが父の名や母方の祖父の名の上に引き下ろされるのではなく、むしろその名は歴史上のあらゆる名前に開かれていた。あらゆるものが去勢というグロテクスな切断に投射されてしまうのではなく、あらゆるものは族長支配や家系や植民地化といった無数の流れ－切断の中に分散していた。関係の数千の流れ－切断の中に分散していたのである。人種、氏族、縁組、出自のあらゆる働き、歴史的、集団的なあらゆる漂流。こうしたものは、まさしくオイディプス的分析の対極にある。オイディプス的分析は、錯乱の内容を執拗に粉砕し、これを全力で「父の象徴的空虚」の中につめこんでしまう。

ここも、実感が持てるかどうかは別として理屈としてはかなりクリアですね。［父－母－私］からなるエディプス的家族の中で問題が起こって、それが個人の病的行動を生み出し、それがその人の社会的な逸脱行動のようなものに繋がるというのではなく、社会的組織体全体の中での「欲望」の「強度」の循環・配分が問題になるわけです。「あらゆるものが父の名や母方の祖父の名の上に引き下ろされるのではなく、むしろその名は歴史上のあらゆる名前に開かれていた」という文が少し分かりにくいですが、これは「父」とか「母方の祖父」といった特定の人物あるいは位置にいる人との個人的関係だけが問題になるのではなく、彼らの「名前」によって表示される、氏族（clan）、縁組、出自の全体が関わって、この病院の場合のような「錯乱（譫妄）délire」を引き起こしているということですね。

こうした「社会野」全体に広がっている関係性に、「植民地化」という要素が加わることで、部分的にエディプス的様相を呈することもあると三一八頁で述べています。

植民地化の影響によって、分析が部分的にオイディプス的になることがあるのだ。例えば植民者は、自分の目的に役立てるために、族長支配を廃止したり使用したりする（いやそれだけでなく、さらに多くの他のものも使用する。族長支配は、まだとるにたらないものだ）。植民者はこう語る。おまえの父はおまえの父で、それ以外の何ものでもない。あるいは、母方の祖父も同じだ。こういう人物たちを族長と混同してはならない。……おまえは片隅でおまえ自身を三角形化させ、おまえの家を父方の家と母方の家との間におくことができる。……おまえの家族はおまえの家族で、それ以外の何ものでもない。社会的再生産は、もはやおまえの家族にかかわらない。もっとも、新しい再生産体制にやがて従属する材料を供給するために、おまえの家族は間違いなく必要とされるのではあるが……。そうだ。このとき、無一物になった未開人たちのためにオイディプスの枠が、浮かび上がる。スラム街のオイディプス。

植民地支配者にとって族長支配を解体した方が都合いいというのは分かりますね。大きな力を持った族長は、植民地統治の邪魔になるので、部族を核家族的な家庭へと解体する。核家族になってくれると、働

き手を資本主義的な工場の労働者として雇ったり、製品を買わせるのに好都合です。白人の宣教師や行政官は善意でやっているのかもしれないけれど、結果的に現地を、植民地支配に組み込むことになるわけです。

――ところが、私たちは、被植民者たちがずっとオイディプスに対する抵抗の典型的な実例であったことをみてきた。じじつここでは、オイディプス的構造は閉じることができず、三角形の各項は、争っている場合も、妥協している場合も、いずれにしろ圧制的な社会的再生産の代理者たちに固着したままなのだ（白人、宣教師、徴税人、物資輸出業者、役人となった村の名士、白人を呪う古老たち、政治闘争を始める青年たち、等々といった人びとに）。

被植民者たちによる抵抗という言い方をしているので、白人文化に対する土着文化のようなものを連想しがちですが、そういうことではなくて、むしろ白人、白人と協力する村の有力者、反白人の人たちなどが、エディプス三角形であるはずのものに〝外部〟から関わっていて、「父―母―私」だけの関係で、欲望の原型が形成されるとは言えない、というわけです。

「エディプス」の外部と「分裂分析」という用法

三一九～三二二頁にかけて、「エディプス」が白人たちによって外から持ち込まれた可能性が高いことが示唆され、三二三～三二五頁にかけて、「エディプス」を普遍的なものと見なす議論が要約されていますね。一つは、根源的な情動の星座＝配置（une constellation affective originelle）――「星座」を意味する〈constellation〉には、物の「配置」という意味もあります――と見なす立場、もう一つは、ラカン派のように、普遍的「構造」と見なす立場があります。無論、ドゥルーズ＋ガタリは双方に批判的です。

――原始社会の公共的象徴の中にもろもろの情動の性的な性格が認められるということは、大部分の人類学によっていみじくも指摘されたことである。この社会のメンバーたちは精神分析されていないとはいえ、そして表象の置き換えにもかかわらず、情動の性的な性格は、このメンバーたちによって全面的に体験されているのだ。毛髪と性の関係について、リーチが語っているように、「ファルスの象徴的な置き換えは広く行われているが、しかしファルス的根源は何ら抑圧されていない」。未開人たちは、表象を抑圧して情動を無傷のままに保っているというべきなのか。そして、このことは、私たち文明人の父権制の組織においては逆になるのだろうか。この組織において、表象は明晰であるが、情動は抹殺され抑止され変容されることになるのだろうか。ところが、そうではない。精神分析は、私たちに、私たち文明人もまた表象を抑圧すると語っている。そのうえなお、私たち文明人もまた、しばしば情動の完全に性的な性格を保持しているということを、すべてが私たちに語っている。私たちは、精神分析を受けなくても、何が問題なのか、完全に知っているのだ。では、いかなる権利に基づいて、抑圧の対象になるオイディプス的表象について語るのか。近親相姦が禁止されているからか。私たちは、あいかわらず、禁止されているが故に望まれる近親相姦という、影の薄い根拠に立ち戻ることになる。近親相姦の禁止は、オイディプス的表象をともない、その抑圧と回帰から近親相姦の禁止が生まれてくるというのだ。

ポイントははっきりしていますね。原始社会の公共的象徴は、性的なものを表象しているけれど、それらを何らかの抑圧された欲望が置き換えられたものと解釈する余地はないということですね。エドマンド・リーチ（一九一〇－八九）は、英国の文化人類学者で、マリノフスキーやラドクリフ＝ブラウン（一八八一－一九五五）によって開拓された英国の構造機能主義と、レヴィ＝ストロースの意味での構造主義を架橋するような仕事をしたことで知られています。

表象と情動に関して、未開人と文明人が逆転しているかもしれない、という話が少し分かりにくいですね。未開人の場合は、毛髪のようなものを性器の「代わり」とするような「表象」――〈représentation〉には「代理」とか「代表」という意味もあります――の体系を持っているけれど、性的欲望の存在自体がタブー化されているわけではない、ということは分かりますね。文明人がその逆だというのは、恐らく、文明人は事物を別の物に置き換えるのではなく、ストレートにその物自体を指し示す表象体系を持っている、しかし、各人の性的欲望は表面に出てこないように抑圧されている、ということでしょう。それが一応の意味ですが、「ところが、そうではない」とすぐに、ひっくり返されます。「文明人もまた表象を抑圧する」、というのは、性的欲望が、夢や幻想の中で、その対象や欲望の主体を置き換えた形で表象される、という精神分析の言説を指しているのでしょう。そして、精神分析は、私たちの情動が性的性格を持った、リビドー的なものであると公言しています。というより、精神分析なぞ知らない普通の人でも、性的な欲望が中心的な意味を持っていることをよく知っています。そういう風に考えると、未開人と文明人の間の決定的な違いはどこにあるのか分からなくなってきますね。また、ほとんど全ての人間が性的な情動によって動かされていること自体が分かっているとすれば、たとえその表象が置き換えられて、歪んでいたとしても、別に大した問題はないような気がしますね。

もし問題があるとすると、近親相姦の欲望を別のものに置き換えた形で表象する、エディプス的な表象群でしょう。精神分析は、それが神経症などの病的症状だということで分析します。では、「エディプス」が潜んでいると言える根拠はどこにあるのか、というと、これまで見てきたように、「近親相姦」が禁止されているから、という答えしか出てきません。禁止されているのは、そういう欲望があるから、ということになる。エディプス神話が、その例証として引き合いに出される。そして、(精神分析のおかげで)「エディプス的表象」が存続することによって、「君は本当は母親との交わりを欲しているはずだ。○○の症状は、その抑圧された欲望の表象だ。でも、それは禁止だよ」、という暗示が繰り返し与えられ、人々は〝近親相姦欲望〟を喚起される――本当に喚起されたのか、そう思わされただけなのかは、本当のところ分かりません。循環論法というか、循環論証になっているわけですね。

三二八頁を見ると、社会が形成されるに際して、社会的生産・再生産に移行することのない欲望の生産は抑圧されるけど、それはエディプスとは関係ないと明言されていますね。

> 文化主義者たちと人類学者たちが的確に示していることは、制度の方が、情動や構造の先にくるということである。なぜなら、構造は心的なものではなく、ただ事物の中に、つまり社会的生産および再生産の形態の中にあるからである。妥協的とは思えないマルクーゼのような著者さえ、文化主義者たちがまずまずの一歩を踏みだしたことを認めている。すなわち生産の中に欲望を導入していること、「本能的構造と経済的構造との間」に脈絡を見いだしていること、「また同時に、父権中心の搾取的な文化を越えて進歩するもろもろの可能性を示していること」などという点である。

「文化主義 culturalisme」というのは、アメリカにおける文化人類学、延いては、社会科学一般の潮流で、一九三〇年代から五〇年代にかけて強い影響を持っていたようです。それまでの文化人類学が、あらゆる社会が同じ方向に向かって進化しているという前提に立っていたのに対し、「各文化はそれぞれのスタイル」を持っているというフランツ・ボアズ（一八五八－一九四二）の考えの影響の下に、文化ごとに人々の人格形成の在り方が異なるということを明らかにしようとした人たちが文化主義者です。精神分析の影響を受けて理論を展開している人が多いようです。『菊と刀』（一九四六）で日本でも有名なルース・ベネディクト（一八八七－一九四六）、サモアの少女たちの性に関わる文化を研究したマーガレット・ミード（一九〇一－七八）、この本のもう少し後の方で言及されている、ウィーンでフロイトに師事した後、戦争神経症の患者の治療に従事し、文化人類学者としても仕事をしたアブラム・カーディーナー（一八九一－一九八一）などがその代表的論客とされています。

　ここで述べられているのは、社会的生産・再生産を形作る「制度」によって、「情動」や「構造」が方向付けられる、ということですね。「構造」というのは、構造主義で言うところの「構造」のことでしょうが、ここでは、各人の無意識を規定する構造という、ラカン派的な狭い意味での構造を指しているのでしょう。レヴィ＝ストロースの構造主義では、女性の交換の体系とか、家の配置とか、（人間の生活に関する）万物の神話的関係付けとか、社会的な「構造」も問題になります。いずれにしても、社会全体として、「欲望」の生産まで含む広い意味での生産体系がまず形成され、それに応じて、各人の情動や心的な基本構造や親族の関係が規定されるというのが文化主義者たちの主張です。

文化主義者たちと象徴主義者たちに共通している第二の公準をつけ加えておこう。少なくとも私たちの場合において、すなわち、家父長的資本主義的な私たちの社会において、オイディプスが確実なものであることを、すべてのひとが認めている（たとえ、フロムの場合のように、新しく母権的諸要素が強調されることがあるとしても）。すべてのひとが、私たちの社会をオイディプスの強力な拠点として認めている。この拠点から出発すれば、ひとはいたるところでオイディプス的構造に再会することになるだろう。（…）私たちにおいて、オイディプスは何ものでもないというのではない。私たちは、ひとがオイディプスを求め、さらになお求め続けていると、語ることをやめたわけではない。（…）そして確かに、人類学的あるいは歴史的説明が私たちの現在の組織と矛盾しないことは、つまりこの組織がそれなりに人類学的仮説の基礎的要素を含んでいることは、単に正当なことであるのみならず、無視しえないことでもある。（…）ある点からは、あらゆる社会組織体をオイディプスの観点から問題にすることは正当なことである。しかしそれは、オイディプスが、とりわけ私たちにおいて発見される無意識の真理であるからではない。逆に、オイディプスが無意識の本性をくらます欺瞞であり、この欺瞞が私たちにおいて成功したのは、先行する社会組織体を通じて、その部品や歯車を組み立てているからでしかない。この意味で、オイディプスは普遍的なものである。だから、オイディプスの批判は、まさに資本主義において、つまりオイディプスの最も強力な水準において、たえずその出発点を取りあげ、その到達点を見直していかなければならないのだ。

ここでは〝一転〟して、文化主義者に賛同する形で、エディプスが「普遍的」な性質を帯びていることを認めているようにも見えますが、全面的に反転しているわけではありません。「エディプス」の基礎になり得る人類学的基礎は確かにあるということを認めただけです。資本主義＋家父長制的な社会には、「エディプス」をめぐる精神分析の理論に対応するように見える現象があり、それの素材は原初的な社会にも見出せる。だからその素材について研究することに意義はある。ただし、それはエディプス的表象が、「無意識の真理」だということではない。そうしたことを大前提としたうえであれば、資本主義的な社会において、エディプス的な表象が強化されていく傾向があるのは何故なのか探究することに意味がある。マルクス主義が、資本主義社会に特有のイデオロギーや幻想について探究するのと同じような意義を、エディプス的現象の探究にも付与しようとしているわけです。

人類学と精神分析の関係についてのドゥルーズ＋ガタリの考え方

三三八頁の終わりの方で、今更ですが、人類学と精神分析の関係についてのドゥルーズ＋ガタリの基本的な考え方が改めて示されていますね。

> こうした条件の中で、人類学と精神分析の関係に関しては、何をいうべきなのか。不確かな平行関係で満足すべきなのか。両者ともが、当惑しつつ眺め合い、象徴システムの還元不可能な二つの分野として対立するという、不確かな平行関係をもつにとどまるのか。象徴の社会的分野と、一種の私的な普遍、個人的にして普遍的なものを構成する性的分野があるにすぎないのか（この二つの間には、もろもろの横断線が存在する。社会的象徴性は性的な素材となりうえ、性行動は社会的資格を認める儀式となりうるからである）。しかし、問題がこうした仕方で提起されると、あまりにも理論的すぎる。じっさいに、精神分析は、しばしば、象徴が何を意味しているかを人類学者に説明しようとする意図をもっている。それは、ファルス、去勢、オイディプスを意味しているというわけだ。しかし、人類学者は別のことを問題にし、精神分析的解釈が、自分にとって何に役立ちうるのかと自問する。だから、二元性の対立は置き換えられることになる。こうした対立は、もはや二つの分野の間に存在する

のではなくて、「それは何を意味するのか」と「それは何の役に立つのか」という二つの種類の問いの間に存在する。

当たり前の話ですね。精神分析と文化人類学は元々別の分野ですから関心が違うのは当たり前です。文化人類学が社会的な象徴の機能を研究するのに対して、精神分析は個人の内面を規定しているように見えるファルスとか去勢、エディプスとかの象徴を調べるので、対象が違うのは明らかです。ただ、実際にはそうやって整然と棲み分けができているわけではなくて、精神分析は、「象徴」とはそもそもどういうものので、どういう機能を担っているのか教えてやろうとする。全ての「象徴」は、ファルスとかエディプスから変形・派生したものだと暗示する。文化人類学者は精神分析の理屈を取り入れているが、自分たちが観察している現象の説明の枠組みとして利用しているだけなので、必ずしも深いところで一致しているわけではない。要はすれ違っているわけですね。

人類学者たちは、精神分析家に、たくさん教えることがある。「何を意味するか」が重要ではないことについて。ギリシァ学者たちがフロイトのオイディプス概念に対立する立場に立つとき、彼らは精神分析的解釈に他の解釈を対立させていると考えてはならない。人類学者とギリシァ学者たちの方が、最後には精神分析家たちを強いて、同様の発見をさせることもありうるからである。すなわち無意識の材料も、精神分析的解釈も、もはやありえず、ただ用法があるだけであり、無意識の総合の分析的用法があるだけであって、それはもろもろのシニフィエの規定によっても、ひとつのシニフィアンの指定によっても、定義されはしない。それはいかに作動するのか、ということだけが唯一の問題なのである。分裂分析はあらゆる解釈を放棄する。なぜなら、それは無意識の材料を発見することを、断乎として放棄するからである。つまり無意識は何も意味しない。反対に、それは諸機械を構成している。それは欲望の機械なのである。分裂分析は、これらの欲望の諸機械が社会諸機械に内在しながら、いかに使用され、いかに作動するかを発見する。無意識は何も語らず、機械として作動する。それは

「分裂分析」とは？

・対象をどう機能するか、どのような運動を引き起こすのかを問題にする。
≠それが最終的に何を意味するのかを問題にするわけではない。

分裂分析はもっぱら欲望機械の運動をめぐる「ミクロ物理学 microphysique」と、欲望がモル的に集合して歴史的に出来上がった、経済、政治、宗教などに関わる「社会的諸組織体」の相互関係に関心を持つ。
↓
何故なら、「無意識は何も語らない」から。運動や組織が何のために存在するのかは問題にしない。

> 表現的ではなく、表象的でもなく、生産的である。象徴とは、単にひとつの社会的機械であり、これは欲望機械として作動する。

人類学者やギリシア学者は、象徴の「用法 usage」だけを問題にするのであって、「それが何を意味するのか qu'est-ce que ça veut dire」は問わないということですね。「用法」という言い方だと抽象的な感じがしますが、要は、その象徴が社会的にどのように機能しているか、ということですね。象徴がそれ自体として何を意味するかは問題にしない。「それが何を意味するか」の原語は、〈qu'est-ce que ça veut dire〉で、普通のフランス語ですが、これは直訳すると、「それは何を言おうとしているか？」となります。人類学者は、そんなもののことは考えないというわけです。「用法」とは別に「意味」という形而上学的なものが存在するという発想はないわけです。因みに後期のウィトゲンシュタイン（一八八九－一九五一）は『哲学探究』（一九五三）で、「意味 meaning」とは「用法 use」だと言っているので、それも念頭にあるのかもしれません。

そうしたことを指摘したうえで、自分たちの「分裂分析」は、文化人類学やギリシア学の人たちのように、象徴を扱う場合でも、その「用法」、どう機能するか、どのような運動を引き起こすのかを問題にするのであって、それが最終的に何を意味するのかを問題にするわけではない。何故なら、「無意識は何も語らない」からというわけです。三四六頁を見ると、分裂分析はもっぱら欲望機械の運動をめぐる「ミクロ物理学 microphysique」と、欲望がモル的に集合して歴史的に出来上がった、経済、政治、宗教などに関わる「社会的諸組織体」の相互関係に関心を持つのであって、それらの運動や組織が何のために存在するのかは問題にしないというわけです。

欲望・交換・負債――「第三章第五節　大地的表象」を読む

では「第五節　大地的表象」に入りましょう。

表象が常に、欲望的生産の抑制‐抑圧であるとしても、しかしその仕方は、それぞれの社会組織体によってきわめて異なる。表象のシステムは、その深層に抑圧される表象者、抑圧する表象、置き換えられた表象内容という三つの要素をもっている。ところが、これらの三者を現実化することになる審級そのものは可変的であり、システムの中にはもろもろの移動が起きる。私たちは、社会的‐文化的な抑圧の唯一の同じ装置が普遍的に存在すると考える根拠をなんらもってはいない。

「表象」の三つの要素とその抑圧作用については既に何回か出てきましたね。この表象のシステムは文化ごとに違う。その文化の特徴は、「社会機械」と「欲望機械」の間の相関関係によって規定されているというわけですね。これまで見てきたように、「欲望」は身体に、各人の（器官なき）身体に「登記」されるわけですが、この「登記」は個人の身体に対してだけでなく、「社会体 le socius」に対しても成されるということが三四九～三五〇頁にかけて確認されていますね。

社会は交換主義的ではない。社会体は登記するものである。（…）すでに見たように、負債の体制は、直接にこの未開的登記の要求に由来する。というのも、負債は縁組の単位であり、縁組は表象そのものだからである。縁組はまさに、欲望のもろもろの流れをコード化し、負債を通じて、人間にことばの記憶をつくる。縁組は、無言の強度的出自の大いなる記憶を抑圧する。つまり、すべてを呑み込むコード化されない流れを表象するものとしての胚種的流体を抑圧するのだ。負債は、拡がりをもつに至った出自とともに縁組を構成し、暗黒の夜の強度〔内包〕を抑圧し、その上に外延をもったシステム（つまり表象）を形成し鍛えあげてゆく。この負債－縁組は、ニーチェが有史以前の人類の作業として叙述していたものに呼応している。つまり、生身の身体に刻まれる最も残酷な記憶術によって、生物的－宇宙的な古い記憶を抑圧し、その基礎の上にことばの記憶を強制するということである。だから、負債（および、もろもろの登記そのもの）を普遍的な交換の間接的方法とするのではなく、負債の中に原始的な登記の直接の結果を見ることが、きわめて重要なのである。

「大地機械」にとって交換や循環は二次的であり、第一義的なのは、人や物を「登記」することだという話は前にも出てきましたね。全てが一括して「大地」の身体に登記され、その後で、身体の諸部位に相当する氏族の間で、物や女性を一定のコードに基づいて交換するようになる、しかし、それは「大地」の身体上の循環にすぎない。そういう話でしたね。「負債」というのは、そういうやり取りにおける「負債」、相手に何かを返さなければならない状態にある、ということですね。無論、それは現実の交換における過不足ではなく、仮想のものかもしれません。「内包＝強度」というのは、「外延」として個体化する以前の状態ということで、胚種的流体というのは、胚の中にまた胚ができてそれがまた相互に交わって、混然一体となって自己内増殖していくような状態のことですね。

負債

「負債」が「ことばの記憶」を作るというのは、交換もしくは循環に生じた不足を記録するということでしょう。モノをもらって、その場ですぐにお返しするのであれば、「負債」はないですし、「記憶」の必要もありません。もらったモノは何で、どれくらいの価値があり、その「負債」を返すにはこれこれのモノを手に入れなければ、というような形で言葉が生まれます。これをもう少し抽象化すると、その場にないモノ、負債の形でしか存在しないヴァーチャルなモノの帰属ややりとりを問題にするために、「言葉」が生まれたと言えるかもしれません。一人だけで生活する、あるいは同じ生活パターンを繰り返す人たちの小集団だったら、「言葉」は要りません。そう考えると、「負債」が私たちが言葉を持つ最初の起源になったと見ることもできます。ただ、その「負債」というのは、社会機械が作り出した幻想かもしれません。ニーチェの名前が出てくるのは、前回見たように、ニーチェが『道徳の系譜学』で、「負債」という抽象的な概念が、人々を縛る道徳の起原になったという議論をしているからです。

生身の身体に刻まれる「最も残酷な記憶術 la mnémotechnie la plus cruelle」というのは、カフカの『流刑地にて』に登場する、身体に文字を刻み込む機械のことを念頭に置いているのでしょう。この機械が各人の身体に、お前にはこれこれの「負債」がある、更には、お前の家はどこそこの家に対してこれこれの「負債」を負っている、という記憶を「言葉」として書き込んで、その人物の「大地機械」の中での位置を確定するのでしょう。そういう言葉を各人の身体に書き込むと、〝書き込み以前〟の古い記憶、「胚種的流体」の記憶は抑圧され、神話の中にその痕跡をとどめるだけになる、ということでしょう。無論、〝書き込み以前〟の記憶が抑圧されている可能性も否定できないわけですが。

「負債」が普遍的な交換の間接的な方法ではなくて、「原始的な登記の直接の結果 une conséquence directe de l'inscription primitive」であるというのは、交換が行われるようになって、やり取りの時間の差の調整のために「負債」という概念が導入されたのではなく、それよりも〝前〟に、そのヒトやモノの大地への「登記」が行われた時点で、「負債」が書き込まれる、お前は大地に対して〇〇を負っているということが記載され、それがその人物（大地の身体の部位）のアイデンティティの一部になるということでしょう。『流刑地にて』の機械は、そうした原初的な登記の内容を、各人の身体に刻印するものと解釈することができますね。

三五〇頁を見ると、「負債」の問題との関連で、モースとレヴィ＝ストロースが言及されていますね。

モースは、少なくとも次のことを問題として残しておいた。負債は、交換よりも起源的であるのか、それとも、交換のひとつの様式、交換のためのひとつの手段でしかないのか。これに対して、レヴィ＝ストロースは、次のように断定的に答えて、この問いに決着をつけたかに見えた。すなわち、負債はひとつの上部構造でしかない。つまり、交換という無意識的な社会的現実が貨幣の形をとって意識に現われた形態でしかない、というのだ。ここでは根拠に関する理論的な議論が問題なのではない。社会的実践のあらゆる発想、またこの実践によって伝播される公準が問題となっている。これは、無意識全体にかかわる問題なのである。じじつ、もし交換が物事の根底をなすものであるとすれば、なぜ、負債はとりわけ交換の様相をとってはならないのか。なぜ、負債は贈与あるいはそのお返し〔逆贈与〕であって、交換であってはならないのか。そして、贈与するひとも、自分が交換を期待していないこと、いやそれどころか、あとからお返しがきて、結局は交換になることさえ期待していないことをはっきりと示すために、自分の物を盗まれた人間の立場に身をおかなければならないとすれば、それはなぜなのか。盗みはまさに、贈与とそのお返しが交換関係のカテゴリーに入ることを妨げるのである。欲望は交換を知らない。欲望は、ただ盗みと贈与だけを知っている。この両者は、ときには原初的な同性愛の影響をうけて、相互にからみあっていることもある。ここから、反交換的な愛の機械というものが出現する。

前半はそれなりに理解できますね。モースは、物を交換もしくは贈与するやり取りが先にあるのか、負債という観念が先にあるのかはっきりさせなかったけど、レヴィ＝ストロースは、「負債」とは、「交換という無意識的な社会的現実」が、貨幣という形で意識に現れたことに伴って生じる「上部構造」だと言っているということですね。「上部構造」というのは、マルクス主義の「上部構造」の比喩で、下部構造＝

無意識の単なる反映にすぎない、ということでしょう。「根拠に関する理論的な議論」ではなく、「社会的実践のあらゆる発想、またこの実践によって伝播される公準が問題となっている」という文が抽象的で分かりにくいですが、要は、レヴィ＝ストロースは、人々がどうしてモノやヒトのやりとりをするのかという「根拠 fondements」を問題にしているのではなく、どういう「社会的実践 la pratique sociale」、もう少し分かりやすく言い換えると、どういうゲームが行われているのか、そのゲームの一番根本的な規則＝公準（postulat）を問題にしているということでしょう。そうすると、「無意識的な社会的現実」と言う時の「無意識的」という形容詞は、単に意識されていないという意味であって、深いところで、行為する主体たちの動機を規定しているということではないでしょう。

そういう風に考えると、「負債 la dette」というのは交換の時間差の問題になって、〝深い意味〟はない、あるいは少なくとも、考える必要はないということになるでしょう。レヴィ＝ストロースがそういう風に機能的あるいは形式的に考えているとすると、「父殺し」あるいは「母との姦淫」の欲望を抱いていることが「負債」になるというような、フロイト的な解釈とは相性が悪そうですね。

「盗み le vol」と交換

でも、後半部では論調が変わって、でもやはり、「盗み le vol」のおかげで「贈与とそのお返し le don et le contre-don」が「交換 échange」のカテゴリーに入るのが妨げられている、と述べられているわけです。何故、急に「盗み」が出てくるのか唐突で戸惑いますが、その直後の「欲望は、ただ盗みと贈与だけを知っている」ということと関係していそうですね。これは当然、ドゥルーズ＋ガタリの言う「欲望機械」の「欲望」のことでしょう。交換というのは、ギブ・アンド・テークのバランスを取って自分を維持することですが、「欲望機械」自体にそうした自己保存機能のようなものはなく、何かを奪うか与えるかしかしないのであれば、「交換」は原初的なものはないでしょうね。「原初的な同性愛」がこれにどう関係するのかというのも説明不足で分かりにくいですが、同性愛の場合、たとえ性交があったとしても、子供が生まれて家族を作り、子孫が増えていくことがないので、そもそも同性愛に基づく交換の回路を作ることはできない、ということかもしれません。性交自体さえないとすると、何かを交換しているのかどうかさえ曖昧です。同性愛が問題になる場合は、交換が成立しにくいとは言えるでしょう。原初社会で、同性愛を含む「愛」――この場合の愛というのは、パウロ（五頃―六七頃）―有島武郎（一八七八―一九二三）風に言えば、奪うものか、与えるものかのいずれかでしょう――の欲望機械が支配的だったとすれば、交換に見える行為はあったとしても、それは実際には、「盗み」と「贈与」が時間差で生じているにすぎない、ということになるでしょう。

にもかかわらず原始社会においても、交換は知られている。まったく周知のことである。――しかしそれは、追放すべきもの、封じ込めるべきもの、そして厳密に格子状区劃の中に管理するべきものとして知られているのだ。どのような流通価値も、決して交換価値として発展しないように。交換価値は、市場経済という悪夢を導入することになるからである。原始的な売買は、等価値のものを決めることよりも、むしろ値切ることによって始まるのだ。等価値のものを決めることは、もろもろの流れを脱コード化し、社会体に対する登記様式の崩壊をもたらすことになるからである。私たちは出発点に連れもどされる。交換が抑止され追放されるということは、それが第一の現実であることを何ら証ししてはいない。そうではなく、逆に本質的なことは、交換することではなくて、登記すること、刻印することであるということを証ししているのだ。

交換に相当することは行われていたけれど、それは市場経済をもたらし、大地機械の秩序を破壊することになるので、封じ込められていた、ということですね。等価性に基づく交換を認めると、個々のヒトやモノに固有の位置はなくなり、これはこれと価値が同じだから、これの代わりにこれを置いておけばいい、ということになり、ヒトとモノの配置はどんどん崩れていく。そうなると、大地に登録されているものと外部のものの区別がなくなり、激しい流入と流出が起こり、登記は無意味になる。だから、値切りから交渉を始めて、なるべく等価交換が成立しないようにする。

ただし、交換がそうやって「抑止」「追放」されていたからといって、レヴィ＝ストロースが言うように、「交換」が第一の現実だということではなくて、あくまでも大地機械への登記と刻印が先行するというわけですね。ドゥルーズ＋ガタリに言わせれば、「欲望」の問題を抜きに語られる、「交換」の構造は空虚な形式にすぎません。これは、構造主義に対する批判と見ていいでしょう。

無意識を明白にひとつの空虚な形式に還元すること以外のことをしているとは思われない。そこに欲望そのものは不在であり追放されているのだ。こうした空虚な形式は、前意識を規定することはできるかもしれないが、無意識を規定しえないことは確かである。なぜなら、無意識が内実や内容をもたないということが真実であるとしても、それは無意識が空虚な形式であるからではなく、いつもすでにそれが作動する機械であり、つまり欲望機械であって、拒食症的構造ではないからである。

構造主義的な「空虚な形式 forme vide」は「前意識 un préconscient」には当てはまるかもしれないけれど、「欲望機械」を捉えることはできない、ということですね。このことと、無意識が「内実 matériel」や「内容 contenu」を持たないというのは、矛盾しているようにも見えますが、ポイントは、無意識としての「欲望機械」は常に運動していて、決まった形を持たないということでしょう。意識になる前段階である「前意識」は、ある程度固定化しているので、形式的に捉えられるかもしれないということでしょう。「拒食症的構造」というのは、ここでは通常の意味で比喩的な言い方で、拒食症の人のように欲望を持たないわけではない、ということです。無論、厳密に言えば、拒食症も、何らかの無意識の欲望の現れでしょう。

「構造」と「機械」の違い

構造と機械の違いは、社会体に関する交換主義的な構造論的な発想を内々に促進する公準のうちに現われ、構造が適切に作動するように、これにもろもろの矯正措置が導入される。まず第一に、親族の構造を考察する場合、縁組が出自の血統や、血統の間の関係から由来するかのようにみなすことを、容易に避けることができない。ところが、外延をもったシステムの中に拡がる出自を形成するのは側方的な縁組と負債のブロックであって、この逆ではない。第二に、このシステムは、あるがままに自然システムとみなされる代りに、ひとつの論理的な組み合せ装置とされてしまう傾向がある。自然システムにおいては、諸強度〔内包〕が分配されて、そのあるものは相殺し合い、流れるものをブロックし、他のものは、その流れるものを通過させるのである。システムの中で展開される性質は、単に自然的対象だけではなく「尊厳や責任や特権」でもある、といった反論は、このシステムを支える条件として、共約不可能なものや不等価なものが果している役割に対する誤解を示しているように思われる。第三に、まさしく交換主義的構造論的な発想は、基本原理として、根本的な一種の価格均衡、等価あるいは相等を要請する傾向をもっている。もっとも、結果の中に必ず不等性が入りこんでくるのを説明することは、避けられないことであるとしても。

難しい言い回しをしていますが、これまで何回か出てきた「構造」と「機械」の対比なので、ポイントは分かりますね。「構造」の方は、モノとヒトの関係性をめぐるシステムに対応し、静的で、かつ、自然とは関係ないという意味で論理的で、等価交換の原理に支配されているのに対し、「機械」は血統と関係しているし、自然システムにおける内包（強度）的な――外延化していない――性格を残しているし、必ず不等性を含んでいる。

ミャンマーのカチン族の結婚が等価性の原理に基づいているかどうかをめぐるレヴィ＝ストロースとリーチの論争が参照されていますね。

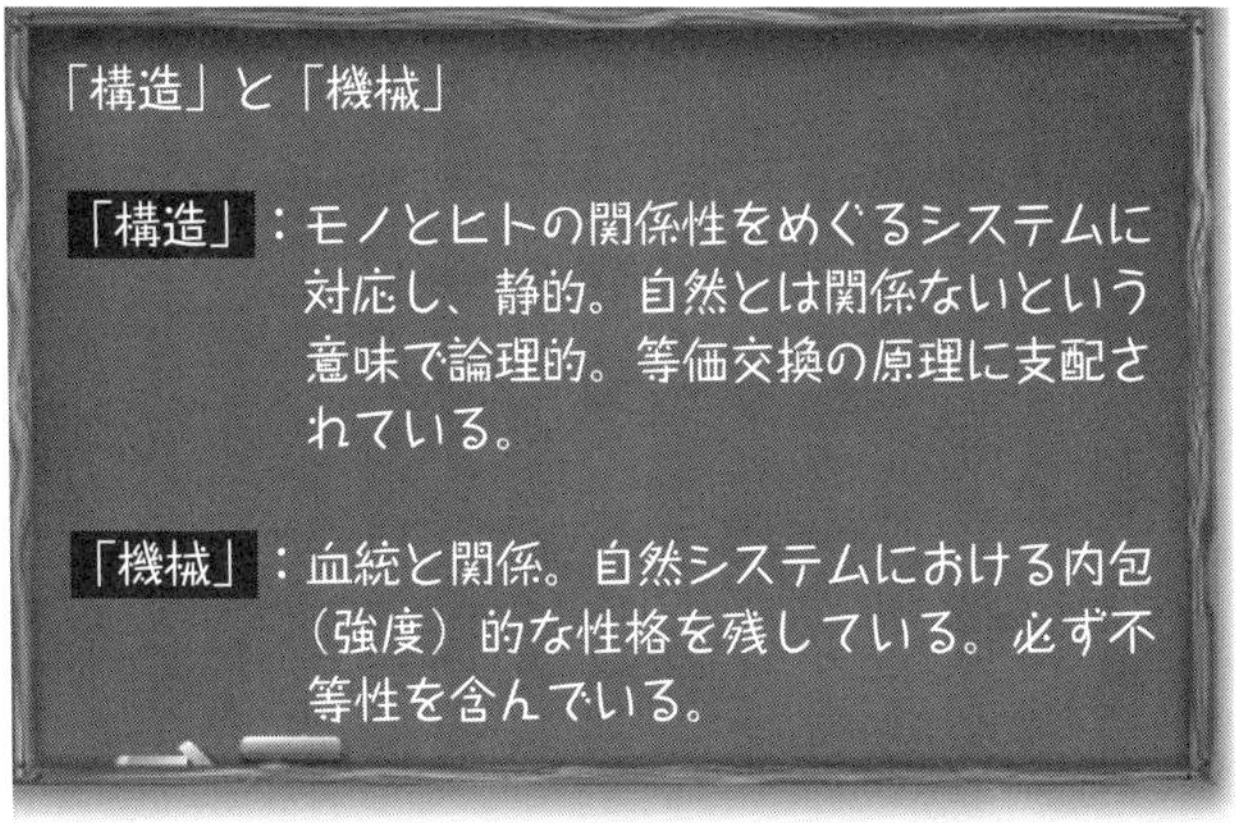
「構造」と「機械」
「構造」：モノとヒトの関係性をめぐるシステムに対応し、静的。自然とは関係ないという意味で論理的。等価交換の原理に支配されている。
「機械」：血統と関係。自然システムにおける内包（強度）的な性格を残している。必ず不等性を含んでいる。

すなわち、レヴィ＝ストロースが信ずるように、不均衡は病理的なもの、結果に属するものなのかどうか、それとも、リーチが考えるように、それは機能的なもの、原理に属するものなのかどうか。これを知ることが問題なのである。不安定性は、交換の理想と対比するとき派生してくるものなのか、それとも、すでに前提として与えられているものなのか。すなわち、給付と反対給付を構成する関係項の異質性の中に含まれているのか。縁組によってもたらされる経済的政治的取引、女性の給付における不均衡を埋め合わせる働きをする反対給付の本質、一般的にいって、給付の全体が個々の社会で評価される独自な仕方、こういったものに対して注意を払えば払うほど、外延をもったシステムの必然的に開放的な性格がますます露わになってくる。

難しい言い方をしていますが、要は、交換の過程で生じてくる不均衡、それに伴う不安定は、交換システムに内在しているのか、それともシステム自体はちゃんと安定するようにできているのだけれど、それからの逸脱がある、ということなのか、ということです。レヴィ＝ストロースとしては後者の線でまとめたいわけですが、「給付 prestation」と「反対給付 contre-prestation」の関係をちゃんと観察すると、どうしても双方の不均衡が目立ってしまうというわけです。「外延をもったシステムの必然的に開放的な性格」というのは、内包（強度）だけの状態から、外延、すなわち相対的に独立した個物が存在する状態になると、どうしても個物の〝交換〟に際して不均衡が生じる。その埋め合わせのために、システムの外部とのやりとりが必要になる。それが「開かれている」ということでしょう。

ここで「構造」と「機械」の違いの第四のポイントが出てきますね。交換主義的な発想は、「統計学的に閉じられた閉鎖システム」を要請し、「構造を心理的な確信（つまり、「サイクルは閉じられるだろうという安心感」）によってささえられること」を要求するけれど、負債ブロックの開放性や、統計学的に見た組織体とその構成要素（分子）との関係についての経験的事実が、そうした構造論的なモデルに適合しないのは明らかだ、と述べていますね。経験的事実が、「構造」では説明しきれない問題、根源的な不均衡の所在を示しており、それは、「欲望機械」の運動に起因する、というのがドゥルーズ＋ガタリの言いたいことでしょう。

未開の組織体は、口にかかわり、声にかかわるが、それは、この組織体が書記システムを欠いているからではない。大地の上の舞踏、仕切り壁に書かれた素描、身体の上への刻印といったものは、書記のシステムであり、〈地理－筆法〉であり、〈地理－書法〉〔地理学〕である。未開の組織体が口頭的であるのは、まさしくそれが声から独立した書記システムをもっているからである。このシステムは、声に同調してもいなければ従属してもいない。そうではなくて、多次元的な「いわば放射状組織において」、声に接続され、組み合わされるのである。（そして、この文字のシステムは、単系的線型エクリチュールとは逆のものであるといわなければならない。もろもろの文明が口頭的であることをやめるのは、書記システムの独立性やその固有の次元を喪失することによってのみである。書記が声にとって代り虚構の声を引きだしてくることになるのは、書記が声に忠実に追随することによってなのである）。

この場合の「声」というのは、神とか氏族の長や長老とか、どのように交換を行うべきか指示する声でしょう。それとは独立に「書記システム un système graphique」がある、というのは意外ですね。私たちは、文字というのは音声の補助手段であるという音声中心主義の考え方に慣らされているので、これは意表を突かれます。ただ、この「書記システム」というのは、私たちが「文字」と呼んでいるものではなくて、大地とか壁、身体に描かれたまさに「グラフィック graphique」な記号のことです。この「グラフィック」

なものによって、ヒトやモノが大地に「登記」されるわけです。そうした「グラフィック」が、先ほどの意味での「声」の――デリダ的な言い方をすると――「代補」ではなくて、独立の体系を成していた、ということですね。

こうした「グラフィック」なシステムの独立性が失われて、書記システムが「音声」を忠実に再現することを志向するようになると、書記システムによって再現前化＝表象（représenter）される「音」が、唯一の権威の源泉になっていきます。無論、「エクリチュール」は「声」を「代理 représenter」するふりをして、実際には、自分を唯一の基準として押し付けてくるわけです。神の生きた言葉を伝える『聖書』とか、ソクラテスの生き生きした対話を再現するプラトンの『対話篇』のように。デリダが「音声中心主義」と呼んで批判しているのはそうした事態です。ドゥルーズ＋ガタリは、ルロワ＝グーラン（一九一一―八六）などの文化人類学者の知見に基づいて、そうしたエクリチュールによるパロールの地位簒奪が起こる前に、パロールとは独立の「書記的（グラフィック）」なものがあったのであり、「エクリチュール（書き込み＝登記）」は最初からそうした、代補のパラドックスを引き起こすものではない、と言っているわけです。ルロワ＝グーランは、漢字のような表意文字を例に挙げていますが、象形文字とか絵文字、漢字のように、必ずしも音声の再現とは言えないような、文字＝グラフィックの体系があることを考えると、それほどおかしな話ではないような気がしますね。

因みにデリダは『グラマトロジーについて』で、『悲しき熱帯』でのレヴィ＝ストロースの文字に対する一面的な見方を批判していますが、それはまさにこの論点に関わっています。レヴィ＝ストロースはエクリチュールを西洋の産物であると考えているので、現地の族長が文字を書く真似事をしたのを見て、それは自分たち西欧人が彼の文字なき文化を侵食してしまった証拠だと見て反省するかのような態度を示していますが、デリダに言わせると、彼らは、西欧人のアルファベットのようなものとは確かに異なるけれど、儀礼や生活の指針として機能する、刺青などの各種のグラフィックなシステムを持っており、それとエクリチュールを無関係だと決めつけるのは、それこそ西欧人の傲慢ではないか、ということになります。『〈ジャック・デリダ〉入門講義』でもう少し詳しく説明しています。

話を、「声」と「グラフィック」なものの相互独立的な関係に戻しましょう。この後の記述を見ると、「声」の方が、縁組を実行させるべく指揮する役割を担っているのに対し、グラフィックなものがこれから嫁に出される女性の身体に書き込まれるということが述べられています。「声」と「書記」の二要素が連動して身体に働きかけることで、「身体」をめぐる記号が形成され、欲望が産出される、ということですね。更に「記号」を構成する要素として、〈声―聴取 voix-audition〉と〈手―表記 maingraphie〉に加えて、〈眼―苦痛 oeil-douleur〉に言及されていますね。これは、儀式において記号を刻み付けられることで苦しみ、言葉＝声（la parole）を受ける人の姿を、そこに立ち会っている人が見つめるということです。眼はそれによって快楽を得る。見ることによって快楽を得る眼は、その儀式に立ち会っている集団の眼、延いては神の眼ということになります。「神」というと、話が飛躍する感じになりますが、儀式の中で、身体に苦痛が与えられるのは、それが神にとって快楽だからだと考えられます。

コードの二要素の間にあって、苦痛は、眼によって引き出される剰余価値のようなものであり、この眼は、身体に働きかける能動的なことばの効果のみならず、働きかけられる限りでの身体の反応も把握する。負債のシステムつまり大地表象と呼ばれるべきものが認められるのは、まさにここにおいてである。すなわち、語りあるいは詠唱する声、生身に刻印される記号、苦痛から享受を引き出す眼――この三者は、共鳴と保持の領域を形成する未開の三角形の三辺をなすものである。その領域は、〈分節された声〉〈書記を刻む手〉〈評価する眼〉という、それぞれに独立した三者を含む残酷演劇にほかならない。まさにこのようにして、大地的表象は表層に組織されるが、これはまだ欲望機械〈眼―手―声〉にきわめて近いところにある。魔術的三角形。このシステムにおいては、あらゆるものが能動的であり、作用し作用される。縁組の声の能動、出自の身体の受動、両者の活用変化を評定する

――眼の反作用。

縁組などのヒトやモノを交換する儀式に、声と手と眼の三要素が関わり、欲望の三角形が形成されている、それが「残酷演劇」の様相を呈している、という話はお分かりになると思いますが、それが、交換システムや負債の話とどう関係しているのかが説明不足で分かりにくいですね。私なりに整理すると、以下のようになります。

構造主義的な交換のシステムがあるだけだとすると、縁組を指揮する声も、身体に刻まれるグラフィックも、そのシステムを円滑に進めるための符牒のようなもので、「身体」自体が記号として何かの意味を持つとかいうことはないでしょう。刻まれた人が苦痛を感じるとか、見た人が快楽を感じるとか、誰かの手が刻む労働をするとかは、どうでもいい付随的な要素です。

しかし、交換システムとしてではなく、集団を構成する各人の身体、あるいは集合身体としての大地の身体において働く「欲望機械」の動向に注目すると、これらの構造主義的にはどうでもいい要素の方が重要になってきます。声（口）、手、眼は身体の部位であり、それらが動員されることは、そこに欲望機械が働いているということです。誰かの手による刻み込みを、誰かが受けるだけだと、せいぜい二人の身体しか関係しませんが、そこに、「声を聴く」、「苦しむ身体を見る」という面を考慮に入れると、集団全員の身体、「欲望機械」が関わってきます。グラフィックを刻み込まれる女性の身体が苦しみ、儀式に際して、全員の「欲望機械」が激しく刺激され、能動的に関わることになる。そのために、儀式が行われているのであって、「交換」はその付け足しという見方もできます。「登記」―「刻印」というのは、何だか経済っぽい感じがしていましたが、実は、そうやって、「欲望機械」を活性化する仕組みで（も）あったわけですね。

他人の受苦する身体を見て快楽を覚えるというのは、特殊なサディズム的な欲望のようにも見えますが、恐らくそれは自然に起こってくる欲望ではなく、全員の眼と耳、視聴覚が集中する状況で半ば人為的に発生させられる欲望だと言えます。ただ、各人の身体が間接的に関与していることは間違いない。そういう意味で、身体を大地に登記する際に生じる「大地表象 la représentation territoriale」は、各人の身体に作用する「欲望機械」に「極めて近い toute proche」と言えるわけです。

こうした儀式に際しての「大地表象」が呼び起こす「欲望」をもう一度、「交換」に関係付けると、この「欲望」は、マルクス主義で言うところの「剰余価値」の様相を呈します。誰かに苦痛を負わせることで、そこから価値（利益）を引き出す、というところも似ていますね。そして、「交換」の動因としての「負債」の本質は、一つの家系が別の家系に負っているとか、「大地」に借り方記帳されるとかいうことよりも、そういう「欲望」を生み出す根拠となる仮想のマイナス状態、つまり、神あるいは共同体に負うているものがあるので、一定の苦痛を甘受しなければならないよう仕向ける心理的状態、あるいは、そうした儀式に際しての快楽を享受したこと、これからも享受させてもらえることに対する各人の負い目ということになるでしょう。自らの「欲望」を喚起してもらったこと、充たしてもらったことに対する「負い目」がぐるぐる回っている、ということかもしれません。

ニーチェと負債

三五九頁以降では、この「負債」との関連で、ニーチェの『道徳の系譜学』が再び引き合いに出されています。この「負債」の問題を掘り下げた点で、このテクストはモースの『贈与論』以上に現代人類学にとって偉大だと述べられています。ニーチェは交換や利益ではなく、まさに「負債」に注目した、ということですね。社会体を形成するには、一番原初にあった「強度的な胚種的流体」の記憶をしっかり抑圧し、人々に新しい記憶、集団的記憶を与え、欲望の流れをコード化しないといけない。「胚種的流体」の記憶が湧き出てくると、個体的同一性が危うくなり、親子とか兄弟姉妹の区別もなくなります。欲望の流れをコード化する記憶としてどのようなものが最適か？

この問いに対する答えは簡単である。それは負債によってである。つまり、開かれた可動的で有限な負債ブロックであり、語る声、刻印される身体、享受する眼の、あの驚異的な組み合わせなのである。法の馬鹿らしさと恣意性、通過儀礼の苦痛のすべて、抑圧や教育のまったく倒錯的な装置、赤熱の烙印、残虐な仕打ち、こうしたものは、人間を調教し、生身の肉の中に刻印し、人間に縁組を可能ならしめ、債権者－債務者の関係の中で人間を形成するという意味しかもってはいない。債権者－債務者の関係は、債権債務のいずれの側においても、記憶に属する事柄である（未来にまで引きのばされる記憶である）。負債は、交換が装う見かけであるどころではなく、大地的そして身体的登記からじかに生ずる効果であり、この登記が用いる直接の手段である。負債は、まったく直接的に登記から生ずるのである。もう一度繰り返すが、私たちはここで復讐や怨恨を引き合いにだしたりはしないだろう（…）。

「負債」の観念を抱かせることが、社会体を構成し、安定的に維持するための手段であるわけで、交換とか経済的利益は副次的な意味しかないわけです。先ほどお話ししたように、儀式に際して各自の欲望機械を一点集中的に活性化させますが、この強烈な体験を「負債」として記憶させて、大地に縛り付けることが社会の維持に必要なわけです。現代社会にも通過儀礼のようなものがありますし、教育の一環として意味の分からない、理不尽に感じることさえある躾を受けることがありますが、それは、この「負債」の刻印と同根だということのようです。「負債」の刻印が本質だとすると、むしろ下手に合理的な理由を付けずに、感覚が強制的に動員される、残酷劇の方がいい、ということになりそうですね。ニーチェは、ルサンチマン（怨恨）の思想家として知られていますが、こうした「負債」の刻印に際しては、実際に何かされて恨んでいるかどうかということは関係ないということですね。

――ニーチェはこう問うている。罪人の苦痛が、彼の引き起した損害の「等価物」として役立ちうるということは、いかに説明すべきなのか。自分のうけた損害が苦しみによって「支払われる」などということが、いかにして可能であるのか。ここで、苦しみから快楽を引きだす眼をもちださなければならない（これは復讐とは何の関係もないことである）。これはすなわち、ニーチェ自身が評定する眼と呼んでいるもの、残酷な光景を好む神々の眼のことである。「罰が大きければ、それだけ祭の気分は高まる。」それほどにも苦痛は、活動的な生とみちたりる眼差しと切り離せない。損害＝苦痛という方程式は、なんら交換主義的なものをもたない。むしろ、それは、この極限のケースにおいて、負債そのものが交換とは無関係であることを示している。ただ単に、眼は、自分が注視する苦痛から、コードの剰余価値を引きだすのであり、この剰余価値は、罪人が背いた縁組の声と、罪人の身体に十分に喰い込まなかった刻印との間の破綻した関係を償うのである。罪とは音－文字の接続を破ることであり、この接続は罰の光景を通じて修復される。これはまさに原始的正義であり、大地的表象はすべてを予見していいいたのである。

これは分かりやすいけれど、非常に哲学的に重要な問題ですね。罪人が苦痛を受けることで、罪の贖いがなされる、つまり負債に対する「支払い」をしたことになると言えるのはどうしてか？　よく考えると分からないですが、心理面からの答えとして、罪人が苦しんでいるのを見ていい気味だと快感を覚えるから、というのが考えられます。つまり、ある一定の属性を付与された人が苦しんでいるのを見て、快楽を覚えるという欲望の回路があるということですね。しかも、罪というのは通常、一対一ではなく、共同体全体に対して負っているものですから、共同体全体が、罪人が苦しんでいるのを見て快楽を覚えることになります。「評定する眼 l'œil évaluateur」が、「苦痛 douleur」と「損害 dommage」をイコールで結び、それによって、「苦痛」から、損害のマイナスを埋めるだけの剰余価値を引き出すわけですね。第三者の視点において、「苦痛」から「快楽」が引き出されて、それが償いになるという理屈、発想が納得しにくいかもしれませんが、少なくとも、行為者本人が苦しむことが〝償い〟になるには、それを見ていて一定の価値評価をする、つまり、これは行ったことに対する埋め合わせるだけの価値があると評価する、第三者

の視点の介在が必要なことは分かりますね。そういう視点がないと、当人の「苦痛」と、「犯したこと＝罪」が結び付きません。

ここでは、「罪人」がコードに反したこと、「罪」を犯して共同体に損害を与えたことを、「大地的表象」が予見していたと述べられていますが、これは、実際には罪を犯す、犯したというより、犯すであろう、あるいは犯しているはずだという前提で、〝罰〟を与えるということでしょう。実害がないのに罰して快楽を引き出しているとすれば、純粋な剰余価値になります。等価交換あるいは応報ではなくて、こういう予見とそれに基づく残酷劇で、剰余価値を引き出すことこそが「正義」の原型であるわけです。

三六一〜三六二頁にかけて『道徳の系譜』から長々と引用して、「大地」が自分を破壊する者たちが来るということも、実はある程度予見している、とのことです。ブロンドの髪を持った獣、破壊者たちについてニーチェが語っている部分ですね。

アフリカの最も古い神話でさえ、これらのブロンドの髪の毛をもった男たちのことを語っている。それは〈国家〉の創設者なのである。ニーチェは、ほかのもろもろの切断を明らかにすることになるであろう。すなわち、ギリシアの都市国家、キリスト教、民主主義的ブルジョワ的ヒューマニズム、産業社会、資本主義、社会主義による切断である。ところが、こうした切断はいずれも、あの最初の偉大なる切断を斥けてそれを埋め合わせることを意図しているのであるが、これらはすべて、それぞれが異なる名目において、あの最初の偉大なる切断を前提としているといってもいい。宗教的であれ、現世的であれ、圧制的であれ、民主的であれ、資本主義的であれ、社会主義的であれ、国家はただひとつしか存在しなかった。つまり、「炎を噴いて吠えながら語る」国家－犬だけだ。そして、ニーチェは、この新しい社会体がどのような経過をたどるかを暗示している。それは先例のない恐怖であり、この恐怖に比べれば、残酷の古いシステムも、原始的な調教や刑罰の諸形式などは何ものでもない。それは、あらゆる原始的コード化の集中的破壊であり、もっと悪いことには、これらのコード化のとるに足りない保存であり、これらのコード化を新しい機械の、さらには抑圧の新しい装置の副次的部品におとしめるのである。原始登記機械の本質をなしていたものは、可動的な開かれた有限の負債ブロック、つまり「運命の小片」であったが、いまではこれがすべて膨大な歯車装置の中に組み入れられ、この歯車装置は負債を無限にし、もはや唯一の同じ強圧的な宿命しか形成しない。

大よそのところは分かりますね。ブロンドの髪の男たちというのが、国家の創設者で、彼らは大地機械の原始的コードを破壊し、壊したものをより大きな歯車に組み込み直す。

「炎を噴いて吠えながら語る parle en fumée et hurlements」というのは『ツァラトゥストラはこう言った』の第二部の「大いなる事件 Von großen Ereignissen」という章に出てくる表現です。訳の細かい話ですが、〈fumée〉は正確には「炎を噴いて」ではなく、「煙を吹いて」です。ドイツ語の原文でも、〈redet er gern mit Rauch und Gebrülle〉、「彼は煙と咆哮と共に語ることを好む」となっています。この章では、ツァラトゥストラが地獄へ降りていって、「火の犬 Feuerhund」と、「教会」や「国家」について語り合うという設定になっています。〈国家―犬 le chien-Etat〉という表現はそこから来ています。ツァラトゥストラは、その「火の犬」に向かって、「教会」は「国家 Staat」の一種であり、「国家」はお前（火の犬）と同じように、「地上で最も重要な動物 das wichtigste Tier auf Erden」になろうとしている、「偽善の犬 Heuchel-hund」だと言ってきかせます。「国家」を権威や力を装うまがい物と見ている感じですね。

「運命の小片 les parcelles de destinée」は『道徳の系譜』の中で「負債＝罪」を論じている第二論文の一四節に出てくる表現です。〈les parcelles〉と複数になっているのは、元のテクストで、犯罪者の行為によって引き起こされる損害は「運命の小片 ein Stück Verhängnis」と見なすことができるという文と、刑罰もまた「運命の小片」であるという二つの文があることを受けているのでしょう。刑罰には元々、損害と、犯罪者の苦しみを結び付ける「負債」という観念を利用して、罪を負っている人の運命を論理的必然性へと変換する性格があるわけですが、教会や国家はそれを制度化することで、自らの権力基盤を作り上げます。

原初的な国家と王の身体――「第三章第六節　野蛮な専制君主機械」を読む

では「第六節　野蛮な専制君主機械」に入りましょう。話の続き具合から分かるように、原初的な「国家」のことです。

専制君主機械あるいは野蛮な社会体の創立は、新しい縁組そして直接的な出自として要約することができる。専制君主は、古代共同体の側方的縁組と延長された出自を認めない。彼は新しい縁組を押しつけ、神との直接的な出自関係に入る。つまり、民衆は従わなければならないのだ。新しい縁組の中へと飛躍し、古い出自と断絶すること。このことは、異邦の機械において表現される。あるいは、むしろ、異邦人機械といってもいい。この機械の場所は砂漠であり、最も厳格、最も過酷な試練をおしつけるものとして、古い秩序の抵抗と新しい秩序の正当性を同時に証ししている。

「新しい縁組」というのは、この場合は、レヴィ＝ストロースが想定していたような、負債が残らないように女性を相互に交換して均衡を保つ縁組を断絶し、新しい親族関係の原理を導入するということでしょう。「神との直接的な出自」というのは、「専制君主 despote」自身を神の子孫と位置付ける、ということでしょう。「砂漠」という言い方は、大地機械の欲望の回路を破壊して、ゼロから新しい秩序を作るという意味合いと、外部からやって来て専制君主となる「異邦人（機械）」を遊牧民的な存在に見立てる意味合い、そして、その異邦人＝遊牧民が、四〇年の荒野＝砂漠での試練を経てカナンの地にやって来て、異邦人たちを暴力的に征服して国家を作ったことを暗示しているのかもしれません。

パラノイア人と専制君主

異邦人機械は、古いシステムとの葛藤を表現しているからこそ、偉大なパラノイア機械であり、同時にまた新しい縁組の勝利を準備しているかぎりにおいて、すでに栄光の独身機械でもある。専制君主はパラノイア人である（この場合、精神分析と精神医学におけるパラノイアの概念に固有の家族主義を放棄し、社会組織体を備給するひとつの型としてパラノイアを認めさえすれば、この命題にはもはや何の不都合もない）。そして、倒錯者の新しいグループが、この専制君主の発明を普及してゆくことになる（おそらく、このグループが、専制君主のために、この発明さえ実現したのかもしれない）。自分らが創設し、あるいは征服する町々に、専制君主の栄光を拡大し、彼の権力を押しつけながら、専制君主とその軍隊が通過してゆくところではいたるところで、医者、僧侶、書記、官吏たちが行列している。以前の相互補完的状態が地滑りして、新しい社会体を形成したといってもいい。もはや、叢林のパラノイア人と村や野営地の倒錯者ではなくて、砂漠のパラノイア人と都市の倒錯者が登場するのだ。

ここで「パラノイア」が出てきましたね。「異邦人 l'étrange」である専制君主は、古いコードを壊した後、欲望機械が分散しないように、まとめ上げようとするわけですね。そのために新しい縁組を作り出す。新しい縁組と言ったすぐ後で、「独身機械」という言葉が出てくることには違和感がありますが、「独身機械」の話は、この講義の第一回に出てきましたね。自己性愛的な性質を帯びていて、自分の中で欲望を充足できるというようなことでしたね。異邦人機械と、征服される大地とそこにいた人々を別々のものと考えると、独身ではなくて相手を必要としているように見えますが、異邦人＝専制君主が征服したものを自分の身体にして、一つの自己完結的な欲望の回路を持った機械を作り上げると考えればいいでしょう。

異邦人としての「パラノイア人」が征服者としてやって来る以前の「大地機械」では、欲望機械に内在する分裂しようとする傾向と、それを押しとどめて安定させようとする大地の充実身体の抑止力の間で辛うじて均衡が保たれていた。「口」と「手」と「眼」が動員される儀式で生まれる「大地表象」が、個別化していこうとする「欲望機械」の動きを一定の方向へと誘導し、秩序を保っていた。「パラノイア人」はそれをいったん破壊して、自分を絶対的な中心にした欲望の回路を新たに作り上げようとするわけです。

医者、僧侶、書記、官吏が専制君主に仕えてその支配を支えるのは国家成立の条件なので、これ自体はいいとして、問題は何故彼らが「倒錯者」なのかですが、前回見たように、ドゥルーズ＋ガタリはどうも、自分にとって〝自然〟な身体性とは異なる人工的な身体性をヴァーチャルに形成し、そこから欲望を得ている状態を「倒錯」といっているようです。とすると、君主の補助者たちは、自分自身の身体ではなく、王の身体を拡大することに喜びを得る連中ということになるでしょう。彼ら自身は、専制君主機械として作用する王の身体の一部ではないのか、という疑問がありますが、恐らくポイントは、彼ら自身が機械の中心である王になろうとせず、別の人物を王として立て、王を中心とする機械を作ることに第三者的に関わっている、他人の身体的欲望を充足させることに貢献することで、自分の欲望を充足している、ということにあるのでしょう。他者の身体の欲望回路の確立に喜びを見出すという意味で、倒錯しているわけです。元々王の臣下であったというより、専制君主機械が立ち上がってくる過程で、機械に魅せられて奉仕するようになった、という想定かもしれません。

パラノイア人は元々「叢林 brousse」に、倒錯者は村や野営地にいたというわけですが、恐らく、アフリカの小さな集落のようなイメージでしょう。元々そういう所に居住していたこれらの変わり種が、前者は広大な砂漠を移動して征服を続ける軍団に、後者は都市の知的支配層にそれぞれ発展して、合流したということでしょう。

専制君主の野蛮な組織体は、原理的には、原始大地機械との対比において考えられなければならない。そして、これは大地機械の廃墟の上に打ちたてられるのである。これが帝国の誕生である。しかし現実には、ひとつの帝国が先行の帝国から離脱するときにも、あるいは世俗的帝国が頽廃し、教権的帝国の夢が現われるときにさえ、この野蛮な組織体の運動は同じように認められる。その企ては、何よりもまず軍事的で征服をめざすものかもしれない。また、何よりもまず宗教的であって、軍隊の規律を内的な禁欲や団結に転換するものかもしれない。パラノイア人自身は柔和な被造物であったり、鎖を解かれた野獣であったりするかもしれない。しかし、いつも私たちは、こうしたパラノイア人とその倒錯者たちの姿を、征服者とそのエリート集団、専制君主とその官僚たち、聖者とその弟子たち、隠者とその修道者たち、キリストと聖パウロを見いだすのである。モーセはエジプト機械をのがれて砂漠にいき、そこに新しい機械を、つまり契約の櫃と移動しうる寺院を設置し、彼の民族に宗教的軍事的組織を与える。

ここは分かりやすいですね。専制君主の率いる軍隊は、一つの秩序、指揮官の命令に従って一致して動きますからパラノイア的な感じがしますね。その軍隊に、エリート集団が宗教的教義を吹き込んで禁欲や団結心を吹き込むとすると、反身体的というか、通常の身体的な欲望を断つ形で欲望を充足するわけですから、倒錯的ということになるでしょう。軍隊をパラノイア的、宗教を倒錯的と見なすのであれば、多少ピンと来るのではないでしょうか。それに、専制君主機械が、宗教的な倒錯（禁欲）によって統制されているとすれば、この機械が独身機械だということも納得しやすくなりますね。

社会的機械の根底的変化——商業と貨幣

根底から変化したものは、社会的機械である。大地機械の代りに、国家という「巨大機械」が、つまり機能的なピラミッドが登場し、その頂点には不動の動者である専制君主をもち、側方的表面と伝達器官としての官僚装置を、底辺の労働する部品として村びとたちをもっている。ストック〔貯蔵〕は蓄積の対象となり、負債のブロックは、年貢の形をとって無限の関係となる。コードのあらゆる剰余価値は所有の対象となる。こうした転換が、すべての総合に浸透する。つまり、水力機械、鉱山機械による生産の総合、会計機械、筆記機械、記念碑機械による登記の総合、最後に専制君主、その宮廷、官僚階級を維持する消費の総合といった三つの総合の働きに。国家を、住居にしたがって人びとを登記する領土化の原理とみなすのではなく、むしろ住居の原理を、脱領土化の運動の結果とみなすべきなのである。この運動は、対象としての大地を分割して、人びとを新しい帝国的な登記に、新しい充実身体に、新しい社会体に従属させる。

「大地」という表現にドゥルーズ＋ガタリが拘っていた理由が分かってきましたね。「大地」の上ではヒトやモノが水平的に動いているだけなのに対し、国家という専制君主機械は、専制君主を頂点とし、官僚機構を側面とし、労働を提供する村人を底辺とするピラミッドを形成しているわけですね。「不動の動者」というのは、初回にも出てきたように、アリストテレスによる神の表現です。大地の場合はどこに行くのか分からなかった負債＝剰余価値のブロックがこのピラミッドの中に蓄積され、専制君主によって所有される。「無限の関係 une relation infinie」というのは、臣民の王に対する「負債」が解消されることなくずっと続き、剰余価値がどんどん溜っていくということです。

「生産」―「登記」―「消費」の三つのレベルでの「総合」というのは、このテクストの最初の方でかなり繰り返し論じられていましたね。第二章の第三～五節で論じられていた三つの総合は、個人の欲望の回路形成やアイデンティティの確定、欲望の充足の仕方・強度（内包）の変化のことでしたね。それらが論理学上の基本操作である「接続」（そして→そして次に）「離接」（AあるいはB）「連接」（AとB）と対応させる形で論じられていた。ここでは、それを個人の身体における「欲望機械」から「社会機械」へと拡張しているわけです。普通の人には、個人の欲望と論理の基本的法則を結び付けるのはまだ分からないでもないけれど、それを社会体にまで拡張するのは飛躍だ、単なるアナロジーだろ、と言いたくなるところでしょうが、ドゥルーズ＋ガタリは社会的「機械」も、個人の身体で働く「機械」も、「機械」であることに変わりない、という立場を取っているので、彼らにとっては単なるアナロジーではないので、その点には留意して下さい。ただ、水力機械や鉱山機械によって、それまで個人のレベルで営まれた各種の「生産」が総合され、会計機械、筆記機械、記念碑機械等によって、国家に属する各人のアイデンティティと履歴が「登記」され、彼らの労働の成果が王や官僚たちの支配を維持するために「消費」される、というのは、政治・経済の普通の話なので分かりやすいですね。

　こうした国家の運動は普通に考えると、「領土化」ですが、ドゥルーズ＋ガタリは逆に、「脱領土化 dé-territorialisation」だと言っています。実際の国家の領土とは限らず、支配する領域だということを強調するために、「脱属領化」と訳す場合もあります。この場合の「脱領土化」というのは、ヒトと土地との固有の繋がりを解体して、単にモノやヒトが物理的に貯蔵される空間にしてしまう、ということでしょう。

　三七二頁に貨幣についての話が出てきます。ここまで繰り返し出てきた「負債」の登記と交換が、「貨幣」という形で現れるわけですね。最初に、国家は商業によって脱コード化が進みすぎるのを怖れて、商業を管理することが指摘されていますね。

　商業において貨幣の演ずる役割は、商業そのものよりも、国家による統制に依存するのだ。商業と貨幣との関係は総合的であって、分析的ではない。基本的には、貨幣は商業と一体ではなく、国家装置の維持費としての税金である。支配階級がこの装置と区別され、自分らの私有財産のためにこの装置を利用しているところでは、貨幣と税金のきずなは眼に見えるはっきりとした形で現われている。

（……）

　要するに、貨幣または貨幣の循環は、負債を無限にする手段なのである。国家の二つの行為はまさにこのことを隠している。すなわち国家にかかわる居住や領土性は、脱領土化の大規模な運動を開始し、これがあらゆる原始的出自を専制君主機械に従属させる（農地の問題）。また負債の廃棄と、負債を計量可能な形態に変えることは、国家への果てしない奉仕の義務に道を開き、国家はあらゆる原始的縁組をみずからに従属させることになる（負債の問題）。無限の債権者あるいは無限の債権が、可動的かつ有限な負債ブロックに代ったのである。専制君主制の地平には、常に一神教が存在する。つまり負債は、生存の負債となる。臣民自身の生存が負債となるのだ。債権者はまだ貸していないのに、債務者は返し続けるというときがやってくる。

私たちは「貨幣」を、交換を便利にする手段として発明されたと考えがちですが、彼らは、臣民が王に対して負っている「負債」を恒久化する手段だと見ているわけですね。「負債」の根拠になるのは、原始的出自や縁組を専制君主機械に従属させ、その専制君主が一神教と結び付いているというのは、神＝王のおかげで各人が生を与えられ、生き続けているという設定が持ち込まれる、ということです。だから長く生きれば生きるほど負債が増え、支払う義務が生じる。私たちは土地に対する年貢にだけ注目しがちですが、人間の生存自体も神に対する「負債」と見なされるわけですね。

「アジア的生産（様式）」と「超コード化 surcodage」

三七四頁で、マルクスが「アジア的生産（様式）」と呼んでいるものが、こうした「専制君主機械」にかなり近いという話が出ています。「アジア的生産様式」というのは、奴隷制でも封建制でもない、資本主義以前の生産様式で、専制君主の率いる国家のイニシアティヴによって、農民に土地が割り当てられ、灌漑や土地の開拓が進められるのが特徴です。

帝国的登記は、あらゆる出自と縁組を裏づけ、存続させ、それらを専制君主と神の間の直接的な出自関係と、専制君主と民衆の間の新しい縁組に収束させるのだ。原始機械のコード化されたあらゆる流れは、いまや河口にまで導かれて、ここで専制君主によって超コード化される。超コード化、これこそが国家の本質をなす操作であり、国家が古い組織体と連続すると同時に断絶する事態を評価する操作なのである。つまり、ここには、コード化されないかもしれない欲望の流れに対する恐怖があり、また超コード化する新しい登記の確立があり、この新しい登記は、たとえそれが死の本能であったと

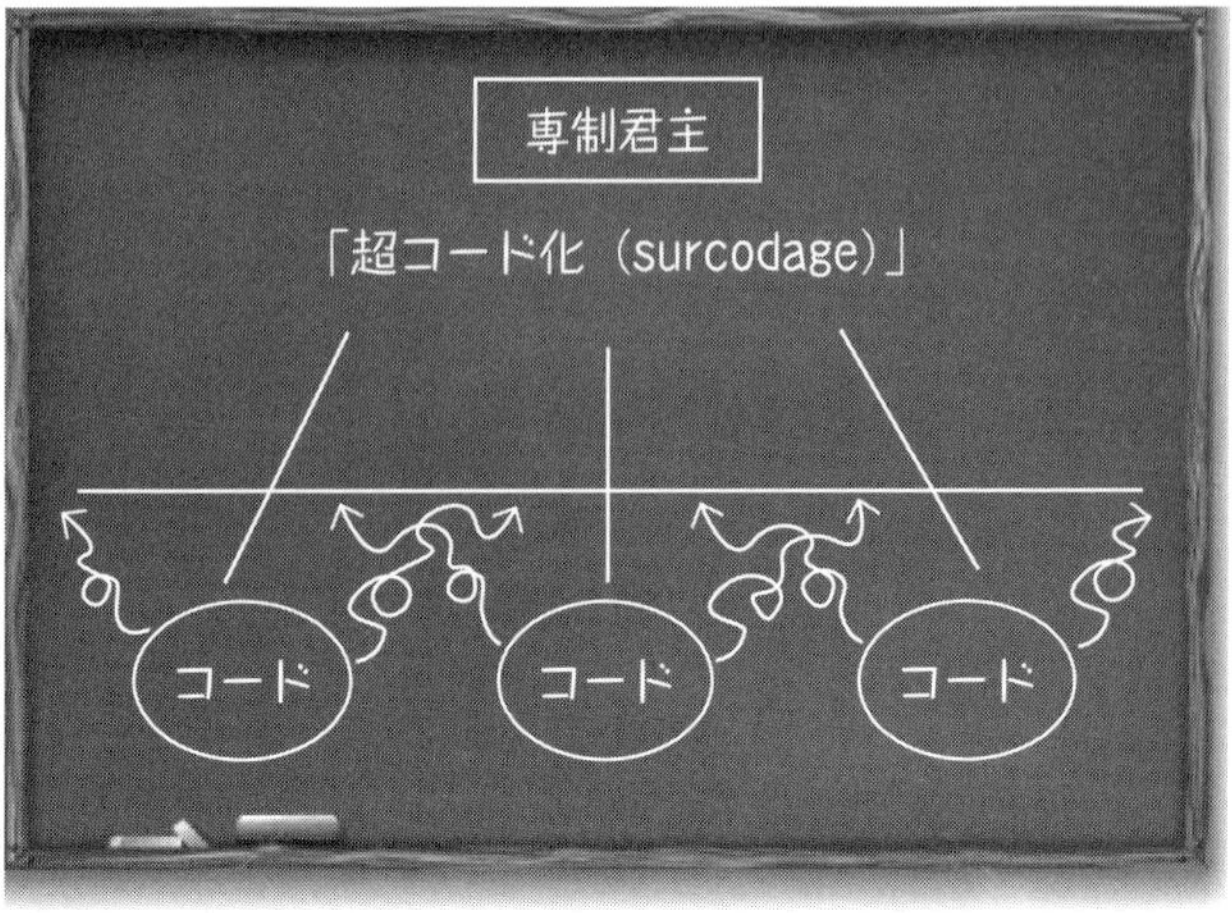

しても、欲望を主権者のものにするのだ。カーストは超コード化と分かち難い関係にあり、数々の支配「階級」を含んでいるが、これらはまだ階級としては現われてはおらず、国家装置と一体である。誰が主権者の充実身体に触れることができるのか。これこそが、カーストの問題である。

「超コード化 surcodage」というのは、コードから逸脱する欲望の流れを、その上位のレベルで、ピラミッドの上からコントロールするということでしょう。古い組織体というのは、従来の大地機械の下で機能していた出自・縁組システムのことでしょう。実質的に古い共同体の骨組み、つまり、小共同体の中での人々の生活の自然な秩序を——形式的には王の名の下にラディカルに旧秩序を解体することを宣言しながら——実質的に温存し、民心を落ち着かせながら、国家の管理機構が上から管理して、全体をまとめる。これは、吉本隆明（一九二四—二〇一二）が指摘する、民衆の共同体的生活（私的領域）に関わる国津罪と、政治機構（公的領域）に関わる天津罪の棲み分けと同種の問題です——拙著『〈戦後思想〉入門講義』（作品社）を御覧下さい。

これ自体はそれほど突飛な話ではなく、歴史の本によく出てくる新旧二層構造の問題ですが、ドゥルーズ＋ガタリはそれを欲望の段階的コントロールという観点から捉え直しているわけですが、興味深いのは、たとえ古い組織体を温存しても、（旧）大地の地表に配置された各人の欲望機械が分裂症的な本性を発揮し、逸脱した流れが生じることを、専制君主や官僚たちが怖れている、という点でしょう。

「死の本能（instinct de mort）であったとしても、欲望を主権者のものにする」というのは、フロイトの言う「死への欲動（タナトス）」、つまり、苦痛の多い地上の生を終えて、母胎へ、無へと回帰しようとする欲望の方向性があることを認めたうえで、そういう危険な欲望も、主権者である王の大いなる身体（専制君主機械）の一部として取り込んでしまおうとするわけです。そういう危険なものをどうして、神に由来する王の大いなる身体――リヴァイアサンですね――の一部として認定するのかというと、そうでないと、王の身体に収まり切らない、異質なもの、「外部」に由来するものが、国家の中に入り込み、その秩序を脅かしていることになってしまうからです。そういう危ない欲望も、専制君主機械の中で一定の役割を担っているように装わないといけない。これは、キリスト教が、悪魔が神の創造物ではないと言えないこと、どんなおかしな奴が出てきても、その存在を『聖書』で説明できないと言えないことを念頭に置けば分かりやすくなるでしょう。現実の国家でも、取り締まりが不可能な乱暴者を警察や軍隊などの国家の暴力機構に抱えようとし、正規の機関に取り込めなかったら、ある程度の乱暴狼藉を容認して利用しようとするし、おかしな言動で人を惑わす輩が取り締まり切れなかったら、宗教人や芸術家、芸人として位置付けて間接的に管理する。

王の身体（＝国体）が神聖であるのは、そうした訳の分からない非合理的なものを含んでいなければならないからです。その神聖さと、階級制度の原型である、「カースト」が不可分に結び付いているわけです。神に祝福された王の身体は本来、どんな逸脱も吸収することができる。

国家レベルでの欲望、超コード化――「第三章第七節　野蛮な表象、あるいは帝国の表象」を読む

「第七節　野蛮な表象、あるいは帝国の表象」に入りましょう。「帝国の表象」は「大地の表象」とどう違うのか？　第三～五節では、内包＝強度しかない胚種的流体の段階では、個体化されていないので、近親相姦は論理的にあり得ないということが強調されていましたね。帝国には、特に英雄として建国する王

をめぐる「近親相姦」の神話があります。三七七〜三八〇頁にかけて姉妹との近親相姦と、母とのそれは異なった意味を持っており、英雄は先ず姉妹と結婚し、次に母と結婚すると述べられています。この二つの結婚が超コード化に必要だということですね。

> 帝国的組織体において、近親相姦は、欲望の置き換えられた表象内容であることをやめ、抑圧する表象作用そのものとなる。というのも、疑いなく、近親相姦を犯しそれを可能にする専制君主の仕方は、抑制−抑圧の装置を廃棄するものではないからだ。それどころか、専制君主の仕方はこの装置の一部をなし、ただ装置の部品を変えているにすぎない。そしてあいかわらず、置き換えられた表象内容として、近親相姦はいまや抑圧する表象作用の位置を占めることになる。

「欲望の置き換えられた表象内容」というのは、これまで見てきたように、「●●が禁止されている」ことを示す表象によって、あたかも、●●によって表象（象徴）される欲望X、エディプス・コンプレックスの場合、近親相姦への欲望があるかのように偽装される、ということですね。「大地表象」には、人々の欲望を一定の方向に誘導し、縁組と出自の秩序を維持するための「抑制—抑圧」はあったけれど、それは必ずしも近親相姦欲望とは関係ない。胚種的流体は個体を知らないので、近親という関係自体が成立しない、ということでしたね。そこにエディプスの原型のようなものを見ることができるけれど、精神分析が与えているような意味は付与されていなかった、そういう解釈を正当化する要素はなかったということでしたね。

帝国的組織体の神話的英雄＝専制君主の近親相姦は、〝抑圧された欲望として存在しているかのように表象的な見かけによって偽装されている内容〟ではなく、むしろ、それ自体が「抑圧する表象作用」になっているというわけですが、どういうことか？　まず、専制君主は露骨に近親相姦しているわけですから、〝抑圧された近親相姦欲望〟の表れではありません。現にやっているのだから、その欲望が抑圧されているとは言えないでしょう。また、専制君主は、他者による制約を受けていないわけですから、その行為は

「抑制」も受けていないように思えます。では、専制君主がやっているから、みんなそれに倣って、近親相姦への欲望を解放し、近親相姦的行為をするようになるかというと、そうはなりません。むしろその逆です。神、あるいは神との媒介者である王だから許される特殊な行為、新しい縁組を示すことで、共同体の基礎付けとなる行為であって、そうではない普通の人間には禁じられている。エディプス神話も、見方によっては王族だからこそ、特別な意味を持つ出来事と取れるわけです。普通の人間には許されない近親相姦という聖なる行為を犯した英雄だからこそ、ゼロから新しい秩序を作り出せる強い存在だと人々に印象付けることができるわけです。専制君主の近親相姦をめぐる表象は、そうした意味で抑圧的な働きをします。

――王にふさわしい野蛮な近親相姦は、単に欲望の流れを超コード化する手段にすぎないのであって、決して欲望の流れを解放するものではない。おお、カリギュラ。おお、ヘリオガバルス。おお、消えていった皇帝たちの狂気の記憶よ。近親相姦は決して欲望であったのではなくて、単に欲望の置き換えられた表象内容であり、抑圧の結果にすぎないのだ。

カリギュラ、ラテン語風に言うと、カリグラ（一二－四一）はローマの第三代皇帝で、妹たちとの近親相姦や男娼との交わり、浪費、自己神格化、享楽のための殺人をやったということで悪名高い人物です。映画でも残忍な皇帝として描かれることが多いです。ヘリオガバルスはこの講義の第二回でも出てきましたが、シリアの大祭司の血を引く、三世紀のローマ皇帝で、性をモチーフにした独自の信仰を導入し、淫らな儀式を行ったことで悪名高い人物です。アルトーに彼を題材としたエッセイがあります。ドゥルーズ＋ガタリは、彼らが行ったとされる近親相姦は、人々の欲望をそのまま表象しているのではなく、様々な欲望の流れを専制君主機械の中に回収するための抑圧装置になっていると見ているわけです。「おまえたちは、近親相姦がやりたいんだろう。そのはずだ。だがダメだ。それは、聖なる力を帯びた王の特権だ。おまえたちのような普通の人間には許されないし、身の破滅だ。だから自分で近親相姦をしようなどと怖れ多いことは考えないで、聖なる領域で近親相姦する王を崇めよ」、というようなメッセージを発して、欲望をピラミッドの中に閉じ込めてしまうわけです。禁止された欲望の内容を暗示するのではなく、むしろその欲望の内容を露骨に示すことで、抑圧効果を生じさせるわけです。無論、全ての王が近親相姦を実演するわけではなく、建国者である英雄が近親相姦によって力を手に入れて、それを子孫に伝えるわけですが、その血筋の効果が薄れると、カリグラやヘリオガバルスのような怪しげな王が現れて、原初の記憶を再現する。

「声」と「書体 graphisme」

先ほど声と書記が別だという話がありましたが、ここで専制君主機械において、「声」と「書体 graphisme」の関係が変わるという話が出てきます。

エクリチュールを作りだすのは専制君主であり、書体をもって、厳密な意味でのエクリチュールとするのは帝国的組織体である。立法、官僚機構、経理、徴税、国家の独占、帝国の正義、官吏の活動、史料編纂、これらすべてが専制君主のしたがえる行例において書かれる。

ここでエクリチュールと言われているのは、原始の大地機械におけるような具象的で多義的なグラフィックなものではなくて、アルファベットに近い一義的で、記録された内容を忠実に再現します。そうしたエクリチュールのコードを、「線型的コード le code linéaire」と呼んでいます。線型というのは、一つの方向に物語を展開していけるということでしょう。絵に近いグラフィックだと、一方向的に筋を付けるのは難しいでしょう。

ルロワ＝グーランの分析によって浮かび上がったパラドックスに戻ることにしよう。すなわち、原始社会が口承を用いるのは、この社会が書体を欠いているからではなくて、逆にここでは、書体が声から独立して、身体の上にもろもろの記号を刻印しているからである。これらの記号は、声に応答し、

声に反応するものではあるが、しかし自律的で、声に同調しない。これとは逆に、野蛮な文明において文字が書かれるのは、この文明が声を失ったからではない。そうではなくて、書体のシステムが独立性と固有の次元を失い、声に同調し、声に従属したからである。こうして書体のシステムは、脱領土化した抽象的な流れを声から抽出し、エクリチュールの線型的コードの中にこの流れを保存し共鳴させることになる。

先ほど出てきた話ですが、これで、専制君主の「声」が決定的で中心的な権威を持ったことの意味がはっきりしてきましたね。多様で多方向的なコードを持っていた書体（グラフィック）が、君主の「声」を線型的に再現するだけの媒体へと格下げされてしまうわけです。しかも「声」をそのまま再現するわけではなくて、「声」を脱領土化、つまりローカルな文脈から分離して、抽象化したうえで再現するわけです。

要するに、同一の運動において、一方で書体は声に依存し始めるとともに、他方でこの書体は、天上あるいは彼岸の無言の声を招きいれ、今度は逆にこの声が書体に依存し始める。エクリチュールが声にとって代るのは、声に従属することによってなのである。

「天上あるいは彼岸の無言の声 une voix muette des hauteurs ou de l'au-delà」というのは、先ほどお話ししたように、聖書の元になったとされる神の啓示の言葉のようなものです。エクリチュールは、そういう聖なる声を再現する体を装いながら、実はそういう「声」の中身を左右し、実質的に取って代わる。

ジャック・デリダが、あらゆる言語は起源的なエクリチュールを前提としているというのは正しい。ただし、彼がこの起源的なエクリチュールというものによって、何らかの書体（広い意味でのエクリチュール）の存在や接続を意味しているならば、である。また彼が、狭い意味のエクリチュールにおいては、絵文字や表意文字や表音文字などの手法の間に区別を確立することはできないといっていることも正しい。つまり、常に、またすでに、声の代用（代補）と同時に、声への同調が存在している。「音素組織は決して全能ではなくて、つねにすでに無声のシニフィアンを働かせ始めていたのであ

る。」デリダが、さらにエクリチュールを近親相姦に、神秘的に結びつけていることも正しい。しかしだからといって、象形文字によっても、また音素によっても同じように作動する書体機械の様式において、抑圧装置が常に存在すると結論するための理由を、ここに見いだすことはできないのだ。というのも、狭い意味のエクリチュールと広い意味のエクリチュールとの間には、まさしく表象の世界においてすべてを変えるような断絶が存在するからである。つまりこの二つのエクリチュールは、まったく異なる二つの登記体制なのである。ひとつは、支配的な声に接続されながら、この声から独立することによって、この声を残存させる書体であり、もうひとつは、もろもろの手順で声に依存し従属することによって、逆にこの声を支配し、あるいはこれにとって代る書体である。

「広い意味でのエクリチュール」の方が、大地機械の段階で既に作動しているグラフィックなものを含むエクリチュールであり、「狭い意味」の方が線型的なコードによって声を再現するエクリチュールです。後者の場合、絵文字＞表意文字＞表音文字という順に、具象的な多義性が低下していくようなイメージがありますが、デリダは、いったん狭い意味のエクリチュールになってしまったら、そういう区別は無意味で、絵文字であっても既に、「声」に同調し、代用になっているわけです。

「音素組織は決して全能ではなくて、つねにすでに無声のシニフィアンを働かせ始めていたのである」というのは、『グラマトロジーについて』の第一部第三章「実証科学としての文字学」の終わりの方に出てくるフレーズですが、「音素組 le phonétisme」は、『グラマトロジーについて』の邦訳では、「表音主義」と訳されています。こちらの方が分かりやすいでしょう。つまり、グラフィックなものの末裔としての文字は「表意 idéographique」的な性格を持っており、単なるアルファベットの一文字でも、（それが再現している「音」とは別に）何らかの意味作用を既に行っている、ということです。「エクリチュール」と「近親相姦」の神秘的な結びつきというのは、ルソーの『言語起源論』を論じた第二部第三章「『言語起源論』の生成と構造」の終わりの方に出てくる話で、社会の創設に際しては、近親相姦も含めて各種の禁止事項が、「法」のエクリチュールに書き込まれている——実際に文字としてどこかに物理的に書かれるということではなく、「●●法に△△と書かれている」という場合と同じ意味での「書き込み」です——ということです。ラカンが、「象徴界」における「父の法」を「文字」と呼んでいるのも基本的に同じことでしょう。

ドゥルーズ＋ガタリはそうしたデリダの議論は認めるけれど、狭い意味のエクリチュールだけでなく、広い意味のエクリチュールにも抑圧作用があるかのように語っているふしがある点には同意できない、と言っているわけです。何故同意できないか、先ほどから出てきている原始大地機械における「グラフィックなもの」と「声」の相対的な自律という事実に基づいて説明しているわけです。

> 原始的大地的記号は、ひたすらそれ自身にとって価値をもつものであり、多様な接続において欲望を措定するのである。この記号は、記号の記号ではないし、欲望の欲望ではない。この記号は、線型的な従属も、相互的な従属も知らない。この記号は、絵文字でもなければ表意文字でもなく、リズムであって形ではない。ジグザグであって、線ではない。制作物であって、観念ではない。生産であって、表現ではない。

これまでの話を前提にすれば、大よそ理解できますね。原始的大地的記号としてのグラフィックなものは、音声記号を代理する派生的記号ではなく、欲望を抱いている状態へと人為的に誘導するための付随的な媒体でもなく、それ自体が多様な欲望を生み出しているというわけです。記号自体が欲望だというのが分かりにくいかもしれませんが、ある絵とか演劇を見る、あるいは小説を読む時、その作品が何かの教訓とかためになることを教えてくれるから感動するというのではなく、その作品自体によって演じている人や見ている人の身体の欲望機械が刺激され、動き出す、という状態とのアナロジーで考えればいいでしょう。私たちは、書（描）かれたものを見ると、ついつい何か別のものがそれによって表象されているから、その広義のエクリチュールに価値があると考えがちですが、原始的大地的記号ではそうではなかった、というわけです。ところで、先ほど、原始的大地的記号における「音」と「書記」の独立を説明した際に、私は絵文字や表意文字のことを引き合いに出しましたが、厳密に言うと、ここでドゥルーズ＋ガタリが述べているように、絵文字などは既に、狭義のエクリチュールの領分に入っているわけですね。絵文字は、大地的記号の痕跡を残しているので、多義的ではあるけれど、もはやそれ自体が欲望を産出する、というようなものではない、というのが正確なところですね。

デリダがパロールを内側から浸蝕し、支配する、抽象的なエクリチュールの浸透力に注目するのに対し、ドゥルーズ＋ガタリは、身体レベルでの欲望機械の運動と直接的に相互作用し、その一部になっているような原初的エクリチュールと、そうした身体性を失って、抽象化したエクリチュールを区別しようとしているわけですね。ドゥルーズ＋ガタリは、デリダのように、パロール／エクリチュールの対立あるいは代補関係を一般化せず、両者をできるだけ欲望に関連付けて理解しようとしているようですね。

三八三〜三九四頁にかけて、「大地の表象」と「帝国の表象」の違いが、広義のエクリチュールと狭義のエクリチュールの区別、声と書記の関係に即してかなり細かく論じられています。三八八頁を見ると、「大地的連鎖の網の目を構成する非シニフィアン的諸記号」と、そこからあらゆる記号が画一的に流れ出し、それがエクリチュールの脱領土化した流れとなる「専制君主的シニフィアン」が対比されていますね。現代思想では、全てのシニフィアンに意味を付与する、それと関係付けられることによってはじめて他のシニフィアンが意味を獲得する超越論的シニフィアンとしてのファルスとか貨幣とかが話題になりますが、ここでのドゥルーズたちの議論からすると、そうした超越論的、専制君主的な性質を持ったシニフィアンは、記号の誕生の瞬間からあったわけではなく、大地機械から専制君主機械への移行に際して、そうした特別なシニフィアン（らしきもの）が生じてきた、ということになりますね。

三九一〜三九二頁にかけて、専制君主的シニフィアンによる記号界の支配が現実の支配関係と絡んでいることを、フランスの考古学者でスメール人の楔型文字を研究したジャン・ヌーゲロル（一九〇〇―七五）の仕事を参照しながら説明しています。スメール人が水を表すのに ａ という記号を使っていたとします。スメール人は ａ を見たら、水という意味を直接読み取ってしまうので、現代の言語学者のように、ａ という文字や音を「水」という概念を表象するために使っているなどというような面倒なことは考えません。しかし、別の言語を持つアッカド人にとっては、ａ が何なのか単純に見たり聞いたりしただけでは理解できません。そこでアッカド人が自分の主人であるスメール人に、ａ は何ですか、と尋ねます。それに対して、スメール人が〈それは ａ だ〉と答えます。しかし、それだけでは、ａ と、アッカド語の水に当たる単語は関係付けられません。ただ、主人の身振りから、「水」を表す記しだということだけは分かるでしょう。すると、スメール人にとっては、「水」の本質を生き生きと表し、感性を刺激する記号、大地的表象だった ａ が、アッカド人にとっては、「水」のことを語る時スメール人の発する音声を、再現する記号にすぎない、ということになるでしょう。スメール人がアッカド人にとって、神あるいはその代理のような存在だったとすると、まさに、専制君主の声を線型的に再現するコードとして、狭義のエクリチュールが登場した、という先ほどの話に繋がってきますね。ファンタジー系のアニメでよく、古代人の使っていた文字とか特権階級が話す古代言語が、神に由来するかのような神秘的な力を宿している、あるいはそう見なされている、という設定がありますが、それも基本的に同じ発想ですね。ただ、二民族の主従関係で説明されると、図式的すぎるような感じはしますね。

専制君主としてのシニフィアンと近親相姦のシニフィエ

三九四頁の半ばでまた近親相姦の話が出てきます。

> 専制君主としてのシニフィアンは、その効果として領土的連鎖を超コード化する。（…）近親相姦とは、境界から中心部にいたるまで、専制君主の支配するあらゆる領土を、連鎖の両端において超コード化する操作そのものである。この操作によって、縁組の負債はすべて、新しい縁組の無限の負

債に変換され、延長された出自は直接的な出自によって包摂されることになる。したがって、近親相姦あるいは王の三位一体は、超コード化を進行させるものとして、抑圧的表象作用の全体をなす。

既にお話ししたように専制君主が、普通の人間には許されない近親相姦という稀有な行為を通して帝国を創設し、自らの血統と人々の血統を繋ぎ、包摂します。人々がその出自・生を、君主の近親相姦に負っているということにし、彼らの欲望の大地の秩序から逸脱していく流れを、メタレベルでコード化することで統合するわけでしたね。専制君主との疑似血統的な関係によって、各人のアイデンティティが付与されるわけです。「王の三位一体 la trinité royale」は前後の文脈からして、新しい出自と縁組を生み出す専制君主と母と姉妹の三位でしょう。問題は、近親相姦がここで展開されている記号論的な議論とどう絡んでくるかです。

専制君主自身は声のシニフィアンとなり、二つのシニフィエ〔姉妹と母〕とともにあらゆる連鎖の超コード化を操作する。近親相姦を不可能にしていた事態――すなわち私たちが（母や姉妹という）呼称を獲得しているとき、私たちはその呼称で呼ばれる人物を、またはその身体を獲得することができなかった。私たちが身体を獲得することができたときには、つまり私たちがその呼称にまつわる禁止を犯すならたちまち、その呼称はすぐさま滑り落ちていった――こうした事態はもはや存在しなくなったのである。近親相姦は、親族の身体と親族の呼称とが結ばれ、シニフィアンとそのシニフィエとが合体する中で可能となったのである。

専制君主が「声のシニフィアン」であるというのは、もはや人々に直接的に聞こえてこない、音として聞こえても理解できない「声」を示しているということでしょう。先ほどのスメール人―アッカド人の話なら、アッカド人には直接読むことができない a に相当します。それに対応する「シニフィエ」が、「姉妹」と「母」だというのが分かりにくいですが、これはまさに、「自分の姉妹もしくは母と交わる」ということが、「専制君主」という中核的なシニフィアンの意味内容だと考えれば分かりやすいでしょう。それが、「専制君主」の意味だというのはおかしい、専制君主は政治や軍事、宗教に関して圧倒的な権力を持っているから専制君主だろう、というように思えてきますが、ここで肝心なのは、どうしてそういう権力が専制君主にあるのか、記号という観点から考えることです。「専制君主」というシニフィアンが特別、唯一無二なのは何故なのか？　それは自らの「母」及び「姉妹」と交わるということです。それは他の人間にはできないことです。人間ではない存在には、母とか姉妹という観念はないので、「近親相姦」はできません。

そして、今回の冒頭でお話ししたように、「母」であろうと「姉妹」であろうと、交わった時点で「妻」に変わってしまうので、「母」や「姉妹」と交わることはできません。また、胚種的流体の段階では、そもそも「母」も「姉妹」も「妻」もありません。「専制君主」のシニフィアンを担う（ことになる）存在による原初的な「近親相姦」という行為は、親族の呼称を定めて、それを特定の身体（を持った人）に割り当てることで、シニフィアンとシニフィエを結合させ、親族の秩序を定めると同時に、自らはそれを破ることで超越する存在です。親族に関する「シニフィアン」と「シニフィエ」の結合が、帝国の意味の体系の起点になるのだとすると、「専制君主」というシニフィアンと、その意味内容である「近親相姦」という行為がまさにその起点になったと見ることができるでしょう。

法と「エディプス」の原型らしきもの

三九八～四〇〇頁にかけて、帝国的表象のシステムと大地的表象のシステムはどちらがより残酷かという話題が出てきます。前者では、記号はもはや肉ではなく、石や羊皮紙、貨幣、帳簿に登記されるので、より穏やかになったように見えます。しかし、かなり広範な分野が国家権力に従属せず、自立することになります。ただ、帝国では、「残酷 cruauté」のシステムが「恐怖 terreur」のシステムに取って代わられる、と述べられていますね。どう違うかというと、帝国では「法」による重層的統治が行われるわけです。近代に入ってから、「法」は専制君主による恣意的な統治を抑制するものとして位置付けられるようになりましたが、専制君主機械と共に生まれた本来の「法」はそうではなくて、人々を恐怖で統治する媒体だったというわけです。四〇〇頁を見ると、人々の身体は、書記（グラフィック）を書き込まれることからは解放されるが、その代わり、法による制裁という形で、その身体に判決や規則を書き込まれるわけです。「法とは、無限の負債が法的形式をとったものである」、と述べられていますね。「法」は、各人がその存在自体を専制君主に負うていることを再登記するよう働くわけです。

四〇五〜四〇九頁にかけて、専制君主機械の中で「エディプス」の原型らしきものが生まれてきたことが指摘されています。確かに、胚種的流体の混沌状態から人格を持った個人が析出され、専制君主限定ですが、近親相姦を行う存在が登場する。専制君主の権力は、精神分析で想定される父の権力に似ているように見えますし、自ら設定した禁止を自ら破る超越的な行為による超コード化というのは、フロイト－ラカンの「父の法」に対応しているように見えます。狭義のエクリチュールが、異った言語を使う「主／僕」の支配・服従関係と繋がっている点も、「父の法」の受け入れという話に繋がっているように見えます。しかし、これまでの議論の流れから分かるように、ドゥルーズ＋ガタリは、家族におけるエディプス的な関係に基づいて、［専制君主機械―帝国的表象―超コード化］の仕組みが形成されるとは認めません。その逆だと、主張します。

しかし、ここですべての部品は国家の歯車機構として働いている。欲望は、もちろん息子、母、父の間で働いているのではない。欲望は国家機械のリビドー備給を行い、国家機械はもろもろの大地機械を超コード化し、補助的な締めつけによって欲望機械を抑圧する。近親相姦はこの備給に由来するものであって、この備給が近親相姦からくるのではない。近親相姦は、まず専制君主と姉妹と母を登場させるだけだ。それは超コード化し抑圧する表象なのである。

これまでの流れからすると、この箇所はクリアですね。「国家機械 d'une machine d'Etat」に対してリビドーが「備給＝投資 investissement」され、国家レベルで欲望の流れをコントロール（超コード化）するために、専制君主の近親相姦という表象を作り出すだけです。近親相姦したいという欲望が各人の内に最初からあるわけではありません。

国家の永遠のモデル――「第三章第八節〈原国家〉」を読む

邦訳でいうと下巻の最初の方、第三章の第八～十節くらいまでを見ておきましょう。「第八節〈原国家〉」では、文字通り、それ以降の全ての国家、専制君主機械の原型となった国家について論じられています。〈原国家〉の原語は、〈Urstaat〉というドイツ語です。ただ、これは誰か有名な思想家とか歴史学の用語として広く使われているわけではなくて、ドゥルーズ＋ガタリの造語のようです。どうしてわざわざドイツ語で造語したのかというと、冒頭にあるように、アブラハムの新しい縁組の出発点になった、旧約聖書に出てくる、メソポタミア地方のカルデアの「ウル Ur」の町のことを強調したかったのでしょう。〈Ur〉という綴りが、「原――」という意味のドイツ語の接頭辞〈ur-〉とかぶっているところから来るダジャレです。

ウルというのは先ほど出てきたアッカド語の地名です。アブラハムはウルの町に生まれ、元の名をアブラムと言いましたが、神の啓示を受けて改名し、妻サライ、甥のロトなどの一族、及び、ハラン（トルコ南部）の地に滞在中に新たに配下に加えた人たちからなる一族を従え、祝福の地カナン（パレスチナ）を目指して旅立ちます。妻サライは、彼の異母妹です。大地との繫がりを断ち切る、神の声を聴き、それを伝承することで聖書の元を作る、姉妹と交わる＝近親相姦する、新しい縁組によって一族を再編する、国家を創設する、といったこれまでのドゥルーズ＋ガタリの記述に合うことをやっているわけです。アブラハム一行が武装した軍隊であったこと、新しい宗教を創設したことも合致していますね。ドゥルーズ＋ガタリは、これこそまさに、専制君主機械としての国家の永遠のモデルだと示唆しています。

この国家は、それ以前に到来しているものを高みから切断するが、しかし後に来る組織体を裏づけるのである。ここでも、この国家は別の次元に属する抽象のようなもので、常に一歩退き、潜在性に侵されているが、後続する国家形態はこの抽象に具体的な実在を与えるので、それだけにこの抽象はますます後続の国家形態の中にはね返り舞い戻ってくることになる。国家は変幻自在であるが、未だかつて唯ひとつの国家しか存在したためしがないのだ。だから、これからもろもろのヴァリエーションが生じ、新しい縁組のあらゆる変形が現われるとしても、これらはすべて同じカテゴリーに属している。

人々が王を中心に新しい国家を形成する時の原型になるのが、この〈原国家〉であるわけですね。全ての国家と言われると、アジア人である私たちは抵抗を感じますが、少なくとも、アブラハムの子孫とされるユダヤ教、キリスト教、イスラム教の人にとっては、アブラハムの建国神話が、自分たちの建国の原型になり、新しい国家を作る時、無意識的にではあっても、馴染みの土地と断絶するとか、新しい縁組とか、武装と宗教の関係とかを、模倣して、それを再現しようとするのはあり得ることです。『旧約聖書』を聖典として共有しない民でも、これに相当する国家の元となる原理を神話などの形で予め形成し、それに基づいて、建国するというのは考えられないことではありません。「潜在性に侵されている frappée de latence」というのは、〈原国家〉のモデルから逸脱して、輪郭が崩れ、モデルとしての〈原国家〉は、他の無意識の欲望と共に潜在化して、直接的に影響を及ぼさなくなっている、ということでしょう。

マルクス主義は国家を、下部構造を反映する上部構造の一部としか見なしませんが、一五～一六頁にかけて、奴隷制であれ、封建制であれ、資本主義であれ、国家は、専制君主を中心とする〈原国家〉をモデルに形成され、脱コード化を妨げる超コードを具えている、ということが主張されていますね。一八頁の後ろから一九頁の最初にかけて、そうした国家の本質についてまとめられています。

国家とは欲望であり、専制君主の頭から臣下たちの心へと、そして知的な法則から物理的システムの全体へと移行する欲望そのものである。物理的システムは、知的法則を免れて自由になるのだ。また国家の欲望という、この最も幻想的な抑制機械はやはり欲望だ。国家は欲望する主体であり、また欲望の対象である。欲望とは、起源的な〈原国家〉を新しい状態の中に再び注入し、この〈原国家〉をできるだけ新しいシステムに内在化させ、あるいは内面化させる働きのことである。

文学的に誇張した表現をしていますが、言わんとしていることは分かりますね。国家は、一定の方向に欲望を誘導し、自らの作り出した欲望をマクロのレベルでもミクロ（個人）のレベルでも再生産するシステムです。だから形が崩れても、何とかもう一度、一つの充実身体としての国家を再形成しようとする。これは、私たちがアナーキーを嫌い、国家の存在によって安心しようとし、崩れそうな国家を何とか再建しようとすることを念頭に置くと、ある程度分かりやすくなりますね。

ただ、国家が軍隊とか警察、官僚機構、それに見合う生産体制などの物理的システムを形成すると、それが、欲望を抑制する知的原理から乖離するということが起こってきます。物理的現実と、〈原国家〉をめぐる知的理想が乖離すると、各人の欲望を超コード的に抑制するという本来の機能が果たせなくなります。そこで、キリスト教は、霊的帝国を築いて、地上の帝国と相互に補完し合うようにさせた、ということですね。

脱領土化の極限──「第三章第九節　文明資本主義機械」を読む

第九節のタイトルになっている「文明資本主義機械」は、専制君主機械の次の段階の社会的機械ですね。専制君主機械が諸欲望が散逸しないよう超コード化を行うのに対し、資本主義機械は脱コード化を進めます。大地機械の段階では、禁止されていた等価交換を全面的に解禁し、脱領土化を極限まで進めていくのが資本主義機械です。

『資本論』の核心のところで、マルクスは二つの「主要な」要素が遭遇することを説明している。一方は脱領土化した労働者、自由な労働者になり、無一物で自分の労働力を売らなければならない労働者であり、他方は脱コード化した貨幣、資本となって労働力を買うことのできる貨幣である。これら二つの要素は、封建制における専制君主国家の線分化と、封建システムそれ自身とその国家の崩壊とに由来しているが、このことによって生産者たちの流れと貨幣の流れという二つの流れが、たがいに外部から連接するわけではない。自由な労働者たちと資本－貨幣は、別々に「潜在的に」存在するものであるから、この二つの遭遇は起らないこともありえただろう。

「自由な労働者」は専制君主国家における土地支配が次第に細分化していった結果、土地から追い出された存在、いわば脱領土化の産物です。「資本－貨幣」は、モノやヒトの価値を共同体的秩序に結び付け、欲望の流れを制御していたコードが緩んでいって、等価交換を通してモノやヒトを無限に所有することを可能にしたシステムです。これらの二つが外見上偶然遭遇することによって、資本主義が出来上がったわけですが、ドゥルーズ＋ガタリは、単なる偶然とは言えない、機械の運動法則から見た準必然性のようなものを見て取ろうとしているようですね。

両者を結ぶ鍵はマルクス主義で言う「剰余価値」でしょう。労働者が自分の生活を維持するのに必要な以上の価値を生み出し、それが「貨幣」換算されて、「資本」に繰り込まれることで、資本の循環運動が可能になる。二六頁以降、実際、「剰余価値」について論じられています。マルクス主義経済学に詳しい人は、三四頁くらいまでの記述は、標準的なマル経の教科書の「貨幣―資本」をめぐる記述に、ごく一部、ドゥルーズ＋ガタリ用語を挿入したものであることがすぐ分かると思います。三一～三二頁にかけて、銀行の個人への支払いと融資という二つの機能に着目して、銀行が個人の欲望と、資本システム全体の双方の管理を行っているということが指摘されていますね。

グローバルな資本主義機械と脱領土化

三四〜三五頁にかけて、資本主義が常に外部を自己の内に取り込みながらシステムを拡大していくという、これまたよく知られたマル経の理論が、脱領土化と関連付けられていますね。旧植民地諸国が解放後も資本を介して旧宗主国に従属させられているとする従属理論で知られる、エジプトの経済学者サミール・アミン（一九三一ー　）の議論が参照されていますね。

サミル・アミンが指摘したように、脱領土化の過程は、ここでは中心から周辺へ、すなわち先進国から低開発国へと進む。低開発国は、それ自身が独自にひとつの世界を構成しているのではなく、世界的資本主義機械の本質的な一部を構成しているのだ。ただし、中心そのものが、組織された低開発の飛び地や、貯蔵庫やスラム街を、内なる周辺としてもっている（ピエール・ムーサは、低開発の膨大な地域を保存しつつ成功をおさめた第三世界の一部分として、アメリカを規定していた）。少なくとも中心部において、利潤率の低下あるいは均等化の傾向が起き、それによって経済が最も先進的な最もオートメーション化した分野に向かうことが確かなら、一方、周辺における真の「低開発の開発」は、中心のプロレタリアに比べて周辺のプロレタリアを大きく搾取することによって、剰余価値率の上昇を保証するのである。

これは説明する必要がないほど分かりやすいですね。この手の議論は、九〇年代後半の反グローバリズム論で散々提起されましたが、ドゥルーズ＋ガタリは一九七二年の時点でこうした問題を、資本主義機械による脱領土化をめぐる自らの議論に取り込んでいるわけです。反グローバリズムの文脈で、彼らの議論がたびたび参照されるのは、欲望とそのコードという次元まで掘り下げてグローバル化の本質を分析していたからです。資本主義を一つの自己再生産する「機械」と見なす発想は、イマニュエル・ウォーラステイン（一九三〇ー二〇一九）の世界システム論にも通じているように思えます。ピエール・ムーサ（一九二二ー　）というのは、フランスの官僚出身の銀行家です。

資本主義的脱領土化が中心から周辺に向かうのと同時に、周辺における流れの脱コード化は「脱分節化」を通じて行われ、これこそが伝統的分野の荒廃、外向的経済回路の発展、第三次産業の特別な肥大、生産性や収入の配分における極端な不平等をもたらす。流れの移動はそれぞれ脱領土化であり、置き換えられた極限はそれぞれ脱コード化である。資本主義は、しだいに周辺において分裂症化してゆく。

「流れの脱コード化 le décodage des flux」というのは、人々の欲望の流れに対応するヒトやモノの取引が、その地域特有の相場やルート、慣習に従って行われ、人々のライフスタイルに密着していたのに対し、そうした規制のためのコードが解体し、欲望の運動の経路がぐちゃぐちゃになり、領域内で完結しなくなるということです。欲望のコードが壊れて、分裂症的な気質が露わになるわけです。

そうやって低開発国にコードがなくなる一方で、グローバルに見ると、低開発国でコードに従うことなく、自由に奔流し始めた欲望が、グローバルな資本主義に利用され、剰余価値が回収されます。グローバル資本主義は、自らが脱領土化―脱コード化によって解放した欲望をもう一度コード化することができます。三六頁で述べられている、「普遍的な脱コード化 un décodage généralisé」によって、「コードの剰余価値 plus-value de code」が「流れの剰余価値 plus-value de flux」に変換されるというのは、従来は、特定のコードに従う欲望の運動、モノやヒトの生産と交換のサイクルの中で何とか剰余価値を引き出していたのに対し、それを壊してこれまで欲望の流れを新たに作り出すことです。その新たな流れを超コードによって回収することで、資本が増殖するわけです。当然、グローバル化が進んでいくと、いつか、壊すことのできるコードがなくなります。そこで、グローバル資本主義は限界に突き当たるのではないか、ということが思い浮かんできます。こうした資本主義の限界論もマルクス主義にあった議論ですが、マルクス主義で搾取すべき労働力の減少という観点から語られていたことを、ドゥルーズ＋ガタリはそれを欲望の［コード／超コード化／脱コード化］という観点から捉え直しているわけです。

ベンヤミン

三六～四〇頁にかけて、「機械」は価値を生み出すか、というやはりマルクス主義で御馴染みのテーマが出てきますが、「機械」を、この本の意味、すなわち、各人の身体レベルで働く「欲望機械」もしくは「社会機械」で捉えれば、むしろ、古い「機械」の解体と新しい「機械」の発明によって、剰余価値が生み出される、ということになりますね。普通の意味での「機械」も、これらの欲望機械や社会機械と繋がっていて、新たな流れを生み出すものと理解することができます。

四一～五〇頁にかけて剰余価値を吸収するシステムについて述べられています。先ず、消費や投資が考えられますが、それ以外に、広告、市民行政、軍国主義、帝国主義が挙げられています。広告が人々の欲望の新たな流れを作り出すというのは、ベンヤミン（一八九二－一九四〇）やボードリヤール（一九二九－二〇〇七）の消費の記号論で提起されていること――拙著『ヴァルター・ベンヤミン』（作品社）などをご覧下さい――ですが、ドゥルーズ＋ガタリは、国家の行政や軍事行動のようなものも、剰余価値を生み出し、吸収するのに寄与していると見ているわけです。確かに福祉は新たな欲望を喚起しますし、軍事行動は消費に繋がると共に、領土化の欲望を喚起しますね。

四七頁で、誰が剰余価値を盗んでいるのかという問いについて、労働者でないのは当然のこととして金融資本家でも産業資本家でもない、としていますね。何故かというと、「資本―貨幣」という形を取る欲望の流れから、自分の決まった取り分を取り出すことは誰にもできないからです。資本家も、グローバルな資本主義機械と連動して変動し続ける自分の欲望機械をコントロールできません。

脱領土化↑↓再領土化、脱コード↑↓再コード――「第三章第一〇節　資本主義の表象」を読む

「第一〇節　資本主義の表象」では、タイトル通り、資本主義機械に対応して、人々の欲望を制御する表象について論じられています。狭義のエクリチュールは

マクルーハン

既に専制君主機械の段階で生まれたので、この段階では別の表象装置が必要になりそうですね。最初の方で、「グーテンベルクの銀河系」（マクルーハン）の破滅が言及されていることにはそういう意味があります。念のために言っておきますと、マクルーハン（一九一一－八〇）はカナダ出身の英文学者で、活字メディアが人間の知覚や思考様式に与えた影響を研究した『グーテンベルクの銀河系』（一九六二）で有名です。ポストモダン系のニューメディア論で、「グーテンベルクの銀河系の崩壊」とか「ポスト・グーテンベルクの銀河系」といった表現がよく使われます。

五三頁に声もエクリチュールも経由しない「電子言語 le langage électrique」の話が出てきますね。そうなると、「シニフィアン」は流動的になり、一つの意味内容だけを伝えるということはなくなります。「シニフィアン」の自己同一性は保証されなくなる。「シニフィアン」あるいは「シニフィエ」そのものよりも、「シニフィアン／シニフィエ」関係を絶えず変動させる「流れ」の方が重要になります。そうした視点から、構造主義言語学の諸流派の中で、特権的な座標軸を全て放棄して、いかなる超越論的な審級も設定することなく、「形式／実質」「内容／表現」の二項関係が「流れ」の中で変容していくことを明らかにしたイェルムスレウ（一八九九－一九六五）の立場を高く評価しているということですね。ドゥルーズ＋ガタリは、シニフィアンの下、流れの中に働いている「形象的なもの le figural」に注意を向けています。「形象的なもの」というのは、もろもろの単位、イメージを作り出しているもののようです。

「公理系 l'axiomatique」

六一～七五頁にかけて、コードとは異なる、ある意味対立するものとしての「公理系 l'axiomatique」という概念が登場します。資本主義が脱コード化を特徴としているにもかかわらず、システムとして存続することを可能にしている、抽象的な法則のようなものだと考えていいでしょう。両者の違いとして、コー

コード　VS.「公理系 l'axiomatique」

コード：社会体を通過する個々の流れ、例えば消費財、威信を保つための財、女や子供など、それぞれの流れの質を規定する。欲望する諸個体に書き込まれている。
「公理系」：資本主義が脱コード化を特徴しているにもかかわらず、システムとして存続することを可能にしている、抽象的な法則。主として貨幣によって表される純粋に抽象量同士の関係。
Ex. 例えば、マルクス主義の有名な［G → W → G′］のようなもの。

ドは社会体を通過する個々の流れ、例えば消費財、威信を保つための財、女や子供など、それぞれの流れの質を規定し、欲望する諸個体に書き込まれているのに対し、主として貨幣によって表される「公理系」は純粋に抽象量同士の関係を表します。例えば、マルクス主義の有名な［G→W→G′］のようなものがそうですね。GはGeld（貨幣）、WはWare（商品）ですね。G′−G＝ΔGが、剰余価値となるわけですが、Wがどんな性質を持っていて、具体的に誰の手から誰の手に、どういう経路で移動するか関係ないわけです。簡単に言うと、経済学の教科書に出てくる数式のようなものです。特に利潤に関係する数式を念頭に置けばいいでしょう。経済学の各理論の数式が合っているかどうか別にして、数的関係が成立しているように見えるのは、「公理系」が成立しているということでしょう。経済学や哲学の「価値論」のことを〈axiologie〉と言いますが、これも、〈axiomatique〉も、「価値」という意味のギリシア語〈axia〉が語源です。七〇～七一頁を見て下さい。

> というのも公理系は、生身の肉に書き込むことも、身体や諸器官に刻印することも、人間に記憶を作りだすことも、まったく必要としないからである。コードとは反対に、公理系は、それ自体のさまざまな様相において、実行、知覚、記憶といった固有の器官を見いだす。記憶は、悪しきものとなった。とりわけ、もはや信仰は必要ではない。資本家は、今日、誰もがもはや何も信じていないということを嘆いているが、これはうわべだけのことにすぎない。（…）言

語はもはや、信じるべきことを意味するのではない。むしろ、言語は、これからなすべきことを示すのだ。ずる賢い、したたかな連中は、ことば半分だけでそれを解読し理解する。その上資本主義は、身分証明書や分類用カードや管理手段をふんだんに用意しているにもかかわらず、身体から消えてしまった刻印を補うために、帳簿に書き込むことさえ必要としないのだ。残っているのは遺物であり、復古主義であり、それが今日的機能を果たしているにすぎない。

資本主義では、人間によるサービスとか、株や社債、更にはそれの予約購入権のようなもの、あるいは、ある人の余命の予測値までモノ(商品)として取引することが可能です。そうしたモノの価値は、市場次第でどうにでも変容しますし、その生産量が変動するしないに関わらず、国や中央銀行の判断で通貨が発行され、それを介して〝信用〟取引——〈credit〉の語源は、「信仰」もしくは「信じること」を意味するラテン語の動詞〈credo〉です——が行われることで、貨幣の量はどんどん増大していきます。信用ならない男が経営する会社でも、その株や社債が市場の取引で安定した価格で取引されれば、信用がある会社になります。そういう状態を人為的に作り出すこともできます。紙の上だけで存在する法人がありますね——その場合の「紙」というのも、もはや実在の紙ではないですね。私たちが銀行預金として所有している財産も、それを紙幣とか貨幣という実体として見ることは先ずありませんし、いちいち通帳に入金しなくても、その量は変化しますね。公理系に従って、ヴァーチャルに現実が組み立てられるわけです。

階級と「レーニン主義的切断 coupure léniniste」

七六~八三頁にかけて「階級」について論じられています。「階級」と言うと、私たちはどうしてもマルクス主義の支配階級/被支配階級の対立構造を思い浮かべますが、ドゥルーズ+ガタリは、「階級」はもろもろのコードの「陰画 négatif」にすぎず、決まった実体を持っているわけではないと見ているようです。つまりどういうコードの命令を実行するかで階級が決まるという見方をしているわけですが、資本主義機械の場合、脱コード化というコードしかないので、それを実行するブルジョワという階級しかいない、ということになるわけです。ドゥルーズ+ガタリによると、「支配階級」と「被支配階級」という二つの集団が実在するわけではなく、資本主義の公理系の中に入っていく欲望の流れと、公理系によって作られた壁から出ていく流れがある、ということになるわけです。その二つの流れが「資本家 les capitalistes」と「分裂者 les schizos」として現れてくるわけです。

八〇～八一頁を見ると、資本を〝中心〟とするグローバルな脱コード化の流れを理論的・実践的に断ち切って、それまで潜在的なものに留まっていたプロレタリアートの「階級の利益 intérêt de classe」を浮上させた点で、マルクス主義に一定の評価を与えているように見えます。階級意識を浮かび上がらせた「レーニン主義的切断 coupure léniniste」を好意的に見ているようですね。ただ、その一方で、社会主義的国家を作り、コントロールできない革命的諸要素を周辺に追いやってしまったことを批判していますね。

八四頁以降、文明化した現代社会は、自分が脱領土化したものを再領土化する、という論が展開されていますね。具体例として地方分権主義とかナショナリズム、少数民族や宗教的マイノリティが団結を強めていること、更にはソ連におけるロシア・ナショナリズムなどが挙げられています。また脱コード化を進めると同時に、独裁政権の樹立や警察権力の強化といった形で再コード化を行う。これは、グローバリズム／反グローバリズムをめぐる九〇年代後半以降の議論でよく指摘されることですね。大地機械、専制君主機械に次ぐ第三の機械である資本主義機械は、こうした脱領土化⇅再領土化、脱コード⇅再コードの両極の間で揺れ動いているわけです。

■質疑応答

Q　今日読んだ内容は、日本のポストモダンと言われている人たちが影響を受けた部分が大きいのではないか、と思います。今の若手の人たちの中に、今日読んだところを中心に影響を受けている人はいると思われますか？

A　今の若手というより、八〇年代半ばに浅田彰さんが「ポストモダン」を紹介した時に中心的に依拠していたのが、今日読んだ所だと思います。脱コード化の極限として、現代の消費主導で、広告・情報産業中心の資本主義の在り方を捉える見方がそうですね。東浩紀さん（一九七一－　）の「動物化するポストモダン」論も、消費文化の行く先という点から見ると、その延長線上にあると言えるでしょう。

ただ、今日読んで分かったように、ドゥルーズ＋ガタリにはグローバル資本主義による文化的多様性の破壊とか、現代資本主義国家による再領土化といった負の側面、九〇年代後半以降強くなったポストモダン左派的議論に通じる面もあります。というより、そちらの方が強い。スキゾ・キッズが生き生きと活動できる社会にすんなりなりそうにない。また、マルクス主義の剰余価値論を、欲望論として読み替えている所もありますが、その辺はポストモダン左派の人もさほど注目していないですね。

Q　私もどちらかと言うと後者の方で受け止めていたので、今日の話を伺いながら、日本における受容のされ方のズレを感じました。

A　『構造と力』をよく読めば、浅田さんもマルクスとの絡みに触れていないわけではないのですが、大地機械による身体への刻み込みとか、専制君主機械による欲望機械の吸収とか、資本主義機械による本格的な分裂者の排除とか、社会機械の陰惨な側面を〝歴史〟的に追っていくという紹介の仕方ではないので、受容される際に軽く受け流されてしまって、九〇年代後半以降、上野俊哉さん（一九六二－　）のようにカルチュラル・スタディーズをやっている人とか、活動家としてのガタリに注目する杉村昌昭さん（一九四五－　）とか、分かりやすく「左」の人たちが、ポストモダン系の紹介者として注目されるようになってから、そちらの面が強調されるようになりました。ただ、そちらが強調されすぎると、今度は精神分析や文化人類学、現代演劇のテクストを丹念に脱構築的に読んでいるところが軽視され、活動家としてのドゥルーズ+ガタリになってしまいます。

そもそも『アンチ・オイディプス』というタイトルなのに、彼らが「エディプス」に拘らねばならない理由があまり本格的に論じられていないような気がします。資本主義の脱コード化の進展に伴って、自動的に解体するのであれば、この本の中でこんなに執拗に、その〝起源〟を探ったり、それを支えた言説を批判する必要はないでしょう。

Q　日本では二〇〇三年にネグリの『〈帝国〉』（二〇〇〇）の訳が出て、ドゥルーズ+ガタリの「ポスト」はネグリだと、余計そちらの方にシフトした印象があります。

A　〈帝国〉というのはまさに脱領土化を行うと共に、再領土化を行う資本主義機械の最終形態ですよね。ドゥルーズ+ガタリの議論をそういう風に解釈することは可能でしょう。ただし、分かりやすく実体化しすぎている感じはあります。先ほど読んだ所を見る限り、ドゥルーズたちは、グローバル資本主義がまとまって一つの〈帝国〉を形成するに至ると予見しているわけではありません。また、〈帝国〉のネットワークの中で抑圧された、人々が「マルチチュード（群衆=多数性）」としてグローバルに連帯するというような話はしていません。「マルチチュード」には自分の地域に留まりながら、グローバルに仲間を見つけ、〈帝国〉のインフラを利用しながら、政治的に結合していく力強さのようなものがありますが、この本でドゥルーズたちが描いている「分裂者」というのは、そんなに強いのか、という気がします。文字通りバラバラになって、自分が何者なのか分からない不安定な状態になっても、何となく生き続けているような、危なっかしさもあるように感じます。

グローバル資本主義がこういう方向に進んでいるから、マルチチュードは今度はこういうスローガンを立てて、連帯すべきだというような戦略論は、「レーニン主義的な切断」にはなっているのでしょうが、そういう割り切り方をすると、ここでドゥルーズたちが拘っている問題が見えなくなってしまいます。先ほどもお話ししたエディプス的表象が何故強烈な呪縛となっているのか、という問題はネグリの枠組みでは、ほとんど問題になりません。何だか運動・実践していると、いつのまにか個人の問題も解決している感じなのかもしれませんが、それだと昔のマルクス主義の実践偏重への先祖返りになってしまいます。精神分析を背景とした活動家でもあったガタリは、「エディプス・コンプレックス」を純粋に個人の問題と見るのではなく、集団的関係性の中で捉え直すべきということを主張していますが、いくら何でもデモに参加していれば、エディプス的表象から解放されるなんて、野蛮な考え方はしていなかったでしょう。だったらドゥルーズと組む意味はありません。

Q　理論と政治が遊離しているということでしょうか。

A　ドゥルーズ＋ガタリも結び付けたかったんでしょうが、それほど分かりやすい話ではないということですね。少なくとも、反グローバリズム革命のマニフェストに直接引用できるような話はしていない。

Q2　個人の自己形成をめぐる理論と、現実の政治が結び付かないということですが、フランスの社会学者エマニュエル・トッド（一九五一―　）は、ソ連や中国の家族の形態と社会主義、共産主義の体制が関係しているという議論をしています。そういうアプローチもあるのではないでしょうか。

A2　もちろん、社会学的な事実として自己形成や家族の在り方と、政治体制の間の相関関係を研究することはできますが、トッドがやっているような通常の社会学、実証的な社会学は、精神分析でやっているような、無意識における欲望のような問題は直接的に扱いません。どういう家族形態はどういう欲望機械に対応していて、それが別の形態に変わった時に機械がどう変化するか、といったレベルの話を、ドゥルーズ＋ガタリはしているわけです。ラカンが個人に対する精神分析でやっていたこと、レヴィ＝ストロースが未開社会に関してやっていたことの相互関係を掘り下げて論じたうえで、両者を超えていこうとする。そこまで掘り下げていくと、新聞やニュースで話題になっているようなアクチュアルな政治・経済とどう関わっているのか、なかなか分かりません。ドゥルーズ＋ガタリの議論から、アクチュアルな問題への示唆を見出すのは、至難の業でしょう。あまり読んでいる人がいないのをいいことに、強引に教訓を引き出す芸当をしてみせることはできますが（笑）、あまり何回もしつこくやると、哲学芸人になってしまいます。

　ラカンの『エクリ』（一九六六）は冒頭から何がテーマになっているのかさえ分からないものすごく難解な本ですが、二〇万部ものベストセラーになっています。日本だとそういうことほとんどないですね。アクチュアルなテーマに関係していると分かりやすくアピールしないと、そこまで売れません。

[講義] 第五回 「分裂分析」と「新たな大地」への序章

——第三章第一一節～第四章第三節

前回の復習

前回読んだ所では、浅田彰さんの『構造と力』で分かりやすく印象的な形で取り上げられている、「大地機械」「専制君主機械」「資本主義機械」が論じられていました。「資本主義機械」は脱領土化と脱コード化を特徴としているわけですね。大地機械の段階では、各人が生まれ育ち、登記された大地にしっかりと縛り付けられ、同じコードに従って循環運動していた欲望機械が、次第に軌道を喪失していろんな方向に分裂して運動するようになる。「専制君主機械」の段階では、君主の身体を中心に据えて欲望の流れをコントロールしていたけれど、「資本主義機械」はそれさえも壊してしまいます。ただし、壊すだけだと、資本主義自体が成り立たないので、国家などを通じて再領土―再コード化を行います。

では、そうした「資本主義機械」はどうやって個人の欲望機械やアイデンティティ形成に関係するのか？　そこで「エディプス」問題が再び登場してくるわけです。家族、特に「パパ―ママ―私」の三者関係の中での自己形成です。精神分析は、この「三角形」の狭い枠の中での自我形成が必然的なものと見なされるよう、近親相姦の欲望とか、父殺しとか、潜在期間とか、エディプス神話とか仮定を導入したわけですが、ドゥルーズたちはそれを疑います。少なくとも資本主義以前から三角形が存在していたという見方は否定します。「大地的表象」では、胚種的流体なイメージがまだ強く、近親というカテゴリー自体が一義的には確立していなかった。「帝国的表象」になると、建国者である専制君主の特権としての近親相姦が表象されるようになったが、一般化はしていなかった。では、「資本主義的表象」においてはどうなのか？　第三章の「第一一節　最後はオイディプス」を読んでいきます。

「自分がもはや支配しえないもの ce qu'elle ne domine plus」

——「第三章第一一節　最後はオイディプス」を読む

大地機械においても、あるいは専制君主機械においてさえも、経済的社会的再生産は、決して、人間の再生産や、人間の再生産の社会的形態から独立してはいない。それゆえ家族は、開かれた実践であり、社会野と同じ広がりをもつ戦略なのである。出自と縁組のもろもろの関係は決定的である。あるいはむしろ「支配的であるべく決定されている」。社会体の上に刻印され登記されるものは、彼らの家族の序列と家族内での序列とにしたがってまさに直接的に生産者（あるいは非生産者）である。再生産の過程は直接的に経済的なものではなくて、親族関係の非経済的な諸因子を経由する。このことは、単に大地機械と局地的集団についてばかりではなくて、専制君主機械についてもあてはまる。局地的集団は、経済的な社会的再生産における各人の場所を、縁組と出自の観点からみた各人の序列にしたがって規定しているが、専制君主機械は、縁組と出自を、新しい縁組と直接的な出自の関係によって裏打ちする（ここから、専制君主的超コード化における主権者の家族の役割と、「王朝」の役割が発生する。これらの家族や「王朝」は、どれほど交代変化し、いかに不確定であっても、その役割は変らない。主権者の家庭や「王朝」といったものは、新しい縁組という同じカテゴリーの中に常に登記されているのである）。

「人間の再生産 reproduction humaine」とは当然生殖のことです。「経済的社会的再生産」、つまり普通の意味での「生産」が「再生産＝生殖」と結び付いているというのは、当然のことですね。資本主義社会では、労働の場である企業と生殖の場である家庭は相対的に分離していますが、労働者である父親が家庭に収入を持って帰ることで、労働力が再生産されます。これはマルクス主義でも再三指摘されることですが、ドゥルーズ＋ガタリは、「家族」が「開かれた実践 une praxis ouverte」であることを強調したいようです。エディプス仮説が正しいとすると、人間の再生産が行われる家族という領域が自立しているように思えますが、これまで見てきたように、ドゥルーズたちは、家族が経済的社会的再生産から自立しているという見方を否定しようとしているわけです。家族の成員としての地位自体が、「社会体」への登記によって決まる。そして、その地位に従って、生産過程における一定の役割を担う。精神分析的解釈を抜きにすれば、これは、資本主義以前の社会では当然のことですね。

「局地的集団 des groupes locaux」は、「大地機械」に対応する、特定の土地に密着して生きる部族と考えて下さい。「専制君主機械」における、主権者の家族の役割というのは、君主の特権としての近親相姦のことですね。この特権的な近親相姦を起点として、臣民たちの全家系が生み出され、家族の秩序が規定されれる、と想定されるわけです。

資本主義システムにおいては、もはやまったく事態は異なる。もはや、表象作用は、ひとつの判明な対象にかかわるのではなくて、生産活動そのものにかかわるのである。充実身体としての社会体は、〈資本－貨幣〉として、直接的に経済的なものとなった。(…) ここに登記され刻印されるものは、もはや生産者や非生産者ではなく、抽象量としての生産力と生産手段とであり、抽象量は、生産力と生産手段が関係し連接することによって始めて、現実的に具体的なものとなるのである。すなわち労働力あるいは資本、可変資本あるいは不変資本、出自資本あるいは縁組資本……。資本はまさに、縁組と出自の関係を自分の身に引き受けたのである。ここから家族の私人化が生じ、これによって、家族

は自分の社会的形態を経済的再生産に与えることをやめることになる。つまり、家族はいわば脱備給されて、社会野の外におかれる。

難しいことを言っているようですがポイントは簡単です。「大地機械」や「専制君主機械」では、生殖とか血族とかを示すような具体的な表象によって、人々の欲望が制御されて「社会体」に繋ぎとめられていたわけですが、「資本主義機械」になると、そうした人間関係に関わる具象性は消失して、基本的に〈資本－貨幣〉という抽象的な量だけの表象になってしまいます。この抽象的に数量化された表象によって生産のサイクルが直接コントロールされるので、家族の在り方は少なくとも、そのサイクルと直接的に関係なくなります。それがこの場合の「家族の私人化 privatization de la famille」ということです。「脱備給化」というのは、社会を維持するサイクルのリビドー的なものが供給されなくなる、ということでしょう。

アリストテレスのように語るならば、家族はもはや質料の、あるいは人間という素材の形態にすぎない。この形態は、経済的再生産から自律した社会的形態に従属し、社会的形態が指定する場所に位置づけられることになる。（…）経済的再生産の形態は、この単なる素材をあらかじめ組織するのであって、その様式は、人間の再生産という形態とはまったく異なるのだ。それはまさに私人化され社会野の外におかれたので、この素材の形態、あるいは人間の再生産の形態は、難なくたがいに平等とみなしうる人間たちを出現させる。

「質料」の原語は〈la matière〉、「素材」の原語は〈le matériau〉。これはいずれも、アリストテレスの用語として有名な「形相 eidos」と「質料 hyle」の「質料」のことでしょう。アリストテレスが、「家政術 oikonomia」の学である『家政学 Oikonomika』を著しているので、彼の名前を引き合いに出しているのでしょう。〈oikonomia〉は〈economy〉の語源です。古代のポリスでは、「経済」は家を中心に営まれていたわけです。「経済的再生産の形態は、この単なる素材をあらかじめ組織するのであって、その様式は、人間の再生産という形態とはまったく異なるのだ」という文が分かりにくいですが、これは恐らく、各人を工場労働者とか資本家とか知識人とかの社会的役割に従って組織化するだけで、欲望込みの人格全体を再生産するわけではない、ということでしょう。その次の文の「人間の再生産」は、素材を作るだけの表層的な再生産という意味合いでしょう。経済的なメカニズムの中で単なる素材として組織化された人々は、出自や縁組とは関係なく、ヒトとして配置されるので、「難なくたがいに平等とみなしうる」ということでしょう。

家族が社会野の外におかれるということは、家族にとって最大の社会的機会でもある。なぜなら、それは、社会野の全体が家族に適合することが可能になる条件であるからである。個々の人物は、まず何よりも社会的な人物であり、言い換えるなら抽象量から派生した機能である。彼らは、これらの抽象量の相互関係によって、これらの抽象量の公理系において、これらの連接においてそれ自体、具体的なものとなる。それらは、正確には、点－記号、切断－流れ、また資本主義の純粋な「形象」によって生みだされた布置であり、イメージである。人物になった資本としての資本家、つまり、資本の流れから派生した機能としての資本家、人物になった労働力としての労働者、つまり労働の流れから派生した機能としての労働者がこれにあたる。こうして資本主義は、みずからの内在野をもろもろのイメージで満たすのだ。

家族が「社会野」の外に置かれることによって、「社会野 champ social」の全体が家族に「適合する s'appliquer」ことが可能になるというのは逆説的で謎めいた言い方ですが、現代の家族と会社や学校などの関係を考えると、それほど不思議な話ではありません。前近代では、社会の中のいろいろな役割が家族の中に持ち込まれていたけれど、現代の家族では、父親とか妻とか子といった家族の中での立場と、社会の中での社員とか公務員とか、商売人といった役割と直接的な繋がりはないので、うまく適合できます。
無論、一家の家計を支える人が、外で得てくる収入や社会的評価が家族の関係性に全く無関係ではないで

すが、基本的に公／私は独立していますし、前近代社会に比べると、家族内での関係性は、社会の外での関係性と無関係になった、と言っていいでしょう。

前回も見たように、資本主義の公理系というのは、〈貨幣—資本〉の数式で表現される「抽象量」の関係性です。資本主義的な欲望の流れがどこかの点で切断され、新しい流れ、いろんな図形を描いているような座標軸の配置が、素材として組織化されたヒトです。資本主義の「内在野 champ d'immanence」というのは、資本主義に固有の資本とか労働力とか貨幣等の抽象的な形象から成り立っている領域ということでしょう。

「資本主義機械」によって規定される「家族」

ただ、九六〜九七頁にかけて、再生産の場である「家族」の在り方がやはり「社会野」によって規定されている、ということが述べられていますね。先ほど、「家族」は、「社会野」の外に押し出される、と述べたばかりなのに面食らいますね。毎度のことですが。恐らく、「社会野」から切り離されているけれど、「社会野」で資本主義的な形象として形成されていることで、間接的に規定されているということでしょう。「私的人物は、第二の次元のイメージであり、イメージのイメージ、すなわち幻影（simulacres）」であると述べられていますが、これは、社会野＝資本主義機械の中での役割をモデルにして、家族を中心とする私的生活でのキャラが形成されるので、私的人格には実体がない、ということでしょう。その意味で、「家族はミクロコスモスとなり、自分がもはや支配しえないものを表現するのに適したものとなる」、というわけです。「自分がもはや支配しえないもの ce qu'elle ne domine plus」とは、資本主義化、脱個性化されて、抽象的な公理系だけで成り立つ社会野のことでしょう。

——家族的諸規定は、社会の公理系の適用となる。家族は、部分集合となり、これに社会野の集合が適用される。各人は私的な資格において父と母をもっているので、ある配分的な部分集合が、各人に対して社会的人物の全体集合を模倣し、社会的人物の領域を閉じ、これらの人物のイメージを見失わせてしまう。すべては父－母－子の三角形に還元され、この三角形は、資本のもろもろのイメージによって刺戟されるたびごとに、〈パパ－ママ〉と答えて反響することになる。要するに、オイディプスがやってくるのだ。オイディプスは、資本主義システムにおいて、第一の次元の社会的イメージが、第二の次元の私的家族的イメージに適合することから生まれてくる。オイディプスは到達点の集合であり、これは社会的に規定された出発点の集合に対応する。オイディプスは、私たちの内に秘められた植民地的組織体であり、これは、社会的主権の形態に対応する。私たちはみんな小さな植民地であり、オイディプスが私たちを植民地化するのである。家族が生産と再生産の単位であることをやめるとき、連接の働きが家族の中に単なる消費の単位を見いだすとき、私たちはまさに父－母を消費するのだ。出発点の集合に存在するものは、社長、指導者、神父、警官、徴税吏、兵士、労働者であり、あらゆる機械と大地性であり、私たちの社会のあらゆる社会的イメージである。ところが、到達点の集合に存在しているのは、結局もはや、パパとママと私でしかない。専制君主の記号はパパによって受けつがれ、残滓的大地性はママによって引き受けられ、〈私〉は分割され、切断され、去勢される。

納得するかどうかは別として、言っていることは分かりますね。家族が、資本主義化された社会野全体の部分集合になっていて、社会的な諸人物のイメージが「父―母―子」の三角形に還元される、ということですね。「還元（縮小）される se rabattre」という所がミソです。資本主義社会全体が三者関係によって表象されるわけではなく、その一部だけが家族の中で二次的表象を作り出すわけです。家族は、資本主義機械によって植民地化されているわけで、「父」や「母」は資本主義機械の一部を代理して、「私」を躾け、飼いならすわけです。

「父―母」を「消費する consommer」というのは、家族の中で父や母によって子供としての私の欲望が充足される、ということでしょう。恐らく、社会機械と繫がっている人間の欲望の発展の方向性は元来かなり多様なはずなのだけど、核家族の中で育てられると、それはかなり限定的なものになっていく、ということでしょう。小さい私はもっぱらパパやママから与えられるものを消費する受動的な存在にすぎません。大人になって、「社長、指導者、神父……」等の職に就いたら、消費するだけでなくて、自らも生産活動に携わるようになるので、社会体に対して能動的に働きかけ、自己の欲望の回路を拡大できるようになるかと言えば、そうはいかない。子供の時に欲望の回路がかなり固定化されてしまったので、それからなかなか外れられない。子供の時に教えられたように消費しようとする。そのために、与えられた役割をちゃんとこなして逸脱しないようにする。それが、エディプス三角形の中での「去勢」でしょう。

これはアドルノとかマルクーゼとか初期フランクフルト学派もやりそうな議論ですが、彼らがフロイトに依拠する形で議論しようとするのに対して、ドゥルーズ＋ガタリはむしろ、フロイトのエディプス仮説が資本主義機械に奉仕するものであることを、大地機械や専制君主機械をめぐる文化人類学的考察と絡めることで示唆しているわけですね。大地機械や専制君主機械の段階では、各人を社会体に適合させる「登記」が行われたわけですが、資本主義機械の段階では、資本の公理系の中での役割付与と、欲望の馴致が別個に行われる。後者のために、大地的表象の残滓である「ママ」と、帝国的表象の残滓である「パパ」が動員される。「ママ」や「パパ」はあくまで「残滓」であって、元の表象のような社会的に強い力を背負ってはいません。

そしてオイディプスにおいて、いまや各人は自分自身の片隅に閉じ込められ、各人を個体として分割する線によって切断される。各人は言表の主体と言表行為の主体とに分割されるのだ。言表の主体は社会的人物であり、言表行為の主体は私的人物である。「だから」、これはおまえの父であり、だから、これはおまえの母であり、だから、これはおまえなのだ。資本主義のもろもろの連接が私人となった人物に適用されるかぎりにおいて、この連接から、家族の連接が結果してくることになる。パパ－ママ－私、それがいたるところで確実に見いだされる。なぜなら、ひとはあらゆるものをそれに適用したからである。イメージによる統治、これこそ資本主義が、分裂を利用して流れを迂回させる新しい仕方なのである。混成されたイメージ、イメージの上に折り重なるイメージ、こうした操作の結果、各人の小さな自我は父－母に関係づけられ、真に世界の中心となる。

ややこしい文章ですが、全体として、資本主義機械のイメージ統治によって、私がエディプス三角形という小さな枠に押し込められている、という話をしているのは分かりますね。「言表の主体 sujet d'énoncé」と、「言表行為の主体 sujet d'énonciation」という概念対がカギになりそうですね。「言表」と「言表行為」の違いをめぐる問題は元々、言語学者のエミール・バンヴェニスト（一九〇二－七六）が言い出したことで、ラカンがそれを「主体（主語）」をめぐる問題として捉え直して、問題を提起し、それ以降、フランスの現代思想でこの二つの主体の違いが問題にされます。「言表」というのは、言表行為の結果として発せられた言葉それ自体で、その内容は固定されています。言語学者は通常、「言表」だけを問題にしますが、バンヴェニストは「言表行為」も問題にすべきだと主張しました。その場合、それを口にする行為がどういう意味を持つのか、どういう状況で言うのか、誰が文を発した主体なのかが問題になります。例えば、「彼は学生です」という文を、その彼がいる前で言うのと、いない所で言うのでは意味合いが違ってきますし、警察とか裁判所とかで言うと、かなり特殊な意味を帯びますね。「学生」の定義が微妙に異なる別の国で言表すると、「わが国の制度の下では、彼はれっきとした学生です」、という意味合いが込められるかもしれません――余談ですが、ドイツ語の〈Student〉は英語の〈student〉と違って、大学生だけしか意味しません。

「言表の主体」というのは、言表された文の主語のことです。「言表行為の主体」とは、それを発している主体です。〈je（私）〉が主語の時、両者は混同されがちです。「私は〇〇である」、と私が語る時、言表された文の主語である「私」と、それを語っている私の間にズレがあること、特に過去形とか未来形の時は特にそうである、というのは日常的によく体験することですね。この違いが精神分析で重要なことは分かりますね。「私は公務員になりたい」、とか「私は○○と結婚したい」といった文の主語としての「私」の欲望と、それを語っている〝私〟の欲望は必ずしもイコールではありません。前者の主体は、文字通り、公務員になりたいという欲望を抱いているとしても、それを語る後者は、その欲望を客観視し、否定したいと思っているかもしれません。ラカンは「言表行為の主体」を無意識の主体と考えているようです。

ここでは「言表の主体」が「社会的人物 la personne sociale」で、「言表行為の主体」が「私的人物 la personne privée」だということですね。ちゃんと説明されていないので、どうしてそうなるのか戸惑ってしまいますが、これは私たちが普段やっていることに対応しているのかもしれません。私たちは多くの場合、私的個人として、つまり職場とか学校とか町内会とかでの社会的立場から引いたところで、多くの場合、自分の家で、そうした自分の社会的立場について、「私は職場の○○という部署において▽▽な役割を担っている」、という風に自分のことを振り返ったり、親しい人に向かって語ったりします。もう少し抽象化すると、自分の外的な立場とか振る舞いについて、内面で語るという状況を想定できます。この内面においては、「パパーママー私」の関係が強く働きます。言表行為が、家族内のこの三者関係によって強く規定されているのに対し、言表される具体的対象が、資本主義機械の公理系によって規定される「私の社会的人物」としての位置や役割だとすると、言表行為の主体としての「私」と、言表の主体（主語）としての私がズレるのは、ある意味、当然ですね。

そのことと、「『だから』、これはおまえの父であり、だから、これはおまえの母であり、だから、これはおまえなのだ」という文がどう繋がってくるのか分かりづらいですが、その後の話の流れからすると、資本主義機械の中で決まった役割を担っている他の人物とか機関と、「私」との関係を指しているのではないかと思います。言表行為の主体をして、そうした人物や機関を父や母（のようなもの）だと認識させる力が、家族の中で働いているということでしょう。「私はAという組織の中でBさんの部下だ」、というのは社会的に客観的な言表ですが、そのAは君の母のようなもので、Bは君の父のようなものだという暗示が言表行為の主体に対して絶えず与えられるわけです。こういう風に露骨に言うと、ピンと来にくいかもしれませんが、職場とか、自分の住んでいる都市とか、国家とかを家族的に捉えて、アット・ホームに感じたり、逆にそうでない場所でアウェーに感じるというのはよくあることですね。家族的なイメージが覆い被さってくることによって、社会全体のシステムを批判的に見るような視点を持ちにくくなります――日本人の会社観にうまく当てはまりそうですね。そうした言表行為の主体にまとわりつく家族的なイメージはあくまで「私的」なものであって、公共的な性格のものではないので、批判の俎上に載せられにくい。「公／私」の区分が、資本主義の公理系に都合よく作用するわけです。資本主義機械全体が、「私」の家族の延長のように見えるので、「私」は世界の中心にいるわけです――「世界の中心で愛を叫ぶ」というのは、ドゥルーズ＋ガタリ的なタイトルだったわけですね（笑）。

資本主義機械の「極限」内在化戦略

私たちは、分裂症がどのような意味であらゆる社会の絶対的な極限であるかを見た。分裂症は、脱コード化し脱領土化したもろもろの流れを交通させ、これらの流れを欲望的生産にむかわせ、あらゆる社会的生産の「極限に」向かわせるからである。私たちはまた、資本主義が、どのような意味で、あらゆる社会の相対的な極限であったかを見た。資本主義は、脱コード化した流れを公理系と化し、脱領土化した流れを再領土化するからである。だから、資本主義は分裂症の中に自分自身の外部の極限を見いだし、たえずこの極限を押し戻し、払いのけるが、他方では、みずから内在的極限を生みだし、これをたえず遠くに置き換え、拡張するのだ。ところが資本主義は、置き換えられた内部の極限を、さらに別の様相において必要とするのだ。絶対的な外部の極限を、つまり分裂症的極限をまさしく中性化し、あるいは押しのけるために、資本主義はこの極限を内部化する必要があって、今度はこれを拘束し、社会的生産と、これから離脱する欲望的生産との間に、この極限を通過させるのではなくて、むしろこの極限を社会的生産の内部にとりこみ、社会的再生産の形態とこれをみずからに折り重ねる家族的再生産の形態との間に、社会的集合とこれをみずからに適合させる私的な部分集合との間に、極限を移行させるのだ。

言い回しが難しいのですが、これまでの文化人類学的な議論のまとめなので、これまでのことを思い出せば理解できますね。「大地機械」、「専制君主機械」、「資本主義機械」はそれぞれ、人々の欲望が社会体の外に飛び出していかないよう抑え込む回路を持っていましたが、どうしても、そこから逸脱していく欲望の流れを根絶することができません。大地にへばりついている「大地機械」ではダメだったので、ピラミッド状に組織化する「専制君主機械」に移行し、それでもうまくいかないので、一切コードを持たず、どんどん自らの支配域を拡大し、未開拓の大地を脱コード化しながら、欲望の運動する場を確保する「資本主義機械」へと移行する。そうした欲望の分散傾向の原因になっているのが、各人の根源的に分裂症的な体質です。

資本主義は、人々の欲望を特定の土地から解き放ち、欲望を脱コード化することで、自らの支配域を拡大していきます（＝グローバル化）が、それはいつか「限界 limite」に達します。ここで「極限」と言っているのはその〈limite〉のことです。地球は有限なわけですから。マルクス主義には、資本主義は人々の労働力を「資本」として吸い上げるので、資本主義が続くほど、貧しい労働者が増えていき、最後はこれ以上、搾取の対象がいなくなって資本主義が崩壊するという「貧困増大の法則」というのがありましたが、ドゥルーズ＋ガタリの場合は、脱領土化と脱コード化の進行がそれに当たるわけです。

何らかの形で従来あったコードを破壊し、それまで止まっていた欲望を何処かへ分裂させていかないと大きくなっていかない。規制緩和も、欲望というレベルで考えるとコードを外していくという話になります。

しかし、脱コード化が急速に進みすぎると、資本主義がすぐに崩壊してしまうので、脱コード化した欲望の流れを、抽象的な公理系に変換して数量として管理すると共に、固有の土地との結び付きを失った人々を特定の場に囲い込む再領土化を行う必要がある。それで「極限」を「内部 l'intérieur」に取り込む、「外在的極限 limite extérieure」を「内在的極限 limites immanentes」へと移行させる、と表現しているわけです。これは当然、分裂症的傾向を家族の内に移行させる、ということです。家族の内で分裂症的傾向が強まっていくと、いつかは各人が資本主義機械の部品として使い物にならなくなり、いつか破綻するはずですが、家族内の「極限」に置き換えている間は、公的領域における公理系は何とか機能します。

> オイディプスは、この置き換えられた、あるいは内部化された極限であり、欲望は、この極限に捉えられることになる。オイディプスの三角形は内に秘められた私的な領土性であり、これは資本主義の社会的な再領土化のあらゆる努力に応えるのだ。置き換えられた極限、なぜならそれは欲望の置き換えられた表象内容であるから。オイディプスは、あらゆる社会組織体に対していつもそのような極限であった。

「置き換えられた表象内容 le représenté déplacé du désir」というのは、これまで見てきたように、あたかもそれが人々の欲望しているものであるかのように表象されているものということです。原始大地機械でも専制君主機械でも、あたかも各人がエディプス的な近親相姦を求めてそれを禁じられているかのように思わせる表象装置がありました。到達できない「極限」だったわけです。その「極限」に向けて人々を誘導することで、社会体の機械は維持されていた。

> ところが原始組織体においては、この極限は空席のままであった。流れはコード化され、また縁組と出自の作用が大家族を社会野の規定の尺度として維持し、社会野の規定が大家族の上に二次的に折り重ねられることを妨げていたからである。専制君主組織体において、皇帝の近親相姦が超コード化を操作し、今度はこの超コード化が全社会野を高みから支配するかぎりにおいて（抑圧的表象）、オイディプス的極限はみたされてはいるが、象徴的にみたされているだけで、現実に生きられ住まわれて

はいない。すなわち、後にオイディプスのものになる折り重ねや外挿法といった形式的な操作は、ここですでに素描されてはいるが、ただしそれは天上の対象が構成される象徴空間においてにすぎない。ただ資本主義的組織体においてのみ、オイディプスの極限は単にみたされるばかりではなく、住まわれ生きられることになるが、それは脱コード化した流れによって生みだされた社会的イメージが、欲望によって備給され制限された家族的イメージの上に現実に折り重ねられるという意味においてである。オイディプスが構成されるのは想像界のこの一点においてであり、同時にオイディプスは表象の深層的要素の中で移動を完成することになる。つまり置き換えられた表象内容は、その資格において、欲望の表象者となったのである。

これまでのことを踏まえれば、理解できますね。それまでは、エディプス的な表象は、各人の私的生活とは遠く離れた所にあり、各人の欲望を延長していったずっと先にあるかもしれない、漠然とした極限だった、象徴空間の中にある極限だったのが、近代の核家族において極めてリアルな、まさに各人が生まれ育つ環境そのものになった、ということです。資本主義機械の段階では、エディプスが「想像界」で構成されるというのは、「私」が母や父と直接的に関係を持つ、具体的なイメージを取り込んでいきながら形成される、ということです。ドゥルーズ+ガタリによると、ラカンの言う「象徴界／想像界／現実界」のうち、少なくとも二つは、資本主義機械の「極限」内在化戦略によって実体化した、ということになるわけです。

最後の「つまり置き換えられた表象内容は、その資格において、欲望の表象者となったのである」という文が難しそうな感じがしますが、「欲望の表象者 le représentant du désir」というのは、先ほど見たように、私の欲望がいったん［父―母―私］の三角形を介する形で、社会的な立場とか価値に向かうということでしょう。私的な人物である私の中で、社会的な立場や価値が、「父」や「母」に似せる形で表象されるわけです。

オイディプスと三つの状態（機械）の要約

オイディプスの中には、三つの状態または三つの機械が要約されている。じじつオイディプスは、大地機械においては、みたされない空虚な極限として準備されている。専制君主機械においては、それは象徴的にみたされ極限として形成される。しかしオイディプスがみたされ、現実に働くのは、資本主義機械の想像的オイディプスとなることによってのみである。専制君主機械はもろもろの原始的な大地性を保存していたが、資本主義機械は〈原国家〉を自分の公理系の一極として復活させ、専制君主を、自分のもろもろのイメージのうちのひとつとする。だからこそ、オイディプスはあらゆるものを集め、あらゆるものがオイディプスの中に見いだされる。これは世界史の成果であるが、しかしそれは資本主義がすでに世界史の成果であるという特別な意味においてである。これはまさに、物神、偶像、イメージ、幻影といった系列である。大地的物神、専制君主の偶像や象徴、これらすべては資本主義のもろもろのイメージによって再び取りあげられる。資本主義は、これらのものを駆りたて、すべてをオイディプスの幻影に還元する。

これまでの話の流れからして、専制君主機械が大地機械の残骸を利用し、資本主義機械が専制君主機械の残骸を利用するという理屈は納得いきますね。先ほどの話から、エディプス三角形に全てが集約されていくというのも分かりますね。資本主義機械が〈原国家〉を公理系の一極として利用するというのは、恐らく、国家が貨幣の発行とか為替管理とか法の整備とかをして、資本がちゃんと回転するように管理する役割を果たしている、ということでしょう。

［大地機械→専制君主機械→資本主義機械］と進んでいく中で、脱コード化の極限を私的領域へと置き換える変換器の役割を担うようになった「エディプス」はまさに、「世界史の成果」――原語は〈le résultat de l'histoire universelle〉なので、「普遍史の帰結」と訳した方が正確でしょう――ですが、そういう風に言うと、エディプスの普遍性を認めたようにも聞こえるので、資本主義が「世界史の成果」であるとい

うことの裏返しだと釘を刺しているのでしょう。資本主義機械が大地機械から継承した「物神 fetiches」というのは、未開の民族等において崇拝されているモノのことを指しますが、『資本論』（一八六七）にも登場します。人間同士の関係性を反映する形で、欲望の対象になっているモノ、つまり多くの人が欲しがっているので私も欲しいという欲望を掻き立てるが、あたかもそれ自体価値を持っているかのような様相を呈するようになることをマルクスは物神崇拝（Fetischismus）と呼んでいます。「偶像 idoles」や「象徴 symboles」は、専制君主をめぐる表象によって人々を統合する専制君主機械に対応するということですね。「幻影」の原語は先ほども見たように〈simulacres〉ですが、これは、オリジナルをもはや持たない複製記号というボードリヤール的な意味が込められているかもしれません。現代資本主義では、実体を持たないモノ、例えば、元々金銀貨幣の模造品であった紙幣やその代替物にすぎなかったはずの手形とか銀行預金、社債、株、デリヴァティヴなどが、実体と関係なく価値を持つものとして流通しています。

ライオスをもって局地的集団の代表者とし、イオカステをもって大地性とし、オイディプス自身を専制君主とすること。「これまで信じられてきたあらゆるものをよせ集めた雑色の絵」。フロイトはソフォクレスの中に、オイディプス－専制君主という中心的イメージを、悲劇となった神話を追い求め、このイメージを相反する二つの方向に放射させようとしたのであるが、これは驚くべきことではない。二つの方向とは、『トーテムとタブー』の原始的儀式的方向と、夢みる現代人の私的な方向である（オイディプスは神話、悲劇、夢でありうる。オイディプスは、常に極限の置き換えを表現している）。

ライオスは、エディプスの実の父親であるテーバイの王、イオカステは実の母です。ライオスとイオカステは、古い「大地機械」を表象する存在で、そこから専制君主としてのエディプスが生まれたという神話だという見方をすることもできるわけですね。生まれたというより実際には、自分を生み出した大地と、そこに居住している集団を従えたと見ることもできるでしょう。前にもお話ししたように、ソフォクレスの作品の原題は、《Oidipus Tyrannos》、つまり『僭主エディプス』です。二つの方向に放射させるというのは、難しそうな表現ですが、実際はそんなに難しい話ではなくて、専制君主であるエディプスの話を、大地機械に相当するであろうトーテムの時代に繋げると同時に、資本主義的現代における家族関係の分析に投影した、ということです。

「良心の呵責 la mauvaise conscience」

一〇五〜一〇七頁にかけて、「力の場 un champ de forces」がますます内在化・内面化し、「超越的対象 un objet transcendant」がますます精神化（spiritualiser）されて、無限の負債が発展していくことになる、という主旨のことが述べられています。これまでの全ての問題が「エディプス」に集約されていくという話と逆のような感じがして、面食らいますが、ここで「力の場」とか「超越的対象」というのは、社会体を全体として動かし、維持しているものとして表象されるもののことだと考えればいいでしょう。人々が生まれてきた母胎である大地母神に比べると、神秘のヴェールに包まれた専制君主のファミリーとその権威は抽象的です。キリスト教は、神を具体的な君主から切り離し、精神化しました。資本主義の公理系となると、もはや具体的に表象し、理解できない存在です。そういう不可視の存在によって一方的に生かされていて、自分では何もできないことが、ニーチェの言う意味での「負債」、「良心の呵責 la mauvaise conscience」になります。私は、私的領域では、パパやママに可愛がられ充たされているように思えるけれど、社会的領域では、無力な超越的なものによって一方的に生存を許されている存在です。そこから、シニカルな態度が生じる。

ニーチェや、ついでロレンスやミラーといった人びとは、この良心の呵責のシニカルなふるまいをすべて分析して、文明的ヨーロッパ人を定義したのである。――イメージの支配と催眠状態、イメージが蔓延させる無気力状態――生命に対する、自由なものすべてに対する、過ぎ去り流れてゆくものすべてに対する憎悪、死の本能の普遍的な伝播。――伝染手段として用いられる抑鬱、罪責感、吸血鬼の接吻。おまえは、幸福であることが恥ずかしくないか。私にならえ。おまえもまた「それは私のあやまちだ」といわないうちは、私はおまえを放しはしない。ああ、抑鬱者のいまわしい蔓延。神経症が唯一の病気であり、その使命は他人を病気にすることである。

文学的な言い方をしていますが、知識人が抱きがちの自分の境遇や立場に対する「うしろめたさ」の話だと考えると、多少分かりやすくなるでしょう。知識人は他人に対して何もしてあげられないことや、自分が社会にとって無駄ではないかという不安を抱きがちですが、その根底にニーチェの言うような「負債」観があるとすれば、資本主義化が進み、自分が目に見えない力によって自分でもよく分からない欲望を抱かされている、無意味だなと感じるほど、自分を責める抑鬱的な気分が広がるわけです。そうした超越的なものに対する距離感・無力感と、エディプス的な幻影が相乗作用で強まっていく、というわけです。自分は、パパやママに依存して満足している無力な存在なのだ。

フロイトの偉大さは、欲望の本質または本性を、その対象、目標、また源泉（つまり領域）にさえ関係づけることなく、リビドーあるいは性愛という抽象的な主観的本質として規定したことである。ただし、フロイトは、やはりこの本質を私的人間の最後の領土性としての家族に関係づけている（ここからオイディプスの状況が生まれてくることになる。オイディプスは始め『性愛の理論に関する三論文』（一九〇五年）では周縁的な位置にあるが、それからますます欲望を閉じ込めるようになる）。あたかも、フロイト自身が、こうつけ加えることによって、やっと性愛という根本的発見に対して許しを乞うかのように、すべては生起する。〈少なくとも、それは家族の外には出ない！〉というわけだ。一瞬、垣間みられた大いなる外界の代りに、汚ならしいささやかな秘密。欲望の漂流の代りに、家族主義への折り重ね。脱コード化した大きな流れの代りに、ママのベッドの中で再コード化される小さな小川。外部との新しい関係の代りに、内面性。精神分析のいたるところで、いつも良心の呵責と罪責感の言説がかかげられ、糧を見いだす（それが治癒と呼ばれる）。

ここではフロイトに一定の評価を与えていますね。「欲望の本質または本性」を、「対象、目標、また源泉（つまり領域）」に関係付けることなく、「リビドーあるいは性愛という抽象的な主観的本質として規定したこと」を評価するというわけですが、これは脱領土化、脱コード化し続ける、言い換えれば、分裂症的なものとしての「欲望」の本質を明らかにしたということです。領域に縛られていないので、対象（objet）も目標（but）も特定されないわけです。そうした「欲望」の本質を明らかにしたことは評価できるけれど、フロイトはそれが働く領域を「家族」に限定し、再コード化してしまったことを問題視しているわけです。話の流れからすると、「性愛 sexualité」自体は、「欲望」と同様に、必ずしも家族の中で育まれる、異性愛的なものではないようですね。

家族の内に押し込められた「欲望―性愛」は、自分はママに固執していると思わされ、「良心の呵責」と「罪責感」を感じさせられる。ここでも「良心の呵責」と「罪責感」が出てきましたね。社会を動かす「超越的対象」に対して覚える「良心の呵責」、存在の負い目であれば、解消のしようがありませんが、エディプス三角形にその原因があるとすれば、精神分析によって欲望の方向を正してやることでどうにかできそうです。精神分析は、表象内容を置き換えることで、こじんまりとした、つまり、社会の根本的な在り方は問題にしない、疑似治療法を提供するわけです。

一方で彼は、社会的抑制から独立した自律的な抑圧というものを措定している。他方で彼は、成人による子供の誘惑という主張を放棄して、この代りに個人的幻想を位置づけ、現実の両親をそのまま二人の罪なき人物に、あるいは二人の被害者にさえしてしまう。というのも家族は、二つの形態において現われるにちがいないからである。すなわち、一方の形態では、家族はおそらく罪責あるものであるが、それはただ子供が家族を強力に内面的に生きる仕方においてのことで、この形態は子供自身の罪責と一体なのである。もう一方の形態では、家族は責任の審級であり続け、これを前にして、ひとは罪ある子供であり、責任のある成人になるのである（病気としての、そして健康としてのオイディ

プス、疎外の要因としての家族、そして脱疎外の代行者としての家族。これは転移において、家族がいかに再構成されるかにかかっているにすぎない）。

ここでもまた、家族内における欲望の「抑圧」を、「社会的抑制」と切り離してしまったことを批判しているわけですね。「成人による子供の誘惑」というのは、初期フロイトは、両親のどちらかが実際に子供を性的に誘惑したことがあり、その記憶を抑圧したことが神経症の原因になったという説を採っていたのですが、その説は放棄して、それは子供の「幻想 fantasme」だとする考え方に移行し、そこから試行錯誤を経てエディプス・コンプレックス説に到達するのですが、そこで両親は加害者から、濡れ衣を着せられる被害者になるわけです。

家族の二つの形態のうちの第一は、子供が禁じられた近親相姦の欲望を抱きながら成長することによって罪の場になるということですね。第二が「責任の審級 instance de responsabilité」というのが少し分かりにくいですが、これは「○○に対して責任がある」と言う時の○○に家族が相当するということでしょう。つまり、各人が家族に対して申し訳ないとか、家族に対して恥ずかしくないようにするというような意味で、家族を基準に責任感を育む、そういう場になっているということでしょう。つまり、人は家族の中で罪ある病的な存在として育ち、同時に、家族に対して責任を意識することで健全な生き方をすることもできるわけです。「転移 transfert」というのは、精神分析の用語で、幼児期において両親に対して抱いていた感情を、精神分析で分析者に転移することを指しますが、精神分析の家族がどう再構成されるかによって、病気の原因にも健康さを保証してくれる場にもなるということでしょう。

アダム・スミスとフロイト、ヘーゲルの歴史＝反省の視点

こうしたことは、フーコーが彼の本のじつに美しいページにおいて指摘したことである。つまり精神分析に内属する家族主義は、古典的な精神医学を破壊するのではなく、むしろそれに覇権を与えてい

る。大地の狂人と専制君主の狂人のあとには、家族の狂人がやってくる。十九世紀の精神医学が精神病院において組織しようとしていたこと――「家族というゆるぎない虚構」、理性－父と狂気－未成年、みずから幼年期がもとで病んでいる両親――、こうしたものはすべて精神病院の外で、つまり精神分析の中で、分析家の診察室においてその完成をみる。フロイトは、精神医学のルターであり、アダム・スミスである。フロイトは、神話から、悲劇から、夢から、あらゆる源泉を動員して、今度は欲望を内面に縛りつける。いかにも親密な劇場。たしかにその通りだ。ところが、オイディプスは、欲望の普遍性であり、世界史の産物である。――しかし、それにはひとつ条件があるのに、フロイトはそれをみたしていない。オイディプスは、少なくともある点まで自己批判をすることができるということが、その条件なのだ。世界史自身が、その偶然性やその特異性、そのアイロニーやその自己批判といった諸条件を克服することがないとすれば、この世界史はひとつの神学にすぎない。

フーコーの本というのは、この講義の第一回目にも出てきた、『狂気の歴史』のことです。狂人が病院から家族へと戻されたことと、精神分析において、家族での関係性が神経症や精神病の原因とされたことの間のパラレルな関係が問題になっている箇所のことを言っているわけです。「大地の狂人 le fou de la terre」や「専制君主の狂人 le fou du despote」というのは、儀礼や神話に出てくる異様な行為を行う人物で、その異様な振る舞いを人々の目の前で象徴的に示すことを通じて、人々の逸脱しがちの欲望をコントロールしていたわけですが、資本主義機械の段階になると、そうした狂気を抱え込んだ狂人、近親相姦欲望を持った子供が家族の中に抱え込まれたわけです。

ルターやアダム・スミス（一七二三－九〇）が引き合いに出されているのは、外的な環境に依存しない、つまり脱属領化した内面を発見したから、裏を返して言えば、社会的抑制とは関係なく、内在的な論理に従って抑圧されている内面を発見したからでしょう。無論、普通の見方をすれば、ルターもスミスも、個人の自由や主体性として基礎付け、価値の源泉として位置付けた人ですが、ドゥルーズ＋ガタリ的な見方をすれば、彼らは、専制君主機械から資本主義機械への移行の過程で、社会の中で溢れ出した欲望の流れを、内面へと押し込めた人ということになるわけです。「エディプス」が「世界史（普遍史）の産物」だというのは、これまで見てきたように、どんどん強まっていく分裂症的体質を抑え込もうとすると、どうしても［大地機械↓専制君主機械↓資本主義機械］と同じような過程で、脱コード化・脱領土化が進行していかざるを得ないからです。

「普遍史の産物」と言えるためにエディプスが満たすべき「条件」として、「自己批判 auto-critique」ができることが挙げられていますが、どうしてそういうことになるのか説明がないので混乱しますね。この場合の自己批判というのは、恐らく、自分自身をその「普遍史」の中に位置付け、その視点から反省するということでしょう。「普遍史」の（最終的な）帰結と言えるのは、自分自身をその「普遍史」の中に位置付けることができた場合だけである、というヘーゲル的な前提があるのでしょう。ヘーゲルの「精神」は、歴史の中で自己展開しますが、必ず、最終的には自己把握に至ります。ドゥルーズ＋ガタリがヘーゲル的な意味で「普遍史」と言っているのであれば、それは、反省する主体の「自己批判」を含んだ歴史になるはずです。無論、ドゥルーズ＋ガタリは本気でヘーゲルをなぞっているのではなくて、ヘーゲルの歴史哲学を批判的に読み替えているのでしょう。

確かにフロイトの精神分析は、自分自身がどうやって「エディプス」に至ったのか、また、近代資本主義に至るまでの歴史の中で、エディプスがどのように位置付けられてきたのか、きちんと自己批判しているようには見えません。

では、その諸条件、この自己批判の点とは、どんなものなのか。家族への折り重ねの下に、無意識のもろもろの社会的備給の本性を発見すること。個人的幻想の下に、もろもろの集団的幻想の本性を発見すること。あるいは、同じことになるが、幻影を推進して、それがもはやイメージのイメージでなくなる点までたどりつき、もろもろの抽象的形象、流れ－分裂を見いだすこと。幻影はこれらを隠し

ながら、これらを秘蔵している。去勢された私的主体は、言表行為の主体と言表の主体に引き裂かれ、このニつは単に人称的なイメージのニつの秩序にかかわるにすぎない。このような主体のかわりに、こんどは機械状のアレンジメントにかかわる集団的な代行者を出現させること。欲望的生産の秩序において、表象の限界を転覆すること。こうしたことすべては、分裂分析の任務である。

つまり、この本でドゥルーズ＋ガタリがやっているように、大地機械の段階におけるエディプスを構成する諸要素が何となく見出されるような段階から、資本主義社会―核家族の段階に至るまでの発展の経路を、社会的抑制を視野に入れながらきちんと歴史的に分析すべきということですね。それをヘーゲルの歴史＝反省の視点に仮託して、主張しているわけです。無論、ドゥルーズ＋ガタリとは異なるヴァージョンの歴史を描ける可能性もあるわけですが、精神分析がまだそれをやっていないことは確かでしょう。

「幻影（le simulacre）を推進して、それがもはやイメージのイメージでなくなる点までたどりつき、もろもろの抽象的形象、流れ―分裂（les flux-schizes）を見いだすこと」という文が難しいですが、「分裂分析」の話をしていると考えると、どういうことか想像はつきますね。つまり、「それは幻想ですよ」と説得して、中途半端に普通の現実に立ち戻らせるのではなく、幻想の中をどんどん突っ走らせ、ますます欲望の規定のコードから外れるように仕向ける、ということでしょう。幻想が極限まで行くと、もはや社会的抑制を隠すという役割を果たせなくなり、自己崩壊に至り、それまで隠れていた「流れ―分裂」が露わになってくる。

それによって、言表の主体（公的人格）と言表行為の主体（私的人格）に分裂しながら、脱コード化・脱領土化がどんどん進む資本主義社会で辛うじて生きてきた「主体」は解体して、代わって、「機械状のアレンジメント（des agencements machiniques）にかかわる集団的な代行者（les agents collectifs）」が登場する。「機械状のアレンジメント」というのは、個々の人間として独立しているのではなくて、複数の人間の身体が欲望機械のネットワークによって繋がっていて、協働的に作用して、新たな欲望を生産している状態ということでしょう。〈les agents collectifs〉は、「集団的な行為体」と訳した方がいいでしょう。個々人が自立した、つまり社会的に孤立した主体としてあるのではなく、複数の身体が欲望の生産過程を通じて絡み合った「機械状アレンジメント」の中から〝主体〟的、能動的な行為体が立ち上がってくるということでしょう。

露出する、全ての欲望の回路――「第四章　分裂分析への序章」を読む

ということで、第四章の「分裂分析への序章」に入りましょう。精神分析が、資本主義社会の要望に応じる形で、社会的抑制と切り離す形で、家族の中でのエディプスをめぐる抑圧へと問題を矮小化するのに対し、分裂分析はいろいろな方向に分裂していく欲望の回路を全て露わにしていこうとするわけです。

「器官なき充実身体 Corps plein sans organes」――「第四章第一節　社会野」を読む

「第一節　社会野」では、タイトル通り、家族偏重だった精神分析に対して、「エディプス」問題を取り巻く「社会野」側の視点から論じています。冒頭で、エディプス問題は父の側からか子の側から始まったのか、という鶏か卵か的に見える問いが提起されています。無論、そう一見見えるだけで、実はこれはちゃんと意味がある問いです。

> レヴィ＝ストロースは、いみじくもこう語っている。「いま参照している神話の第一のモチーフは、母との近親相姦の中にある。英雄はこれに罪責を負う。ところが、この罪責感は、とりわけ父の心の中に存在するものであるように思われる。父は自分の息子の死を望み、この死を惹き起そうとたくらむのだ……。結局は、父のみが罪責を負うものとして現われてくることになる。復讐を望んでいたこ

とに罪責があるのだ。だから、殺されることになるのは、父である。近親相姦に対するこの奇妙な無関心は、別のいくつかの神話においても現われている。」オイディプスは、神経症の子供じみた感情である前に、まず成人のパラノイア的観念なのだ。だから、精神分析は、次のような無限の退行から、なかなか出られない。つまり、父は子供であったにちがいないが、子供でありえたのは、父との関係あってのことだ。そしてこの父自身も、もうひとりの父の子供であった。

レヴィ＝ストロースの引用は、『生のものと火を通したもの』（一九六四）からです。中央ブラジルのボロロ族――『悲しき熱帯』にも出てくる人々です――の、母親を犯し、父を殺すという、いかにもエディプス神話に対応していそうなモチーフを含んだ神話の分析です。主旨は分かりますね。その神話の流れを見ると、息子の欲望を語っているというより、実は、父親の側の息子を殺したいという欲望が語られているように見える、と解釈しているわけです。妻を犯した復讐として息子に復讐しようとした父が逆に復讐される、というオチです。「近親相姦に対する無関心 détachement vis-à-vis de l'inceste」というのは、神話の中で息子が母を犯したとさらっと書かれていて、それが罪であると思わせるような記述がない、ということです。

このレヴィ＝ストロースの線に沿って考えると、子供が物心つく前から近親相姦欲望を抱くのではなく、父親の方が勝手に妄想し始めたのが始まりではないか、と思えてきます。無論、大人になってから我が子に嫉妬するような心理的メカニズムが各人に内在していると考えることもできますが、大人の妄想の方が、社会的な関係性の中で継承されていく可能性が高そうに思えますね。

そこで「どのように妄想は始まるのか」（一一四頁）という問いを立てて、妄想が始まる過程を描いた、アメリカの映画監督ニコラス・レイ（一九一一－七九）の映画『黒の報酬 Bigger Than Life』（一九五六）を紹介しています。主人公のエド・アドヴェリーは学校の教師で良き父親でしたが、心臓・血管系の重病を患っていて、治療を受けていますが、このままだと後数カ月の命だと宣告を受けます。そこで医者がコルチゾンというホルモンを大量に摂取する人体実験を受けてみないかともちかけます。それを承諾して、コルチゾンを摂取し始めると、嘘のように病状が回復しますが、その副作用としてやたらとハイになってしまいます。そこで要約されているように、教育制度全般とか純粋な人種の復興とかの妄想を語り出します。そして、宗教や聖書について語り始め、ついには「アブラハムのほうに移ってゆく……」。

しかし、アブラハムは何をしたのか。そうだ、まさに彼は自分の息子を殺した、あるいは殺そうとした。おそらく、神の唯一の誤りは、アブラハムの手をとめたことである。だが、この映画のヒーローである彼自身、息子をもっているのではないか。ほらね……。精神医学者たちには恥辱であるが、この映画がみごとに示していることは、あらゆる妄想がまず社会野に対する備給であり、経済的政治的文化的分野や、人種的人種差別的分野や、教育的宗教的分野に対する備給であるということである。妄想する人物は、あらゆる面で自分の家族や息子の領域を超える妄想を、あえて自分の家族と息子に

『黒の報酬』の１シーン

適用しているのだ。

前回は「原国家」の創設者としてのアブラハムが話題になりましたが、ここでは、アブラハムが神の命令で息子イサクを捧げようとしたイサク燔祭のエピソードが出てきましたね。これについてはキルケゴールやデリダが突っ込んだ考察をしています。デリダの『死を与える』（一九九二）での議論については、『〈ジャック・デリダ〉入門講義』で詳しく解説しましたのでご覧下さい。アブラハムはイサクを犠牲にすべく手をかけようとした瞬間に、神から「汝の信仰は分かった。その子を殺してはならない」と告げられ、殺せという命令は実際には彼の信仰を試す試練だったことを知るわけですが、この映画の主人公はそれは誤りだったのではないか、と思い至ったわけです。

ここでのドゥルーズ＋ガタリの指摘のポイントは、主人公の妄想が自分の社会的立場に近いところから始まって、社会構造→宗教→信仰の祖としてのアブラハム→子殺しの欲望、というように社会から子へと向かっていることです。大人の男性だったら、そういう風に社会的抑制が、家族に対する暴君的な振る舞いへと転化するというのはありそうなことですね。

精神医学や精神分析のミキサーで粉々にされる前には、こうした性格を顕著にもたず、経済的政治的なもの等に起源をもたないような妄想など存在しないことは明らかなのだ。シュレーバーは、このことを否定しないであろう（…）。

「ミキサーで粉々にする」というのは、経済・政治的な連関を断ち切って、神経症や精神医学の原因を家族と本人の内面だけのごく狭い領域に限定してしまうということです。妄想の中に経済・政治的な要因が出てくるとしても、全体の連関から切り離されているので、本当の原因に見えないわけです。シュレーバー症例のシュレーバーも、例えば裁判官としての地位や名誉の問題が先にあり、それが家族をめぐる妄想に転化したのかもしれない。しかしそうした社会的要因は副次的なものとしか見なされない。

一一六頁で、社会的備給の方が家族的備給に先行するということを論証するために、精神分析系の文化人類学者カーディナーの議論が参照されています。

カーディナーが分析した〈マルケサス人たち〉の実例をもう一度取りあげよう。カーディナーは、風土性の飢饉による成人の食糧不安と、母親がする養育の欠如からくる子供の食糧不安とを区別している。前者を後者から派生するものとすることは不可能であるが、それればかりではない。カーディナーのように、前者に対応する社会的備給が、後者の子供の家族的備給の後にくると考えることさえ不可能である。なぜなら、後者において備給されるものは、すでに社会野のひとつの規定つまり、女性たちの稀少性であり、これは子供たちも成人たちも、同じく「女性たちを警戒する」ということを説明するものなのだ。要するに、子供が幼児期の経験、母親の乳房、そして家族構造を通じて備給するものとは、すでに、社会野の全体における切断と流れの状態であり、女性と食物の流れであり、登録と分配とである。成人は決して子供の〈その後〉ではなくて、成人も子供も家族において、社会野の諸規定に狙いを定めるのであり、家族も、成人と子供も、同時にこの社会野の中にひたっているのだ。

マルケサス人というのは、フランス領ポリネシアのマルケサス（マルキーズ）諸島の先住民のことです。カーディナーは、先住民たちの間に見られる食糧不安（food anxiety）が、より深層における、自我の力を失ってしまうことへの不安と結び付けているようだと仮定したうえで、神話的表象や食人の風習と、食糧不安の関係を分析しています。参照されているのは『個人とその社会 The Individual and His Society』（一九三九）という本ですが、ドゥルーズ＋ガタリが指示している箇所でカーディナーが区別しているのは正確に言うと、食人（cannibalism）の種類です。①飢餓による食人（hunger cannibalism）、②死肉を食べる習慣（necrophagia）、③復讐による食人（vengeance cannibalism）、④味覚倒錯（gustatory pervasion）の四種類です。このうち、①は説明必要ないとして簡単に片付け、②は亡くなった人の愛着とか、亡くなった人の存在を永遠化し、その価値ある資質を吸収する儀礼と理解できるとし、④は極めて特殊な事例だということで片付け、大事なのは③だとして、③を掘り下げて分析しています。そこで③を分析して、童話のへンゼルとグレーテルのように、自分が依存せざるを得ない相手から十分に愛されていない、逆に迫害されているのではないかという感情が、その相手から食べられてしまう、という妄想になり、それが逆に、相手を食べてしまいたいという欲望に転化するというような分析をしています。ヘンゼルとグレーテルが自分たちを迫害する悪い母の化身である魔女のお菓子の家を食べ、最後はその魔女を釜に入れて焼く――そして、恐らく後で食べる――ように。ドゥルーズ＋ガタリは、①と③にフォーカスして要約しているわけですが、彼らは実際には、そういう精神分析的な区別を否定したいわけです。カーディナーは復讐による食人を説明するために、フロイトの娘で幼児心理の研究で知られるアンナ・フロイト（一八九五―一九八二）の議論を参照しています。

つまり、カーディナーは、実際に飢えてカニバリズムに至るのと、母親がちゃんと面倒をみてくれず、［自分の求めに十分に応じてくれない悪い母→迫害する悪い母→自分を食べようとする魔女］に転化することで生じる潜在的な欲望に起因するカニバリズム、言い換えれば、精神分析的な次元に起源があるカニバリズムでは全然違うという前提で話をしているわけですが、ドゥルーズ＋ガタリは、いや、両者は無関係ではない、母親が悪い魔女になってしまうのは、その社会の中で女性の数も食糧も足りないという「社会野」における登録（個人と家族のアイデンティティの確定）と分配が、母と子の間の不安に影響を与えているからだと言っているわけです。

先にくるのは、子供よりも父であるが、しかし、それはただ、先にくるものが家族的備給であるよりも社会的備給であるからにすぎないのだ。父も、子供も、部分集合としての家族も、同時に、この社会的備給の中に投げ込まれている。欲望の備給の目標として社会野が優先するということが、循環を規定し、また一主体が経験する諸状態を規定する。

先にくるのが子供よりも父であるということは、社会的備給が先ず父親に対して行われ、父親を介して家族に備給が行われるからだというわけです。社会野で欲望の備給、配置状況が大よそ規定され、子供はその経路に従って、いろいろな経験をしていくわけであって、子供の身体あるいは精神に一定の年齢に到達しさえすれば、肛門期とかエディプス期に達する必然性が生得的に備わっているわけではないということです。

二つの妄想、「ファシズム的パラノイア的」と「革命的分裂者的」

一一九頁の半ばを見ると、子供である私が〈ママー領土性 la territorialité-maman〉、つまり社会の中での固有の場所への配置を象徴する母と、〈パパー法 la loi-papa〉、つまり社会の掟を象徴する父を通じて社会野に組み込まれる、という主旨のことが述べられていますね。そして、そうやって社会に繋がった各人の無意識は妄想（délire）を介して、社会野のいろいろな場に「備給＝投資 investir」されたり、脱備給されたりする、ということが述べられていますね。そして妄想の二つの種類について述べられています。先ほど、『黒の報酬』で見たように、ドゥルーズ＋ガタリは、「妄想」は、子供の時のエディプス危機のような、純粋に内的な心的外傷ではなく、社会野と深く関係している、と見ているようです。恐らく精神病や神経症と呼ばれているものは、社会的な「妄想」に見られる、無意識の欲望の偏りとか噴出と見ているのでしょう。

しかし私たちは、こうした観点から、隔離的と遊牧的という社会的備給の二つの大きな型が、欲望の二つの極として存在していることを見た。まずファシズム的パラノイア的な型あるいは極があり、中央集権の組織体を備給し、この組織体を歴史上の他のあらゆる社会形態にとっての永遠の目的因として、これを超備給する。またもろもろの飛び地や周辺を逆備給する。あるいは、欲望のあらゆる自由な形態を脱備給する。――そう、私はあなたたちの一族だ。優越的階級と人種に属している。もうひとつは、革命的分裂者的な型あるいは極であり、欲望の逃走線をたどり、壁をうがち、流れを交通させ、自分の機械や融合集団を飛び地や周辺の中に構築する。つまりファシズム的パラノイア的な型や極とは、逆の仕方でふるまうのだ。

——「隔離的 ségrégatif／遊牧的 nomadique」が潜在的に存在する二極で、それぞれが政治的に極端な方向に走ると、「ファシズム的パラノイア的」な型と「革命的分裂者的」な型として現れるということですね。ファシズム的パラノイア的な型は、自分たちを特別な存在と見なし他から隔離して、欲望を一点に集中させていく。「脱備給」は備給の反対で、外に放出して減らすことです。革命的分裂者型は、欲望をいろんな方向に分散させるわけです。ドゥルーズ用語としてよく聞く「逃走線 lignes de fuite」という言葉が出てきましたね。「欲望」がどこかに集中的にたまらないよう、逃がしてやる線、電気のアース線みたいな感じですね。

無意識は、錯乱の二つの極の一方から他方へと、驚くべき振動を繰り返している。その一方は、時には最悪の復古主義の只中にさえ、思いがけない革命的な力が現われてくる道であり、その他方は、逆に、こうした事態がファシズムに転じ、それに閉じ込もり、再び復古主義に陥る道である。文学の例にかぎれば、セリーヌの場合がある。この偉大な錯乱者は、父のパラノイアとしだいに交通を深めながら錯乱を繰り広げる。ケルアックの場合、最もつつましい手だてをもって、この芸術家は、始めは革命的な「逃走」を行うが、ひるがえって偉大なアメリカという夢にひたり、ついで優等人種たるブルターニュの自分の祖先さがしをする。極限や境界を踏み越え、欲望の脱領土化したもろもろの流れを交通させ、たえずファシズム的、教化的、ピューリタン的、家族主義的なもろもろの領土性をこれらの流れによって押し流すことが、アメリカ文学の宿命ではないのか。無意識のこれらの振動、リビドー備給におけるひとつの型から他の型へのひそかな移行、さらにしばしば二つの型が共存すること、これらは分裂分析の主たる対象のひとつとなる。

ここは比較的分かりやすいですね。無意識にはパラノイア的に古い領土性・コードに固執し、そこに戻っていこうとする傾向と、分裂傾向を十分に発揮して、革命を引き起こす傾向がある。セリーヌ（一八九

セリーヌ

四―一九六一）は、戦間期、三〇年代に活躍したフランスの作家です。当初は労働者の疎外や資本主義の矛盾を問題にし、自分はアナーキストだと発言し、アンチ・ヒーローの視点から世界の不条理を描き出すような作品を書いていたので、左翼の作家として、少し後に登場するサルトルのようなイメージで見られていましたが、反ユダヤ主義的な右翼団体「アクション・フランセーズ」に近付き、反ユダヤ主義的な言論活動を開始し、大戦中のドイツ占領下のフランスで、ナチスの政策に協力する雑誌にも執筆しています。そのため戦後、デンマークに亡命しますが、捕えられて投獄され、フランスから国家反逆罪で有罪判決を受けますが、恩赦されて帰国します。政治的問題のある作家ですが、ブラック・ユーモアに満ちた描写とか、人物の激しい感情の動きを直接的に反映したような独特の文体が二〇世紀のフランス文学に大きな影響を与えたので、彼の評価をめぐる論争がしばしば起こっています。

前々回も出てきたケルアックは、アメリカのビートニク世代、つまり第一次大戦期から大恐慌くらいまでの間に生まれて、五〇年代に活躍した文学者の一人で、自らの放浪生活を元に書いた自伝的小説『路上 On the Road』（一九五七）で、ヒッピーから強く支持され、カウンターカルチャーの代表と目されるようになりましたが、フランス系カナダ人の移民の子であった母の影響でカトリックの信仰を持っていましたし、反共・反リベラルの政治的スタンスを示すようになりました。先ほどの引用でも述べられているように、自分の先祖の地であるフランスのブルターニュへの強い拘わりを表明しています。

二人とも、革命的・分裂症的な極と、保守的・国家主義的な極の間を揺れ動いているようですね。これまでのドゥルーズ＋ガタリの書きっぷりからすると、パラノイア的な面は本来的な欲望の流れとは違うといって簡単に切り捨てそうですが、両極の間の揺れ動きを観察するのが「分裂分析」だと言っているわけですね。アルトーはこの両極の間の揺れ動きを〈アナーキスト―ヘリオガバルス〉という定式でまとめたということですね。ヘリオガバルスは皇帝として自分に帝国全体の欲望を備給するけれど、同時に太陽神崇拝、男根崇拝、同性愛など多様な欲望を解放する身振りを示しました。

オイディプスの概念が生まれるのは、それがもろもろの人称化されたイメージの上に適用され折り重ねられる操作を通じてであるが、このことはパラノイア的タイプの社会的備給を前提としている（だからフロイトは、まずパラノイアに関して、家族小説とオイディプスを発見している）。オイディプスとは、パラノイアの付属物なのである。ところが、分裂症的な備給は、家族についてまったく別の規定を要求している。家族は、閉じられることも、自らを折り重ねることもない社会のもろもろの次元にしたがって、あえぎ引き裂かれているのだ。この家族は、脱人称化した部分対象のための原基としての家族であり、歴史的なコスモスや歴史的なカオスの奔流に、あるいは乏しい流れに、たえず身を投じるのである。

大地機械の段階から始まっていろんな人物のイメージが重なってエディプスが形成されるというのはこれまで見てきた通りですね。エディプスは家族の中でのアイデンティティを固定化し、それによって間接的に各人の資本主義化された社会野での役割も固定化されるので、パラノイア的だというのは分かりますね。それに対してドゥルーズ＋ガタリは、分裂症的でカオス的な奔流を生み出す家族のイメージを示そうとしているわけです。彼らは家族は、現在の資本主義社会の標準的なそれのようにパラノイア的なものとは限らず、一家の中で分裂症的な方向性が生まれてくる可能性があると見ているようです。

「器官なき身体」とは？

私たちは、すべてが器官なき身体の上で起るものと仮定する。ところが、器官なき身体は、いわば、二つの顔をもっている。エリアス・カネッティは、いみじくも、パラノイア患者が、いかに大衆と群れを組織するかを指摘した。パラノイア患者は、この両者を結びつけ、対立させ、操るのだ。彼は、大衆を機械として操作する。彼は、モル的な大集合、統計学的な組織体あるいは群居性、すなわち組

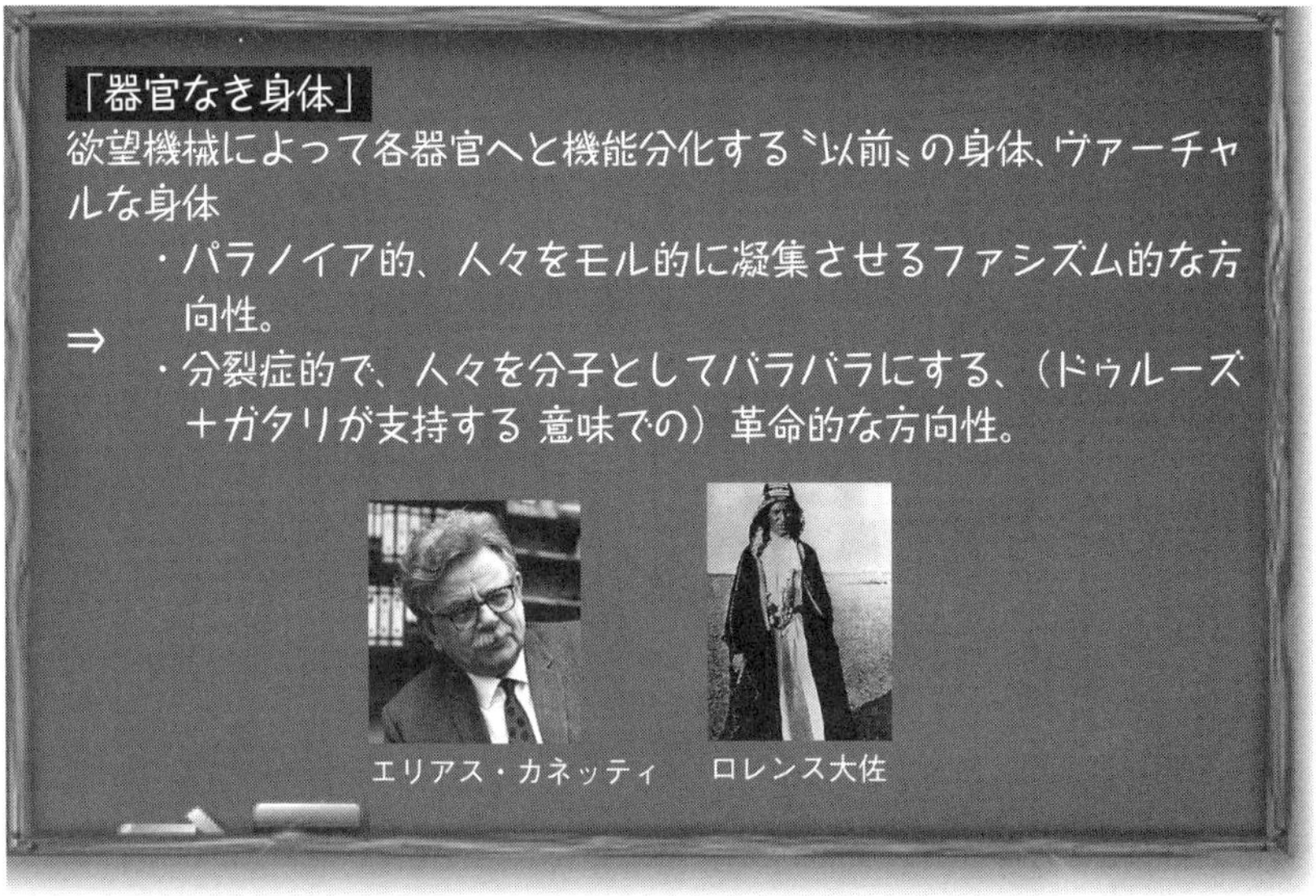
「器官なき身体」
欲望機械によって各器官へと機能分化する〝以前〟の身体、ヴァーチャルな身体
⇒
・パラノイア的、人々をモル的に凝集させるファシズム的な方向性。
・分裂症的で、人々を分子としてバラバラにする、(ドゥルーズ+ガタリが支持する意味での)革命的な方向性。
エリアス・カネッティ
ロレンス大佐

> 織された群衆の諸現象を扱う芸術家である。彼はすべてを多数からなる種として備給する。戦いの夜に、ロレンス大佐は砂漠の充実身体の上に裸の若者の死体をならべる。シュレーバー控訴院長は、自分の身体に、何千もの小人たちを密着させる。物理学には二つの方向があって、ひとつはモル的な方向であり、巨大数や群衆的現象に向かい、もうひとつは分子的な方向であり、逆にもろもろの特異性に、距離をへだて、あるいは次元を異にするそれらの相互作用や結合に没頭するといえる。

「器官なき身体」というのは、欲望機械によって各器官へと機能分化する〝以前〟の身体、ヴァーチャルな身体のことを指していたわけですね。この身体には、パラノイア的、人々をモル的に凝集させる、ファシズム的な方向性と、分裂症的で、人々を分子としてバラバラにする、(ドゥルーズ+ガタリが支持する意味での)革命的な方向性の二つがある、ということですね。

エリアス・カネッティ(一九〇五―九四)は、ブルガリアで生まれたユダヤ系の作家・批評家です。元々スペインに居住していたセファラディムと呼ばれる系統のユダヤ人で、家ではラディーノというスペイン語をベースにした言語を話していたということです。一九一三年に一家がウィーンに移住

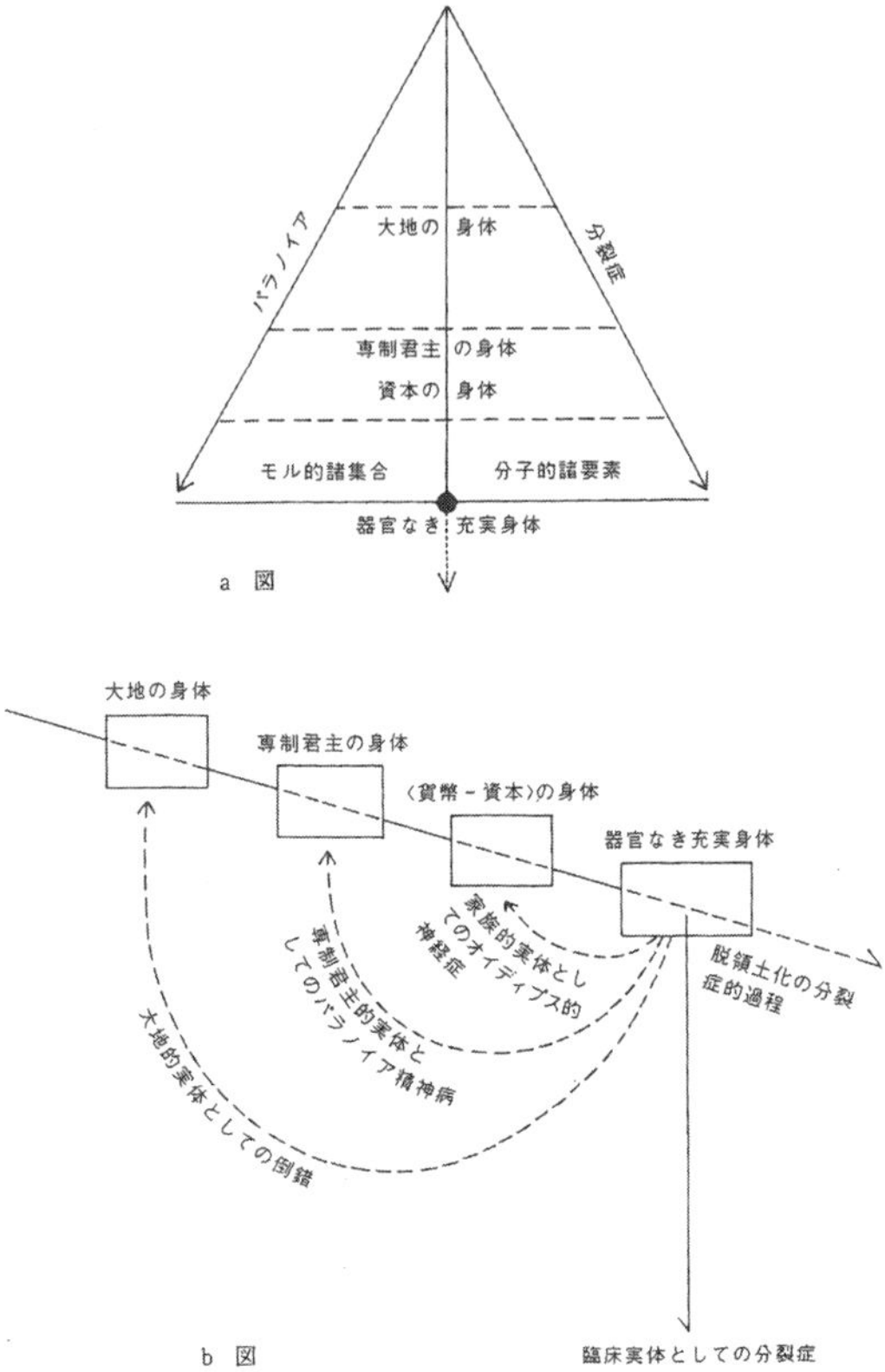

『アンチ・オイディプス』（河出書房新社、2006 年）下巻の 129 頁より

し、彼もウィーン大学で化学を学びますが、ナチスによるオーストリア併合で英国に亡命します。書物に人生を捧げた男を描いた『眩暈』（一九三五）が有名で、ノーベル文学賞も受賞していますが、『群衆と権力』（一九六〇）で、群衆が指導者に従う心理的メカニズムを分析したことでも有名です。ロレンス大佐というのは、アラビアのロレンスとして知られる、英国陸軍の諜報員で、第一次大戦中にアラブ民族のオスマントルコに対する独立運動を支援した、トーマス・エドワード・ロレンス（一八八八―一九三五）のことでしょう。若者の死体云々の話は、戦場での若い兵士たちの間に芽生える同性愛的な感情に肯定的に言及していることや、ロレンス自身が同性愛者だとされていたことからくる連想でしょう。シュレーバーの方は、前にもお話ししたように、自分の身体に光線が入り込んでいるという妄想を回顧録に書き記しています。いずれも、国家とか民族、自分固有の社会的アイデンティティに固執しようとしているように見えるところと、自分の中の分裂的な傾向をそのまま促進しようとしているように見えるところがあり、同じ身体に二つの傾向が宿っているように見えます。

一二九頁にパラノイアと分裂症の発展傾向をめぐる有名な図がありますね。ａ図、ｂ図とも大地の身体から出発し、専制君主の身体を経て資本主義に向かっていき、最終的に「器官なき充実身体 Corps plein sans organes」へと移行していく。二二七頁を見ると、「器官なき身体とは社会体の極限であり、社会体の脱領土化の接線であり、脱領土化された社会体の最後の残滓である」と述べられています。つまり、資本の身体が更に脱領土化・脱コードして、極限まで行くと、もはやその社会的身体にはいかなる固有性もコードもない、欲望がいかなる制約もなく流れる、個体レベルの器官なき身体と同じような状態に到達すると想定されるわけです。a図を見ると、そこに向かっていく過程で、パラノイアと分裂症の両極の傾向がそれぞれ強まっていくことが分かりますね。b図を見ると、この過程において元の状態に戻ろうとする動きとして、一般に精神的病態と呼ばれているものが性格付けられています。資本主義の段階、家族の段階に留まろうとすると、「オイディプス的神経症」になる。専制君主的実体に戻ろうとすると「パラノイア的精神病」になる。一点に力を集中する専制君主機械とパラノイアが対応しているのは直感的にも分かりやすいですね。大地的実体としての原初の状態に戻ろうとすると、これは「倒錯」という形で現れてくる。大地的実体に戻るのが倒錯だというのは、戻るべき「大地」がもはやないのに別のものを自らの場所にしようとする、ということでしょう。

「機械」が存在するとはどういうことか——「第四章第二節　分子的無意識」を読む

では、「第二節　分子的無意識」に入りましょう。冒頭で、分子の領域がミクロ心理学の領域で、モルの領域が統計的法則に従う群衆的現象の領域だと述べられていますね。

フロイトの『集団心理学と自我の分析』の中に現われるようなこの区別は、まるごとオイディプスの中にも残されている。無意識の中には、もろもろの個体群、集団、そして機械しか存在しない。私たちが、一方の場合には、社会的そして技術的機械の無意志を、他方の場合には、欲望機械の無意識を措定するとき、重要なのは、わかちがたく結びついている力の間の必然的な関係である。一方には、無意識を生みだす基本的な諸力があり、他方には、これらの諸力に反作用を及ぼすもろもろの合力つまり、統計学的な諸集合がある。これらの集合を通じて、無意識はみずからを表象し、すでにみずからの生産的な基本的力の抑制と抑圧を蒙ることになるのである。

ポイントが分かりにくいですが、要は無意識には、通常の意味での人格を持った個人という単位がなくて、各人の身体で分子的に働いている欲望機械と、社会体を構成しているモル状になっている個体群＝社会的機械、そして人々の欲望機械に影響を与える各種の技術的機械の三種類の機械しかない、ということです。ミクロレベルで無意識を生み出す欲望機械と、他の二つの機械の関係を分裂分析は問題にするわけです。モル状になった「統計学的な諸集合 des ensembles statistiques」を通して、欲望機械で生み出された無意識が「表象」されると共に、「抑制─抑圧」を受けるわけですね。これまで見てきたように、ドゥルーズ＋ガタリは、社会的「抑制」の方が、〝内面〟での「抑圧」に先行すると考えています。

このミクロ物理学あるいはミクロ心理学の領域における機械については、いかに語ることができるのであろうか。そこにはまさに欲望が存在しているのだ。つまり単に機能があるのではなく、形成と自己産出があるのだ。ひとつの機械は、その構造の既定の脈絡と、その部品の配置の秩序において作動するのだが、これは自分で配置につくわけではないし、また自分自身を形成し、生産することもない。

抽象的で取っ付きにくいですが、「機械」が存在するとはどういうことかという存在論的な議論です。普通の意味での機械であれば、部品を組み合わせたものがそこにあって、スイッチを入れれば作動するわけですが、「欲望機械」がそこに存在すると言えるには、自己産出や形成が見られないといけない。そこで、生命あるいは有機体とは何かをめぐる、かつての「機械論 vs. 生気論」と同じような構図の議論が生じてくることが考えられます。機械論（mécanisme）は、構造的統一性という視点から、つまりどういう風に部品が組み合わさって一つの構造を成しているかという視点から、有機体の成り立ちを説明しようとします。生気論（vitalisme）は、構造的統一性の前提となる、生物の各個体の特殊な統一性を強調します。しかしそれでは、「欲望」と「機械」の関係は外在的なものに留まったままです。機械論に基づいて、「欲望」が機械的な因果関係の結果だとしても、その逆に生気論に基づいて、「機械」が、生命体の「欲望」を実現する手段だとしても、両者の間に本質的な関係があるということにはならないでしょう。

そこでサミュエル・バトラー（一八三五－一九〇二）の『機械の書 The Book of Machines』を参照しています。バトラーは英国の小説家で、キリスト教の信仰に基づいてダーウィンの進化論を徹底的に批判したことで知られています。『機械の書』というのは正確に言うと、『エレホン――あるいは山脈を越えて Erewhon: or, Over the Range』（一八七二）という当時のヴィクトリア朝の英国を風刺した体の反ユートピア小説の一部です。この架空の国には、機械がありません。小説の語り手が到着する数世紀前に機械主義者と反機械主義者の間で内戦があり、人口が半分まで減る激しい死闘を経て、後者が勝利したことで、機械の発明と使用を禁じる体制が生まれ、過去の遺物である「機械」は博物館に入れられています。そうした革命のきっかけになった文書として、『機械の書』が三章にわたって紹介されています。この架空の書は、進化論が正しいとすると、いずれ「機械」が「意識」を持つことになるだろうと示唆します。ドゥルーズ＋ガタリは、この書の考察が、「機械論 vs. 生気論」的なところから始まることを示唆します。

一方で、バトラーは機械が有機体の延長であると語ることでは満足しないのであって、機械とは、社会という器官なき身体の上に存在する手足であり器官なのである。また人間は、自身の力や富に応じて、これらの手足や器官をわがものとするわけであるが、ところが貧困によって、まるで手足を切りおとされた有機体のように、彼らは機械という手足や器官を奪いとられることもある。他方で、バトラーはまたもろもろの有機体は機械であると語ることでも満足しない。有機体はあまりにも多くの部分を含んでいるので、それらは、まるでたがいにかかわり合い相互に機械化されている別々の機械の、きわめて多様な部品にも比べられるべきである。まさにここにこそ本質的な点はあって、バトラーは

──限界への二重の移動を操作している。彼は、有機体の特有な、または個体的な統一性を疑問として生気論的命題を粉砕するのだが、さらにまた機械の構造的統一性も疑問として機械論的命題を粉砕する。

後の方の「有機体」は分かりやすいですね。いろいろな小さな機械の部品が組み合わさっているように見えるので、有機体の統一性は疑問だという話ですね。前の方は、機械をそれぞれが独立に運動しているわけではなく、社会的連関の中にあって機能を果たすものと見なしたうえで、機械たちは人間の身体の延長として機能することが多いが、その人間と分離することもある、と述べているわけです。そういう風に見ると、機械は構造的に統一されているとは言いにくい。

その後に続く、『機械の書』から直接長々と引用している箇所では、機械は自らを再生産しないし、再生するとしても人間を介してだという議論に対する反論として、赤いクローバーがまるはな蜂の助けを借りて受粉するという話を引き合いに出しています。確かに植物にも動物にも、他の生物の助けを前提に生きているものがたくさんいますね。食べ物のことを考えると、動物は例外なく他の生物に依存して生きていると言えます。また、私たちの体にはいろんな微生物がいろんな機能を果たしながら共棲しています。そういう風に考えると、「私たちを欺くのは、われわれが一切の複雑な機械を単一の対象と考えていることである」というバトラーの言い分が理解できますね。

一三五頁を見ると、そうやって生気論と機械論の双方を片付けると、「欲望」と「機械」が相互に深く関係し合っていることが分かってくる、と述べられていますね。この領域になると、ミクロ物理学と生物学が相互に浸透し合うようになる。一三六頁に、量子力学や生物学の知見を素材として独自の目的論的形而上学を展開したことで知られるフランスの哲学者レイモン・リュイエ（一九〇二－八七）の「この水準において、作動（fonctionnement）と形成（formation）とは、分子の中におけるように一体である」という言葉が引用されていますね。例えば、高い空で水の分子が一定の運動をすることによって雲が形成されますね。雲という実体があるというより、運動が続くことによって雲の形が一定期間維持されます。それと同じように、生命現象もミクロのレベルで見ると、運動が生じていることと、それが一定の形を持った器官として存在することが同値になっているのではないか、ということでしょう。

分子状に存在する「欲望機械」

したがって、真の差異は、社会的機械であろうと、技術機械であろうと、有機体機械であろうと、一方のモル的な諸機械と、他方の分子的秩序に属する欲望機械との間にある。

ドゥルーズ＋ガタリは、有機体と機械の違いを相対化したうえで、モル的に画一化・合理化されて作用する機械と、それぞれが新たな欲望を生み出す分子的機械の間の違いに議論をシフトさせています。私たちが通常、「機械的」ということでイメージしているのは前者でしょう。「欲望機械」について以下のように説明しています。

> まずそれは形成する機械であって、その故障さえも機能的であり、その機能は形成の働きと識別されない。またそれは、自分自身の組み立てのプロセスと一体の、時間生成的な諸機械である。これらの機械は、位置を決定されない脈略と、散逸する位置によって動作し、コードの剰余価値とともに時間化のプロセスを、断片的形成と離脱する部品を介入させる。これらの機械において、全体そのものは、ちょうど離れたひとつの部分のように、もろもろの部分の傍に生みだされる。(…) またさらにそれは本来の意味での機械である。すなわち、これらの機械は切断と流れ、連結された波動と粒子、連結的流れと部分対象によって始動するが、常に距離をもって、横断的な接続、包含的な離接、多義的な連接の働きを引きだし、こうして普遍的な分裂生成における個体性の転移によって、もろもろの採取、離脱、残滓を生みだす。

ごちゃごちゃ書いていますが、この本の前半で述べたことのまとめ的な内容ですね。欲望機械は、私たちが普通「機械」としてイメージする技術機械のように、同じ素材と部品のまま固定して、同じ動作を自

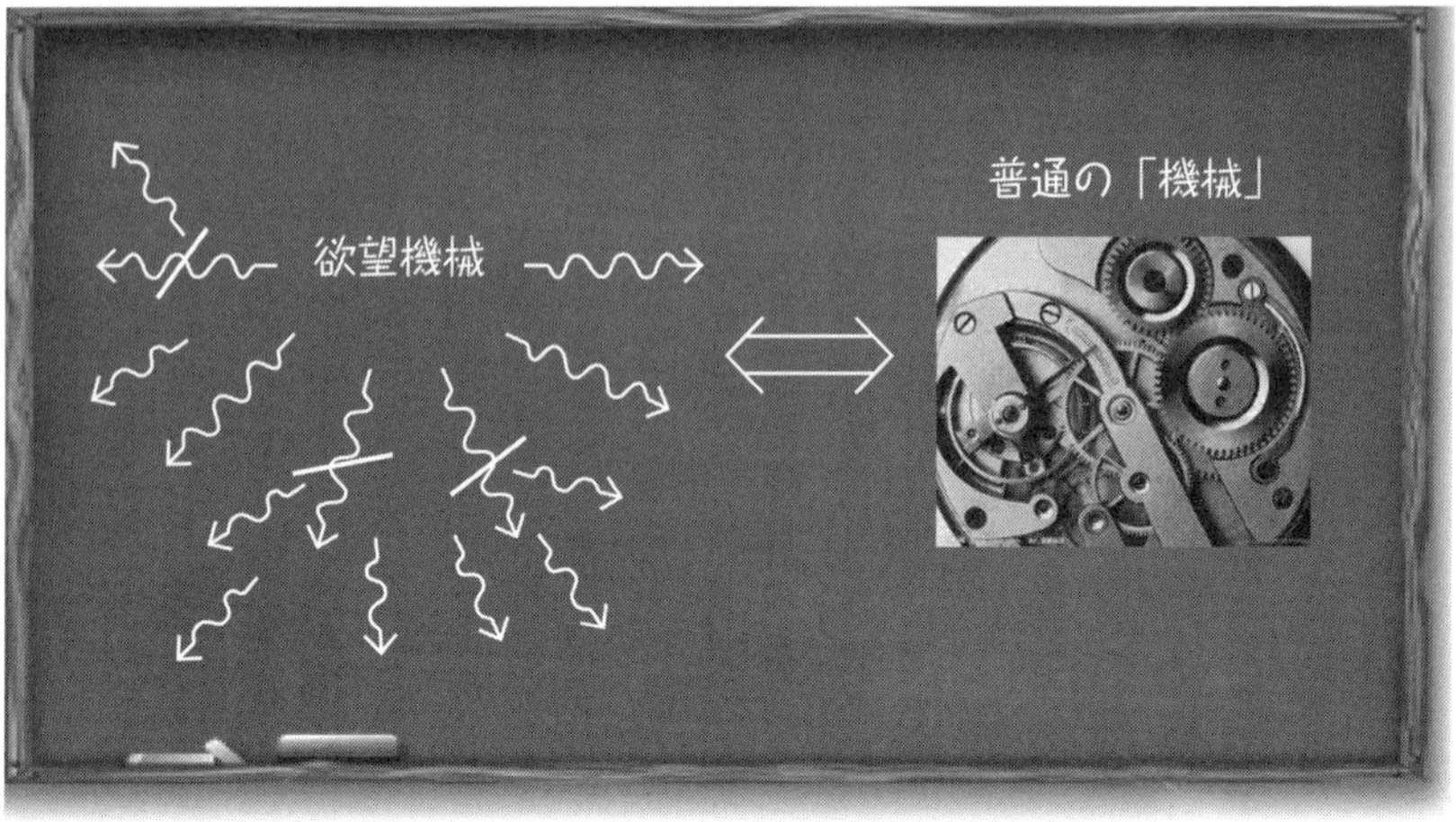

動的に繰り返すのではなく、波動のようにいろんな方向に散逸し、従来の欲望の流れを断ち切って新たな流れを生みだす形で自己を生産し続けるわけです。その波動的に中心が移動し続ける動きのユニット自体が「機械」ですから、当然、同じ部分対象にずっと固着しているわけでなく、時間が経てば、構成する部品も入れ替わっています。運動が従っているコードも変化していくでしょう。

一三七頁ではそれに対して、「鋼鉄の骨組みのように可視的な存在を機械にもたらしている技術や制度という構造的側面」、つまり、通常のイメージの「機械」が対置されています。こうなると、機械は単一の対象のように見えてきますし、欲望機械同士の「接続」や「離接」も画一化されてきます。

> こうした形態は、欲望と欲望自身の諸機械がじかにモル的に表出されたものであり、統計学的に限定されたものである。ところが、ここには同じ機械があるだけである（ここに本性上の差異は存在しない）。すなわち、一方にあるのは、諸機械自身の大規模な現象に即して理解された有機的、技術的、あるいは社会的諸機械である。これらの機械は大規模の現象に従属しているのだ。ところが、他方にあるのは、機械自身の顕微鏡以下の特異性に即して理解された欲望機械である。これらの特異性は、大規模な現象を自分に従属させるのだ。

ここは分かりやすいですね。大きな構造を示す〝機械〟があったとしても、それはドゥルーズ＋ガタリが拘っているようなミクロな欲望機械たちと異なった素材とか本性を持っているわけではなく、その構造を構成している欲望機械たちが同じ方向を向いている度合が統計的に高いので、一つのまとまりのように見えるだけだ、というわけです。ドゥルーズ＋ガタリは、分子状に存在する欲望機械の方がより本質的なので、モル状の〝巨大機械〟の一見不動に見える外観をそれほど怖れる必要はない、と見ているわけですね。

> 私たちは、欲望機械に固有のエネルギーを〈リビドー〉と呼んでいる。このエネルギーの変容（つまり〈ヌーメン〉と〈ヴォルプタス〉）は、決して脱性愛化でもなければ、昇華でもない。ところがまさに、こうした用語法は、きわめて任意的なものと思える。欲望機械を考慮するときの二つの方式にしたがえば、欲望機械が厳密な意味での性的なエネルギーといかなる関係にあるかは、やはり明らかではない。まさに欲望機械に属する分子的秩序に、欲望機械を結びつけることもできれば、これをモル的秩序に結びつけることもできる。モル的秩序において、欲望機械は有機的または社会的機械を形成し、また有機的、社会的環境を備給するのである。

「リビドー」が「生産」に、「ヌーメン」が「登録」に、「ヴォルプタス」が「消費」に対応するという話は既に出てきましたね。通常の精神分析のように、「リビドー」を性的なものと見なすのであれば、それが各人の身体の「登録」とか、エネルギー的な強度の「消費」とか、性とは直接関係ないものに変換されることに違和感を覚えるところですが、ドゥルーズ＋ガタリは、「リビドー」が狭い意味で「性的」な性質を帯びているとは考えていないようです。欲望機械自体は、身体の細かいパーツを媒体にして運動するので、性交とは直接関係のない運動を含みます。また、モル状に形成されている社会的機械が「リビドー」で備給されているとすると、それを「性的」と呼ぶのもヘンですね。一四五頁を見ると、「リビドー」や「性愛 sexualité」を家族とか夫婦などの狭い枠に押し込めようとしたフロイトを批判して、自然界に偏在するオルゴンというエネルギーについて語ったライヒを評価していますね。「リビドー」は家族

的な場面でだけ発生し、備給されるわけではないからです。

「男／女」批判

一四九頁を見ると、マルクスが『ヘーゲル法哲学批判』（一八四三）で人間的な性と「非人間的な性 sexe non humain = unmenschliches Geschlecht」の区別について語っているという話が紹介されていますね。『ヘーゲル法哲学批判』は、ヘーゲルの『法哲学要綱』（一八二一）の第二六一〜三一三節に対する批判的コメントの草稿群を編集したものです。ドゥルーズたちの言及している該当箇所は、家族の話ではなくて、代議制について論じている節です。マルクスはやや唐突に、対立するもの同士を媒介するとはどういうことかという例として、この「性」の話を持ち出します。「女性 das weibliche Geschlecht」と「男性 das männliche Geschlecht」の対立は、人間という同じ類の中での対立で、相互補完的な関係にあるけれど、〈das menschliche Geschlecht〉と〈das unmenschliche Gechlecht〉の場合は、共通するものがないので、本当に両極化した対立だ、と述べています。この〈Geschlecht〉というドイツ語が曲者です。「性（別）」という意味の他に、「種（族）」とか「氏族」という意味もあります。普通に考えれば、「人間という種」と「人間以外の種」という対立でしょうが、ドゥルーズたちが参照した一九三五年に出たフランス語訳では、いずれの場合も〈Geschlecht〉が〈sexe〉と訳されているので、「性」の意味にとって、拡大解釈したのでしょう。

ドゥルーズ＋ガタリのやや強引な解釈によると、〈sexe non humain〉ということで具体的に念頭に置かれているのは、動物の性ではなく、欲望機械、分子レベルのリビドーです。欲望機械のレベルまで分解すると、私たちが人間的な性だと考えている、男女の性の区別は意味をなさなくなります。肛門と口との部分対象で作動する欲望機械のエネルギーに、男性とか女性とかいう特徴付けをするのは本来ナンセンスです。フロイトはそれをリビドーの発展段階の初期として強引に男女の性――実際には、男性が唯一の性で、女性はその欠如ということになるわけですが――に結び付けた。ドゥルーズ＋ガタリはそれはおかしいという立場を取っています。

一四九頁以降、そうした「男／女」の性を軸にしようとする人間主義的な考え方に対する批判が展開されています。「部分対象」論を展開したメラニー・クラインは、女性の性を肯定的に評価しようとしたけど、それは先ほどお話ししたマルクスの、「男性の性 vs. 女性の性」という二項対立図式に収まっている。現代思想の中にも「性の非人間的な本性 la nature non humaine du sexe」に注目する議論はあるということですね。例えば、リオタールも『言説、形象』（一九七一）で、マルクスの言う「非人間的な性」に着目して、「男／女」を前提にしたのではない、性の在り方について考えています――これもドイツ語とフランス語のズレから生まれた問題にすぎないかもしれませんが。しかしリオタールは結論として、「非人間的なものの開放 l'ouverture du non-humain」が、「主体が去勢を介して欲望に参入すること」によって達成されるかのようなことを言っている。ドゥルーズたちはあまり細かくコメントしていないですが、要点は分かりますね。去勢されれば、男女の性は関係なくなるので、非人間的な性の領域に到達することになるという理屈ですが、それだったら、フロイトの理論は既に、非人間的な性の領域を扱っていることになるので、今更、もはや問題は解決していることになってしまいますし、「去勢」というのは明らかに「男／女」の二項対立を前提にした形象です。これでは、単なる言葉遊びに終わってしまう。そういう批判です。

で、彼ら自身はどう考えているか、というと。欲望機械は多様な切断によって多様な流れを作り出し、男／女二つに収斂されていくわけではない。欲望機械の本来の総合作用は、「局地的かつ非特殊的な接続、包含的な離接、遊牧的な連接」を構成する。「接続」というのは、「そして次に……」と繋がっていく関係ですが、局地的・非特殊的というのは、接続の仕方が一つの回路に固定されないということでしたね。離接は「あるいは」という関係ですが、AかBかの二者択一だけではなく、両者同時に肯定することもある、ということですね。「連接」は「と」で結ばれる並列関係ですが、遊牧民のように、いろんな「と」の間を渡り歩くという感じですね。この節の結論を見ておきましょう。

こうして、いたるところに微細な横断的性愛が存在し、これによって女の中には男と同じように、多くの男たちが存在し、男の中にも多くの女たちが存在することになり、これらの男たちが他の男たちと、また女たちが他の女たちといっしょになって欲望生産の関係の中に入ることができる。この欲望生産の関係は、まさに両性の統計的秩序を転覆するものである。愛をかわすことは、一体となることでもなければ、二人になることでさえもなく、何十万にもなることなのだ。これこそがまさに欲望機械であり、非人間的な性なのである。ひとつの性も、二つの性さえも存在しないのであって、n……個の性が存在するのだ。分裂分析は、ひとりの主体の中における n……個の性の多様な分析であり、人間的形態の表象を超えていくのだ。社会はこの主体にこのような表象を押しつけ、また主体自身も自分自身の性愛についてこうした表象を自分に与えている。欲望的革命の分裂分析の定式は、まず、それぞれに複数の性がある、ということだろう。

ここは説明がいらないですね。ポストモダン・フェミニズムあるいはポスト・フェミニズムに直接通じるような議論をしているわけですね。同性愛を肯定する議論でも、男性と女性が交わって夫婦になって子供を産む営みをモデルにして、愛を充実させようとすることが多いわけですが、彼らは各人がいろんなタイプの性的な欲望機械を持っていて、それらを満足させる組み合わせは複数あるという話をしているわけです。無論、こういう話をすると、性の革命の運動をやっている人はそういうことを言い出したら闘争の焦点が分散化して曖昧になると言うでしょうし、文学系のポスト・フェミニズムの理論家だと、男と女を多様に持っているという言い方は、依然、男／女の二項対立のイメージに依拠している、と批判するでしょう。

生産の侵入――「第四章第三節　精神分析と資本主義」を読む

「第三節　精神分析と資本主義」を少し早足で見ておきましょう。

神話と悲劇に抗して

> 分裂分析の主張は単純である。欲望は機械であり、諸機械の総合であり、機械状アレンジメントであり、つまり欲望機械なのである。欲望は生産の秩序に属し、あらゆる生産は欲望的生産であり社会的生産でもある。だから、私たちは、精神分析がこの生産の秩序を粉砕したこと、この秩序を表象の中に逆もどりさせたことを非難しているのだ。無意識的表象という観念は、精神分析の勇気を示すものどころではなく、始めから精神分析の破綻そしてこれが放棄したものを示している。つまり、もはや生産するのではなく、信じることに甘んずる無意識といったものを提起している……。無意識はオイディプスを信じ、去勢を信じ、法を信じている……。

精神分析が「欲望的生産の秩序」を「粉砕 écraser」したという言い方が引っ掛かりますが、実際に壊したのではなくて、「秩序」をバラバラにした形で自らの体系に取り込んだ、という意味でしょう。この場合の「表象」というのは、精神分析という特定の臨床知によって出来上がった表象ということでしょう。精神分析は、欲望がどのように生産されているのか社会的な生産も含めてじっくり観察するのではなく、「エディプス」を頂点とする、「無意識」という不可視のものについての表象の体系を作り出し、それを自ら信じ、患者の〝無意識〟――言葉によって操作されるのだから、実際には無意識ではないのでしょう――にそれを信じさせようとする。

一五三〜一五四頁にかけて、エディプス神話とか悲劇のような表象を無意識を支配する法則の現れとして信じてしまう態度を批判していますね。

もう一度シュレーバーの場合にもどろう。シュレーバーの父は、子供たちが正しい姿勢をするために、サディスト的パラノイア的な驚くべき小機械をいくつか発明し製作し、使用を強制した。例えば金属棒と革ベルトがついた鉢巻状のものである。こうした機械は、フロイトの分析では何の役割も果さない。シュレーバーの父のこれらの欲望機械と、これらの諸機械が社会的教育機械一般に明白に参与していることが考慮されていたならば、おそらく、シュレーバーの妄想のあらゆる社会的政治的内容を粉砕してしまうことは、もっと難しくなっただろう。なぜなら、あらゆる問題は次の点にあるからである。もちろん父は子の無意識に働きかけるが、――しかし彼は、家族的表現的伝達において家父長として働きかけるのか、それとも、機械状の情報やコミュニケーションにおいて、機械の代行者として働きかけるのか。シュレーバー控訴院長の欲望機械は、彼の父の欲望機械とコミュニケーションを行っている。ところが、まさにこのことを通じて、控訴院長の欲望機械は、幼年期からすでに社会野に対するリビドー備給だったのである。ここで父は、生産と反生産の代行者の役割しかもたない。逆にフロイトは、第一の道を選ぶ。つまり父のほうがもろもろの機械に関係するのではなくて、まさにその逆の立場をとるのだ。だから欲望機械としても、社会諸機械としても、もろもろの機械を考察する余地がなくなる。反対に、父は「神話や宗教の力」のすべてによって、また〈起源への愛〉によってふくれあがり、そのため小さな家族的表象は妄想的領域全体と外延を同じくするかのようになる。欲望機械と社会野という生産の組み合わせは、神話―家族というまったく性質の異なる表象の組み合せに席をゆずる。

シュレーバーの父が使っていた折檻道具の話は、注（16）に出ているウィリアム・G・ニーダラー（一九〇四―九三）という、アメリカへ亡命したユダヤ系ドイツ人の精神科医の研究によります。この注を見ると、セギュール伯爵夫人（一七九九―一八七四）という人物の『喜劇と格言 Comédies et proverbes』（一八六六）という作品に同じような拷問道具が出てくると述べられています。セギュール伯爵夫人というのは、フランスの童話作家で、子供が主人公の教育的な小説をたくさん書いていて、日本語訳も結構出ていますが、この人の作品では、子供が折檻される場面がたくさん出てきます。

父の使っていた拷問道具は、幼いシュレーバーと接することで身体的なレベルで欲望機械を形成しました。また、彼の父親モーリッツ・シュレーバー（一八〇八－六一）は有名な医師・教育学者で、子供の健康を増進させるためのメソッドを道具込みで考案した人で、その父の社会的立場や彼が折檻道具を使用した文化的背景は、シュレーバーの人格形成に影響を与えたはずですし、シュレーバーはその影響の下で裁判官になり、ドイツの法曹界や政治からいろんな影響を受けています。そうした諸機械によって、シュレーバーの妄想の原因になった欲望が生じてきたはずなのに、フロイトはそうしたことには関心を持たないで、関係ないこととして切り捨て、彼の家族関係のうち、エディプス神話に当てはまる所だけ拾って解釈しようとした。

一五六～一五八頁にかけて、神話の中に生の根源的形態を見出そうとする発想をイデオロギーだとして徹底的に批判し、「神話の中に、生の可能性は存在しない」と断言します。過去の神話ではなく、私たち自身の内で、時代の傾向になっている分裂症的傾向から、新しい大地が生まれてくるのを肯定した方がいい。ニーチェも『悲劇の誕生』（一八七二）では悲劇的表象に生の根源的形式を見出そうとしたが、後にそうした発想とは縁を切った、と述べられていますね。

「労働」

一五八頁の終わりの方から一六〇頁にかけて、『言葉と物』でのフーコーの議論を参照ながら、表象の世界にどうやって「生産」が侵入してくるか、というテーマを論じています。この場合の「生産」というのは、「労働」による生産、あるいは「労働」を生み出す社会的生産と、欲望機械レベルでの生産の両面を含んでいるということです。この本でフーコーは西欧の知の在り方を規定するエピステーメー（知の地平）にいくつかの切れ目があるとしたうえで、各エピステーメーの特徴を描き出しているわけですが、ドゥルーズたちは、一八世紀末から一九世紀にかけての古典的表象の世界が破綻する際に、「生産」が、表象の世界に侵入してきたことを示唆するフーコーの記述に注目しています。『言葉と物』の第六章「交換すること Échanger」の第八節「欲望と表象 Le Désir et la représentation」における記述です。

ごく簡単に紹介しておきますと、フーコーの言う、一七世紀に生まれ一九世紀まで続いた古典主義的なエピステーメーは、「記号」の表象作用に依拠しています。つまり、「記号」が、何らかの実在する物を一対一対応的に「表象」しており、「記号」を研究することがその「物」の本性を明らかにすることになるという前提に依拠しています。動物とか植物とか鉱物を、学問分野ごとに決められた「記号」とその文法によって分類し、分類表を作り、完成することが、その対象領域を完成することになると考えられたわけです。表の中に空白があると、そこには何か未知の種があるということになります。それ自体が発見されたのは一九世紀前半なのですが、元素の周期表のようなものがあらゆる主要な知の領域で想定されていた、というイメージで考えればいいでしょう。博物学とか、一七世紀にポール・ロワイヤル修道院で考案された普遍文法とか。ライプニッツの普遍記号学というのは、万物を同じ記号体系によって論理的に表象することを目指したものです。今から考えると、記号なんて人間が便宜的に作ったものだから、ちゃんとした記号体系を作ったとしても、それによって全ての「物」をうまく位置付けられる保証なんかないだろう、ということにすぐに思い当たりますが、この時代には、神に由来する普遍的理性を働かせれば、万物を宇宙の中のその本来の場所に位置付けることができる、普遍的記号の体系を見出すことができるというような考え方が成立し得ていたわけです。

それが一九世紀に入った頃、欲望と生産をめぐる問題の存在が認識されるようになったことで、表象的タブロー（分類表）的な世界観が崩れていった、というわけです。『言葉と物』では、経済学、言語学、生物学の三分野において大きな変化が起こり、中核となる「人間 homme」という概念が成立し、近代のエピステーメーに移行したという話になるわけですが、ドゥルーズ＋ガタリは、このうち、労働の発見によって飛躍した「経済学」と、「人間」を中心とする近代的なエピステーメーにとどめをさすものという位置付けの「精神分析」に着目します――フーコーは、無意識の発見が「人間」概念を解体に追いこむことになると見ています。この二つの領域が「欲望」の「生産」に関わっているからです。因みに古典的なエピステーメーが静的な「秩序」を前提にしていたのに対し、近代的なエピステーメーは「歴史」的な変化を前提にしている、とされています。

リカードは表象可能なあらゆる価値を原理とする量的労働を発見することによって、政治的あるいは社会的な経済学を基礎づけているが、同じくフロイトは、欲望の対象や目標のあらゆる表象を原理とする量的リビドーを発見することによって、欲望の経済学を基礎づけている。あらゆる表象の彼岸に、リカードが、労働の主観的本性あるいはその抽象的本質を発見するように、フロイトは欲望の主観的本性あるいはその抽象的本質を発見する。表象は、労働と欲望をその対象や目標に、あるいはとりわけその起源にすら固着させるのだ。リカードが「労働そのもの」を抽出した最初のひとであるように、フロイトは欲望そのものを抽出した最初のひとであり、こうして彼らは現実に表象の中におさまらない生産の領域を抽出した。主観的抽象労働とまったく同じように、主観的抽象的欲望は脱領土化の運動と切り離せない。脱領土化の運動は、特殊な規定の下に隠れていたもろもろの機械や代行者の働きを顕わにする。こうした特殊な規定は、まだ欲望や労働を、表象の枠組みの中で、特定の人物や対象にしばりつけていたのである。

リカード（一七七二―一八二三）は古典派経済学を完成した英国の経済学者で、各国間の比較優位の視点から自由貿易を擁護したことは知られていますね。彼はアダム・スミスによって定式化された投下労働価値説を継承・発展させました。「労働」というのは、人間の欲望の対象を生産する営みで、それを介して間接的に「欲望」自体も生産しているわけです。表象可能なあらゆる価値というのは、市場価格に現れる使用価値や交換価値のことですね。私たちは〝労働〟という概念にあまりに慣れていて、労働を規制する法律や政策があるのを当たり前に思っていますが、「労働」を計算可能な量として抽出したことが、経済学が近代的な学問として確立する基礎になったわけです。リカードから八〇～九〇年くらい後に、フロイトが「欲望」を分析する知としての精神分析を確立したわけです。

無論、古典的表象の世界とは違って、近代的エピステーメーの世界では、「表象された労働」と「労働そのもの」、「表象された欲望」と「欲望そのもの」が完全に一致するという保証はありません。貨幣価格で表象されている〝労働〟と、現実の「労働」がズレていることを指摘したのがマルクスです。ドゥルーズ＋ガタリはそれと同じことが、「欲望」に関しても生じるだろう、自分たちが現にそれをやりつつある、と示唆しているわけですね。

抽象的な「労働」が、脱領土化の進行によって抽出可能になった、という理屈は分かりますね。地域ごと、職業ごとに労働の在り方が違うというのであれば、抽象的な「労働」など考えられません。実際、農業から工業への移行で、労働が土地から離れ、働いた時間と技能に応じて賃金が支払われるようになったことが、労働時間概念が注目されるきっかけになりました。「欲望」についてもそれと同じことが言える、というわけです。古典派経済学でもマルクス主義でも、「労働」を工場労働に限定して考えていたわけですが、現代では、サービスとか知的労働とか、家事労働とか「労働」の概念はかなり広がっていますね。それと同じように、「欲望」もエディプス的な家族をめぐる表象に限定して理解し続けるわけにはいかなくなる、ということでしょう。

一六二～一六六頁にかけて、資本主義と精神分析の相関関係について更に掘り下げて論じられています。社会的生産における「抽象的主観的労働」と、欲望的生産における「抽象的主観的労働」がパラレルな関係にある、ということですね。ただ単純にパラレルな関係ということではなく、欲望機械は社会諸機械の中で作用していること、「資本主義機械における脱コード化した流れの連接は、普遍的な主観的リビドーの自由な諸形態を解放する傾向をもつ」ことが指摘されていますね。資本主義が発達するのに伴って、リビドーのいろんな形態が現れるので、その全てをエディプス的表象の枠で理解するのが困難になるわけです。

このことは明らかに、資本主義的人間が、あるいは資本主義の中の人間が労働することを欲しているということでもなければ、また自分の欲望にしたがって労働しているということでもない。欲望と労働の一体性は神話ではなくて、むしろ、すぐれて活動的なユートピアであり、欲望的生産において踏みこえられてゆく資本主義の極限を示しているのだ。しかし、なぜ欲望的生産は、まさに資本主義の境界にあって、たえず抵抗を受けるのか。なぜ、資本主義は、欲望と労働の主観的本質――生産活動一般としての共通な本質――を発見すると同時に、新たに、たちまち、この本質を抑制的機械の中に疎外することをやめないのか。これによって本質は二つに分かたれ、一方に抽象的労働、他方に抽象的欲望として分離されたままである。つまり経済学および精神分析、政治経済学およびリビドー経済学があるのだ。私たちは、ここにおいてまさに、精神分析がどこまで資本主義に帰属しているのか、その広がりを測定することができる。

抽象的な言い方をしていますが、これまでの議論を踏まえれば、理解できますね。資本主義は、「欲望」と「労働」の密接な関係を見出し、つまり両者が一体になった状態、つまり「欲望」のままに「労働」する状態をユートピアとして設定するようになりましたが、それを最もストレートに目指すのがマルクス主義です。しかし、資本主義の枠内では、「欲望」と「労働」の分裂は克服されず、「欲望」は社会的生産から疎外されたままに留まった。つまり、資本の下での「労働」は、欲望機械の分裂していく運動に対応していない。その分裂を自然視するために、エディプス神話が動員されているとドゥルーズ＋ガタリは見ているわけです。そのために神話や悲劇が動員されます。一六八～一六九頁にかけて、エディプス的「表象」がいかにして、資本主義と家族の関係の維持に奉仕しているか、という問題が演劇という視点から論じられています。

「演劇」

表象が客観的なものであることをやめて、無限に主観的なもの、つまり想像的なものになるとき、表象は、ひとつの構造を参照しないなら、じっさいにはあらゆる内実を失うことになる。構造というものは、表象の主体の立場と機能、イメージとして表象される諸対象、これらの間の形式的関係をも規定するのである。このとき、象徴界は、もはや境域としての対象体と表象との関係など全然示していないのであって、むしろ主観的表象の最終的境域、純粋なシニフィアンを、表象されることのない純粋な表象者を示している。主体、対象、そして両者のもろもろの関係は同時に、これらから派生するのである。こうして構造は、主観的表象の無意識を示している。この表象の系列はいまや、無限の主観的（想像的）表象―演劇的表象―構造的表象として現われる。そしてまさに演劇は、隠れた構造を舞台に乗せ、同時にその境域や関係を具体化すると考えられるから、この構造の普遍性を啓示する資格をもち、しかも客観的な諸表象において啓示する。演劇は、隠された表象者と、表象者の可変的移動や関係に応じて、客観的な表象を取り戻し、これを再解釈するのだ。ひとは、無意識の構造の名においてあらゆる信仰を収集し、これを反復する。私たちはやはりあいかわらず信心深いのだ。

「構造 structure」と「演劇 théâtre」の少しだけポジティヴな面と全面的にネガティヴな面をはっきり切り分けないで、丁寧に説明しないままひとまとめに叙述しているので分かりにくいですが、少しずつ確認していきましょう。表象する主体の立場や機能、そして対象との関係をイメージとして規定するような「構造」を伴っていないと、表象はいかなる内実（consistance）も失ってしまいます――〈consistance〉は確実さとか堅固さ、一貫性といった意味を持つ言葉です。その場合、何の影響も与えない無害なものになってしまうので、まあいいのですが、表象が、精神分析で想定されているようなエディプス的な構造を指し示すことになるので、厄介だと言っているわけです。

「象徴界」というのは、当然、ラカンの精神分析の「象徴界／想像界／現実界」の「象徴界」のことでしょう。構造主義的精神分析の「構造」は、基本的にこの「象徴界」の構造のことで、言語的な秩序に関わる構造です。ドゥルーズ＋ガタリは、この「象徴界」というのは主観的な表象であって、対象体（objectité）――〈objectité〉は恐らく対象の本性とか実質、中身あるいは、客観的性質といった意味合いでしょう――と表象の間の関係を含まないと言っているわけです。具体的には、主体の身体に具わった欲望機械や主体が繫がっている社会的機械などとの関係が捨象された、主体の意識に含まれる単なるイメージから成る構造だということでしょう。「境域」の原語は〈élément〉で、通常は「元素」とか「要素」という意味ですが、この場合のように、環境とか活動領域という、やや古い意味で使われることもあります。「純粋なシニフィアン purs signifiants」あるいは「表象されることのない純粋な表象者 purs représentants non représentés」というのは、恐らく「ファルス」とか「父」とか「去勢」とか「エディプス」とか、いかなる実体にも対応していない、意味とか表象の源泉のようなものでしょう。「構造」というのは、そうした「純粋なシニフィアン」を中心とする、主体の意識の中にある表象の「構造」ということになるでしょう。簡単に言えば、客体性（objectité）を伴わない、純粋に主観的な構造です。

「演劇」がどう関係しているかというと、演劇の上演（Darstellung）は、書かれたテクストに秘められている隠れた「構造」を舞台の上で露わにする営みだとされているからです。具体的には、人間関係の力学とか、コミュニケーションの行き違いの法則とか、登場人物全員を動かしているイデオロギーとか、構造主義で問題にされるような物語の構造等でしょう。観客は、この戯曲のテクストにはこういう「構造」があったのかとそれなりに納得します。そういう「構造」が目の前の舞台で現前化されるという想定がないなら、戯曲を読むだけで十分で、わざわざ上演を見る必要はありません。あるいは、そういう構造など最初から想定していないのなら、戯曲と小説の違いはなくなり、戯曲は単なる内面や背景描写を省いた小説になってしまうでしょう。

先ほど読み上げた箇所の少し後、注（26）の所で、アルチュセール（一九一八-九〇）を参照しながら、生産が「構造的演劇的表象 une représentation structurale et théâtrale（Darstellung）」に還元されてしまう、と述べられていますが、この〈Darstellung〉というドイツ語の強調、拘りは、『資本論』の第二版（一八七三）への「後書き」でマルクスが、「研究方法 Forschungsweise」と「叙述方法 Darstellungsweise」は違う、と述べていることに由来します。研究する対象の素材を具体的に調べていく時と、その研究が終わった後で、既に全体を把握しているという前提の下で「叙述 darstellen」するのでは視点が異なるという当たり前の話ですが、この〈Darstellung〉が演劇の「上演」という意味も持っていることや、マルクスが要所要所で〈Darstellung〉をめぐる理論的問題に言及していることから、アルチュセールやデリダが深読みした議論を展開しています。

アルチュセールは、資本をめぐる問題系は、部分的には既に知られていたものの、その総体は把握されていなかったので、マルクスはその「構造」全体を〈darstellen（叙述）〉する必要性を認識し、それを試みた、というポジティヴな意味で〈Darstellung〉を強調しているのですが、ドゥルーズたちは、「上演」という意味を前面に出して、ラカン派精神分析のエディプス的構造であれ、アルチュセールの資本の構造であれ、そうした不可視の〝構造〟を現出（présenter）させるのは、まさに「上演」だ、と皮肉を込めて言っているわけです。実際に、そういう〝構造〟が本当にあるかどうか確かめようがないからです。〝ある〟かのように演出されることだけは確かです。

先ほどの箇所の最後の「信仰 croyances」を「取り戻す reprendre」という話は、この箇所の少し前、一六八頁の真ん中辺りに出てくる、演劇をモデルにして「信仰」を説明したオクターヴ・マノーニ（一八九九-一九八九）の議論に対応しています。マノーニはフランスの文化人類学者で精神分析家でもあり、植民地化が現地の人々の無意識に及ぼす影響を研究しています。「信仰」が「演劇」モデルで説明できるというのは、宗教儀礼や教義でその宗教の世界像（構造）を再現するということを考えればいいでしょう。ドゥルーズ＋ガタリに言わせれば、エディプス神話に基づく、性的な問題をめぐるトラウマ的な場面の再現は、まさに二重の「上演」になっているわけです。トラウマ的な場面の上演＝再現を通じて、エディプス的な神話の構造を再現＝上演するわけです。こうした演劇は見方によっては、大地機械の時代の神話的儀礼を無理に再現して、再領土化を試みる行為にも見えますね。ドゥルーズ＋ガタリはこういう風に、構造を上演する演劇的な所作に懐疑的ですが、だからこそ構造をかき乱してくれそうな、ビュヒナー、ベケット、アルトーの演劇に期待するのでしょう。

精神分析VS.分裂分析

ドゥルーズ＋ガタリは「構造」批判という形でラカンを批判しているように見えますが、一七三頁以降を見ると、どうもそう簡単ではないようです。彼は「象徴界」と「想像界」の間を行ったり来たりして、主観的なイメージの世界に収まっていたわけではなく、そこから逸脱するような動きを見せたと述べられていますね。ラカン派の構造主義的精神分析と、ラカン自身の中期以降の歩み、理論的変遷を分けて考えているのでしょう。一七六頁の真ん中辺りをご覧下さい。

ラカンの歩みはまったく複雑な様相を呈してくる。というのも、確かに彼は、オイディプス的構造によって無意識を封じこめてはいないのだ。彼は反対に、オイディプスは想像的なものであり、ひとつのイメージ、神話にすぎないこと、またこのイメージ、あるいはこれらのイメージは、オイディプス化する構造によって生産されるということ、さらにこの構造が作動するのは、それ自身は想像的ではなく象徴的である去勢の要素を再生産するかぎりにおいてでしかないことを示している。これは構造化の三つの大きな局面であり、モル的諸集合に対応している。1、私的人間の想像的な再領土化としてのオイディプス。2、この再領土化は、資本主義の構造的条件の中で生み出される。3、それは資本主義が帝国的象徴あるいは消滅した専制君主の復古主義を再生産し復活させるかぎりにおいてである。オイディプスを自分自身の自己批判の地点にまで導くためには、この三点を同時に指摘することが必要である。オイディプスをここにまで導くことは、まさにラカンが企てた仕事である（…）。

この三つのポイントはドゥルーズ＋ガタリがここまで述べてきた内容なので、理解できますね。ここでドゥルーズたちが呈示している象徴界と想像界の関係は、ファルスを中心とする象徴的な意味の体系、構造が、父や母、兄弟姉妹などとの親密な関係に映し出されているものと想定されているということでしょう。エディプス的な構造があると想定されることで、各人は、家族や、その家族の延長としての各種のモル的な集合体の中に取り込まれてしまいます。「ファルス」とか「去勢」「エディプス」「父の否（名）」のような抽象的な観念あるいは法が、父や母との具体的な関係に反映していると考えるべき根拠は実際にはないのですが、エディプス神話に基づく基本構造を受け入れてしまうと、象徴界と想像界が互いに反映し合っているように見えてしまいます。「ファルス」の絶対的な力は、父と私の関係を規定しており、逆に、父と私の関係から、「ファルス」の力を推測することができる、という感じで。ラカンは、鍵になる「エディプス」、より正確に言うと、エディプス化された私が、どのようにして生まれ、どのように振る舞っているのか徹底して観察することで、エディプス的なイメージを自己解体に追いこもうと試みていた。そうドゥルーズたちは見ているわけです。それをラカン自身がやり遂げられなかったので、自分たちの分裂分析がその試みを継承している、と言いたいのでしょう。

一八七頁をご覧下さい。精神分析と分裂分析の違いが簡潔に対比されています。

精神分析は、再領土化の想像的象徴的な表象者に固着しているが、一方分裂分析は、脱領土化の機械的指標を追求する。究極の不毛の大地、搾取しつくされた最後の植民地としての診察室のソファに腰を下ろした神経症患者と、脱領土化した回路を散歩する分裂者とは、常に対立する。

『モダン・タイムズ』の１シーン（次頁も）

初回にも出てきた、ソファと散歩の対比がまた出てきましたね。ただ、この間、脱領土化や機械について、そして彼らの「精神分析」観についていろいろと分かってきたので、彼らの言わんとしていることがかなりクリアになってきましたね。精神分析のソファは、脱領土化によってエネルギーを蓄積してきた資本主義機械が、分裂しかけている個人を再領土化し、繋ぎとめるための最後の砦、管理可能な領域であるわけですね。だから分裂分析は、分裂しかけている人を閉じ込めることなく、散歩させ、外の諸機械と直接接触させようとする。分裂分析は、現代の反グローバリズムと違って、脱領土に抵抗するのではなく、むしろその傾向を助長しようとしている。

一八八～一九〇頁にかけて、チャップリン（一八八九－一九七七）の『モダン・タイムズ』（一九三六）をどう見るか、フランスの映画批評家で監督でもあるミシェル・クルノーの論文から長々と引用されています。ドゥルーズ＋ガタリの見方に近いということでしょう。ご存知のように、いろんな巨大機械と、それに翻弄される主人公の機械のような動作が強調される映画です。主人公の動きを分裂症的な逃走と形容していますね。無理やり食事を食べさせる「給食機械 feeding machine」のおかげで主人公はひどい目に遭い、それが彼の逸脱と逃走のきっかけになるわけです。「チャップリンが演じる主役の人物は、受動的であることも能動的であることも、また同調的であることも反抗的であることも必要としない。なぜなら、この人物は図面を引く鉛筆の尖端であり、その線そのものであるからである……」。機械が引く線になり切っているので、この主人公自身はもはやいかな

る役割も果たさない。だから抵抗のシンボルと見なされて、警察によってなぶり殺しにされることもない。ラストで主人公はヒロインと一緒に地平線の見えない空間で直線の道路を進んでいくことになるわけですが、クルノーの文章の最後の一文はそれに関連しています。「彼は図面を引いたのだIl a tracé l'épure」。逃走をしていける方向を示す図面を引いてやることが重要になるわけですね。

——分裂分析は、破壊的な課題にできるだけ早く着手しなければならないが、これを可能にするには、ひとつの主体が自分の個人史の中で経験する表象的な領土性と再領土化を徐々に解体しながら、きわめて忍耐強く、きわめて慎重にふるまうしかない。なぜなら、そこには、内に由来するにしろ、あるいは外から強いられるにしろ、いくつもの抵抗の層や平面が存在するからである。プロセスとしての分裂症、プロセスとしての脱領土化は、もろもろの鬱積と切り離せない。こうした鬱積は分裂症と脱領土化を中断し、あるいは悪化させ、あるいは空転させて、神経症や倒錯や精神病の中に再領土化するのだ。したがってプロセスそれ自体が、解放され、持続され、完成されうるのは、このプロセスが創造しうるかぎりにおいてのみである。
——いったい何を創造するのか。新しい大地である。

抽象的に言っていますが、主旨は分かりますね。モル状に凝固した状態を打破して、分裂症的な傾向を解放したいのですが、各人がそれまでパラノイア的に歩み、形成してきたアイデンティティを捨てることにはかなりのストレスが伴うので、いろいろと抵抗が起こり、元の状態に引き戻そうとします。それが、ここで言う「再領土化」ですね。一二九頁のｂ図のような形で精神病理的な状態が生じる恐れがある。そうならないよう、プロセスが自動的に進んでいくようにしないといけない。そのためには、多様な方向に逃走線を引くことのできる新しい大地が必要です。進んでいく先に新しい大地がないと、不安になる。しかしそこで、何をもって「新しい大地」と言うのか、という問題が生じます。古い大地への回帰を新しいことであるかのように装うファシズム的な大地への回帰になってしまうかもしれません。一九〇～一九二頁にかけて、プルーストの『失われた時を求めて』が参照されています。話者のまなざしや欲望の変動に着目しながら、神経症のエディプス家族的な大地、倒錯の人工的な大地、精神病の隔離された大地などを遊牧的に渡り歩き、どこかの古い大地に囚われてしまうことなく、未知の大地に至るプロセスを確立しようとする試みとして解釈することが試みられています。一九三～一九四頁にかけて、外来患者病院、入院病院、患者クラブ、在宅療法、制度、反精神医学などの現代的治療の試みがどうして挫折するのか、ジャン・ウリの議論を参照しながら論じられています。予想通り、改良主義的な人工的倒錯社会とかに至ってしまう、ということに終わりがちになるようです。一九四頁でレインとクーパーの「反精神医学 anti-psychiatrie」に代表される、精神医学の政治化の試みをそれなりに高く評価していますが、「社会的疎外 l'aliénation sociale」と「心的疎外 l'aliénation mentale」を同一線上で捉えていて、両者がどのように相乗効果を発揮しているかちゃんと理解できていない、と批判していますね。

逃走線をたどっていくしかない……

これまで見てきたように、資本主義は脱領土化と脱コード化をどんどん進めますが、家族的な表象による再領土化によって、そのプロセスが部分的に中断されます。それによって各人にアイデンティティを保持させて労働へと誘い、パラノイア的に富を蓄積するよう仕向けます。

―― こうした再領土化は、流れが体系を逃れることを妨げ、労働を財産の公理系の枠に、欲望を家族の適用の枠にとどめるからである。しかし、この社会的疎外のほうは、心的疎外を包含しており、心的疎外それ自体は、神経症、倒錯、精神病（もろもろの心の病）として表象され再領土化されるのだ。「労働」を資本の公理系に、「欲望」をエディプス的家族の枠に押し込んで分断してしまい、脱領土化を制限するのが、「社会的疎外」です。その「欲望」が家族の枠内に収まらないと、社会的な脱領土化とは関係のない、「心の病 maladies mentales」として処理されます。先ほどの『失われた時を求めて』の話者のように、いろんな大地を渡り歩くうちに、新しい大地が作り出されるかもしれないけれど、そういう可能性は考慮に入れられない。

精神医学あるいは反精神医学の真の政治は、したがって次の二点に存するだろう。第一点、狂気を心の病に変容してしまうあらゆる再領土化を破壊すること。第二点、あらゆる流れにおいて、流れを脱領土化する分裂質の運動を解放すること。ただしその性格は、もはや狂気の流れとして特殊な残滓を規定するのではなく、労働、欲望、生産、認識、創造の流れの最も根本的な傾向に浸透するのだ。狂気はもはや狂気として存在することがないだろう。狂気が「心の病」に変形されてしまったからではなくて、むしろ逆に狂気が、科学や芸術の流れも含んで他のすべての流れの寄与を受けとるからだろう。――狂気が狂気と呼ばれ、狂気として現われるのは、狂気がこの寄与を失って、ただ自分だけで脱領土化を普遍的プロセスとして証明しようとする事態に陥るからである。狂気を狂気たらしめるのは、狂気自身の力を超えた不当な特権なのだ。フーコーはこの意味で、狂気が消えてゆく時代を告知していた。それは単に狂気が心の病の管理された空間の中に（「大きな生ぬるい水槽」に）入れられてしまうからではなくて、むしろ逆に狂気が指示する外部の境界が、あらゆる側面で管理を逃れ、私たちを巻き込む別の流れによってのり越えられるからである。したがって脱領土化の方向に、どんなに遠く進んでも、十分ということは決してない。つまりあなたは不可逆的なプロセスについて、まだ何も見ていない。

ここは分かりやすいですね。「狂気」がもっぱら否定的なもの、「心の病」として捉えられている現状を打破し、「狂気」と呼ばれているものの実体である脱領土化のプロセスを全面的に肯定し、可視化しようとするわけです。「狂気」は私たちが囚われている表象の外部に通じているわけです。「大きな生ぬるい水槽 grands aquariums tièdes」というのは、昔の精神病院で行われていた温浴療法を引き合いに出した、当てこすりでしょう。一八世紀の精神病院の改革をリードしたピネルやテュークも温浴療法をやっていました。

こうしたラディカルな提案に対しては、本当にそんなことやったら、反精神医学どころではない、社会が崩壊する、何が正しいのかという基準がなくなる、という批判や、ファシズム的な過去への回帰に帰結するのではないか、という批判が考えられます。多分、彼らはそういう批判は承知で言っているのでしょう。プルーストの話者のように、いろんな大地、その多くは古くからある大地を逍遥しているうちに、どこかに新しい大地が見つかればいい、その途中でファシズム的な罠に遭遇することもあろうが、それを怖れていたら、閉塞した現状に留まるだけなので、逃走線をたどっていくしかない。それぐらいの感覚なのだと思います。

■質疑応答

Q　この辺りの「資本」と、「欲望」をめぐる議論は日本のポストモダンの人たちはあまりやっていない印象があります。欧米では経済学等で再領土化のような議論は盛んなのでしょうか。

A　欧米でも、狭義の経済学や政治学ではあまり受容されていないと思いますが、グローバル資本主義が、家族の領域での関係性や、ローカルな文化や価値を利用する形で、自己再生産しているという基本構図はグローバリズム批判ではある意味大前提になっていると思います。ドゥルーズ＋ガタリのこうした議論を、政治経済学に応用している人としては、グローバル化に伴う新しい権力のモードを研究するカナダの社会理論家ブライアン・マッスミ（一九五六－　）や、グローバル化を都市空間の再編成として捉え直そうとする、インド出身の文化人類学者のアルジュン・アパデュライ（一九四九－　）とか。ネグリとハート（一九六〇－　）の『〈帝国〉』の議論はまさに脱領土化／再領土化の話でしょう。彼らは、脱領土化としてのグローバル化が、人々の新たな欲望やアイデンティティを産出し、それが「マルチチュード（多数派＝群衆）」の結集に繋がっている、という議論を展開します。「マルチチュード」は、再領土化を試みる諸国家と資本の複合体である〈帝国〉に対抗し、「欲望」が自由に流れる空間を作り出そうとします。

ただ、この領域は学問的に掘り下げていくには、分野的な収まりが悪そうですね。政治学や経済学などは、欲望を所与のものとして扱います。性的な欲望と物に対する欲望、芸術に対する欲望など、異なった種類の欲望の相関関係を探究したり、ましてや、欲望の本質とか生成とかについては関心を持ちません。そういうのは、生物学の問題か、形而上学的次元の話であり、少なくとも、自分たちとは関係ないと思うでしょう。無論、「欲望」は純粋に生物学的なものではなく、社会の中で、他者との関係において生成するものなので、心理学者や精神医学者は、狭義の個人的な欲望には興味を持つけれど、それが社会全体を編成する原理へとどう発展するか、といったことには関心を持たない。ドゥルーズ＋ガタリがやっているように、精神分析と文化人類学を接続したうえで、現実の経済と対応させるように考えていかないといけない。ドゥルーズ＋ガタリはその見取り図を示したけれど、そんなにつめられていません。

経済人類学にはそうした学際的であらざるを得ない領

域をカバーできる可能性があると思いますが、実際には、資本主義以前、貨幣経済が完全に導入されていない社会の研究に集中しているきらいがありますね。資本主義経済のような、高度な「公理系」を持つ経済に対しては人類学的な視点からアプローチしても仕方ないという感じなのかもしれません。

八〇年代には、栗本慎一郎さん（一九四一–　）がカール・ポランニー（一八八六–一九六四）やバタイユの議論を取り込んで、経済人類学を現代思想の中核的な領域にしようとしていましたが、「パンツをはいた猿」という一般ウケするキーワードだけが広まって、「欲望」について研究することの意味はあまり理解されていなかったのではないかと思います。

Q　日本の現代思想では、あまり発展しなかったんですね。せいぜいベーシックインカム程度で。

A　東さんとかがベーシックインカム論の話をしていますが、効率的な社会システムの安定に繋がるかといった功利主義的な話をしているのであって、人間の欲望の本質から説き起こしているわけではない。経済学者と同じレベルでの議論です。「労働」の本質を論じれば、ドゥルーズたちがやっている議論のレベルにまで行く可能性はありますが、そういう雰囲気ではない。ついでなのでベーシックインカムについて少しコメントしておくと、ベーシックインカムの基本は、最低限の金銭保証はする、その代わり、個人の生き方に国家をはじめとする公共体は関わらない、という個人主義的なものです。それなのに、個人がちゃんとした生活ができるには、弱い個人を支える制度が必要だと思っている左派の人たちが、恐らくセイフティーネットや、労働からの解放などの視点からベーシックインカム支持に回っているふしがある。ベーシックインカムをどれだけの額に設定するかにもよりますが、ベーシックインカムを分配されても、文化的に最低限の生活ができない人もいるでしょうし、「労働」から疎外されることに苦しみを覚える人もいるでしょう。「労働」と、人間の基本的「欲望」の関係についてよく考える必要がある。

Q　今日の議論を見ると、ドゥルーズ＋ガタリの議論は資本主義とすごく融和的に思えました。ドゥルーズ＋ガタリの議論からオルタナティヴや反抗線を引いてくることはお門違いかと思いました。

A　彼らの言う「革命」は、左翼の人たちがイメージしているのとはかなり違うでしょう。革命によって反資本主義的な権力機構を作るのは、反動的な再領土化です。彼らは資本主義とはこういうものだと実体的に規定するのではなく、むしろ、脱コード化と脱領土化、そしてその極限における自己解体が資本主義の逆説的な意味での特徴と見たうえで、それが極限まで進んでいくことを推奨しているわけです。中途半端な所でとめようとしてはいけない。私的領域も含めて。エディプス的家族が残れば、資本主義が再領土化して生き延びる可能性が出てきます。ドゥルーズ＋ガタリから見れば、表面的には反資本主義的でも、資本主義を動かしている「欲望」の流れをむしろ温存してしまうようなことをやっている人が多すぎるのでしょう。

ボードリヤールも彼らとは違う形での記号論的アプローチによってですが、消費資本主義を動かしている「欲望」について深く考え、それを象徴交換の問題に繋げている。左翼の人たちは反資本主義をどれだけ声高に叫ぶかにだけ拘って、「欲望」について考えない。通俗なイメージしか持っていない。だから、大衆が自分たちから見て保守的、資本主義融和的な振る舞いをすると、とにかく「右傾化だ！　問題意識が足りない」と、叫ぶだけ。「欲望」を分かったつもりになってはいけません（笑）。それは「人間」を分かったつもりになることです。

［講義］第六回

分裂しつつ自己再生産し続ける、その果て

——第四章第四～五節

前回の復習

「第四章　分裂分析への序章」は、タイトル通りドゥルーズ＋ガタリの目指している分裂分析の構想が論じられている章です。前回読んだ第一～三節では、精神分析ではどうしてダメなのかが論じられていました。今日読む第四節、第五節では分裂分析の肯定的課題、つまり分裂分析は何ができるかを論じています。精神分析は、一般の精神医学よりは一人一人の患者の個性を尊重して、開放的なイメージがありますが、いわゆる分裂症——現在は「統合失調症」と呼ばれています——は本来的ではない状態、「心の病」と見なします。ラカンの言い方を借りれば、エディプス・コンプレックスを通過することで形成されるはずの象徴界が壊れてしまった状態と見なされます。対して「分裂分析」を提唱するドゥルーズ＋ガタリは、人間を一つの生命体というより、「欲望機械」の連合体と見ているので、分裂の状態の方こそ本来。そしてこの講義の冒頭から見てきたように「機械」という概念を肯定的に使用し、その組み合わせとして見ているわけです。

“バグ”が欲望機械を再活性化する――「第四章第四節　分裂分析の肯定的な第一の課題」を読む

第四節「分裂分析の肯定的な第一の課題」を見ていきましょう。

「エディプス」は必要ない

第一の課題は、解釈にはまったく頼らないで、ひとりの主体において、彼、彼女の欲望機械の本性、形成、作動を見いだすことである。おまえの欲望機械は、どんなものか。きみは自分の諸機械の中に何を入れ、何を引き出すのか。〈それ〉はどのように動くのか。きみの非人間的な性は、どのようなものか。分裂分析を実践するひとは、ひとりの機械技師であり、分裂分析はひたすら機能的なものである。分裂分析は、この点で（無意識の観点からの）社会機械や技術機械の、またそれらの使用の解釈的検討にとどまるものではない。主体は社会機械の中に歯車や使用者としてとりこまれ、技術機械は好みに応じて主体に所有され、器用仕事によって改良され、あるいは製作されさえもし、また主体は、夢や幻想の中で諸機械を使用するのだ。これらの機械は、まだあまりにも表象的なものであり、粗大すぎる統一体を表象している。――サディストやマゾヒストの倒錯機械、パラノイア患者の感化機械さえ、そういうものだ……。私たちは、一般に「対象」の疑似的分析が、じつは最低の段階の分析活動であることをみてきた。それが、現実的対象を想像的対象によって裏打ちするときでさえ、いやとりわけそのときに、そうであることを見てきた。市場の精神分析よりは、夢想という手がかりの方に価値がある。ところが、こういったあらゆる機械の考察は、現実的であれ、象徴的、想像的機械であれ、まったく規定された仕方で、――機能的指標として介入すべきであり、こうして私たちを欲望機械に導くものでなければならないのだ。これらの機械はすべて、多少とも、欲望機械の近傍にあり、類縁の関係にある。ある種の散逸の閾を超えて、機械の想像的同一性や構造的な統一性がもはや存続しえなくなるときから、欲望機械は実際に達成される（想像的同一性や構造的統一性の審級は、まだ解釈の秩序に、すなわちシニフィエあるいはシニフィアンの秩序に属している）。

ものすごく抽象的な文章ですが、これまでの話を思い出せば、理解できなくはありません。要は、一人の「主体」を構成する「欲望機械」はどのようなもので、どのように作動するか、特定の理論による「解釈 interprétation」を交えないで、即物的に記述するということです。「精神」とか「無意識」とか直接観察しようのないものを想定して解釈の余地を大きくするのではなく、「機械」をちゃんと見ようというわけです。ただし、各人の身体に定着している「欲望機械」だけではなく、複数の主体の欲望機械のモル状の連合体である「社会機械」や、「欲望機械」と繋がっている「技術機械」も観察する。分裂分析の実践者が「機械技師 mécanique」であり、分析のやり方が「機能的 fonctionnel」だというのは、彼らなりに文字通りの意味でしょう。つまり、精神分析医のように無理に内面に入って解釈したつもりにならずに、技師が自分が扱っている機械を扱うように、欲望機械を扱うように扱う、ということでしょう。無論、批判的に見れば、それも実際には〝解釈〟ではないか、と言うことはできるでしょう。

彼らは「欲望機械」を「機械」として見るために、先ず、各人の「社会機械」への組み込まれた方や、「技術機械」の扱い方に先ず注目しよう、人間が機械の組み合わせであることが分かるだろう、と示唆しているわけです。「器用仕事」というのはレヴィ＝ストロースのブリコラージュのことですね――これについては、第一回の講義で簡単に触れました。しかし、そう言った後ですぐ、それは「あまりにも表象的 trop représentatives」なものであり、「粗大すぎる統一体 de trop grosses unités」だと言い添えていますね。唐突な感じがしますが、ほぼ文字通りの意味だと思って下さい。「粗大すぎる統一体」というのは、社会機械の歯車としての主体とか、技術機械を扱っている主体としての人間ということです。彼らが本当に分析したいのは、「欲望機械」なので、それからすると、「粗大する統一体」であるわけです。「あまりにも表象的」というのは、個々の「欲望機械」をそのまま見ているのではなく、欲望機械たちの大きなまとまりをイメージとして表象、代理表現したものを観察しているにすぎないということでしょう。サディスト・マゾヒストの「倒錯機械 les machines perverses」や「感化機械 les machines à influencer」は、よりミクロなレベルでの欲望に関わるものではあるけれど、十分にミクロではなく、モル的な性格が強い。恐らく分裂症を分析しない限り、「欲望機械」それ自体は見えてこないということでしょう。「感化」というのは、特定の欲望の対象や領域に固執するように、エディプス家族的な表象を介して仕向ける、ということでしょう。

「一般に『対象』の疑似的分析が、じつは最低の段階の分析活動」であるというのも、恐ろしく抽象的で取っつきにくい表現ですが、これも文字通りにとっていいでしょう。精神分析のように、十分に細かくなく、モル的な集合体である〝対象〟――一人の人間の社会的振る舞いとか動作、キャラクター全般――に対する、ドゥルーズたちから見て、「疑似分析」でしかないものでも、ドゥルーズたちが目指している分裂分析の第一歩にはなっている、手がかりを与えてくれる、ということでしょう。これまで精神分析系の諸理論に対する批判的論評がそういう内容になっていましたね。批判しながら、自分たち自身の方向性を徐々に示す。「現実的対象」を「想像的対象」で裏打ちするというのも、文字通りの意味でしょう。ドゥルーズたちから見ると、「想像的対象」でしかないものを持ち出してきているけれど、それによって「現実的対象」にアクセスする契機になるということでしょう。

「市場の精神分析 une psychanalyse de marché」というのは、「精神分析」が資本主義的な「市場」の再領土化に貢献しているという意味と、精神分析が資本主義化された、つまり商売になっているという意味とが込められているのでしょう。「想像的同一性や構造的統一性の審級」というのは、具体的には、ラカン派の精神分析で想定されている、想像界におけるミメーシス（模倣）的な同一化とか、象徴的な「構造」による統一のことでしょうが、ドゥルーズ＋ガタリから見れば、これらも「解釈」に依拠している構築物にすぎないのでしょう。「シニフィエ」と「シニフィアン」がそれぞれはっきり確定して、安定した意味作用をしているようなものは、「粗大すぎる統一体」なのでしょう。

> 欲望機械の部品とは、もろもろの部分対象である。部分対象は、動作する機械 *working machine*、あるいは作動する部品を定義するが、しかしそれは、ひとつの部品がまったく別の機械の部品にたえず関係するような散逸の状態にある。赤いクローバーとまるはな蜂、すずめ蜂と蘭、自転車の警笛と死んだ鼠の尻のように。ファルスのような項を性急に導入する必要はない。

「欲望機械」の部品が「部分対象」であるというのは、クライン派の精神分析で「部分対象」と呼ばれ、欲望の対象になり得る人間の体の各パーツが、「欲望機械」を構成する部品として動いている、ということでしょう。手とか足とか唇とか、乳房とか。それらは、他者の欲望の対象であると同時に、「機械」の素材として運動し続ける可能性があるわけです。〈working machine〉という英語を使っているのは、この講義の初回でお話ししたように、この英語の表現だと、「作業するための機械」という意味と、「現に作動している機械」という二重の意味が込められるからでしょう。花と蜂の組み合わせは、異なった生命体の部分機械同士がお互いの存在を前提にして動いている、いわば、機械の基本単位を超えて部品が相互に関係し合っている状態の例として引き合いに出されているのでしょう。赤いクローバーとまるはな蜂、蘭とすずめ蜂は、前回見たバトラーの『機械の書』に出てきましたね。

「自転車の警笛と死んだ鼠の尻 la corne de bicyclette et le cul de rat mort」というのは、よく分からない組み合わせですが、先ず、この講義の第一回に出てきた、ベケットの『モロイ』の〈自転車―警笛〉機械(la machine bicyclette-corne)と、〈母―肛門〉機械(la machine mère-anus)の相関関係が念頭に置かれているのでしょう。『モロイ』では、この二つの機械の部品が連動して、主人公モロイの欲望の回路が形成されている、と思わせる設定になっています。「警笛」という意味の〈corne〉は元々、「角」という意味です。「角」の形をした警笛と、母の肛門が主人公の中で繋がっているというのは、何となく想像がつきますね。「死んだ鼠の尻の穴」というのは、この本の中でも何回か参照されているアルトーの言葉です。他の箇所では、「空の天井にぶらさがる死んだ鼠の尻の穴」と表現されています。どのテクストからの引用かはっきりしないのですが、アルトーのテクストには、尻とか糞とか、動物の死体とかがよく出てきて、それらが性的・存在論的な意味合いを帯びています。死体、排泄物、尻が性的欲望に結び付いているというのは分かりやすいですね。アルトーのいくつかのテクストを見ると、「尻の穴」は、汚辱にまみれた性欲とか誕生を象徴しているだけではなく、「存在の穴」というような（反）形而上学的な意味合いも込められているようです。「空の天井」という表現には、そういう意味合いが込められているように思えます。

ただここでのポイントは人間の性的欲望が多様だということではなくて、「機械」同士を結び付けるのに、全ての欲望の核としての「エディプス」のようなものは必要ないということです。

> ファルスは、集合を構造化し、もろもろの部分を人称化し、統一化し全体化する。いたるところに機械のエネルギーとしてのリビドーがあり、警笛もまるはな蜂も、ファルスであるという特権などをもっていない。ファルスは、構造的な組織と、これから由来する人称的関係の中に介入するだけである。これにおいて各人は、戦いに招集された労働者のように、自分の諸機械を放棄し、去勢という万人に共通の同じ制裁、同じ滑稽な傷を身にうけて、偉大なる不在というトロフィーをめざして戦列につくのだ。このファルスのための大いなる闘い、曲解された権力の意志、性の人間形態的表象、こうした性愛の概念全体、これはロレンスを恐怖させる。まさにそれは概念でしかなく、それは、「理性」が無意識に対して強制し、欲動的領域に導入したひとつの観念にすぎず、この領域を形成するものではまったくないからである。ここで欲望は、統一化され同一化されたモル的集合の中で罠にかけられて、人間の性に特殊化されている。しかし欲望機械は、逆に、分子的要素の散逸の体制において生きるのだ。

難しそうですが、ここまでの話の流れを思い出せば、理解できますね。「ファルス」は人間の精神の発達を支配する原理として、万人にアプリオリに備わっているわけではなく、諸「機械」の集合体に後から取って付けられたものです。ただし、「ファルス」がいったん導入され、私たちの表象系の中に定着すると、これまで見てきたように、全ての欲望、あらゆる意味作用の中心であるかのように機能するようになります。事後的に取って付けられた〝中心〟あるいは〝源泉〟です。構造主義で想定されている「構造」も、私―君―彼女といった人称的関係も、男性や女性といった性別さえも、予め与えられているわけではなく、「ファルス」によって事後的にモル状に固められて、それらしく作用するようになっただけ、というわけです。単なる「概念 conception」でしかないものが実体化し、「無意識」さえも支配しているように見えることに、作家のロレンスは驚嘆したわけです。ドゥルーズ＋ガタリは、そうしたモル的集合体に惑わされず、分子としての欲望機械の動き、それらの相互関係をちゃんと観察すべきだと示唆しているわけです。

「器官なき身体」と「受動的総合」

二〇四頁を見て下さい。「器官なき身体」と「受動的総合」という言葉が出てきます。「器官なき身体」というのは、これまで見てきたように、器官ごとの役割がまだ確定していない、どの部位にどのような欲望機械が形成されるかオープンな状態にある身体のことです。無論、純粋な「器官なき身体」というのは実在せず、欲望機械による浸食がゼロになった時、現れてくると想定できるものです。無論、そうなったら死んでいるでしょうが。

「受動的総合 la synthèse passive」というのは、元々はフッサールの現象学の用語で、この講義の初回でもお話ししたように、ドゥルーズは、初期のヒューム研究の頃からかなり重視しています。「受動的」というからには、「能動的総合」もあります。「能動的総合」の方は、知覚・思考・意志の中核にある自我もしくは超越論的主観性によって遂行されるものですが、「受動的総合」というのは、そういう中心なしに、あるいは中心が形成される〝以前〟に、各種のデータを総合する作用です。デカルト（一五九六－一六五〇）以来の自我中心的な思考に慣れている私たちにとっては、自我という認識や活動の中核があればこそ、自我が関心を向ける、あるいは自我にとって有用な情報が、自我の周辺から集まってきて、自我によって利用できる形へとまとめられるのであって、自我がない状態でそうした「総合」が起こるというのはどういうことかよく分からない、そもそも自他の区別がはっきりしないので、「総合」が起こりようがないのではないか、という気がしますね。それが普通の発想ですが、自我中心哲学の最終的完成者とも言うべきフッサールは後期になって、自我の能動的な働きかけなしに行われる「受動的総合」という位相に言及するようになりました。

ドゥルーズたちは、「エディプス」のような構造・象徴化された主体抜きでも、「機械」同士の水平的な接続によって、「受動的総合」が行われると考えているようです。無論、個々の有機体に縛られることなく、いろんな対象を部品にして作動する「機械」がどうやって、一つのまとまりへと「総合」されていくのかという根本的な疑問はなかなか解消されませんが、そこで「器官なき身体」がカギになってきます。「身体」という物理的統一体があることによって、身体を基盤に作用する「機械」同士の間に緩やかな繋がりが生まれる、と考えることができます。ドゥルーズたちは、次々と流れを作り出しては切断し、いろんなところに分散・生成し、かつ接続する「機械」と、「器官なき身体」を組み合わせることで、フッサールの「受動的総合」を説明しようとしているわけです。

これを踏まえて、二〇二～二〇三頁にかけての箇所をご覧下さい。

流れさせると同時に切断するという、無意識の真の活動は、まさに受動的総合そのものの中にある。この受動的総合が、二つの異なる機能の相関的共存と置換を保証しているからである。いま二つの部分対象につながるそれぞれの流れが、少なくとも部分的に重なり合っていると仮定しよう。この場合には、これらの流れの生産は、流れを発する対象 x や対象 y と区別されたままであるが、しかし現前の領野は、流れに住みつき流れを切断する対象 a や対象 b とは区別されない。したがって、部分 a と部分 b とは、この観点からは識別されないものとなる（たとえば口と肛門、つまり拒食症患者の口－肛門）。

先ほどの私の説明を前提にすると、それほど難しくないと思います。流れを発する対象 x や y というのは、この例の場合、口から入ってくる食べ物とか、肛門に刺激を与えたり、外から挿入される物質で、a が口、b が肛門という風に考えればいいでしょう。「現前の領野 les champs de présence」というのは、難しい感じの言い方ですが、要は、機械の運動が現れる時の一つのまとまり、ということです。拒食症で、食べ物を口から排泄物のように排出してしまう人にとっては、口と肛門が、体の中から排出するという同じ欲望の流れの中で作用する部分になっているわけです。こういう風に二つの部分機械が、外から見て一体になっている状態を、「受動的総合」だということになるでしょう。脳のない生物でしたら、司令塔なしに総合が行われ、欲望を生み出す生産的総合が行われるのは当たり前のことですが、人間の知覚や欲望でもそういうことが起こっているというのがドゥルーズたちの議論のポイントです。

「死の欲望」――「器官なき身体」の基本的性格

二一〇頁を見て下さい。「器官なき身体」の基本的性格について改めて論じられています。

器官なき身体は死のモデルである。ホラーの著者たちがよく理解していたように、死は緊張症のモデルになるのではない。緊張症的な分裂症が死にモデルを与えるのである。まさにそれは強度＝ゼロである。死のモデルが現われるのは、器官なき身体が器官を拒絶し廃棄するときである。――口もなく、舌もなく、歯もなく……（…）。

先ほどの話を前提にすれば、理解できますね。部分対象を媒体とする、ある意味、部分対象に憑依する欲望機械による運動がなくなれば、私たちはヒトという生物としては死んでしまいます。死と緊張症（catatonie）の繋がりが分かりにくいですが、恐らく、体が死体のようにこわばって動かなくなっていくようなイメージでしょう。ホラー映画で、死ぬ可能性のある恐怖に直面した人の体が硬直したり、吸血鬼とかミイラ男の体が硬直したような動きをすることがありますね。私たちは、死のイメージが先にあって、それから逆算する形で、緊張症的な身体の動きをイメージしがちですが、むしろ分裂（統合失調）症的性格の緊張症の極限に「死」が見えてくる、ということでしょう。どう違うのかというと、恐らく、単純に動きがなくなるのではなくて、欲望機械が器官ごとに分化している状態が解除されて、この器官にこういう刺激を与えたら、この器官にこういう動きがあるというそれまでの接続がなくなり、連携が取れなくなり、欲望機械の動きがバラバラになっていく、それが全体として見た身体が硬直しているように見える、ということでしょう。あるポイントから別のポイントへと刺激が伝わっていくための、強度の差が身体の中でなくなってしまう。それが、ドゥルーズ＋ガタリにとっての「器官なき身体」です。

　このように、「器官なき身体」を「死」として捉えると、フロイトの精神分析における「死への欲動＝タナトス」の話が思い出されてきますね。フロイトの場合、欲動の終点としての「死」とは、緊張・興奮のない状態、無機物の状態です。当然、これはドゥルーズ＋ガタリの「死」としての「器官なき身体」のイメージとはズレています。二一四頁で、その点についての検討が加えられています。

> 精神分析の冒険とは、何と奇妙なものだろう。精神分析は生の讃歌であるべきなのに。でなければ、何の価値もないはずだ。実践的に、それは私たちに生の歌を教えるべきであろう。ところが、精神分析からは、最も悲しい死の歌が流れてくるのだ。最も崩壊した歌が。あの子守歌（エイアポペイア）が。フロイトは始めから、欲動の頑固な二元論によって、リビドーとしての欲望の、主観的な生気に溢れた本質の発見を制限しようとすることをやめなかった。しかし、この二元論が、〈エロス〉に対立する死の本能の中に移行したとき、それはもはや単にリビドーの制限ではなくて、その解消となったのだ。

〈eiapopeia〉というのは、日本語の「ねんねんころりよ、おころりよ」に相当する、ドイツ語の子供を寝かしつける時の言葉です。「死の歌」としての「子守歌」というのは、恐らく、近くを通る人の（大人としての）理性を麻痺させ、退行させて死へと誘うセイレーンの歌のようなものを念頭に置いているのでしょう。フロイトの欲動理論は、最初は「快楽原則 Lustprinzip」を「現実原則 Realitätsprinzip」が制約するという形の二項対立でしたが、後期にはそれが、「エロス（生の欲動）」を、生における緊張・興奮を避けてニルヴァーナ的な状態に戻ろうとする「タナトス」の二項対立に移行しました。

ライヒは道を誤らなかった。彼は、おそらく、次のように主張した唯ひとりのひとであった。精神分析が生みだすのは、自由で快活な人間でなければならない。生の流れをにない、それを荒野にまで運んで脱コード化することのできる人間でなければならない、と。――たとえ、こうした観念は、精神分析の行く方を考慮すれば、必然的に気違いじみた観念に見えたとしても。ライヒは、フロイトが、ユングやアドラーと同じく、性的な立場を放棄していたことを指摘した。じじつ、死の本能を明示したことは、少なくとも、不安の発生する本質的な点において、性愛からその原動力の役割を奪っている。なぜなら不安は、性の抑圧の結果ではなく、むしろその抑圧の自律的原因となるからだ。この結果、欲望としての性愛は、もはや文明の社会的批判をかきたてるものではなくなり、むしろ逆に、文明が、死の欲望に対立しうる唯一の審級として神聖化される。――それはどのようにしてか。原則として、死を死に逆行させることによって、この逆行した死をひとつの欲望の力とすることによってである。罪責感の文化を通じて、その力を擬似的生命に奉仕させることによってである……。

ここでもライヒを評価していますね。ライヒが「生の流れ flux de vie」の「脱コード化」に徹していたことを評価しているわけですね。そのライヒが、ユングやアドラーの性的なリビドーを重視する立場から離れていったのはよく知られていることですが、ライヒはフロイトもまた、「死への欲動」が根源的な欲動であるという立場を取った時点で、エロス的な「生」の肯定という路線から外れていったことを見てとっていた、というわけです。「不安 angoisse = Angst」の原因の変遷についての説明がコンパクトすぎて分かりづらいですが、元々フロイトは、不安は自らを動かしている根源的な欲望である、性的欲望、特に近親相姦的欲望を抑圧することから生じると説明していたのですが、「死への欲動」の理論が登場したことで、「不安」の位置付けが変わり、むしろ人間が抱える根源的な「不安」ゆえに「抑圧」が生じるという理論を採用することになります。論文『制止、症状、不安』では、この世に生まれてくること自体が、胎児にとって「不安」であり、各種の「不安」はそのトラウマ的な出来事の反復である、と主張します。その「不安」を解消するには、母胎へ帰るしかありませんが、それは「生」〝以前〟の状態に戻ること、「死」を含意しています。無論、「死への欲動」を突っ走れば、本当に死ぬので、それを「抑圧」して生に留めねばなりません。

後期のフロイトは、『幻想の未来』（一九二七）とか『文明の不満』（一九三〇）とか、文明論的な著作が多くなります。年を取って大きな話をしたくなっただけかもしれませんが（笑）、「文明」が「死の欲動」を辛うじて抑止している、という理論的な前提に立っていたからかもしれません。「文明」は、これまでニーチェの系譜学や専制君主機械に即して見てきたように、人々に自分の生に関する「罪責観 sentiment de culpabilité」を背負わせます。自分は本来生きるに値しないものだけど、生かされている、と思わせます。そう思わせることによって、「文明」の維持のために奉仕させます。フロイトの理論に即して考えると、この「罪責感」自体も、「死の欲動」に由来するものであり、「超自我」が自我を攻め立てて、「罪責」を抱かせることになります。いわば、「死を死に対抗させる la mort contre la mort」――前置詞の〈contre〉は「逆行」ではなく、「対抗」とした方が分かりやすいでしょう――ことによって、文明とそれに属する各人の〝生命〟を維持しているわけです。無論、それはドゥルーズ+ガタリからしてみれば、本当の意味での生命とは言えません。

――精神分析は、禁欲の理想という古めかしい課題を踏襲する文化理論において頂点に達するが、ここでこうした歴史を蒸し返すには及ばない。この理想、ニルヴァーナ、文化の煮出し汁、生を裁くこと、生を貶めること、死によって生を測ること。そこから死の死が私たちに委ねるものだけを保存すること、崇高な諦観。ライヒがいうように、精神分析が〈エロス〉について語り始めたとき、すべてのひとは安堵のため息をついたのだ。ひとは、それが何を意味しているのかを知っていた。また何ごとも、屈辱的生の中で起きるようになることも知っていた。なぜなら、〈タナトス〉は、いまや最悪のものから、最良のものまで、〈エロス〉のパートナーとなったからである。精神分析は、新しい型の聖職者すなわち、良心の呵責の推進者を養成することになる。ひとは精神分析によって病み、また精神分析によって癒される！　フロイトは、死の本能によって、何が真に問題になっているのかを隠さなかった。つまり、それは事実の問題ではなくて、単に一原理の問題、原理上の問題なのである。死の本能は純粋な沈黙であり、純粋な超越性であり、経験の中では与えることができないし、また与えられることもない。この点はまさに、全面的に注目すべきことである。フロイトが死を超越的原理としているのは、彼によれば、死はモデルも経験ももたないからだ。

「ニルヴァーナ」を目指す「死の欲望」が、生を貶める禁欲的な宗教思想の再来だというのは分かりますね。また、お前は罪人だと責め続けて、「死に死を対抗」させる「超自我」が、キリスト教やユダヤ教の神に似ていることははっきりしていますね。そうした「死」こそ至福だと説いたり、良心の呵責を負わせる宗教に対して、性愛を中心とする欲望を肯定してくれるように見えたので、精神分析は癒しを与えてくれそうに見えたわけです。

「死の本能」が事実の問題ではなく、原理の問題である、というのが説明不足で分かりにくいですが、これは、「死」を目指す根源的な「欲動」があるというフロイトの主張が経験的なデータに基づいていることではなく、緊張・興奮がなくなった極限状態として理論に想定されるものだということでしょう。私たちにはストレスを回避して楽になりたいという傾向はありますが、実際にだんだん緊張を解いていって、自然と死に至るということは、先ずありません。そうなる前に、お腹が空くとか喉が渇くとか、いろいろな欲望が働いてしまいます。死ねば、その瞬間にストレスはなくなりますが、その瞬間までは逆にストレスが急上昇しそうです。即身成仏する高僧なら話は違うかもしれませんが、緊張を解いていって自然と死に至れる人など、現実にはほぼいないでしょう。フロイトはあくまでも、生に執着する各種の欲望を全て取り去ることができるとしたら、その極限に「死への欲動」が見えてくる、と言っているだけです。いわば、カントにおける「物それ自体」のように、生を外側から規制している「超越的原理 un principe transcendant」として想定されたわけです。

「死への欲動」と資本主義

二二一頁をご覧下さい。ここで、「死への欲動」と資本主義の関係が論じられています。

――フロイトは、まさに彼自身、死の本能の「発見」と一九一四年～一八年の戦争の間のつながりを指摘した。この戦争は資本主義の戦争のモデルであり続けている。だから、もっと一般的にいえば、死の本能は、精神分析と資本主義の婚礼を祝福しているのだ。

第一次世界大戦に出兵した兵士の多くが戦争神経症、今で言うところのPTSDに罹りました。死に直面した兵士たちが、その恐ろしい瞬間を何度も再体験する。フロイトはそうした兵士たちに対する心理的ケアの問題に関わるうちに、「死への欲動」という考え方を強めていったとされています。もともと、「死への欲動」が働いているからこそ、戦場での体験がこの欲動を活性化させ、フラッシュバックを引き起こすのではないか、という理屈です。面白いのは、「死の欲動」と、資本主義が婚礼した、という言い方です。

突拍子もない話のようですが、実はここまで見てきた議論の中で既に暗示されていたテーマです。「資本主義機械」は脱コード化・脱領土を進め、分裂症的な欲望を解放することで、富を生み出してきたわけですが、グローバル化が極限まで進展し、地表を覆い尽くすと、もはや脱領土化・脱コード化できなくなるはずです。それが、資本主義が死ぬということかもしれません。別の角度から見ると、地球全体がグローバルな資本主義機械の「器官なき身体」になっていき、その中に特別のコードに従って運動する個別の機械がない状態になるということになります。そういう意味で、「資本主義機械」は「死への欲動」によって動かされていると言えそうです。

死の企ては、資本主義における剰余価値の吸収の原則的な特有の形式のひとつなのである。まさにこの道そのものを、精神分析は、死の本能によって再発見し、作り直すことになる。死の本能が生と超越的に区別されるとき、それはもはや純粋な沈黙でしかない。しかし、死の本能はこの同じ生とあらゆる内在的な結びつきを形成し、これらの結びつきを通じて、さらにこの沈黙を拡げるのである。内在的な、拡散した、吸収された死。シニフィアンは資本主義において、まさにこのような状態をとる。それは、分裂症的な逃げ道をふさぎ、逃走を制止するため、いたるところに移される空白なのだ。現代の唯一の神話とは、ゾンビの神話である。――苛まれる分裂者たち、よく働き、理性を取り戻した人びとである。この点からいうと、自分たちの仕方で死をコード化した未開人と野蛮人は、現代人とその公理系とに比べればまるで子供である（この公理系では、多くの失業者や多くの死者が必要とされている。アルジェリア戦争は、週末の自動車事故やベンガルの計画ずみの死など以上にひとを殺しているわけではない）。

フロイトは、人々の生の方向性を規制する超越的原理として「死への欲動」を想定したが、それは、自らの「死」へと向かっていく「資本主義機械」の運動が個体レベルで現れたものではないか、という見方をドゥルーズ＋ガタリは示しているわけです。つまり、フロイトは「資本主義機械」の運動全体を見ないまま、「死への欲動」を基本的に個人の内面、無意識において作用する問題として捉えているのではないか、と批判しているわけです。個人個人の欲動が集まって、社会全体の動向に影響を与えることもあるけ

れど、ストレートに繋がってはいない。ドゥルーズたちは、「資本主義機械」の運動にこそ注目すべきだと示唆しているわけです。

「死の本能」と「生」が超越的に区別されるというのは、この欲動が、「生」に内在するものとしてではなく、「外」から「生」を制御する原理として想定されている、ということです。「生」の外側にある原理なので、生の営み、身体的な運動や生命維持に関する欲求、欲望などを調べても、その正体が分からない。それを「純粋な沈黙 pur silence」と呼んでいるのでしょう。しかしそう言ったすぐ後で、「しかし、死の本能はこの同じ生とあらゆる内在的な結びつきを形成し、これらの結びつきを通じて、さらにこの沈黙を拡げるのである。内在的な、拡散した、吸収された死」という、それと真逆に見えることを言っているので、混乱してしまいますね。この場合の「内在的な結びつき les combinaisons immanentes」というのは、生と異質な原理かどうか、生の視点から説明できるものであるか、ということではなくて、生の運動に常につきまとっているか、ということでしょう。「死への欲動」を悪魔とか悪霊、あるいはウイルスのように、本来異質なのだけれど、生に取り憑き内から動かしているものとしてイメージしているのでしょう。そう考えると、「内在的な死」と「吸収された死」というのは理解できますが、「拡散した diffuse」というのがピンと来ませんね。恐らく、まとまった形で現れてくるのではなくて、身体の各部位とか、生活の中のいくつかの場面に分散して現れてくる、ということでしょう。

「シニフィアン」が資本主義においてこういう状態を取り、それが「分裂症的な逃げ道をふさぎ、逃走を制止するため、いたるところに移される空白」であるというのも、抽象的で分かりにくい言い方ですが、この場合の「シニフィアン」というのは、(資本主義的な) 表象を構成するもの、特に「死」の表象を構成する要素ということでしょう。そうした「シニフィアン」が、分裂症的な動きを制止する「空白 la case vide」になっているというのは、恐らく、完全な沈黙状態としての「死」の恐怖を様々な形で示すこと、正常な欲望のルートから外れると、「死」に向かっての暴走が始まるかもしれないと暗示することで、各人の欲望が分裂症的傾向に向かわないようにしている、ということでしょう。別に精神分析の知識のない人でも、標準から離れた生き方、暴飲暴食とか無理な運動とかセックスとかをしていたら、身体が壊れて死んでしまう、というようなことをしょっちゅう刷り込まれていたら、欲望の流れを制御しようというブレーキが働きます。

「ゾンビ」というのは、「死」の恐怖に直面して、もはやその先に行こうとせず、「生」に執着するようになった人たち、分裂症的な傾向を無理に抑え込んでいる人たち、ということでしょう。（原始大地機械の段階にある）「未開人」や（専制君主機械の段階にある）「野蛮人」が自分たちなりに「死」を「コード化」したというのは、分かりますね。分かりやすく言うと、「死」を儀礼的に意味付けしたということです。それによって「死」に対する恐怖と折り合いを付けていたということでしょう。資本主義機械の「公理系」には、死を意味付けするコードはありません。しかし、「死」が全く想定されていないかというと、そういうわけではありません。先ほどからお話ししているように、機械自体が崩壊してしまうという意味での「死」の可能性があり、あるいは、個人としての自分自身が資本主義機械の公理系から放り出されて、「死への欲動」に完全に支配されて、肉体的に死んでしまう、という意味での〝死〟はあります。コード化されていない分、そっちの方が怖い。因みにボードリヤールは、『象徴交換と死』（一九七六）で、前近代の社会に生きている人たちが「死」を象徴交換体系の中に組み込んでいたのに対し、資本主義は「死」を放逐し、清潔な都市と住居を整備し、アンチエイジングの技術を開発し、不死に向かって人々の欲望を誘導してきたけれど、それには当然限界があるということを指摘しています。ボードリヤールが、消費社会の社会学的な分析としてやっていることを、ドゥルーズ＋ガタリは、欲望の（脱）コード化というレベルで論じている、ということになるかもしれません。

資本主義機械の公理系で失業者が必要とされているというのは、マルクス経済学の説明で理解できますね。潜在的に労働者になり得る失業者がいるから、資本は労働者の賃金を低く抑えることができる。死者が必要であるというのも、それと同じような意味で理解できそうです。財の供給が破綻し、暴動が起きないよう人口を一定数に保つ、また、自動車事故や特定の病気による死の危険が常にあると示すことで、より安全で健康な生活を目指す方向に人々の欲望を誘導する。これは、ボードリヤールの議論と同じ方向です。二二六頁を見て下さい。かなりボードリヤール的な議論が展開されています。出版されたのは、この『アンチ・オイディプス』の方が先ですが。

死が脱コード化されると同時に、死はモデルや経験との関係を失って本能になり、つまり内在的システムの中に伝播することになる。これにおいては、生産のすべての行為が、反生産の審級としての資本に分かち難く巻き込まれる。コードが破壊されているところでは、死の本能が抑制装置を奪取し、リビドーの循環を誘導し始める。これは死の公理系である。ここでは、欲望が解放されたように見えても、欲望は、屍のように、イメージで身を養っているのだ。ひとは死を欲望しているのではない。そうではなくて、ひとが欲望するものが死んでいる。すでに死んでいる。つまり、イメージにすぎないのだ。あらゆるものが死において働き、あらゆるものが死に代わって欲望することになる。ほんとうは資本主義は、何も収拾すべきものをもってはいない。あるいはむしろ、その収拾の能力は、きわめてしばしば、収拾すべきものと共存し、またそれに先んじていることとさえある（…）。

難しい言い方をしていますが、ここまで見てきたことの要約です。脱コード化され、モデルや経験との関係を失った「死」が「本能」になるというのは、「死」が社会的な意味付けを失って、各人を個別に脅かすもの、まるで個人に内在する〝本能〟であるかのようになった、ということでしょう。文字通りの意味で「本能」ではありません。ごく簡単に言うと、天国や地獄とか霊界などがあるという前提で、「死」をそこへの入場として位置付けると、それなりに落ち着きますが、「死」に関する何の意味付けもなくなって、君たちはいつか「死」という形で消滅するんだ、どう頑張っても無駄だ、消滅を先延ばしすることくらいしかできない、と散々聞かされると、かえって「死」に取り憑かれる、社会の中から「死」の痕跡を消されると、余計に気になってしまう、ということです。

「反生産の審級としての資本」というのは、「資本」は富を蓄積するために、「欲望の生産」にブレーキをかけてしまうという意味でしょう。といっても、「欲望の生産」が行われないと、「資本」の運動も止まってしまうわけですから、「資本」は根源的なジレンマを抱えています。「資本」がコードを破壊する度に、破壊できるコードが少なくなっていきます。脱コード化によって分裂症的な運動が解放され「資本」の蓄積運動を妨げます。ちゃんと定職についてちゃんと賃金を得ようという人が少なくなると、「資本」の再生産が厳しくなります。この二重の意味で、更に言えば、各人が「死の本能」に取り憑かれるということも考慮に入れれば、三重の意味で、「死」につきまとわれています。

「欲望」がイメージで身を養っているとか、人が「欲望」しているものが死んでいる、というのは文学的すぎてついていけない感じがしますが、先ず、これはあくまで「資本主義」の下での「欲望」の話だということを確認しましょう。特にベンヤミンやボードリヤールが分析した大量消費を前提とする後期資本主義を念頭に置くと分かりやすくなります。資本は私たちの〝欲望〟を喚起しますが、それは広告のイメージによる喚起です。私たちは広告を見てあれが欲しいこれが欲しいと観念的にイメージするわけですが、それは対象である商品そのものを欲望しているわけではなくて、対象のイメージを欲望しているわけですね。対象を手にしたら、その瞬間にそれはイメージとは違うもの、イメージの死骸でしかないものであることが多いですね。本当は、イメージの方がナマの対象の死骸にすぎないのですが、資本主義の下では、逆転してしまいます。資本主義は、欲望の対象のイメージをコントロールすることで、脱コード化を進めながら、数値化された公理系を維持してきたわけですが、実際には、「欲望」そのものを制御しているのではない、ということを示唆しているわけです。資本主義はいわば、「死」の「イメージ」、あるいは、実体の単なるイメージという意味での「死」を常に先取りし、そのイメージ（に基づく人々の活動の成果）を自ら「収拾 récupérer」しているわけです。

分裂命題の肯定的な課題へ

このようにドゥルーズ＋ガタリは、資本主義＋精神分析が、無意識の「錯覚」によって成り立っていることを明らかにしたうえで、二二九頁で、自分たちの分裂分析の肯定的課題、つまり単に精神分析を批判するだけにとどまらない、積極的に取り組むべき課題を呈示しています。

この分析の第一の肯定的な課題の本質は、ここでもまた可変的に適応する仕方で、起源的抑圧を確実に機械的なものに変換することである。つまりいわゆる抑圧を支える閉鎖と同調を解体すること。反発における外見的対立（器官なき身体－部分的対象機械）を、現実的な作動の条件に変えること。吸引と強度生産との形式において、この作動を確実にすること。したがって、生産された諸強度の中にゼロ度を包摂するとともに、吸引する作動において故障を統合すること。このことによって、欲望機械を再始動させること。こうした精妙な焦点が、分裂分析における〈転移〉の仕事にとって重要になる（精神分析の倒錯的転移を分散させ分裂症化すること）。

「起原的抑圧 refoulement originaire」というのは、この少し前の箇所を見ると、分子レベルの欲望的生産に対する「器官なき身体」の反発によるものだと述べられています。この抑圧のせいで、無意識に対していろいろな「罠 piège」が仕掛けられるということですね。「罠」というのは、無意識が先ほど見たような意味で、「死」に取り憑かれる、そして、資本主義的な公理系とエディプス的家族の中にしか自分の居場所はない、と思い込んでしまうということでしょう。「精神分析」はそういう罠を作り出し、そこに自らも入り込んでしまう。「罠」というのは、結局、本当は解決不可能ではないものを解決不可能であるかのように見せている偽の問題のことです。精神分析は、「エディプス・コンプレックス」や「死への欲動」のような概念を作り出し、それによって被分析者や自分たち自身、そして精神分析の理論の影響を直接的・間接的に受けている人たちの無意識を誘導していたわけです。それによって、欲望機械の分裂しようとする動きが、極度に抑え付けられる。

その「罠」を解体するのがこれまで見てきた、破壊的課題で、それを「機械的」なものに変換することが肯定的な課題だというわけですが、これは「罠」が単なる見せかけにすぎず、コンプレックス（複合体）は動かしがたいものであることを露呈して、「欲望機械」を本格的に再始動させ、分裂症的な動きを全面展開させる、ということでしょう。「ゼロ度 le degré zéro」というのは、「器官なき身体」が欲望機械の運動を抑圧することで到達しようとしている状態のことでしょう。これがフロイトの「死の欲動」に相当するわけですが、ドゥルーズ＋ガタリは、これを人間にとっての必然性というより、各「欲望機械」に対する「器官なき身体」の反発であり、回避不可能ではないという見方を示しているわけです。「故障 les ratés」というのは、「器官なき身体」と精神分析などのイデオロギーによって仕掛けられた罠で、「機械」が抑圧され、身体全般が動かなくなっている、ように見えるということでしょう。

それを生産された諸強度に「包摂 envelopper」するというのは、各人が社会や周辺の環境、他の人間や生物の身体から独立の、自己完結的な身体を持っていて、その閉鎖系の中でエディプス・コンプレックスや死への欲動が生じているという思い込みを捨てて、そういう〝自分〟に生じた「故障」もまた致命的なものではなく、様々な機械の運動の連鎖の一部であり、その連鎖の中に生じた様々なバグ、あるいは停滞部の一つにすぎないという視点を得ることで、欲望機械の動きを再活性するということでしょう。自分が個人として大きな課題を抱えていると思うと、苦しくて身動きとれなくなるけれど、システム上のバグがたまたま自分に近い所で生じたと考えると、大分楽になるということがありますね。

分裂症的なプロセスは、革命の潜在力である――「第五節　第二の肯定的課題」を読む

「第一命題：あらゆる備給はモル的社会的である」

では「第五節　第二の肯定的課題」に入りましょう。

けれども、体制上の差異にとらわれて本性上の同一性を忘れてはならない。基本的には、二つの極が存在するのである。しかし、この二極を単にモル的組織体と分子的組織体との二元性として示さなければならないとしたら、私たちはこうした示し方に満足することはできない。なぜなら、それ自身モル的組織体の備給でないような分子的組織体は存在しないからである。社会的機械の外部に存在するような欲望機械は存在しない。欲望機械自身が、大きな規模ではもろもろの社会的機械を形成している。欲望機械が存在しなければ、社会的機械も存在しない。欲望機械は小さい規模で社会的機械の中に住み込んでいる。したがって、モル的なコードや公理系からなるブロック全体を横取りして、これを再生産しないような、分子的連鎖は存在しない。また、分子的連鎖の断片を含み、これらを封印していないようなブロックも存在しない。欲望の連続状態が社会的系列を通じて拡張されるか、あるいは、ひとつの社会的機械が自分の歯車機構の中に欲望機械の部品を含んでいるか、どちらかなのである。

ここは分かりやすいですね。モル的に固まった状態と分子的に分裂する状態は、機械の在り方の二つの極だけど、両者は二元論的、二者択一的な関係にあるわけではなく、モル状に固まっている機械にも分子的な動きが認められるし、分子的にバラバラになっているように見える欲望機械もモル的組織に参与しているということですね。つまり何が何でも、モルを全部解体しないといけない、と言っているわけではないんですね。「社会的機械」の存在を否定したいわけではなく、むしろ、これまで見てきたように、ドゥルーズたちは、精神分析が、社会的機械による抑制を無視して、理論を構築してきたことを問題視しているわけですから、「社会的機械」と個別の「欲望機械」の関係を重視していると言えます。モル状になって作用し、時として無意識を罠にかける「社会的機械」の存在自体が問題なのではなく、それと一見分子的に振る舞う「欲望機械」との関係が見えにくくなっていることが問題です。

――私たちは、モル的と分子的を、ときには、シニフィアン的な構造化されたパラノイア的統合線と、機械的な散逸した分裂症的逃走線として、あるいはまた倒錯的な再領土化の軌跡と、分裂症的な脱領土化の運動として対立させてきた。またときには逆に、等しく社会的な備給の二つの大きな型として対立させてきた。一方は反動的、ファシスト的傾向をもつ定住的な一対一対応の備給であり、他方は革命的傾向をもつ遊牧的な多義的な備給である。「私たちは永遠に劣等人種に属している。」「私は獣だ、黒人だ。」「私たちはみんなドイツのユダヤ人だ。」実際こうした分裂気質の表明においては、歴史的社会野が備給されているが、これはパラノイア的公式においても備給される。「私はあなたたちの同族だ。私たちは同じ出自だ。私は純粋なアーリア人であり、永遠に優等人種に属している……。」そして、無意識のリビドー備給の観点からすれば、一方の公式から他方の公式へのあらゆる振子運動が可能である。どうして、こんなことが可能なのか。分裂症的逃走は分子的散逸とともにありながら、どうして、パラノイア的なものと同じほど強力な決定的備給を形成しうるのか。また、なぜ、二つの極に対応する社会的備給の二つの型が存在するのか。それは、いたるところにモル的なもの、そして分子的なものが存在するからである。つまり、この両者の離接は包含的な離接であり、分子的現象が大集合に従属するか、それとも逆に大集合を自分に従属させるかという、従属の二つの方向に応じて、これが変化するにすぎない。

ここもこれまでの記述を踏まえると、それほど難しくないですね。ドゥルーズ＋ガタリは、自分たちのアイデンティティの優越性に固執する「ファシスト的パラノイア的」に対して、「分裂症的遊牧的」なものを称揚しているように見えますが、ここではいずれの傾向とも、歴史的社会野における無意識へのリビドーの備給に由来しており、一方から他方へと揺れ動く可能性がある、ということです。それはいずれも、先ほど見た、欲望機械の運動の分子的な極とモル的な極の現れだからです。「分子的現象が大集合に従属するか、それとも逆に大集合を自分に従属させるか」が表現的に少し分かりにくいですが、これは単に、分子たちがモル的集合体の動きに合わせるか、その逆かということです。両者が混ざって作用しているのが普通だとすると、分子革命がファシズム的な反革命に転化してしまう可能性は常にあるわけです。彼らはその可能性を知っている。

「逃走を前にした逃走 fuite devant la fuite」と「選別 la sélection」

二三二～二三三頁にかけて、分裂症的な「逃走」について述べられています。「逃走を前にした逃走 fuite devant la fuite」ということが言われていますね。つまり、逃走するのを恐れてその可能性から逃走する、逃走に囚われてしまう状態から逃走するということです。これが「パラノイア」だとすると、「パラノイア」も、元々分裂症的な傾向から生まれてきたということになりそうです。これに対して本格的な「分裂症的な逃走」は、社会的なものを蝕む穴をたくさんあけて、「革命」を引き起こすというわけです。分裂症的なプロセスは革命の潜在力だとも述べていますね。

ニーチェは、選別はきわめてしばしば多数に有利なように働くと語ったが、彼はこうして現代の思想をかきたてる基本的な直観を世に投じている。というのもニーチェが言おうとしていることは、多数や大集合が、そこから特異な線を抽出する選択的圧力に先行することではなく、まったく逆に、多数や大集合は、特異性を粉砕し、絶滅し、統御する圧力から生まれてくるということだからである。選別の働きは、最初に群居性を前提としているのではない。そうではなくて、群居性の方が選別を前提とし、選別の働きから生まれる。刻印し登記する選別のプロセスとしての「文化」は、多数を発明し、多数に有利なように、「文化」は実現される。だからこそ統計は機能的なものではなく構造的なものであり、現象の連鎖を対象とするが、選択によって現象の連鎖はすでに部分的従属の状態に入っている（……）。

ちょっとピンと来にくいですね。「選別（la sélection）はきわめてしばしば多数に有利なように働く」というのは何かすごく当たり前のことを言っているような気もします。ドゥルーズたちが念頭に置いているのは、『偶像の黄昏 Götzen-Dämmerung』（一八八九）の「ある反時代的人間の遊撃」という章に出てくる、反ダーウィニズムのくだりでしょう。そこでは、ダーウィンの言うように、最も幸運な例外として生まれてきた強者が適者生存で有利になるわけではなく、多数を占める弱い連中は生き残りのために団結し、次第に知恵を付け、逆に強い者を支配するようになるということが主張されています。つまり人数が増えると、通常想定されている進化の方向性を逆転させることができるという話です。ドゥルーズ＋ガタリはその議論に便乗して、多数派を形成することができれば、現体制を打破する革命も可能だと示唆しているわけです。ここで「特異性 les singularités」と呼ばれているのは、特定の強者による支配体制が固定化されている状態のことでしょう。

〝進化〟には「選別」の原理が働くので、その「選別」を自分たちに有利にするために、ヒトの「群居性 grégarité」が生じる。群居するようになった「多数 les grands nombres」は、「選別」のために生まれた「文化＝耕作＝鍛錬 culture」という仕組みを、自分たちのためのものに変え、利用していこうとする。これは、弱者のルサンチマンによって生まれた奴隷道徳を批判する論理であると同時に、ネグリ＋ハートによる「マルチチュード（多数者＝複数性）multitude」の革命の可能性を示唆する論理にも通じていますね。「統計」が「機能的」なものではなく、「構造的」なものであるというのは、最も効率的な文化的制度が自然界の法則に従って形成されるというのではなく、弱者である多数派にとって都合のいいものとして構築されている、ということでしょう。恐らく、構造主義を念頭に置いているのでしょうが、ここでの「構造」は価値中立的なものではなく、特定のグループの「力」の維持のための「構造」です。自然の摂理で「多数」が形成されるのではない、ということですね。「文化」が存続する以上、どんな分裂症的な人間でもある程度は、「多数」に「従属」しているわけです。

――ここで私たちは、分裂分析の第二命題を正確に述べることができる。それは、社会的諸備給において、集団または欲望の無意識的リビドー的備給と、階級または利益の前意識的備給とを区別せよ、ということである。後者の備給は社会の大きな目標にかかわるとともに、有機体と集団的器官にかかわり、これには配置された欠如の空胞も含まれる。ひとつの階級は、総合の体制によって定義される。つまり当の集合を規定する包括的接続、排他的離接、残滓的な連接の一状態によって定義されるのだ。ある階級に所属していることは、生産あるいは反生産においてどんな役割を果し、登記においてどんな場所を占め、主体にどんな分け前が戻ってくるかにかかわる。したがって階級の前意識的な利益それ自体は、流れの採取、コードの離脱、主体的な残滓や収入にかかわる。

「第二命題：社会的諸備給の中で、階級ないしは利害の前意識的備給と、集団ないしは欲望の無意識的リビドーとを区別すること」

第一命題が出てくる前に第二命題が出てきたので、「あれ」っと思いますが、目次を見て下さい。本文中に小見出しとして入っていないので分かりにくいのですが、第五節の三番目に、「第一命題：あらゆる備給はモル的社会的である」というのが出ています。本書では、小見出しを入れています。要するに、先ほど見たように、分子的に見える運動も何らかの形でモル的な塊、社会機械と繋がっているので、それを視野に入れるということです。

第二命題は、「集団」もしくは「欲望」のレベルで働く「無意識的 inconscient」リビドー的な備給と、「階級」または「利益」のレベルで働く「前意識的 préconscient」備給の区別に関わっているわけですね。「欲望 désir」が個人の身体レベルで働く無意識的なものであるのに対し、「利益 intérêt」が社会的・歴史的に組織化され、ある程度モル的に実体化しているというのは分かりますね。「階級 classe」が組織化され、一つの「利益」を志向しているのに対して、「集団 groupe」というのは恐らく、分子的な傾向が強い集合体でしょう。「配置された欠如の空胞 les vacuoles de manque aménagées」というのがよく分かりませんが、恐らく、階級的な「利益」とされているものは、「欲望」と違って、それを獲得したとしても誰にも快楽をもたらさない空疎な部分があり、「階級」がモル状に組織化されたものである限り、それは不可避である、というようなことでしょう。例えば、組合とか党を組織して、どこかに事務所を置くとか、団体交渉権とか表現の自由などの諸権利……、これらは、社会的組織が存在するからこそ利益と見なされますが、社会的組織が一切ないとしたら、誰の「欲望」にも対応しない空虚な表象にすぎません。

そうしたものも含んだ「利益」を私たちは必ずしも明確に意識していませんが、行動の前提にしています。その意味で確かに前意識的です。「利益」の本質は、欲望の流れを変えたり、分岐させたりして、主体の「欲望」を充たすのに必要なものを取り出す作用です。資本主義の場合は、脱コード化によってそれをやるわけですね。

二三七頁の終わりから二三八頁にかけて、マルクス＝レーニン主義の階級理論で言われていることをこの視点から再構成しています。ある体制において「利益」を得られる階級は一つだけです。したがって、逆－備給／投資（contre-investissement）によって、それと対立する階級が構成されます。

逆備給とは、新しい社会的目標、新しい器官や手段、社会的総合の新しい可能性との関係において、それ自身の利益を創造するものである。こうして、別の階級は、党という装置によって代表〔表象〕される必然性が生じてくる。党は、そのための目的や手段を定め、前意識の領域において革命的切断を（例えば、レーニン主義的切断を）操作するのだ。したがって階級または利益の前意識的備給というこの領域において、何が反動的あるいは改良的であるか、または何が革命的であるか区別することはやさしい。

これは分かりやすいですね。支配階級でない方は、実体的な「利益」を基にしてモル的に組織化されているわけではないので、「党」によって「代表＝表象 représenter」される必要がある。「党」は、欲望の流れを変え、新しい「総合」の可能性を生み出すことで、新しい「利益」を現出させるうえで指導的役割を果たさねばならない。それがレーニン主義で言うところの革命的切断です。この捉え方の場合、普通のマルクス主義のように、支配階級／被支配階級の双方にとって物質的な利益が確定していて、それに基づいて不可避的に階級闘争が生じるというのではなくて、後者にとっては、表象のポリティクス、しかも決断主義的なニュアンスを帯びたポリティクスが必要になるわけです。

徹底した唯物史観の立場に立つとすれば、［階級闘争↓革命］は不可避的に生じるはずなのに、前衛党の特別な役割を強調するレーニンの議論はそれと異質だということは、マルクス主義陣営の中でもしばしば指摘されてきました。ドゥルーズたちは、「利益」の前意識性・モル性という視点からそれを説明したわけです。因みに白井聡さん（一九七七―　）の『未完のレーニン』（二〇〇七）はドゥルーズ＋ガタリ的な読み方でのレーニン論です。

マルクス主義では、革命によって利益を得るはずの人々が立ち上がらないのは何故か散々議論されてきました。その説明のためにイデオロギー論とか、疎外論、物象化論、グラムシ（一八九一―一九三七）のヘゲモニー論などが登場します。

> ところが、この状況は、次のような問題に対して何ら十分な解答を与えるものではない。革命において客観的利益をもつ、またはもつはずの多くの人びとが、なぜ反動的な型の前意識的備給を保存するのか。もっと稀なことではあるが、客観的に反動的な利益をもつ若干の人びとが、いかにして、革命的な前意識的備給を働かすことになるのか。ある場合には、立派な正しい見解としての、正義への渇望とか、正しいイデオロギー的立場とかを引き合いに出し、別の場合には、イデオロギー的欺瞞やごまかしの成果、盲目を引き合いに出すべきなのか。革命家たちがしばしば忘れ、あるいは認めようとしないことは、ひとが革命を欲しこれを行うのは欲望によってであって、義務によってではないということである。

革命する動機が、「義務」ではなくて「欲望」だというのは当たり前の話ですね。ただ、普通のマルクス主義者なら、欲望をひとまとめにしたものが利益だ、くらいの雑な捉え方しかしていない、というより

「欲望」について本格的に考えていないのですが、先ほど見たように、ドゥルーズたちは、前意識／無意識の違いに対応させて、「利益／欲望」をはっきり分けて考えます。

他の場合と同じく、ここでも、イデオロギーという概念は、真の問題を隠してしまう最悪の概念であり、いつも組織論的性格のものにすぎない。ライヒが「なぜ、大衆はファシズムを望んだのか」というきわめて深い問題を提起したときにさえ、彼が、イデオロギー的なもの、主観的なもの、非合理的なもの、否定的なもの、抑止されたものといった概念を援用しながら答えることで満足してしまったのは、彼がもろもろの派生的な概念のとりこになっていたからである。こういう派生的な概念によって、彼が夢みていた唯物論的精神医学を彼は実現しそこねたのだ。これらの概念は、どんなふうに欲望が下部構造の部分をなしているのか、理解することを許さず、彼を客観的なものと主観的なものの二元性の中に閉じこめることになった（これ以降、精神分析は、イデオロギーによって規定される主観的なものの分析に逆戻りすることになった）。

ここではライヒに対して厳しいですね。イデオロギー論の問題点は、結局、［下部構造―客観―物質／上部構造―主観―意識］の二元論によって、唯物論にとって不利な事態を隠蔽していることです。唯物論自体は正しい、人々が革命に立ち上がらないのは意識がイデオロギーに囚われているだけだ、という言い方で説明したことにしても何にもならない、ということですね。そのイデオロギーがどうやって生まれて、何故、物質的な生産関係を超えた威力を発揮するのかまで説明しないと、肝心な疑問は解消しない。フランスでは、六〇年代から七〇年代にかけてアルチュセールが、精神分析の視点も取り入れて、イデオロギーを単なる幻想ではなく、人間社会に不可避的に生じる現象として構造主義的に捉え直す議論を展開していますが、恐らくそれとも一線を画しているのでしょう。ドゥルーズ＋ガタリにしてみれば、「下部構造／上部構造」を分けてしまう議論では、「欲望」をうまく位置付けることができない。

「リビドー経済学 l'économie libidinale」

二三九～二四〇頁にかけて、「利益」を問題にする通常の経済学に、「欲望」の次元を問題にする「リビドー経済学 l'économie libidinale」を対置しています。今更ですが、「リビドー経済学」を重視する彼らは、財（利益）の配分を正義論の中心的課題と考える現代のリベラルな政治哲学者たちとは全く異なる発想をしていることが分かりますね。

> リビドー備給が向かう対象は、社会的総合の体制ではなくて、これらの総合を支える力やエネルギーの発展段階なのである。総合によって操作されるもろもろの採取や離脱や残滓ではなく、総合の条件をなす流れやコードの本性なのである。社会的目標や手段ではなくて、社会体としての充実身体であり、意味や目標を欠いた主権的組織体あるいは権力形態そのものなのだ。意味や目標はこの形態から由来するのであって、その逆ではないからだ。おそらく利益は、私たちをあれこれのリビドー備給にかりたてる前提ではあるが、しかしこの備給と一体ではない。そのうえ無意識的なリビドー備給こそが、私たちを規定して、あれよりもむしろこれに私たちの利益を求めさせ、あるいはここにこそ成功の見込みありと思わせて、ある方向に私たちの目標を定めさせる。

「リビドー」が体制（régime）ではなく、「力」や「エネルギー」に関わるというのは分かりますね。総合によって操作される次元ではなく、その条件となる「流れ」や「コード」の次元にこそ、リビドー備給の本性がある、というのも分かりますね。社会的目標やその手段ではなく、「力」が直接的に作用する「社会体としての充実身体」が問題であるという所もいいとして、多少引っかかるのは、「意味や目標を欠いた主権的組織体あるいは権力形態」という言い方です。「主権的組織体」や「権力形態」が意味（sens）や目標（but）を欠いているというのが日本語的に引っかかりますが、原語はそれぞれ〈la formation de souveraineté〉と〈la forme de puissance〉です。〈formation〉を「形成物」、〈puissance〉を「力」と訳すと、人工的な組織体っぽいニュアンスが弱まって、違和感が減るでしょう。〈puissance〉は英語の〈power〉に相当する言葉で、政治的権力だけでなく、自然の力をも意味します。「主権」という言葉がそれでも気になりますが、この「主権」というのは、法学や政治学で言う、制度的に枠付けされ、正統性を付与された「主権」ではありません。少し後、二四一頁の注(55)の引用にも「主権」という言葉が出てきますが、これはクロソフスキーからの引用です。至上の力というような意味で、「主権」という言葉を使うことが多いです。この場合は、国家主権の基礎にあるような、社会体としての充実身体の中を流れ、この身体を動かしている、いかなる審級にも支配されない、無制約の「力」というような意味で、「主権」と言っているのでしょう。ドゥルーズたちは、社会的な「利益」や「権力」の根底に、こうした生の「力」、欲望機械と直結する「力」を見て、それを分析すべきだと示唆しているわけです。

ちなみに浅田彰さんの『構造と力』の「力」は、こうした意味での「力」を指しているのだと思います。家族や交換などの社会的な「構造」の下を流れていて、「欲望」と直接繋がっている「力」。「構造」を重視しながらも、「構造」に還元できない次元の「力」にも焦点を当てる議論をすべき、という意味合いが込められているのでしょう。

機械とは単に技術機械であるばかりではなく、社会的機械でもあり、また機械を通じて、欲望は自身の抑圧さえも欲望するのだ。私たちは、資本主義機械が、いかにして内在的システムを構成しているかを見てきた。このシステムは、突然変異する大きな流れによって囲まれているが、この流れは占有せず占有されず、資本の充実身体の上を流れ、ある不条理な権力を形成している。各人は、自分の階級において、また自分の人格において、この権力から何かを受け取るか、あるいはこの権力から排除される。大きな流れは、給料収入であれ企業収入であれ収入に変換されるからである。このような収入は、目標や利害範囲、採取、離脱、分け前を規定するのである。ところが、流れそのものとその公理系との備給は、確かに経済学の厳密な知識など何ら必要としないのであり、目標にとってあらかじ

め前提となる無意識的リビドーの仕事である。最も不遇な人びとや最も排除されている人びとが、自分たちを弾圧するシステムを、情熱をこめて備給するのが、しばしば見られる。彼らは、そこにいつも利益を見いだしている。なぜなら、彼らは、そこにおいて利益を求め利益を測定しているからである。利益はいつも後から来る。反生産は、このシステムの中にあふれる。ひとは、反生産を反生産として愛するのだろう。また資本主義の大きな集合の中で、欲望が自分自身を抑制する仕方を愛するのだろう。単に他人に対してだけではなくて、自分自身のうちで欲望を抑制すること。他人たちと自分自身を見張るデカであること。これがひとを勃起させる。これはイデオロギーの事柄ではなく、経済の事柄である。資本主義は目標や利益の力（権力）を集め所有するが、しかし機械の不条理な所有されない力に対しては、利害を超えた愛を抱くのだ。

この箇所だけ見ると、取りとめもないことを滔々と語っているように見えますが、要は資本主義機械の中核にあるのは、利益の配分ではなくて、その利益を生み出している無意識的リビドーの備給、欲望の連鎖であり、これまで資本主義機械の公理系と呼ばれていたのは、無意識的リビドーから生じてくる（権）力だということです。ここで、「愛」と言っているのは、「欲望」から生じてくる既成の対象やコード、体制に対する愛着のようなもののことでしょう。自らの「欲望」を充足してくれるものを愛するわけです。それが後になって、「利益」という形で体制の中で組織化・客観化されてくるわけですが、無意識の次元で働く「欲望」と前意識の次元で客観化された「利益」の間にズレがあるわけです。「利益」や生産性という観点からすると、明らかに反生産的なものであっても、「欲望」がそれに愛着し続ける可能性があります。「欲望」の流れ、欲望機械の連鎖の中で構成された「（権）力」が各人の欲望の方向性を支配し続ける。相手からいたぶられるとか、麻薬などで自分の害するような欲望でも、それで何らかの充足が得られたという体験があり、欲望の回路が一度出来上がると、それから離れられなくなる。

革命と反革命、そして「横断性」

ところで社会野のリビドー的備給は単に利益になる備給を妨げ、最も不遇な人々や最も搾取されている人々を強制して、圧制機械の中に彼らの目標を求めさせることがあるだけではない。そのうえ、利益の前意識的備給の中で反動的あるいは革命的であるものは、無意識なリビドー備給の中でそうであるものと必ずしも一致しないのだ。革命的な前意識的備給は、新しい目標、新しい社会的総合、新しい権力を目指す。しかし無意識的備給の少なくとも一部は、古い身体や古い権力形態、そしてそのコードやその流れを備給し続けることがありうる。

さきほど私が説明したことを、革命とか反革命というレベルで述べているわけですね。リビドーの備給の古い流れがなかなか変わらない。当事者たちの前意識レベルでの利益志向の行動と、無意識レベルの欲望が食い違い、後者が勝ってしまうことがあるわけです。

つまり、ある集団は階級の利害とその前意識的備給の観点からは革命的でありうるが、しかしそのリビドー備給の観点からは革命的ではありえず、ファシズム的警察的なままのことさえある。現実に革命的な前意識的利害は、必ずしも同じ性質の無意識的備給を含んではいない。利害にかかわる装置は、決して欲望の機械として働くわけではない。

前意識の水準にある革命的集団は、たとえ権力を獲得したとしても、この権力そのものが、欲望的生産を隷属させ粉砕し続ける権力形態に結びついているかぎりにおいては、隷属集団にとどまる。この集団は前意識においては革命的であるのに、この同じ集団がすでに隷属集団の無意識的性格のすべてを示すことになる。

「権力形態」と「欲望的生産」の間には無意識レベルでの結び付きがあるので、既成の「権力形態」を維持したままそれを奪取しようとすると、その権力形態に対応した欲望生産の在り方を温存させることになります。ここでいう「隷属集団 un groupe assujetti」というのは、被支配階級ということではなくて、体制に従属している、体制の枠内で主体（sujet）化してしまって、そこから抜け出せない、という意味でしょう。革命集団が権力を取ったら反動化するというのは、ロシア革命以来、見方によってはフランス革命以来ずっと言われてきたことです。ネグリの「マルチチュード」論が話題になった時もこの議論が再燃しました。ドゥルーズたちは、無意識的な欲望の流れを固定化させる力の形態の問題と考えているわけですね。

この性格とは、まず固定した土台としての社会体、生産力をわがものとし、それから剰余価値を抽出し吸収する社会体への従属である。また、ますます自分の不滅を実感し、不滅を願望するシステムの中への反生産や苦行的要素の注入である。さらに、「超自我化」、ナルシシズム、集団のヒエラルキー、欲望の抑制のもろもろのメカニズムである。これに対して主体集団とは、そのリビドー的備給そのものが革命的である集団のことである。主体集団は、欲望を社会野の中に浸透させ、社会体あるいは権力形態を欲望的生産に従属させる。欲望の生産者、生産する欲望として、この集団は、常にもろもろの死すべき組織体を作りだし、これらの組織体によって自身の中に死の本能が流入することを避ける。この集団は、隷属の象徴的規定に対して、集団的ヒエラルキーや超自我をもたない横断性の現実的係数を対立させる。すべてを複雑にするのは、じつは、同じ人間が、異なる関係のもとで二種類の集団に参加することができるということである（サン・ジュストやレーニン）。

「隷属集団」が既成の社会体の中で自己の「不滅 immortel」を実感するのは、神のような絶対的存在によって自分の立場が保証されているとか、使命を与えられているとか感じるということでしょう。資本主義機械の中でそういう観念が生じるのはヘンな感じがしますが、これまで見てきたように、「資本主義機械」は「原始大地機械」や「専制君主機械」をベースにして、部分的にそれらの古い表象体系を利用しているわけですから、そういうイメージに囚われてもおかしくありません。神との関係で自己の不滅を感じるとすると、反生産的苦行、つまり古い体制を復活させる運動に従事するとか、神の代理としての超自我

サン・ジュスト

の監視を常に受けていると感じる超自我化、神に選ばれた自己に惚れ込むナルシシズム、宗教的ヒエラルキーのようなものを形成するのも納得いきますね。

自らの「欲望」を（既存の）「権力形態」に従属させてしまう「隷属集団」に対して、「主体集団 groupe-sujet」は、「権力形態」の方を「欲望」に適合させることができる。無論、この場合の「欲望」というのは、既存の体制に適合しない新たな欲望、体制に回収し切れない欲望ということでしょう。「主体集団」は、「集団的ヒエラルキーや超自我を持たない」で、「横断性 transversalité」を特徴とするというわけです。この場合の「横断性」というのは、一つの階層秩序の中に自らを位置付け、同一化するのではなく、様々な秩序に属したり、属さなかったり、多様な関わり方をする、ということでしょう。ガタリの枕詞みたいになっている「横断性」とはこういうことだったんですね。

言うまでもありませんが、レーニンやサン・ジュスト（一七六七―九四）が二つの集団に属しているというのは、革命の前後でやっていることが変わったことを指しているのでしょう。ロベスピエール（一七五八―九四）ではなくて、サン・ジュストを挙げているのは、彼の方が若くて過激で、有名な演説や文章を残していて、後世の文学作品で取り上げられ、「革命の大天使 l'Archange de la Révolution」の異名を取ったからでしょう。

> アナキストや無責任呼ばわりされる主体集団を敵に回し、こうした集団を粛清するという誘惑、どんな革命がこの誘惑にかられないだろうか。革命的なリビドー備給から、もはや前意識的で利益をめざすだけの革命的備給へ、さらに、もはや修正主義でしかない前意識的備給へと、一集団を移動させる不吉な斜面をいかにして払いのけたらいいのか。それに、あれこれの集団をどこに位置づけたらいいのか。これらの集団は、これまでに無意識的な革命的備給をもったことがあるのか。あの幻想的な隷属、あのナルシシズム、あの超自我とともにあったシュルレアリストの集団はどうだったの

か（たったひとりが隷属集団と断絶することによって、そこから自分を追放し、あるいは追放されて、彼自身が流れ－分裂として、あるいは主体集団として作動することがある。分裂者アルトー）。「主体集団」があまりに無責任に見えるので、こいつらに任せるわけにはいかない、どうにかしないといけない、と多くの人が思ってしまうというのは、よくあることですね。革命集団の方も修正主義に走りがちになる。また、主体的な隷属的なのか微妙な人たちもいるわけですね。この連続講義の第三回目でも少し出てきましたが、ドゥルーズ＋ガタリはシュルレアリストを全体としてはそれほど評価していません。超自我的＝神的なものに引き寄せられて、勝手にナルシシズムに浸っていて、既存の力の配置を転換できなくなっている。その集団の中でやはり根っから分裂症的なアルトーは例外のようですね。

「性愛 sexualité」と「流れの汎神論 panthéisme des flux」

それゆえ分裂分析の課題は、社会野に対する無意識的欲望のもろもろの備給に到達することである。この備給は、利益の前意識的備給から区別され、これに対立するばかりではなくて、対立の様相をとりながらもこの備給と共存するのである。世代間の争いでは、老人たちが、最大の悪意をこめて若者たちを非難するのが聞かれる。若者は、自分の利益（仕事、貯蓄、きちんとした結婚）よりも、自分の欲望（自動車、信用買い、借金、男女交際）を第一にしている、と。ところが、他人にはむきだしの欲望とみえるものの中にも、やはり欲望と利益の複雑な絡みがあり、明白な反動的形態やあいまいな革命的形態の分ち難い混合がある。状況は、まったく混沌としている。集団あるいは個人の次元で、分裂分析が社会野のリビドー備給を解明するために使用しうるものは、ただ指標――それも機械的なもろもろの指標――でしかないように思われる。ところで、この観点からいえば、こうした指標となるものは性愛である。革命的な能力は、個人や集団をかきたてる性的欲動の対象や目標や源泉によって制定されるということではまったくない。たしかに、性愛が「汚ならしいささやかな秘密」の枠の中に閉じこめられているかぎり、倒錯はもちろん性的解放でさえ、何らの特権的指標とはなりはしない。秘密を公にし、公明正大にする権利を要求することもできよう。秘密を消毒することさえ、また科学的な、精神分析的な仕方でその秘密を治療することもできる。しかし、むしろ欲望を殺してしまう恐れがでてくる。最も弾圧的な監獄よりも、さらに陰鬱な解放形態を欲望のために発明してしまいかねないのだ。──公にされるにしても、消毒されるにしても、秘密のカテゴリーから、つまりオイディプス的ナルシス的起源から性愛が引き離されない限り、こうなる恐れがある。

ここも比較的分かりやすいですね。革命を起こすには、社会野の様々な領域に無意識的な欲望を備給注入しないといけない。その際に、「利益」の関係も見ないといけない。「利益」と「欲望」が複雑に絡み合っていて、全ての既存の「利益」を廃棄できるというわけでもないし、ある人にとっては純粋な、囚われのない「欲望」に見えるものも、別の人から見れば、「利益」への固執に見えることもある。そもそも、人間は何らかの「利益」を前提にしないと社会生活を営めない。これも、左派の哲学的論争でよく取り上げられるテーマです。

そこで「性愛 sexualité」が重要な判断基準になるわけですが、「性愛」が「汚ならしいささやかな秘密 sale petit secret」である限り、つまり、本来私的領域に隠しておくべき汚らわしいものと見なし続けるのであれば、性の解放だとか倒錯のようなことを実践しても、新しい欲望が生み出されるのではなく、むしろ余計に欲望を抑制することになってしまいかねない、というわけです。一九六八年革命の前後に、性の解放について声高に唱えられましたが、ドゥルーズ＋ガタリに言わせれば、「性愛」そのものについての根本的なイメージを変えなければ仕方がない、ということになるわけです。直感的に分かりますね。ごく簡単にカリカチュア的に言うと、「俺はセックスという汚らわしいものを人にはばかることなくやってのけている。しかも、同性との行為とかＳＭとかも平気だぞ」、というように自慢する人がたくさん出てきたと考えてみて下さい。「性愛」のステレオタイプなイメージは崩れるのか、それとも余計に「性愛」は本来隠しておくものだ、という思い込みが強化されるのか。後者の可能性が高そうな気がしますね。少しは変化があるかもしれませんが、どういう人ならどういう性愛の実践がお似合いか、というステレオタイプが新たに出来上がり、分裂者的な体質の人たちも、〝よく見かける変わり者〟程度の者になってしまうかもしれない。ドゥルーズたちにとっては、そんなのはエディプス三角形の中で培われたナルシシズムにすぎません。

> 例えば、同性愛と異性愛とが、あれかこれかの排他的離接の関係において捉えられるかぎり、どんな「同性愛戦線」も不可能である。この排他的離接の関係は、同性愛と異性愛をともに共通のオイディプス的去勢的起源に関係させるものであり、この起源は、これら二つの愛を、交通することのない二系列にはっきり区別する役割しかもたない。

「同性愛戦線 front homosexuel」というのは恐らく、一九七一年にパリで結成された「革命的行動の同性愛戦線」というグループを念頭に置いているのでしょう。フェミニストのレズビアンのグループと、ゲイの活動家団体が合流して出来上がったもので、同性愛を蔑視する国家の転覆を掲げることと、左派内部のマッチョ主義とか同性愛嫌悪とも戦う姿勢を特徴としていました。ドゥルーズ＋ガタリに言わせれば、エディプス・コンプレックスを前提として、「エディプス」期に象徴的「去勢」を受け入れたら異性愛者になり、拒絶したら同性愛者になるというような捉え方をしているとすれば、国家の下での「性愛」の固定化を変革するための同盟など成功しない、ということでしょう。「性愛がナルシス的、オイディプス的、去勢的な座標軸の中にとどまるかぎり」、「最も厳格な検閲者の勝利」が十分に保証されている、というわけです。

　二五〇～二五一頁にかけて、D・H・ロレンスの議論が参照されていますね。「性愛」を、その対象や目標を変えながら続いていく「流れ flux」として描き出している、ということですね。ロレンスのエッセイ・評論集『不死鳥』（一九三六）に収められている「われわれは互いに必要なのだ We need One Another」（一九三〇）というエッセイからかなり長く引用されていますが、一番重要な所だけ読み上げてみます。

ひとりの女は、何かの形象を形成するものなのではない。ひとりの判明な定義された人物ではない……。女は、空気の奇妙な快い振動であり、彼女は無意識のまま気づかれることもなく、この振動に応答する振動を求めて前進する。でなければ彼女は、不快で不調和な耳障りな振動であり、自分のまわりのあらゆる人びとを傷つけながら前進する。これは、男に関しても同じである。

女の「性愛」の方向性とか対象が変わったというより、女の一つの人格としての境界線が揺らぎ、いろんなものが〝女〟の中に入ってきたり出て行ったり、あるいはその逆に〝女〟がいろんなオブジェの中から出入りしているみたいな印象ですね。この本の冒頭に出てきたビュヒナーの『レンツ』の機械の連続性みたいな感じがしますね。いや、それが更に極限まで行って人格の中核部が溶解し、分散しているという感じですね。

このような文章に現れる流れの汎神論を性急にあなどってはならない。つまりロレンスがなしえたほどに、自然さえも風景さえも脱オイディプス化することはやさしくないのだ。精神分析と分裂分析との間の基本的なちがいはこうである。分裂分析は、非具象的、また非抽象的な無意識を捉えるものである。それは抽象絵画について語られる意味で、抽象的な、純粋な形象性であり、自己同一性の最小条件以下において把握される流れ－分裂あるいは現実－欲望である。

「流れの汎神論 panthéisme des flux」というのは、「欲望」の流れが一人の女の周辺の諸機械が連動して動いているというよりは、あたかも万物に〝女〟の霊が宿っているかのように、〝女〟があちこちに現れている、ということでしょう。人間をそういう風に「非具象的、また非象徴的」に捉えるのが分裂分析の特徴だというわけです。新しく登場する理論は通常、既存のものより自分の方が具体的である、対象を生き生きと捉えている、と主張するものですが、分裂分析はその逆のようですね。精神分析のエディプス仮定があまりにも具象的すぎて、エディプス的なイメージから外れる流れは切り捨てられてしまう。エディプスを上回る強烈なイメージによって対抗しようとすると、別の切り捨てが生じるので、あえて非具象性、非象徴性に徹して、意味を収斂させないようにするのでしょう。「抽象絵画」の意味で「抽象的」というのは、通常の言葉の意味のように切り捨てる抽象ではなくて、特定の具体的な形に固執するのではなく、通常のフォルムから逸脱し、変化していく可能性を秘めた〝もの〟の現れ、流れを表現している、というような意味合いで「抽象的」なんでしょう。

再び精神分析批判――フロイトを「社会野」から見直す

ここでまた、精神分析批判が展開されます。

いったい精神分析は何をしたのか。まずフロイトは何をしたのか。性愛を小さい秘密の致命的な軛の下につないだということ以外に、いったい何をしたというのか。同時に小さい秘密を公のものとし、これを道化の秘密にし、精神分析的オイディプスにする医学的手段を見いだすこと以外に何をしたのか。ひとは私たちにいう。まあごらんなさい。まったく当然なのです。みんながこうなのです、と。ところがひとは性愛について、屈辱的な卑しい発想を、検閲者のそれと同じ具象的な発想しかもたないままでいる。たしかに精神分析は、絵画がなしとげた革命をまだなしとげていない。

これは先ほどの「汚ならしいささやかな秘密」の話ですね。フロイトがそういう汚らしいイメージの中に「性愛」を封じ込めてしまったのは、彼自身が「性愛」について、彼の理論で「検閲者 censeur」として想定されている超自我のように、「具象的な発想 conception figurative」、つまり、男女の淫らな秘め事のような、ステレオタイプのイメージしか持っていなかったからだというわけです。性について厳格な検閲者が実は自分自身の性に関する偏見に囚われすぎている、自分の淫らなイメージに従って相手を裁断している、というのはありがちな話ですね。絵画が、画家たちが従来持っていた「具象性」についての狭いイメージを脱して、もっと多様な見え方、見ることをめぐる欲望とその表現可能性を追求していったように、精神分析も自らの性愛に対するイメージを変えるべきだ、と主張して、その変革の先端に自分たちを位置付けているわけです。

私たちは、もろもろの愛や性愛を通じて、リビドーが備給していたものとは、経済的、政治的、歴史的、民族的、文化的などと規定される社会野それ自身であることを見てきた。リビドーは、〈歴史〉を、大陸や王国や民族や文化を錯乱させることをやめないのである。フロイトの無意識の家族的表象に代えて、あるいは集団的無意識の原型〔ユング〕にさえ代えて、歴史的表象をおくことが問題ではない。ただ、私たちの愛に関する選択が様々な「振動」の交点にあるということ、言い換えるなら、それが流れの接続、離接、連接を表現しているということを確証することだけが重要なのである。流れは社会を貫き、この社会を出入りし、たえずリビドーの地下鉱脈を辿りながら、この社会を他のもろもろの社会に結びつける。それは古代社会または現代社会、はるか遠くの社会または消滅した社会、死んだ社会または来るべき社会、アフリカとオリエントである。

文学的でまさに抽象的な表現ですが、内容的にはこれまで見てきたことの確認ですね。リビドーは、通常の意味での「性愛」だけでなく、様々な性格を持った社会野に備給され、多様な流れを形成している。それらの流れと私たちの身体が繋がっていて、どういう流れが入り込んできて、どう「接続」「離接」「連接」――「そして、……そして次に」「あるいは」「と」――されるかによって、私たちの狭い意味での「性愛」の在り方が変わってくる。そうしたリビドーの様々な社会野を経由していく流れは、本人に意識化されるとは限らず、無意識のレベルを流れているものもある。それは古代の社会や来るべき社会とも繋がっている――無意識が過去や未来のイメージと繋がっていて、それが革命の原動力になるという議論は、ドイツのマルクス主義哲学者エルンスト・ブロッホ（一八八五－一九七七）が既に一九三〇年代に提起しています。「アフリカ」というのは、コンラッド（一八五七－一九二四）の小説『闇の奥』（一九〇二）に見られるように、ヨーロッパ人にとって、原初的無意識の象徴であり、「オリエント」は、自分たちの文明の源泉、メシアが誕生した地、あるいは、ヘルダリンの詩に歌われているように、豊穣と酩酊（混乱）の神ディオニュソスが放浪していき、やがて帰ってくる地かもしれません。そういう非西欧的な表象圏とも地下水脈で繋がっている。この講義の二回目に出てきた、ランボーの『地獄の季節』も、こうした地下水脈の旅として解釈できるかもしれません。

> 重要なのは、社会体のもろもろの流れ、コードであって、これらは何も形象化することなく、ただ器官なき身体の上にあるリビドー的強度の地帯を指示し、そのとき私たちが愛することになる存在によって放射され捕獲され遮断される。このような存在とは、〈歴史〉に応答し、〈歴史〉とともに振動する強度的身体の網の目全体の中にある点－記号、特異点である。グラディヴァについて書いたフロイトは、実に遠くまでいったのである……〔『W・イェンゼンの〈グラディヴァ〉における妄想と夢』一九〇七年〕。要するに、社会野に対する私たちのリビドー備給は、反動的であれ、革命的であれ、あまりにも隠され、あまりにも無意識であり、あまりにも巧みに前意識的備給によって蔽われるので、性愛に関する選択の中にしか現われないのだ。愛は革命的なものでも、反動的なものでもなく、リビドーの社会的備給の反動的あるいは革命的な性格の指標なのである。男性と女性の（あるいは男性と男性、女性と女性の）欲望的性的関係は、人間の間の社会的関係の指標である。愛と性は、ここでは社会野に対するリビドー備給の無意識的指数であり計測器なのだ。愛されたり欲望されたりしている存在はすべて、集団的言表行為の代行者に値する。もちろんそれは、フロイトが信じていたように、社会と流れを備給するために、みずからを脱性化し、昇華しなければならないリビドーなどではない。

リビドーあるいは欲望のコードは、諸々の社会体の領域を流れていくうちに形成・変化するものであって、個人の身体の中で自己完結的に形成されるわけではない、ということですね。どういうコードの流れが、器官なき身体に入ってくるかで、愛の対象さえも変わってくる。

『グラディヴァ Gradiva』（一九〇三）というのは、ドイツのヴィルヘルム・イェンゼン（一八三七―一九一一）の小説です。この小説自体はそれほど高く評価されているわけではないのですが、これに対してフロイトが先ほど読み上げた所に出てくる「W・イェンゼンの〈グラディヴァ〉における妄想と夢」を書いたことで知られるようになりました。

考古学者の青年ノルベルト・ハーノルトは、社交にも女性にも興味を持たず、研究にだけ勤しんできましたが、ローマの美術館で、裾をあげて、踵をほぼ直角に上げて歩いている女性のレリーフを見つけます。普通の人間はそんなに踵を上げることはできませんね。その像に魅せられた彼はその石膏複製を作ってもらい、自宅に飾り、「グラディヴァ」と名付けます。〈gradiva〉というのは、「行進している」という意味のラテン語で、「（戦場へと）行進していくマルス Mars Gradivus」と呼ばれる、軍神マルス像を連想させるところからそう名付けられました。ある日、彼は「グラディヴァ」と同じように歩いている女性を自分が住んでいる街の通りに見つけた気になります。自分でもそれは現実の人間なのか幻覚なのか分からない。彼は隣の家のカナリアの声を聞いて南国への思いがかきたてられ、ポンペイの町まで行きます。ヴェスビオ火山の噴火で埋まったポンペイです。この町の遺跡を歩いている時、彼はグラディヴァが歩いているのに出くわしました。タイプスリップしたかのような、幻覚に入ったかのような感覚の中で、その女性と会話を交わします。しかし、グラディヴァが、つまり二〇世紀初頭のドイツ人の女性の格好をしているのでおかしいと思っているうちに、実はその女性が彼の幼馴染みであることが分かった、そして二人は恋に落ちたという話です。

これについてフロイトは、抑圧されていた主人公の願望が、夢、白昼夢の中で実現されたのだ、という精神分析を知らなくても思い付きそうな解釈をしています。しかしドゥルーズ＋ガタリは、『グラディヴァ』に関心を持ち、分析するフロイトの内に〈歴史 l'Histoire〉という要素を読み取っているわけです。ノルベルトは、夢の中で願望充足するために、実際にかなり「遠く」、イタリアのポンペイ、しかも一九

○○年も前のポンペイまで行かねばならなかったわけです。フロイトは、〈歴史〉を経ることの意味について突っ込んだ解釈を示していませんが、ノルベルトは、古代ローマ的な社会野の中での「性愛」の流れなら適応できたのかもしれません。あるいは、イタリアという土地の中での独特な欲望の形成のされ方が関わっているのかもしれない。ドイツ人には神聖ローマ帝国の時代からイタリアに対する特別な思い入れがあり、ドイツの作家や思想家にはイタリアに特別な意味を付与しているものが少なくありません。ゲーテの『イタリア紀行』（一八一六－一七）なんかそうですね。最後のノルベルトとツォーエ――〈Zoë〉という彼女の本名は、「生命」という意味のギリシア語〈Ζωή〉から来ています――の恋愛成就は、様々なリビドーあるいは欲望の流れが交差した帰結かもしれない。

　実はフロイトの記述の随所に、エディプス的な異性愛とは直接関係しないような要因、社会的要因が登場するということが指摘されていますね。

精神分析に関する学位論文の主題を探している人びとに、精神分析的認識論についての大がかりな考察など進言すべきではないだろう。そうではなくて、フロイトの思考の中に登場する女中や使用人についての考察を進言すべきだろう。真の指標はここにある。なぜなら、フロイトが研究する症例にいつも出てくる女中たちについては、フロイトの思考における典型的なためらいが現われているからである。このためらいは、精神分析の教養を成立させるために、あまりにも早く解決されてしまった。フィリップ・ジラールは、大きな射程をもつように思われる未刊の考察において、いくつかの水準にかかわる問題を提起している。第一は、フロイトが「自分自身の」オイディプスを発見するのは、複雑な社会的文脈においてであるという点である。つまり、金持の分家の異母兄と、貧しい女性として盗みをする女中がそこに登場するのだ。第二は、家族小説と幻想的活動の全般が、フロイトによって、まさに社会野から派生するものとして提示されるという点である。こうして両親の代りに、身分のより高い人物やより低い人物が代置される（ボヘミヤンに誘拐された王妃の息子、あるいはブルジョワ

に引きとられた貧しい家の息子)。オイディプスは、貧しい出生と召使いの両親のことを語ったとき、すでに同じことをしていたのだ。第三は、鼠男の話で、彼は自分の神経症を、単にすみからすみまで軍事的なものとして規定された社会野の中だけに住まわせているのではない。また彼は、自分の神経症を、単にオリエントに由来する鼠刑の拷問に位置づけているのではない。それだけではなく、彼は、この社会野そのものの中にあって父の無意識と奇妙な無意識的交通をしながら、金持の女性と貧しい女性によって構成された両極の間に、自分の神経症を往復させている。

フロイトの症例にはよく女中や召使、乳母のように身分の低い人物、あるいはその逆に、身分の高い人が出てきたりします。フロイト自身の家族における「エディプス」の発見に関しても、経済的な背景が読み取れます。彼の父親は毛織物商人で、フロイトが幼い頃家には乳母がいましたが、その乳母が盗みを働いて投獄されたことが、彼の記憶に強く残ります。その後、不況で彼の家族は貧しい生活を強いられますが、彼には二〇歳以上年長の二人の異母兄エマヌエルとフィリップがいて、彼らは独立してマンチェスターで商売をして成功を収めます。その異母兄たちの援助で、一家には再び経済的に余裕ができ、使用人を雇えるようになる。そうしたことが関係しているということですね。「家族小説と幻想的活動」の例として引き合いに出されている、「ボヘミヤンに誘拐された王妃の息子、あるいはブルジョワに引きとられた貧しい家の息子」というのは、子供が抱きがちな、自分はもっと高貴な家の子、あるいは貧しい家の子ではないか、という疑念・幻想のことです。

「鼠男 Rattenmann」というのは、オリエントに肛門に鼠を食い込ませる鼠刑なるものがあると聞いて、自分の父親や恋人がその刑に処せられるという強迫神経症に囚われている男のことです。この少し後に、この講義の第二回目で少し触れた「狼男 Wolfmann」の症例も言及されていますね。「狼男」も、狼に変身する男のことではなく、幼い時に白い狼が出てくる夢を見て以来、動物恐怖症、強迫神経症になった男の話です。「狼男」は貧しい女性を狙うということですね。妹と同じ名前を持つ、妹の代理としての百姓女とか、性交を目撃された母の代理としての四つん這いになって働く女中とか。鼠男のケースでは、軍隊で兵器訓練を受けた際に、職業軍人である将校から強い影響を受けたことや、ある将校にお金を返さなければならないと思いながら脅迫神経症が邪魔してなかなか返せないという話が出てきます。金だとか社会的地位だというようなことは、エディプス家族とは関係ないように思えますし、現にフロイトは、分析対象のエピソードに登場する明らかに社会的ステータスが違う人たちを、父や母の代理ということで処理してきましたが、ドゥルーズ＋ガタリは、それらの人たちが属する「社会野」が症例の形成期に対して一定の役割を担っているのではないかと指摘しているわけです。因みに、フロイトの症例になる人は、基本的には金持ちで、経済的に困っていない人たちだという指摘があります。フロイトが裕福な人だけを相手にしていたので、それは当然なのですが、「性愛」を形成する「社会野」という観点から見直すと、従来考えられているより、重要な意味がありそうです。

あいかわらず、私たちは偽りの二者択一に陥る。フロイトはオイディプスによってそこに導かれ、ついでアドラーとユングとの論争によってそれを確信する。彼はいうのだ、あなた方は個人的かつ社会的な権力意志を優先して〔アドラー〕、あるいは歴史以前の集団的無意識を優先して〔ユング〕、リビドーの性的立場を放棄するか、――でなければオイディプスを承認し、オイディプスをリビドーの性的な居所とし、パパ－ママを「純粋にエロティックな動機」とする立場をとるか、どちらかしかない、と。これが偽りの二者択一の内容である。

フロイトがリビドーの本質を「エディプス」、アドラーはリビドーの本質を社会的権力意志と見なし、ユングは有史以前の集団的無意識だと主張したわけですが、ドゥルーズ＋ガタリに言わせれば、彼らの論争は、個人の欲望か、集団的なものかという二項対立に陥っていて、全体像を捉えていない。いろいろな社会野を経てきたリビドーの流れが、家族において交差し、エディプス的な性愛の形を取るわけですから、その全体を把握する必要があるわけです。

家族の物語はオイディプスの派生物ではない。オイディプスのほうが家族の物語から、したがって社会野から派生するのだ。両親の交わりや母の立場の重要性を否定することが問題なのではない。それにしても母の立場のせいで、母が床を洗う女中や四つんばいの動物に似ているとしても、何をもってフロイトは、社会的あるいは種族的区別とは無関係に、動物あるいは女中は母に等しいと結論するのか。そうではなく、母はまた、母以外のものとして機能し、子供のリビドーの中に、まさに差異化された社会的備給を、同時に非人間的な性との関係を喚起する、と結論するべきだったのに。

社会野が家族を形成し、母の役割を規定するわけですね。フロイトは、床を洗う女中や四つん這いの動物が母の代理になっていると簡単に推測しているわけですが、どうしてそういう推測が成り立つと言えるのか？　それは、母と女中と動物が、〝性的な何か〟を共有しているのではなく、母が掃除とか子供の世話のために、四つん這いになっていることが多いからかもしれない。あるいは、動物のように卑屈な立場に置かれている、ということかもしれません。性交のために四つん這いになっている場面を子供が見ることがあるかもしれませんが、そこに子供が狭義の性愛的なものを感じたのではなく、単に動物的な姿勢との同一性を感じたということかもしれない。幼い子供が最初に、人間の大人の男女、特に自分の両親の性交に特別な意味を見出して、それとのアナロジーで、使用人の動作とか、動物の性的に見える行為を意味付けするとは限らない。前回見た、マルクスの「非人間的な性」の話がここで意味を持ってくるわけですね。いずれにしても、家族をめぐる社会野が絡んでいるわけです。このように、「エディプス」的な状況は、社会野の中での多様なリビドーの流れの絡み合いによって構成されるわけです。

「第三命題：社会野リビドー備給は、もろもろの家族的備給に先立つものである」

こうした方向のいずれにおいても、分裂分析の第三命題は、事実と権利のどちらの観点からも、社会野のリビドー備給は家族的備給にまさるということである。家族は、出発点においては任意の刺戟であり、到達点における外因的な結果でしかない。社会的生産における領野の性愛の形態においても、欲望的生産における非人間的な性の形態においても、非家族的なものとの関係が常に根本的である（…）。

リビドーは、家族よりも社会野で備給される割合が大きい。社会的生産の大きな流れの中で、私たちが知っている「家族」という形自体が生み出されるわけだし、個人の欲望的生産のレベルでも、動物（の性）とか、おもちゃとか道具のようなものとの関係にかなりのリビドーが注入される。これまで、美術作品や文学作品に言及しながら、人間以外の「機械」と各人の身体的欲望との繋がりや、原始大地機械から「家族」的な表象が立ち上がってきた経緯をかなりしつこく批判的に論じてきたのは、社会野が家族に先行していることを示すためだったわけですね。「事実と権利のどちらの観点からも du fait que du droit」というのは、カントに由来する言い方です。法学で「事実」と、法や権利の「妥当性」の二つの次元が区別されていることとのアナロジーで、認識論の二つの次元を区別するために導入されたものです。「事実問題 quid facti」というのは、人間が対象の客観的実在性に関する概念――悟性概念――をどのようにして獲得したかという生物学・心理学的レベルの問題で、「権利問題 quid juris」というのは、そうやって獲得された概念が本当に客観的に妥当するものと見ていいのか、簡単に言うと、信用できるものかという問題です。この場合は、社会野の中で家族的なリビドーの流れができたという事実と、そうした社会野を基準として各人の置かれている身体や精神、欲望機械の状態を分析することの妥当性（権利）の双方が主張されているわけです。

十九世紀以来、心的な病と狂気の研究は、家族主義の公準とその相関項つまり、人称論的公準と自我的公準に閉じこもったままである。フーコーにしたがって、私たちは次のことを見てきた。すなわち、いかにして十九世紀の精神医学は、家族を病気の原因、かつ病気の判定者と考え、また閉鎖的な精神病院を人工的家族、つまり罪責感を内面化し責任感を感じさせる役目を負うものと考えて、狂気だけでなく、その治療も、いたるところに現前する父―子関係の中に包みこんでしまったのか。この観点からすれば、精神分析は、精神医学と縁を切るどころではなく、むしろそのもろもろの要求を精神病院の外にまで運びだし、まず家族の「自由な」、内面的、強度的、幻想的な使用法を押しつけてきたのであって、とりわけこの使用法は「神経症」として分類されたものにふさわしいように思われたのだ。しかし一方には精神病の抵抗があり、他方には社会的病因論を考慮する必要があって、精神医学者や精神分析家たちは、より開かれた条件において、外延された家族の秩序を展開するようにうながされた。家族はあいかわらず病気と治療の秘密を握るものとみなされているのだ。家族がオイディプスの中に内面化されてしまった後で、こんどはオイディプスが象徴的秩序、制度的秩序、そして共同体的、セクター的秩序などといったものの中に外面化される。

ここは既に見たことの復習ですね。精神医学は、(核)家族の中で関係性が心的な病や狂気の原因と考え、父―子関係の歪みを医師―患者関係によって正そうとした。精神分析は、生物学的な発想の強い精神医学に対抗して、被分析者とソファの上で向き合い、無意識の領域の解釈に力を入れたけれど、「家族」の中の正しい関係の再構築という点にはむしろより強く拘った。

「外延された家族」の原語は、〈une famille étendue〉です。「強度(内包)的 intensif」との対比を強調するために、〈étendue〉を「外延された」と訳したのでしょうが、この文脈では、「拡大された家族」という意味の方が強いでしょう。つまり、精神病が予想以上に手ごわかったので、家族に精神病を引き起こし続ける原因として、エディプス化された自我が従っている、(超自我やファルスを中心とした)象徴的秩序を拡大する形で形成された各種の社会的秩序の存在を念頭に置くようになったということです。エディプス的関係が社会野に反映され、それがエディプス家族にフィードバックされる。社会野で生じた歪みが、家族の中にも忍び込む。ドゥルーズ+ガタリからすると、順序が逆なわけですが、ともかく、精神医学や精神分析も、社会野からの干渉を念頭に置かざるを得なくなったわけです。

「分裂症」の真の原因、はたして何を病んでいるのか？

二六八頁で、「分裂症」の真の原因を家族の中に求めようとする研究者がはまってしまう袋小路について述べられていますね。

彼は分裂症を生む社会的メカニズムを決定しようとしながら、同時にこれらのメカニズムを家族の秩序の中に発見しようとしているのだ。ところが社会的生産も分裂症のプロセスもともに、家族の秩序を逃れるものなのだ。おそらくこうした矛盾は、とりわけレインにおいて顕著である。なぜなら彼は最も革命的な反精神医学者であるからである。まさに彼が精神医学の実践と手を切り、精神病がまさに社会的に発生することを明らかにしようとして、プロセスとしての「旅」を続行し、「正常な自我」を解体することが治療の条件として必要であることを要求するまさにそのときに、彼は、最悪の家族主義的、人称論的、自我的な諸公準の中に再び陥るのだ。その結果、ここでもち出される処方はといえば、もはや「両親の間の率直な確認」「人物の識別」、マルチン・ブーバーにしたがう真の自我あるいは自己の発見というようなことでしかない。

ドゥルーズ＋ガタリに言わせると、分裂症はそもそも病気ではなくて、欲望機械に具わっている傾向であり、家族という狭い領域ではなく、広い社会野の中でその元になる流れが形成されるわけですから、家族の中に病因を探るのははなっから見当外れであるわけです。『引き裂かれた自己』（一九六〇）を読むと、その図式が非常にはっきりしています。ただ、あまりにもつめこまれた文章なので、レインたちがどういう矛盾に陥っているというのかピンと来にくいですね。

最近、ちくま学芸文庫から翻訳が出たレインの『引き裂かれた自己』辺りを読むと、多少はピンと来るかもしれません。レインはこの本でも何度か言及されているように、反精神医学の旗手です。『引き裂かれた自己』は分裂症＝統合失調症の原因を解明することを試みた著作です。この中でレインは、社会における他者たちとの関係において、「真の自己 true self」とは異なる「偽りの自己 false self」が形成されることを、分裂症の原因と見ています。「偽りの自己」というのは簡単に言うと、他人向けの顔、自分のことだとは実感できないような他所向きの顔ということです。それが一時的なものではなく、一貫性をもった体系となり、他人と向かって常に「偽りの自己の体系 false-self system」で接するとなると、「真の自己」の方が圧迫されて苦しくなる。それが分裂症へと発展していく。基本は、単純な理屈です。しかし、読み進めていくと、レインは「偽りの自己」が形成される元々の原因は、両親からの期待と、本当の自分の乖離にある、という、よくワイドショーとかドラマで聞くような結論へもっていきます。これだと、家族の話に逆戻りです。というより、かなり素朴な家族主義への逆行に見えます。ドゥルーズたちからしてみれば、反精神医学と言いながら、一番肝心なところで、精神医学と精神分析が共有している、ある意味、極めてベタな想定をしているわけです。

> ヌデンブの人びとよ万歳。なぜなら、人類学者ターナーの詳細な報告によれば、ヌデンブの医者だけが、オイディプスを単なる外見、あるいは装飾として取り扱い、社会野の無意識的なリビドーの諸備給にまで遡ることを知っていたからである。オイディプスの家族主義は、その最も現代的な形態においてすら、そしてとりわけこの形態において、私たちが今日なお追求しようとしているものの発見を不可能にしている。

ターナーによるヌデンブ族の呪医の方法の分析は、この連続講義の第四回に出てきましたね。患者と父との関係を一応想定して、病気の原因を探り始めるけど、親子関係だけに限定せず、患者が置かれている──親族関係とも結び付いている──社会的立場をめぐる葛藤へと分析を進めていく。呪術の外観を取りながら、中身的には分裂分析が目指しているのにかなり近いこと、社会野の中でその人の欲望の回路を分析するということを見事にやってのけているわけです。

このようにしてドゥルーズ＋ガタリは、家族内に精神病の起源があるという考え方を徹底的に否定し、分裂症的な症状は欲望機械に元々具わっている傾向の発露である、ということを強調するわけですが、ここで、では分裂者には何も問題はないのか、放っておけばいいというのか、という疑問が生じてきます。ドゥルーズたちはそうは考えていないようです。二七二頁の終わりから二七三頁にかけての箇所をご覧下さい。

> 分裂症者は何を病んでいるのか。なぜなら彼が病んでいるのは、プロセスとしての分裂症ではないからだ。何が突破口を崩壊に変容させるのか。彼が病んでいるのは、反対にプロセスの強制的停止であり、あるいはプロセスの空転であり、あるいはプロセス自体が強制的に目的となるその仕方なのである。私たちは、この意味で、社会的生産がいかに病める分裂者を生みだすかを見てきた。脱コード化した流れは、資本主義の根本的傾向あるいは絶対的極限をなすが、資本主義はこの脱コード化した流れの上に構成されるものでありながら、それ自身は、この傾向に逆行し、この極限を追い払い、これを内部の相対的極限によって、また流れの公理系によって代える。

普通の人は、分裂症のプロセスが始まるのが病気だと思うわけですが、分裂分析ではその逆に、そのプロセスが阻止されること、あるいは、空転させられることが、分裂者を苦しめる病気だと見るわけですね。「プロセス自体が強制的に目的となるその仕方」というのは、その後に述べられているように、各人の「欲望機械」の状態とは関係なく、資本主義の公理系によって、外から強制的に脱コード化させられ、分裂症的傾向を加速されるということでしょう。しかし、脱コード化を本当に極限まで進めると、資本主義機械自体が崩壊してしまうので、エディプス家族を作り出し、エディプス家族が本来の自分の居場所であるかのように各人に思い込ませる。「内部の相対的極限」というのは、資本主義機械の内部、私的領域における極限、エディプス的なアイデンティティのことでしょう。資本主義機械の部品になった人々が、脱コード化の進行にもかかわらず資本主義機械の内部に留まることができるかという問題を、各人がエディプス的な枠に留まることができるか、という見かけ上は小さな問題に偽装して、危機を暫定的に回避する戦略を、資本主義機械は取る。ドゥルーズ＋ガタリは、そう見ているわけです。

既に見たように、「エディプス」が分裂を抑えるように機能するのは、私たちには、分裂症的傾向だけでなく、自分が現に属しているモル的な集合に固執するパラノイア的な傾向もあるからですが、二七〇頁代の後半では、そうした二つの傾向のせめぎ合いの中で、「エディプス」がどのようにして、あたかも全ての問題の源泉であるかのように振る舞っているかが記述されています。で、二八〇頁をご覧下さい。

「第四命題：リビドーの社会的備給の両極」

だから、分裂分析の第四の最後の命題は、リビドーの社会的備給の二つの極を、パラノイア的、反動的、ファシズム的な極と、分裂気質の革命的な極を区別することである。もう一度繰り返すが、私たちは、精神医学から受け継いだ用語によって、無意識の社会的備給を規定することに、何の不都合も感じてはいない。ただし、それは、これらの用語が家族的含意をもつことをやめるかぎりにおいてなのだ。家族的含意は、社会的備給を単なる投影にしてしまうのである。

「無意識」が家族的な関係性から発生するという前提を取り去ったうえで、リビドーが、「パラノア的、反動的、ファシズム的」な極と、「分裂気質の革命的」な極の双方に注入されるということですね。この二つの傾向のせめぎ合いとして、欲望機械の動向を分析していくわけです。逆に言うと、エディプス的現象も、この二つの傾向のせめぎ合いとして説明できる、という立場を取るということです。そうなると、パラノイア的傾向が強くなりすぎる原因をちゃんと解明しないといけない。

無意識のパラノイア的な備給は、社会が割り当て分配した前無意識的な目標や利益を超えて、器官なき充実身体としての社会体そのものにむかうことを、私たちはすでに見た。それでも、こうした備給は明るみに出ることを拒むのだ。こうした備給は、一般的なものとして示される指定可能な目標や利益の下に隠れていなければならない。たとえ、これらの目標や利益が、支配階級やその派閥の目標、利益しか代表していないとしても。主権的組織体であれ、また固定し規定された群居的集合であれ、自分のむき出しの権力や暴力や不条理性のために備給されることを、どうして耐えられるだろう。それでは生き延びられないのだ。最も公然たるファシズムでさえ、目標や権利や秩序や理性を語っている。最も馬鹿げた資本主義でさえ、経済的合理性の名において語っている。そしてこれは必然的なのだ。なぜなら理性の秩序は、まさに充実身体の不合理性において、それを決定しているコードや公理系のもとで、もつれあったまま定着させられているからだ。そのうえ、無意識の反動的な備給を、何の目標ももたないものとして白日のもとにさらすということは、その備給を完全に変形し、リビドーの他の極に、つまり分裂的－革命的極に移行させるのに十分だろう。

「前無意識的」というヘンな言葉が出てきますが、原文を見ると、〈前意識的 préconscient〉です。誤植でしょう。「利益」や「目標」が前意識的なものだというのは少し前に出てきましたね。そうした「利益」や「目標」に隠れて、無意識レベルではリビドーが「器官なき充実身体」としての「社会体」に注入されているということですね。この場合、分子的に作用する個々の「機械」ではなくて、できるだけ動きを止めてじっとした状態、変化せず安定した状態になろうとする「器官なき身体」に注入される、という点がミソなのでしょう。「機械（分子）」↔「器官なき身体（モル）」の鬩ぎ合いで、後者の方向に引っ張っていこうとする、過去の安定した状態を志向するのが、パラノイアの特徴なのでしょう。

そうした無意識レベルのパラノイア的備給は、「利益」とか「目標」のように合理的に正当化できるものの陰に隠れ、自らの本性を明かさないようにする。自らが利害関係を無視して、原初的な静止状態を志向する、非合理的な存在であることを隠そうとするということですね。それが明らかになったら、組織としてもたない。「理性の秩序は、まさに充実身体の不合理性において、それを決定しているコードや公理系のもとで、もつれあったまま定着させられている」という文章が難しいですが、要は、「理性の秩序」の根底に不合理的なものがあって不可分だということです。これはデリダなど、フランス現代思想系の人がよく指摘することですが、どんな合理的な秩序や主体も、その「究極の目的」の選択・決定には、不可避的に非合理性を含みます。

例えば、金を可能な限りためることを組織や個人の究極の目的にしたうえで、その目的達成のための最も合理的な手段を選択するという意味で、合理的な秩序を作り上げていくことはできますが、では、「金儲けすること」を最優先することにどういう合理性があるのか、他にも楽しいことはあるのではないか、金儲けして使わなかったらどうするのか、という疑問が出てきますね。これは、「セックス」でも「名誉」でも「食べること」でも同じです。「できる限り生き続けること」だって、なんでそれを目的にするのか改めて考えると、合理的理由はありません。生き続ければ、苦痛が続くだけかもしれない。そうした非合理性は、何か一つの「究極の目的」を措定して、その実現を全てに優先するようなシステムを構築すると際立ってきます。誰かの生活改善とか快楽、名誉、将来への備えなどに関係なく、ひたすら「資本」を増大することを目的とした営みが進行し、その数値を高めるための公理系があるとすると、その公理系自体が非合理であるように思えてきます。しかもこれまで見てきたように、資本主義機械による、無限の「資本」の蓄積過程は、原国家とか、エディプス国家といった、非合理的な幻想を利用しています。フロイトのリビドーの発展段階によると、金をため込む傾向は、肛門期と関係するとされています。そうした意味で、資本主義のベースになっている「器官なき充実身体」は、原初的な非合理的なものに向かう傾向を孕んでいて、それが、この身体を動かしている資本主義機械の公理系の合理性と絡み合っている、ということでしょう。

そうした非合理的なものが完全に顕わになれば、パラノイア的な傾向によって維持されている現体制が崩壊する。科学や芸術は本来、そうした幻想を解体する役割を果たすはずですが、産業社会は科学や芸術に偽装を施して、体制維持のために利用する。

――なぜ芸術や科学がこんなに頼りになるのか。この世界においては、学者と技術者、それに芸術家さえ、科学と芸術そのものさえ、きわめて強力に既成の主権に奉仕しているのだ（たとえ、融資の構造によるものでしかないとしても)。それは、芸術がそれ自身の偉大さ、それ自身の天才に到達すると、たちまち芸術は脱コード化や脱領土化の連鎖を創造し、この連鎖が欲望機械を確立し作動させるからである。

芸術は新しい欲望機械を立ち上げ、それによって脱コード化と脱領土化を促進する。それは既存の社会にとって脅威になるはずですが、資本主義機械はそれを自らの発展の原動力にする。一五世紀の中葉にヴェネチアの資本主義が危機に瀕した時、ヴェネチア派の絵画が線を脱領土化、色を脱コード化させ、新たな欲望機械を立ち上げたということが述べられていますね。無論、実際には絵画だけでなく、いろんなイノベーションが起こったのでしょうが、ドゥルーズ+ガタリの言わんとしていることは分かりますね。芸術的な創造性が、脱コード化・脱領土化を進める、分裂的傾向を孕んだ欲望機械を生み出すわけです。

もちろん、こうした絵画の流れの脱コード化は、欲望機械を地平線に形成するこれらの分裂気質の逃走線は、古いコードの断片の中に再び戻され、あるいは新しいコードの中に、何よりもまず絵画に固有の公理系の中に導かれる。この公理系は、もろもろの逃走を封じ込め、絵画全体が線と色の横断的関係に入る道を閉ざし、これを古代的な、または新しい領土性の上に折り重ねる(例えば、遠近法)。だから脱領土化の運動は、残滓的、人工的、作為的でさえある領土性の裏面としてしか捉えられないということは、まったく真実なのだ。しかし少なくとも、何かが出現し、それがコードを引き裂き、シニフィアンを解体し、構造の下を通り、流れを交通させ、欲望の領域において切断を行う。つまり突破口が現われたのだ。

「絵画」が「絵画」として認識されるには一定のコードに従う必要があるけれど、そのコードが新しいタイプの〝絵画〟が生まれる制約にもなっている。その古いコードの中に入り込んで、〝絵画〟という枠組みを再編していくようなものが、新しい欲望機械を作動するわけですね。無論、既にそこでは新しい〝絵画〟を取り込もうとする再領土化の運動がすぐに起きるわけです。二八八〜二八九頁にかけて科学についても同じことが言えると述べられています。科学にも、既成の考え方に固執する「パラノイア的—オイディプス的な境域 un élément paranoiaque-oedipianisant」と、「分裂的—革命的な境域 un élément schizo-révolutionnaire」があるということですね。

二九〇頁以降、「脱コード化し脱領土化したもろもろの流れによって自分を養う一方」で、「もろもろの疑似コードや人工的再領土化」をもたらす資本主義機械の狂った性格について今一度述べられています。そのうえで、資本主義機械に切断をもたらすにはどうしたらいいかが論じられています。革命的切断を起こすには前意識的な「利益」だけではなく、無意識的なレベルでのリビドーの備給先の変化も必要だということです。

狂った資本主義機械に、どう「革命的切断」をもたらすのか？

しかしリビドーが、無意識の水準において、前意識の切断と同じ様式をもつ革命的切断を実現するためには、このリビドーは、これらの新しい目標に対応する新しい社会的身体を備給するだけでは不十分なのだ。まさに、無意識と前意識という二つの水準は、同じ様式で作動しないのである。リビドーによって充実身体として備給される新しい社会体は、自律的な領土性として、みごとに作動するかもしれないが、この領土性は資本主義機械の中に捉えられ、その中の飛び地となり、その市場の範囲内に局限される。というのも突然変異する資本の大きな流れは、自分の境界を押しひろげて新しい公理をつけ加え、自分の拡大した境界の可動的な枠の内部に欲望を維持するからである。現実のリビドー的無意識的な革命的切断がなくても、前意識的な革命的切断は存在しうる。あるいは、むしろ、ものごとの順序は次のようになる。まず現実のリビドー的革命的切断があり、次に、この切断が目標と利益の単純な革命的切断に滑り込み、最後に、この切断は、もっぱら特殊な再領土性を、特殊な身体を、資本の充実身体の上に形成し直すのだ。隷属集団が、革命的な主体集団から、たえず派生することに

——なる。

少しごちゃごちゃしていますが、要は、無意識的なリビドーが備給されるべき新しい「社会的身体」——共産主義社会とかアナーキーとか——が形成されるだけでは不十分だということです。形成されても、資本主義機械がそれを飛び地のような感じで取り込んでしまう。無意識的リビドーの流れが変わっても、それが「利益」絡みの表面的なものに変質してしまう危険は常にある。冷戦時代にも、社会主義陣営の国が資本主義の企業とちゃんと取引してお得意様になっているとか、社会主義国のおかげで軍需産業が潤っているとか、左翼系の文化産業の市場形成といったことは言われていました。

このように言うと、資本主義はどうしようもない、何をやっても無駄、革命は不可能という話に聞こえます。二九七頁以降を見ると、あらゆる末端から脱コード化し、脱領土化する流れが逃走し続けるおかげで、隷属集団から主体集団が生まれてくるということが示唆されています。資本主義が境界を拡大するほど、つまりグローバル化するほど、内部から資本主義を脅かす力も強まる、ということが述べられています。

歴史はいつでも集合と多数の同じ法則によって支配されてきた。それでも分裂は、目標も原因ももたない欲望によってしか、実在するに至ったことはない。欲望は分裂の道を描き、分裂と一体をなすからである。原因の秩序なしには不可能なものでありながら、分裂が現実的なものとなるのは、別の秩序に属する何かを介してなのだ。この何かとは、〈欲望〉であり、つまり欲望ー砂漠であり、革命的欲望の備給である。そしてまさに、これが資本主義を掘り崩すのである。革命はどこからくるのか、またどんな形態をとって、搾取される大衆の中にやってくるのか。それは死のようなものだ。いつなのか、どこなのか。それは脱コード化し脱領土化した、ある流れであり、あまりにも遠くに流れ、あまりにも微細に切断して、資本主義の公理系を逃れてゆく。それは、ひとりのカストロ、ひとりのアラブ人、ひとりのブラック・パンサー、地平線上の中国人なのか。ある六八年五月、工場の煙突の上に修行僧のようにじっと立つ内部の毛沢東主義者なのか。既存の裂け目をふさぐために、いつもひとつの公理をつけ加えること。ファシストの連隊長たちは、毛沢東を読み始める。もう罠にははまらない。カストロは、カストロ自身にとってさえ不可能になった。もろもろの空虚は孤立し、ゲットーが作られる。ひとは労働組合に助けを求める。「抑止」の最も陰険な諸形態を発明する。利益の抑制を強化する。欲望の新しい侵入はどこから起きるのか。

一九六八年の運動の前後から西側諸国の左派知識人たちは社会党や共産党、労働組合などの既成左翼に失望して、毛沢東（一八九三―一九七六）とかキューバのカストロ（一九二六―二〇一六）とか、PLO（パレスティナ解放機構）とか、アメリカのラディカルな黒人解放闘争とかに期待をかける風潮がありましたが、ドゥルーズたちは、たとえそれらに資本主義の公理系を逃れていくポテンシャルがあっても、資本主義機械はそれらを包摂する公理系をすぐに発明してしまうので、これだったら絶対いける、というものはなさそうですね。革命によって開けられる穴は多くの場合、微細なものなので、すぐに閉じられてしまう。

ここまで私たちを読んできた人びとは、おそらく私たちに多くの非難を向けたがっているかもしれない。すなわち、芸術の、さらに科学の、純粋な潜在性をあまりに信じていること。階級と階級闘争の役割を否定し、あるいは最小にしていること。欲望の非合理主義のために戦っていること。革命家と分裂者を同一視していること。周知の、あまりにも周知のこれらすべての罠にはまっていること、等々。これは誤った読み方であって、私たちは誤った読み方と、まったく読まないとでは、どちらがよいのか分らない。また確かに、私たちが考えたことのない、もっと重大な別の非難も存在する。しかし、先ほどの非難に対しては、私たちは第一にこういいたい。芸術と科学は、他の何ものでもなく革命的潜在性をもっている。必然的に専門家たちのみが用いるシニフィアンやシニフィエの観点から、芸術と科学が何を意味しているのかを問題とすることをやめればやめるほど、この潜在性はそれだけ

はっきり現われる。まさに芸術と科学とは、ますます脱コード化され脱領土化された流れを社会体の中に交通させる。これらの流れは、すべてのひとに感じられるようになり、社会的公理系がしだいに複雑化するように、もっと飽和するようにうながすのだ。こうしてついには、芸術家も科学者も、客観的な革命的状況に合流する決心がついて、〈国家〉の権威的な計画に逆らうのだ。〈国家〉は、本質的に無能であり、とりわけ去勢するものである（というのも〈国家〉は、まさに芸術的なオイディプス、まさに科学的なオイディプスを強制するものだから）。第二に、私たちは、階級や利益の前意識的備給の重要性を少しも過小評価していない。これらの備給は、下部構造そのものに根拠をもっているのだ。むしろ私たちは、これらの前意識的備給を重要なものとみなしている。前意識的備給は下部構造の中で、別の本性をもつリビドー備給の指標となるから、なおさら重要なのだ。もともと、このようなリビドー備給は、前意識的備給と和解し、あるいは対立しうるものである。

ここで改めて芸術と科学が革命において果たすべき役割を強調していますね。精神医学・精神分析、文芸・芸術批評、文化人類学の知見を動員して、「欲望」とその公理系についてかなりしつこく分析してきたのは、芸術や科学による無意識レベルでの欲望機械の作動の可能性を探るためでもあったのでしょう。「欲望」が何によって動いているのか解明でき、芸術や科学がそのメカニズムを動かせるとすれば、そこに革命への鍵があるかもしれない。それに加えて、利益や階級といった前意識的要素が、無意識レベルでのリビドーの備給と相互に影響を与え合っていることも念頭に置いていることを念押ししていますね。そのせいで先ほど見た、突破口の資本主義機械への包摂のような現象も生じるわけです。いずれも、ドゥルーズ＋ガタリの見通しの甘さに対する、既成左翼からの批判に対する応答のような感じになっていますね。

――私たちが欲望を革命的審級として提起するのは、資本主義社会は利益の表明にはいくらでも耐えられるが、欲望の表明にはまったく耐えられないと思うからである。欲望の表明は、幼稚園の次元においてさえも、資本主義社会の基礎構造を爆破するに足るものであろう。私たちは、あらゆる合理性の非合理を信ずるように、欲望そのものを信じているのだ。欲望が、欠如、渇き、または憧れであるからではなく、欲望の生産であり、生産する欲望であり、現実的欲望であり、またそれ自体現実的であるからだ。最後に、私たちは、革命家が分裂症者であるとか、あるいは逆に、分裂症者が革命家であるとか、少しも思っていない。反対に私たちは、臨床実体としての分裂症者と、プロセスとしての分裂症をたえず区別してきた。

先ほどは、新しい「欲望」が取り込まれてしまうことに対する懸念を表明していましたが、やはり「欲望の表明 manifestation de désir」に期待をかけているわけですね。恐らく、新しい「欲望」の表明が続けば、資本主義機械が包摂し切れなくなる、と見ているのでしょう。そういう新たな「欲望」は、「器官なき身体」の安定志向を突き破る、分裂症的な傾向から生じてきます。ただ、精神医学的に「分裂症者」と診断・分類される人全てが、革命家だというわけではない、と断っていますね。これはまあ、当然ですね。〝分裂症〟と診断される人で病院がいっぱいになりさえすれば、何もしなくても、〝革命〟が成就する、という言葉遊びのような話になりかねないからです。「プロセスとしての分裂症 la schizophrénie comme processus」というのは、精神科にかかっている特定の個人が示す症状ではなくて、その人自身の身体や関係性を変化させ、更には周囲の人たちの欲望を喚起し続け、資本主義機械に大きな切れ目を入れる可能性のある、継続的な「プロセス」ということでしょう。

ところで、臨床実体としての分裂症者は、プロセスの停止や空転との関係においてのみ、あるいは抑制がプロセスそのものに強いる目的論的錯覚との関係においてのみ定義される。

「分裂症的なプロセス」が社会的抑制のために無理やり停止したり、空転したりすること、あるいは、そういう状態になった人が自分の置かれている状態をネガティヴに評価することから、〝分裂症〟という病気が生じると考えるわけですね。

最後に——分裂分析の〝否定的〟な課題

いよいよこの本の結末に入ってきました。三〇七頁の最後の段落をご覧下さい。

分裂分析の否定的かつ肯定的な課題を全体として見た場合、分裂分析と精神分析との対立は、結局何を意味するのか。私たちは、いつも二種類の無意識を、あるいは無意識の二つの解釈を対立させてきた。一方は分裂分析的、他方は精神分析的、一方は分裂症的、他方は神経症的−オイディプス的、一方は抽象的で非具象的、他方は想像的、また一方は現実的に具体的、他方は象徴的、一方は機械的、他方は構造的、一方は分子的、ミクロ心理的、ミクロ論理的、他方はモル的あるいは統計学的、一方は唯物的、他方はイデオロギー的、一方は生産的、他方は表現的。

分裂分析が、機械の現実的な分子的運動に注目するのに対して、精神分析は、構造を介して各人の心を象徴的に解釈しようとするわけですね。「具体的」と「具象的」は日本語だと混同しそうですが、原語ではそれぞれ〈concrét〉と〈figuratif〉です。この場合、前者は、個体として現に実在しているものに関わる、というような意味合いで、一定の決まった形、既存の型に従って表現されている、というような意味合いでしょう。犬とか猫とか人体とかの個体としてまとまった対象であれば、「具体的」と「具象的」は一致するのでしょうが、ここで問題になっているのは、人間の身体全体ではなく、身体のパーツの一部（部分対象）を媒体にして運動している「欲望機械」なので、リアルな動きを捉えるという意味での「具体性」と、どういう形のものとして見るかという「具象（形象）性」がズレてくるわけです。分裂分析の対象は、具体的であり、同時に、非具象的であるわけです。また、精神分析が、隠された心理のようなものを解釈したうえで、表現しようとするのに対し、分裂分析は自ら、欲望の生産に寄与するわけです。

分裂分析の否定的な課題が挙げられていますね。

——脱家族化、脱オイディプス化、脱去勢化、脱ファルス化、演劇の、夢の、幻想の破壊、脱コード化、脱領土化——恐るべき掻爬術、敵意にみちた活動。

要するに、精神分析によって作り出された幻想を破壊して、分裂症のプロセスを進展させていくことを目指しているわけですね。では、肯定的な課題はというと、

> 社会野に対するリビドー備給の本性を、これらのリビドー備給のありうべき内面的葛藤を、これらのリビドー備給と、同じ社会野の前意識的備給との関係を、二つの備給のありうべき葛藤を、要するに、欲望機械と、欲望の抑制との作用の全体を発見すること。プロセスを完成すること、それを停止することでも、それを空転させることでも、それに目標を与えることでもなく。

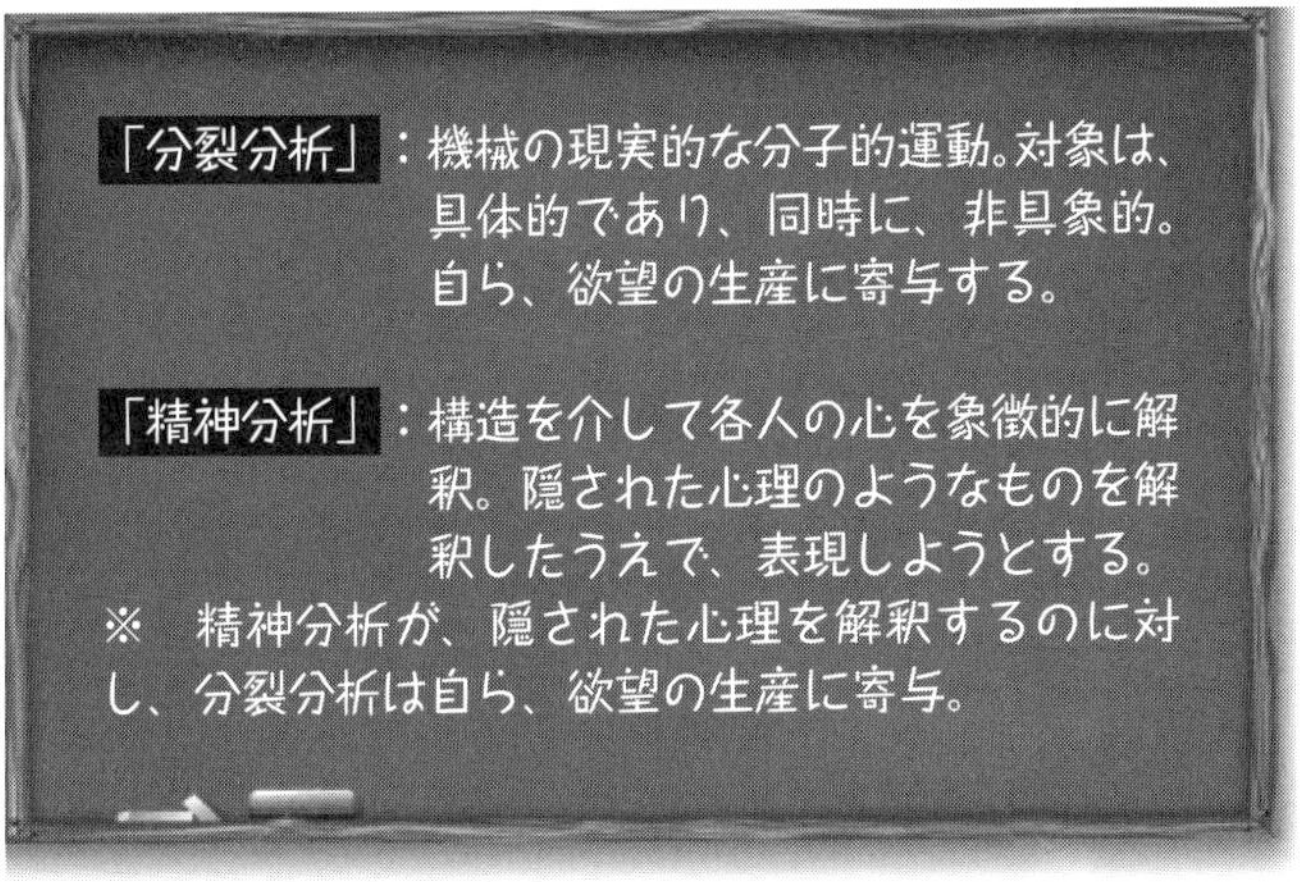
「分裂分析」：機械の現実的な分子的運動。対象は、具体的であり、同時に、非具象的。自ら、欲望の生産に寄与する。
「精神分析」：構造を介して各人の心を象徴的に解釈。隠された心理のようなものを解釈したうえで、表現しようとする。
※　精神分析が、隠された心理を解釈するのに対し、分裂分析は自ら、欲望の生産に寄与。

ここはクリアですね。無意識レベルでの欲望機械の運動、リビドーの備給と、前意識レベルでの利益や目標の追求と、そのための既存の体制へのパラノイア的固執という二つの傾向の間の鬩ぎ合いを全体として捉え、その分析の成果を明らかにすることで、脱コード化の運動を更に進展させていくこと。あくまで脱コード化の方が基調になっているわけですね。

> 流れの脱領土化や脱コード化において、どんなに遠くに進んでも十分ということはない。というのも新しい大地は（「ほんとうに、いつか大地は治癒の場となるだろう」）、神経症的な、あるいは倒錯症的な再領土化の中に存在するのではない。こうした再領土化は、プロセスを中断し、あるいはプロセスに目標をあてがうものだ。新しい大地は前にも後にも存在しない。新しい大地は、欲望的生産のプロセスの完成と一致する。このプロセスは進行するものとして、また進行するかぎりにおいて、いつもすでに達成されている。それゆ

――え分裂分析のこれらの多様な課題が、現実に、同時に、どのように進行するのか見ることが、私たちに残されている。

最後は分かりやすい結論ですね。社会変革する者はどうしても、ユートピア的な目標、安住の地を設定しようとします。約束の地に向かってみんな一丸となって進撃しないといけない、というような論を掲げ、それから逸脱する動きを弾圧する。ある一定の領域を支配できるようになったら、その支配を恒久化することに専心するようになる。それによって、分裂の動きを止めることになる。欲望を生産し続けねばならない。獲得したと思った領土が、脱領土化され、新しい文化のコードが脱コード化されて、どんどん変わっていくこと、それに自分が取り残されていくかもしれないことを甘受しなければならない。分裂しつつ自己再生産し続け、どこに向かっていくか予想できない欲望生産の連鎖を見守っていかないといけない。

この後の「補遺　欲望機械のための総括とプログラム」では、芸術作品を参照しながら、欲望機械はどのように作用するか、倒錯機械などの類似物とどう違うか、芸術作品を参照しながら細かく描写していて興味深いです。

■質疑応答

Q　最近、千葉雅也さんが盛んに紹介しているメイヤスー（一九六七─　）等の新実在論が、ポスト・ポスト構造主義とも呼ばれ現代思想の新しい潮流として注目されていますが、それに比べてドゥルーズ＋ガタリは未だ有効であると見えますか。

A　ドゥルーズの研究を中心にやっていた千葉さんが、メイヤスーの紹介に重点を移しておられるのは間違いないですが、彼は別にドゥルーズ＋ガタリが古いので捨てたと言っているわけではないし、メイヤスーとドゥルーズでは扱っている領域が違うでしょう。メイヤスーは、宇宙の実在が認識主体である人間の在り方に依拠しているかという古くからの問題に関して、思弁的実在論という立場を取り、人間の存在以前にも宇宙が「実在」していると言える、という立場を取ります。ただし、彼は私たちが知っている因果法則の必然性を否定し、それを論証しており、その意味でラディカルです。千葉さんたちがメイヤスーとか、グレアム・ハーマン（一九六八─　）などの思弁的実在論を評価しているのは、分析哲学などの科学哲学的な議論を踏まえたうえで、形而上学・存在論の領域に踏み込んだ議論をしているからでしょう。

リオタール、フーコー、デリダ、ドゥルーズなどの六〇年代以降のフランスの現代思想の主流は、宇宙の実在性とか因果法則のような問題には正面から取り組んでいません。ソーカル事件について生半可に聞きかじった人は、彼らはいいかげんな数学・物理学的な知識に基づいて、インチキ科学哲学を展開しているかのように誤解していますが、それは思い込みです。この本からも分かるように、ドゥルーズたちの主要な関心は、人間の心身と、社会の関わりです。彼らの著作の一部に、そうした人間学的なテーマを説明するのに、数学や物理学のアナロジーがやや雑に説明ぬきに使われているのは確かですが、それはごく周辺的な問題です。ドゥルーズは微積分について言及することがありますが、それはライプニッツなどのバロック時代の思考法を理解するためです。

それと比べて、メイヤスーたちは科学哲学の主要テーマに取り組み、存在論のレベルで科学至上主義的傾向に挑戦しています。千葉さんは、そういう課題にも取り組むべきだと言っているのであって、精神分析や文化人類学などの別のフィールドで戦ったドゥルーズ＋ガタリの仕事を否定しているわけではないでしょう。ネットで

「反ポモ」をやっている人たちは、［ポモ＝反科学主義］と思い込み、テクストを読みもしないで、ドゥルーズもデリダもフーコーも〝科学〟を否定するための議論を展開しているという前提に立っています。だから、ドゥルーズから、（物理学に関心があるように見える）メイヤスーに関心の重点を移すのは転向だと見えてしまうのでしょうが、それはかなり雑なカテゴリー・ミステークによる決めつけです。自然科学上の論争を、政治的に右か左かで判定するようなものです。

Q　では、先生としては未だ『アンチ・オイディプス』の射程は有効だと思われますか。

A　私は保守的な体質の人間なので、「革命」を肯定する結論は政治的にはあまりうれしくないのですが（笑）、「欲望」について掘り下げて考えていこうとする彼らの哲学的姿勢には大いに共感します。

前回も言いましたが、従来の哲学は「欲望」とは何か厳密に考えてはきませんでした。「欲望」とはどういうものか大体分かっているという前提で、複数の「欲望」の間の選択とか、「欲望」を実現するための方法や手段について論じようとする。あるいは、自己の欲望を抑えて他者の欲望に応えることが何故必要か、各自の欲望を相互に調整するにはどうしたらいいか、といった倫理・政治哲学的な問題に取り組もうとする。ドゥルーズ＋ガタリは、人間の心身を構成し、各器官を動かす「機械」の次元に定位して、「欲望」の成り立ちについて考えようとしたわけです。精神分析を徹底的に批判し、文化人類学の最新の知見を取り込みながら、これこそあらゆる人間の根源的欲望、あるいは、〝ごく普通の欲望〟だと私たちが何となく思い込んでいるものを解体し、「欲望」の正体を露わにしようとする。ビュヒナーとかニーチェとかランボーとかアルトーとかが表明する「欲望」の方が、私たちのような平凡な市民のそれよりも、自然かもしれないと思わせるように問題提起する。

文学・芸術作品に引きつけて強引な論証をしているところも多々ありますが、「欲望」と「利益」を混同し、「家族」こそがあらゆる価値と規範の源泉と考えがちな私たちの良識を揺さぶってくれるという意味では、極めて刺激的な論考だと思います。

［あとがき］——安易な「反ポモ」を唱える前に……

「はじめに」でも述べたように、『アンチ・オイディプス』を読み通すのは、フランス現代思想の独特の知的作法に慣れていない、普通の人にとってはかなりきつい。「自分は頭がいい、哲学の基本的な知識があるので、大抵の難しいテクストは大丈夫だ」、というような〝自負心〟を持っている人が、助走なしに、いきなり手を付けたらショックを受けるだろう。〝強い自負心〟を揺さぶられてしまったショックゆえに、「ポストモダン思想なんて、意味ありげだけど実は無内容な言葉の羅列にすぎない。基本概念を分かるように定義してないじゃないか！」と断定し、最終的に「反ポモ」を掲げるに至る人もいる。そういう人間は、ネット上で反ポモの〝同志〟を集め、ポストモダン系と見られる日本の思想家に無意味に絡み、いいがかりを付けたがる——私は別に、「ポストモダン系」の思想だけを専門にしているわけではないが、しばしば迷惑を受けている。その手の人たちは、自分の読解力や基礎知識が足りないせいで分からないのではないか、と自問することはないようだ。

つまるところ、我慢が足りないのである。精神分析や文化人類学、構造主義言語学、現象学などの複雑な理論を批判的に取り込み、前衛的な文学や芸術の成果も吸収しながら、生成した思想の産物が、そう簡単に理解できるわけがない。「はじめに」で述べたような努力が必要だ。しかし、世の中の哲学・思想好きには、そういう地道な努力が嫌いで、手っ取り早くかっこよさそうな知的語りをしたいという人の方が多いようである。〝日本の現代思想の旗手たち〟の華麗な活躍を見て、自分もあんな風に語ってみたいという気分で、『アンチ・オイディプス』とか『千のプラトー』『差異と反復』『グラマトロジーについて』

『声と現象』『文の抗争』などを読み始めたら、「何だこれは！　悪いのは、俺の頭かテクストか！」と思ってしまって不思議はない。それなりの「教養」と、文体への一定の慣れがあれば、難しいなりに、何とか「手掛かり」を摑めるのだが、その「手掛かり」を摑めるまでが、かなり大変だ。難しい本を読むコツを直観的に摑めてしまう天才は別にして、普通の人が一、二カ月、参考書を読み続けたくらいでは歯が立たない。

近年、英語圏で哲学の主流になりつつある「分析哲学」（の一部）が、自然科学至上主義の〝理系の人たち〟と、フランスの現代思想や実存主義系の思想における〝不明確な言葉遣い〟――ちゃんとした教養のある人にとっては、それほど不明確ではないのだが――を糾弾するキャンペーンをやっているせいで、膨大な背景知識を必要とするこれらの分野をバカにする風潮が更に強まっている。もっとも、分析哲学のメインストリームになっているデイヴィッドソンとかダメット、パトナム、セラーズ、ローティ、マクダウェルなどのテクストを理解するには、フランス系の現代思想とは別の系統の背景知識が必要だし、ある意味、もっとマニアックに細部に拘る議論をするので、安易に「反ポモ」を叫ぶような人たちの手に負えるようなものではない。

どんな学問でもそうなのだが、「哲学」や「文学（研究）」をやるにも辛抱が必要だ。「哲学」や「文学」は、実験とか観察、史料収集などの必要がほぼない、頭と口先だけの〝学問〟だと思い込み、脳トレのような感覚で手を出すのは大いなる勘違いである。文系の学問、特に「哲学」や「文学」のような抽象的な対象を扱う分野は、自然科学のように最新の研究の〝成果〟だけつまみ食いして、知ったかぶりするのが難しい。どうしてそういう考えに至ったのか、そのプロセス、考え方の筋道が肝心である。その筋道がかなり入り組んでいるのである。〝プロ〟でも、当該のテーマから遠ざかっているか、その筋道を見失ってしまうことがある。本書の試みを通して、その難しさと、それを少しでも克服できた時の喜びが分かっていただければ、幸いである。

二〇一八年三月二六日
急に暖かくなり、何か騒ぎが起こりそうな予感のする金沢大学角間キャンパスにて

わけのわからない『アンチ・オイディプス』をよりディープに理解するための読書案内

ドゥルーズ『差異と反復』(上・下)
河出書房新社

▼ドゥルーズ『差異と反復』

哲学者としてのドゥルーズの主要著作。従来の哲学が、万物の根源である神、あるいは認識の主体である自我の絶対的な「(自己)同一性」を起点とし、あらゆる対象や出来事を、この「同一性」と関係付けることによって位置(意味)付けしようとしてきた。「自我」にとって常に「同一」であり続ける原理や、自我の理性的思考における［A＝B］という同一性が真理の基準になってきた。それに対してドゥルーズは、「同一性(同じであること)」が、「反復」による「再現」に依拠していることに注目し、「反復」が様々な「差異」のぶつかり合いの中から生じ、かつ「反復」のたびに新たな「差異」を生み出していることを明らかにすることを試みる。そのため、アリストテレス以降の哲学史における「同一性／差異」の相関関係を読み替えていく。「存在」の「一義性↓同一性」をめぐるスコトゥス、デカルト、スピノザ、ライプニッツ、カント、ヘーゲル、ニーチェ、フロイトの考察が、「反復」を通しての「同一性」の脱中心化という視点から巧みに再構成されていく。

ガタリ
『機械状無意識』
法政大学出版局

フーコー
『狂気の歴史』
新潮社

▼ガタリ『機械状無意識』

「無意識」が「機械」であるとはどういうことか、ドゥルーズ+ガタリの用語として「リゾーム」や「リトルネロ」「アジャンスマン」とはどういうことか、構造主義、チョムスキーの変形生成文法、パースの記号論などと対比しながら、ある程度、体系的に語られている。第一部では、構造主義言語学と不自然な形で結び付いた精神分析を、記号学によって克服しようとするガタリ特有の先鋭化された問題意識が前面に出すぎていて読みにくいが、第二部では、プルーストの『失われた時を求めて』の重要な場面におけるディテールの描写が、第一部で定義された概念で分析されており、我慢して最後まで読むと、ガタリの奇妙な用語がどういう狙いによるのか理解できるようになる。初期のガタリの精神分析家としての実践とそれに伴う理論的試行錯誤の記録である『精神分析と横断性』と併せて読むと、ガタリの問題意識がある程度見えてくる。

▼フーコー『狂気の歴史』

西欧における「狂気」の意味の変遷を追跡した初期フーコーの代表的な著作。『アンチ・オイディプス』では、狂気の「家族」への封じ込めをめぐる文脈で参照されている。かつては神の聖性に近いものというニュアンスを帯びていた「狂気」は、一七世紀、デカルトの時代以降、「理性」を脅かす「非理性」の象徴として社会の中心から排除され、「狂人」は、放蕩者や無宗教者などと共に感化院に隔離されることになった。それに伴い「狂気」を科学的に研究し、治療を加える精神医学が発達し、非理性的なものから社会秩序を維持するための規範的な科学として位置付けられるようになる。一八世紀後半以降のピネルやテュークの改革によって、狂人たちは鎖から解き放たれ、平穏な環境で保護されるようになったとされたが、その反面、医師には科学的な実証性の名において、患者（狂人）の状態を診断し、「治療」へと導く魔術的な権威が付与されることになった。医師と患者の間の〈父―子〉的な関係を、病因論と結び付けて正当化したのが、フロイトの精神分析である。「狂気」をめぐる制度と言説が、国家レベルの政治とどのように結びついているか、複合的に分析されていて興味深い。

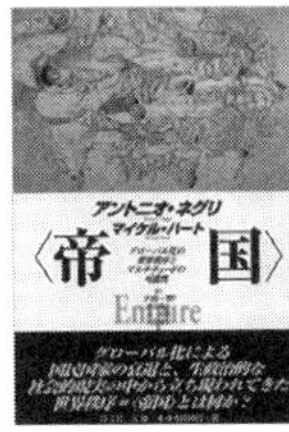

ネグリ
『〈帝国〉』
以文社

▼ネグリ＋ハート『〈帝国〉』

ドゥルーズ＋ガタリの「欲望」論とフーコーの「権力」論を基礎にして、アメリカを中心に生成しつつある〈帝国〉の構造とそれへの対抗戦略を示したマニフェスト的な著作。グローバル資本主義を一方的に危険視して、国民国家や民族によってローカルな伝統や生活様式を守っていこうとする内向きの姿勢が目立ってきた左派陣営の中にあって、グローバルに展開する〈帝国〉の開かれた法＝権利秩序と情報ネットワークを奪取する戦略を提唱する。抵抗のカギになるのが、物質的な想像力によって多様性を保ったまま相互に結び付くことのできる「マルチチュード（群衆＝多数性）」だ。〈帝国〉の分析には、『アンチ・オイディプス』の脱属領化＋脱コード化論、「マルチチュード」の分析には、分子革命論が援用されているが、民衆による構成的権力をポジティヴに評価するネグリ的な特色も強く出ている。

▼ジジェク『身体なき器官』

風変わりなタイトルは、『アンチ・オイディプス』の重要概念である「器官なき身体」（アルトー）を転倒させたものである。分裂症的な「欲望機械」と、それに抵抗し、死へと向かおうとする「器官なき身体」を対置し、前者がマルチチュード（多数）的に分散して解放されるのを妨げている人為的装置としての「エディプス」を除去しようとする『アンチ・オイディプス』の戦略に対し、ジジェクは、「エディプス」も一つの欲望機械として分析する必要がある

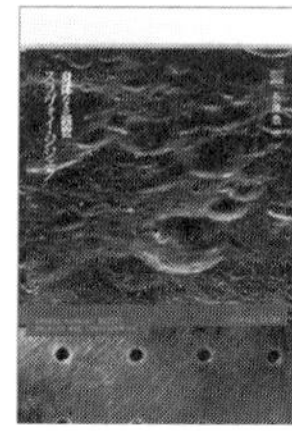

ジジェク
『身体なき器官』
河出書房新社

ことを指摘する。そのうえで、「エディプス的な主体」がその中心において孕む空虚性を明らかにし、自己解体へと追いこんでいくラカンのヘーゲル主義的な戦略こそが有望であることを主張する。ラカンの言う「シニフィアンとしてのファルス」は、身体を実在的に統一する装置ではなく、身体に余剰として付着している「身体なき器官」であり、そのことは、ラカンのラインに即した表象分析を通して明らかにすることができる。そうした「主体」の内に生じる「差異」に定位する戦略は、既にドゥルーズ自身、『意味の論理学』や『差異と反復』において射程に入れていたはずだとして、彼のガタリとの共闘は最悪の選択だったと断じ、もう一つのドゥルーズ像を呈示することも試みる。ただでさえ複雑なラカンやドゥルーズの理論を更に捻って解釈しているので、かなり難解だが、精神分析をベースにした現代思想の諸理論が何にどのように拘っているのか垣間見ることができる。

	ボードリヤール『象徴交換と死』 ローザンヌ市にアール・ブリュット・コレクション設立
1977	ドゥルーズ+ガタリ『政治と精神分析』 ガタリ『分子革命』
1978	ガタリ『機械状無意識』 リオタール『ポストモダンの条件』 ベイトソン『精神と自然』
1980	ドゥルーズ+ガタリ『千のプラトー』 クリステヴァ『恐怖の権力』
1981	ドゥルーズ『スピノザ　実践の哲学』『フランシス・ベーコン　感覚の論理学』 ボードリヤール『シミュラークルとシミュレーション』
1983	ドゥルーズ『シネマⅠ』 浅田彰『構造と力』
1984	フーコー『快楽の用法』『自己への配慮』 リオタール『文の抗争』 浅田彰『逃走論』
1985	プラザ協定 ドゥルーズ『シネマⅡ』 ガタリ+ネグリ『自由の新たな空間』
1986	英国で証券制度改革（ビッグバン）
1988	ドゥルーズ『襞　ライプニッツとバロック』
1989	ベルリンの壁崩壊 ガタリ『三つのエコロジー』
1990	ドゥルーズ『記号と事件』 ネグリ『ヨブ　奴隷の力』
1991	ドゥルーズ+ガタリ『哲学とは何か』
1992	ガタリ『カオスモーズ』 ネグリ『構成的権力』 デリダ『死を与える』 ガタリ死去
1995	ドゥルーズ死去

	アルチュセール他『資本論を読む』
1966	ドゥルーズ『ベルクソンの哲学』 ラカン『エクリ』 フーコー『言葉と物』
1967	ドゥルーズ『マゾッホとサド』 デリダ『声と現象』『グラマトロジーについて』『エクリチュールと差異』 レイン『経験の政治学』 レイン＋クーパー『解放の弁証法』 クーパー編『精神医学と反精神医学』 ベッテルハイム『自閉症　虚ろな砦』 ラプランシュ＋ポンタリス『精神分析用語辞典』
1968	フランス、五月革命 チェコスロヴァキア、プラハの春 ドゥルーズ『差異と反復』『スピノザと表現の問題』 映画『北緯 17 度　ベトナム戦争実録』
1969	ドゥルーズ『意味の論理学』 フーコー『知の考古学』 クロソウスキー『ニーチェと悪循環』 ターナー『儀礼の過程』 クリステヴァ『セメイオティケ』
1970	ボードリヤール『消費社会の神話と構造』
1971	ニクソン・ショック フーコー『言語表現の秩序』 リオタール『言説、形象』
1972	国民戦線（FN）創設 ドゥルーズ＋ガタリ『アンチ・オイディプス』 ボードリヤール『記号の経済学批判』
1973	先進諸国、変動相場制へ移行 第一次石油ショック
1974	ガタリ『精神分析と横断性』 リオタール『リビドー経済』 ターナー『象徴と社会』 クリステヴァ『詩的言語の革命』
1975	ドゥルーズ＋ガタリ『カフカ　マイナー文学のために』 フーコー『監獄の誕生』
1976	フーコー『知への意志』

	クロソウスキー『わが隣人サド』 パリでアール・ブリュットの作品展示
1948	アルトー『神の裁きと訣別するため』
1949	レヴィ＝ストロース『親族の基本構造』 バタイユ『呪われた部分　有用性の限界』 ミラー『薔薇色の十字架１　セクサス』
1951	ジャン・ウリによってラ・ボルド病院開設 ベケット『モロイ』『マロウンは死ぬ』
1952	ファノン『黒い皮膚、白い仮面』 ベケット『ゴドーを待ちながら』
1953	スターリン死去 ドゥルーズ『ヒュームあるいは人間的自然』 ミラー『薔薇色の十字架２　プレクサス』
1954	アルジェリア戦争（～62）
1955	レヴィ＝ストロース『悲しき熱帯』 マルクーゼ『エロス的文明』
1956	映画『黒の報酬』
1959	フランス、第五共和制成立
1958	レヴィ＝ストロース『構造人類学』
1960	サルトル『弁証法的理性批判』 レイン『引き裂かれた自己』 ミラー『薔薇色の十字架３　ネクサス』
1961	フーコー『狂気の歴史』 ファノン『地に呪われたる者』 リーチ『人類学再考』 マンフォード『歴史の都市』
1962	レヴィ＝ストロース『野生の思考』
1963	ドゥルーズ『カントの批判哲学』 フーコー『臨床医学の誕生』
1964	ドゥルーズ『プルーストとシーニュ』 マルクーゼ『一次元的人間』 レヴィ＝ストロース『生のものと火を通したもの』 ラカン、パリ・フロイト派を立ち上げる
1965	ドゥルーズ『ニーチェ』 クロソウスキー『バホメット』 アルチュセール『マルクスのために』

『アンチ・オイディプス』関連年表

1925	ドゥルーズ誕生
1927	フロイト『幻想の未来』 ライヒ『オルガスムの機能』 マリノフスキー『未開社会における性と抑圧』 ロレンス『チャタレー夫人の恋人』
1929	世界大恐慌
1930	ガタリ誕生 フロイト『文明への不満』
1932	アルトー『残酷の演劇』 ベルクソン『道徳と宗教の二源泉』
1932	ライヒ『性道徳の出現』
1933	ドイツでヒトラーが首相就任 ライヒ『ファシズムの大衆心理』 クライン『児童の精神分析』
1934	アルトー『ヘリオガバルス』 ミラー『北回帰線』
1936	ロレンス『不死鳥』 ベイトソン『精神の生態学』 映画『モダン・タイムズ』
1938	アルトー『演劇とその分身』
1939	第二次大戦勃発 フロイト『モーゼと一神教』 カーディーナー『個人とその社会』 ミラー『南回帰線』
1940	ドイツ軍のフランス侵攻→ヴィシー政権成立（～44）
1943	サルトル『存在と無』 バタイユ『内的体験』
1944	ブレトンウッズ協定
1945	第二次大戦終結
1946	フランス、第四共和制成立 第一次インドシナ戦争（～54） サルトル『実存主義とは何か』 アルトー『ロデスからの手紙』 ヤスパース『精神医学総論（第四版）』
1947	アルトー『ヴァン・ゴッホ』

【著者略歴】

仲正昌樹（なかまさ・まさき）

1963年広島生まれ。東京大学総合文化研究科地域文化研究専攻博士課程修了（学術博士）。現在、金沢大学法学類教授。専門は、法哲学、政治思想史、ドイツ文学。古典を最も分かりやすく読み解くことで定評がある。また、近年は、『Pure Nation』（あごうさとし構成・演出）でドラマトゥルクを担当するなど、現代思想の芸術への応用の試みにも関わっている。

・最近の主な著作に、『思想家ドラッカーを読む』（NTT出版）
・最近の主な編・共著に、『政治思想の知恵』『現代社会思想の海図』（ともに法律文化社）
・最近の主な翻訳に、ハンナ・アーレント著／ロナルド・ベイナー編『完訳カント政治哲学講義録』（明月堂書店）
・最近の主な共・監訳に、ドゥルシラ・コーネル著『自由の道徳的イメージ』（御茶の水書房）

ドゥルーズ+ガタリ
〈アンチ・オイディプス〉入門講義

2018年7月31日第1刷発行
2024年4月15日第6刷発行

著　者　仲正昌樹

発行者　福田隆雄
発行所　株式会社作品社
〒102-0072　東京都千代田区飯田橋2-7-4
Tel 03-3262-9753 Fax 03-3262-9757
http://www.sakuhinsha.com
振替口座 00160-3-27183

装　幀　小川惟久
本文組版　有限会社閏月社
印刷・製本　シナノ印刷(株)

Printed in Japan
落丁・乱丁本はお取替えいたします
定価はカバーに表示してあります
ISBN978-4-86182-703-7 C0010

アントニオ・ネグリの著書

戦略の工場

レーニンを超えるレーニン

中村勝己・遠藤孝・千葉伸明訳

世界は、再び動乱と革命の時代を迎えた。20世紀を変革したレーニンの思想と理論を、21世紀変革の「理論的武器」として再構築する。解説：白井聡・市田良彦

マルクスを超えるマルクス

『経済学批判要綱』研究

小倉利丸・清水和巳訳

『資本論』ではなく『経済学批判要綱』のマルクスへ。その政治学的読解によってコミュニズムの再定義を行ない、マルクスを新たなる「武器」に再生させた、〈帝国〉転覆のための政治経済学。

野生のアノマリー

スピノザにおける力能と権力

杉村昌昭・信友建志訳

「ネグリが獄中で書き上げたスピノザ論は、私たちのスピノザ理解を多くの点で刷新した偉大なる書である。ネグリこそは、本物の、そしてもっとも深い、スピノジアンである」（ジル・ドゥルーズ）。現代にスピノザをよみがえらせた、ネグリの名高き話題作の待望の邦訳。

さらば、“近代民主主義”

政治概念のポスト近代革命

杉村昌昭訳

ネグリを批判する聴衆との激烈な討論をへて生まれた、政治概念の再定義。「主権」「市民権」「法」「自由」「抵抗」……、“近代民主主義”の主要な政治概念を根底から覆し、世界の変容に応じて、政治的語彙を再定義する。

ネグリ生政治的自伝

帰還

杉村昌昭訳

ネグリ自身によるネグリ入門。「赤い旅団」事件から、亡命生活、イタリア帰還まで。『マルクスを超えるマルクス』から『帝国』まで。その思想的核心と波乱の人生を、初めて赤裸々に語った話題の書。

新版

テロルの現象学

観念批判論序説

笠井 潔

刊行時大反響を呼んだ作家の原点。連合赤軍事件とパリへの“亡命”という自らの《68年》体験を綴りながら、21世紀以降の未来に向けた新たなる書下ろしとともに、復活!

虚構内存在

筒井康隆と〈新しい《生》の次元〉

藤田直哉

貧困にあえぐロスジェネ世代…、絶望の淵に立たされる今、高度電脳化世界の〈人間〉とは何かを根源から問う。10年代本格批評の誕生! 巽孝之氏推薦!

シン・ゴジラ論

藤田直哉

破壊、SIN、享楽、WAR、神。 ぼくらは、なぜ、〈ゴジラ〉を求めるのか? その無意識に潜む“何か”を析出し、あらゆるゴジラという可能性を語り尽くす、新しい「ゴジラ論」。

テロルとゴジラ

笠井潔

半世紀を経て、ゴジラは、なぜ、東京を破壊しに戻ってきたのか? 世界戦争、群集の救世主、トランプ……「シン・ゴジラ」を問う表題作をはじめ、小説、映画、アニメなどの21世紀的文化表層の思想と政治を論じる著者最新論集。

創造元年1968

笠井潔×押井守

文学、メシ、暴力、エロ、SF、赤軍、ゴジラ、神、ルーザー、攻殻、最終戦争…。“創造”の原風景、1968年から逆照射される〈今〉とは?半世紀を経たこの国とTOKYOの姿を徹底的に語り尽くす。

3・11の未来

日本・SF・創造力

笠井潔/巽孝之 編

小松左京、最後のメッセージ。豊田有恒、瀬名秀明、押井守ほか、SF作家ら26名が、いま考える。科学と言葉、そして物語……。

ジョジョ論

杉田俊介

荒木飛呂彦『ジョジョの奇妙な冒険』の天才的な芸術世界は、連載30周年を迎えてますます加熱する!苛烈な闘争の只中においてなお、あらゆる人間の“潜在能力”を絶対的に信じぬく、その思想を気鋭の批評家が明らかにする!

戦争と虚構

杉田俊介

いかにフィクションは戦争に抗するのか? 転換期としての2010年代。『シン・ゴジラ』『君の名は。』、押井守、宮崎駿、安倍晋三、東浩紀……、それらをつなぎ合わせたとき、見えてくる未来とは。新たなる時評=批評の形。

【増補新版】

ポスト・モダンの左旋回

仲正昌樹

現代思想総括の書

浅田彰や柄谷行人などの日本のポスト・モダンの行方、現象学と構造主義を介したマルクス主義とデリダやドゥルーズの関係、ベンヤミン流の唯物史観、ローティなどのプラグマティズムの可能性等、冷戦の終結と共に「マルクスがいなくなった」知の現場を俯瞰し時代を画した旧版に、新たにフーコーの闘争の意味、ドゥルーズのヒューム論、ネグリの〈帝国〉の意義、戦後左翼にとってのアメリカとトランプについてなど、新たな論考を付す。